Sandra Siebenhüter

# Privatleben nicht vorgesehen

D1722131

# SOZIALWISSENSCHAFT

Sandra Siebenhüter

# Privatleben nicht vorgesehen

Die Kunst, noch Mensch zu bleiben:
Strategien der Abgrenzung bei
Führungskräften

Mit einem Geleitwort von Prof Dr. Rainer Greca

Deutscher Universitäts-Verlag

Bibliografische Information Der Deutschen Bibliothek
Die Deutsche Bibliothek verzeichnet diese Publikation in der Deutschen Nationalbibliografie;
detaillierte bibliografische Daten sind im Internet über <http://dnb.ddb.de> abrufbar.


Dissertation Katholische Universität Eichstätt-Ingolstadt, 2005




1. Auflage Oktober 2005

Lektorat: Ute Wrasmann / Ingrid Walther

Der Deutsche Universitäts-Verlag ist ein Unternehmen von Springer Science+Business Media.
www.duv.de

Umschlaggestaltung: Regine Zimmer, Dipl.-Designerin, Frankfurt/Main
Druck und Buchbinder: Rosch-Buch, Scheßlitz
Gedruckt auf säurefreiem und chlorfrei gebleichtem Papier
Printed in Germany

ISBN 3-8350-6010-4

# Geleitwort

Die globale neo-liberale Finanzwirtschaft hat im Rahmen einer entgrenzten imperialen politischen Weltordnung und der penetranten Informationstechnologie viel in kurzer Zeit in Bewegung gesetzt. Davon erfasst wurde auch die Arbeitsorganisation in der Privatwirtschaft und im öffentlichen Dienst: eine flüchtige, hybride und virtuelle „real time" Architektur ersetzt zunehmend beständige, lokal verankerte und physisch greifbare „real place" Monumente. Dies ermöglicht die Produktion von Waren und Dienstleistungen ohne zeitliche und räumliche Einschränkung. Wenig ist über den fristigen Kontrakt hinaus mehr dauerhaft, stabil und sicher: Zulieferer müssen ihre Wettbewerbsfähigkeit immer neu unter Beweis stellen; unternehmenszugehörige Abteilungen stehen untereinander und gegenüber der externen Konkurrenz im andauernden Wettbewerb; beim „Downsizing" kann jeder Arbeitnehmer beweisen, dass er leistungsfähiger ist, als die zu eliminierenden "Kollegen". Der Kontraktualismus - und die damit verbundene eingeschränkte gegenseitige Verpflichtung von Leistungen auf Zeit - ist nicht nur in der Wirtschaft und im öffentlichen Dienst, sondern auch im Privatleben zum dominierenden Muster geworden. Unter dem Diktat eines weltweiten Kampfes um höhere Profite in möglichst kurzer Zeit sind die internen und externen Formen der Zusammenarbeit einem beständigen Veränderungsprozess ausgesetzt.

Das „stahlharte Gehäuse der Hörigkeit" (Weber) der kapitalistischen Produktionsweise hat nichts von seiner unerbittlichen Härte eingebüßt, im Gegenteil: das Korsett der „bestpractices" ist enger geschnürt worden und zwingt scheinbar alternativlos Manager und Arbeitnehmervertreter dazu, den Geboten zu folgen, die die Hohen Priester des siegreichen ökonomischen Paradigmas in ihren Liturgien wiederholen: Kontinuierlicher Verbesserungsprozess, Gruppenarbeit, flache Hierarchien, Outsourcing, Arbeitsplatz-verlagerung an kostengünstigere Standorte im Ausland („go east"), Produktivitäts-steigerung, Arbeitszeitverlängerung, Lohnkürzungen, Entlassungen.

Gleichzeitig verliert das „stahlharte Gehäuse" aber an Prägekraft: angesichts der Karawane, die auf der Suche nach dem neuen Heiligtum des zur Religion gewandelten Kapitalismus (Benjamin) unermüdlich weiterzieht, wird letztlich auch denjenigen, die glaubten, dass Bildung, Weiterbildung und noch mehr Weiterbildung eine Beschäftigungsgarantie bedeuten, der sichere Erwartungshorizont der privaten Lebensplanung entzogen. Sennett bemerkt in seinem Buch „Die Kultur des neuen Kapitalismus"[1] dazu, dass in dieser Hinsicht der neue Kapitalismus seine Diener aus dem „stahlharten Gehäuse der Hörigkeit" freigesetzt habe. Die Folge ist aber nicht die Chance eines selbst gestalteten Lebens, wie sie von den Kritikern der wirtschaftlichen und staatlichen Institutionen der 1960er Jahre erhofft wurde; vielmehr geht das „Gespenst der Nutzlosigkeit" um. Adorno hatte schon in den 1950er Jahren die These vertreten, dass die Angst, die wir alle in unserem Inneren erfahren, damit zusammenhängt, dass uns die großen Institutionen, vor allen anderen die Wirtschaft, überflüssig weil ersetzbar gemacht haben; neuerdings durch vietnamesische Bandarbeiterinnen, chinesische Facharbeiter, indische IT-Spezialisten und russische Biotechnologen.

---

[1] Sennett, R. (2005): Die Kultur des neuen Kapitalismus, Berlin.

Die Überlebenskünstler charakterisiert Castells[2], der ebenfalls von der zunehmenden Diskontinuität der Arbeitsverhältnisse ausgeht, als „Selbst-Programmierer", die sich wechselnden Anforderungen episodenhaft anzupassen wissen.

Zweifellos hat der Wandel der Arbeitsorganisationen Auswirkungen auf die Menschen innerhalb dieser Strukturen. Andererseits gilt aber auch: Ohne die aktive Einbeziehung der „arbeitenden Subjekte" (Beck/Brater) in einen solchen Prozess kann dieser nicht gelingen, was zu Unsicherheiten auf der strukturellen und Dilemmata auf der Handlungsebene führt.

Das Diktat des fortschreitenden „getting more from less" erfasst nicht nur die beschäftigenden Institutionen, es wird auch in die Köpfe und die Körper der Beschäftigten transferiert. Daher stellt sich die Frage, ob unter den Bedingungen des Turbokapitalismus tatsächlich nur noch die Chamäleons erfolgreich sind, die sich in jedem Prokrustes-Bett rasch wandelbarer Projekte der Gewinnakkumulation prostituieren.

Wie verhalten sich die Menschen an der Schnittstelle zwischen objektiv geglaubten Notwendigkeiten und den subjektiven Verarbeitungs- und Bewältigungsmöglichkeiten? Wird menschliche Arbeit zunehmend an die Kette (Weber) genommen oder bieten sich (neue) Räume für individuelle Gegenstrategien und subjektive Gestaltungsmöglichkeiten?

Die Studie, die hier vorgestellt wird, hat verantwortliche Manager von Großunternehmen, öffentlichen Betrieben und mittelständischen Unternehmen zu diesen Themen befragt, da sie als Schlüsselpersonen in der Umsetzung der neuen Organisationskonzepte gelten können. Sie sitzen an den Hebeln der Umgestaltungsmacht und sie sind gleichzeitig selbst diese Hebel. Die Frage ist bildlich übertragen: agieren sie wie Marionetten oder gelingt es ihnen, sich einen subjektiven Gestaltungsraum zu sichern und wie gestalten sie den Raum hinter der Bühne (ihren privaten Lebensraum) – als Fortsetzung des beruflichen Alltags, als Ausgleich zu den Anspannungen der „Drehtür-Situation" des Managements (Pestalozzi) oder als davon unabhängige alternative Lebenswelt?

Die hier vorliegende Untersuchung widersetzt sich in zweierlei Hinsicht dem Mainstream einer deterministischen Sicht der Dinge.

Zunächst glaubt die Verfasserin daran, dass sich in der „gated community" der schönen neuen Unternehmenswelt auch „bunte Vögel" behaupten können, die es geschafft haben, sich vom Geschäftsbetrieb und seiner Logik zu distanzieren. Auf der Suche nach diesen „Exoten" hat sie ihre Untersuchung begonnen, davon aber nicht viele gefunden. Dafür hat sie feststellen können, dass auch viele scheinbar angepasste Manager nicht gänzlich domestiziert sind.

Um die von diesen gestaltbaren Freiräume zu erfassen, hat sie einen methodischen Zugangsweg gewählt, der die Befragten nicht bereits durch die Art der Erhebungstechnik in eine Zwangsjacke kleidet, der sie dann – als objektiver Befund ausgewiesen – nicht mehr entkommen können.[3]

---

[2] Castells, M. (2003): Das Informationszeitalter, 3 Bände, Opladen.
[3] Vgl. dazu auch Bourdieu, P. (1997): Das Elend der Welt, Konstanz.

Mit der von Roland Girtler empfohlenen Gesprächsform[4] der ero-epischen Gespräche ist sie in die oberen und mittleren Vorstandsetagen von größeren und kleineren Unternehmen gelangt, und die Gesprächspartner zeigten sich an der Frage, wie sie eine eigene Weltsicht und Weltgestaltung gegenüber den Zwängen des beruflichen Alltags kreieren und aufrecht erhalten können selbst überaus interessiert.

Die Ergebnisse der Studie belegen, dass nicht alle „gleichgeschaltet" wurden. Die Entwicklung und Aufrechterhaltung von „Distanz" gegenüber dem Geschäftsbetrieb ist nach den Ergebnissen dieser Studie in zweierlei Hinsicht notwendig: (1) Blindes Verfolgen von Aufstiegspfaden begünstigt nicht notwendig eine Karriere, vielmehr scheint eine auf Normen (!), Professionalität, Menschenkenntnis oder aber auch auf strategischem Opportunismus gegründete Einstellung karriereförderlicher zu sein, als eine distanzlose Identifizierung mit den Unternehmenszielen. Die in den erfolgreichen Karrierehandbüchern und Bestsellern beschriebenen Pfade dienen dagegen meist nur dem Erfolg der Autoren dieser Bücher. Erstaunlich z.B. der Befund, dass Vorgesetzte ihren Mitarbeitern von solchen Rezepturen explizit abraten; auch Empfehlungen teurer Unternehmensberatungsinstitute genießen offensichtlich mehr Prestigewert, als dass sie tatsächlichen Eingang in den Unternehmensalltag finden. (2) Ohne einen wie auch immer gestalteten privaten Rückzugs- oder Freiraum lässt sich schlecht dauerhaft überleben und Karriere machen.

Zeigt diese Studie damit das „enorme Potential" von selbstbewussten Managern bei der Ausgestaltung der Zukunft ihrer Betriebe? Tatsächlich belegt die Untersuchung zweierlei:

o Sie kann nachweisen, dass es nicht notwendig ist, sich an die Key-Words der Management-Literatur zu hängen oder die Gebetsmühlen der neoliberalistischen Glaubenslehre anzuleiern, um erfolgreich zu sein.

o Die „Privatheit" als Rückzugsmöglichkeit bietet manchmal, aber nicht immer einen Schutz vor der „Biomacht" (Foucault), die nicht nur unsere Köpfe, sondern auch unsere Körper prägt[5], sodass wir vielleicht auch dort, wo wir uns frei von den Zwängen des organisierten Lebens und der ökonomischen Verwertungslogik fühlen, „an der Kette" laufen, denn: „Es ist nicht nur so, dass andere in Erfahrung bringen können, was wir denken, indem sie auf die kausalen Abhängigkeiten achten, die unseren Gedanken ihren Inhalt verleihen, sondern die bloße Möglichkeit von Gedanken verlangt gemeinsame Maßstäbe der Wahrheit und der Objektivität."[6]

Prof. Dr. Rainer Greca

---

[4] Girtler,R. (1995): Randkulturen, Theorie der Unanständigkeit, Wien-Köln-Weimar.
[5] Klossowski, P. (1998): Die lebende Münze, Berlin.
[6] Davidson, D. (1993): Der Mythos des Subjektiven. In: Der Mythos des Subjektiven. Philosophische Essays, Stuttgart.

# Vorwort

> *„Die meisten erfolgreichen Manager leben als Sklaven ihrer Karriere, sich selbst und anderen entfremdet. Einige gibt es, die diesen Preis nicht zahlen wollen. Sie verrichten ihre Arbeit, aber sie entfernen sich aus dem eigentlichen Wettkampf, weil sie nicht bereits sind, sich von sich selbst zu entfernen. Solange wir die Formen der Arbeit nicht verändert haben, werden sich gerade die Begabtesten dieser Wahl stellen müssen."*[7]

Nach eben diesen Menschen habe ich mich auf die Suche gemacht: Menschen, die sich trotz Karriere und Führungsverantwortung noch die Freiheit nehmen zu wählen. Menschen, die sich nicht um ihrer Karriere willen haben versklaven lassen, sich noch eine Distanz zu ihrem Beruf bewahrt haben und immer auch noch ein Stück „Privatmensch" geblieben sind; Zeitgenossen eben, mit denen man noch ein Bier trinken gehen möchte, weil man ihnen zutraut, dass sie auch noch über das ganz „normale Leben" plaudern können.

Diese Suche war eine von großer Neugierde getragene Reise, auf deren Weg ich die vertrauensvolle Aufgabe, aber auch das Vergnügen hatte, unterschiedlichste Menschen über sehr private Sichtweisen zu interviewen. Mir war es eine große Befriedigung und Freude zu sehen, dass es in der uniformierten, mit Stahl- und Glasfassaden verkleideten Konzernwelt auch noch „bunte Vögel" gibt, die es trotz ihrer Unangepasstheit geschafft haben Karriere zu machen und sich weder von einer Corporate-Identity haben vereinnahmen lassen noch die kämpferischen Literaturempfehlungen[8] für karrierewillige Manager völlig internalisiert haben.

Ein ganz herzlicher Dank gilt daher den Hauptpersonen dieser Arbeit, meinen Gesprächspartnern, die sich auf diese Interviewreise mit mir eingelassen haben.

Ein besonderer Dank und meine tiefe Wertschätzung gelten Herrn Prof. Dr. Rainer Greca, dessen Anregungen und dessen Arbeitsweise mich in all den Jahren unserer Zusammenarbeit sehr geprägt haben. Ebenso möchte ich mich bei Herrn Prof. Dr. Roland Girtler von der Universität Wien bedanken, der mich durch seine Art der qualitativen Forschung neugierig gemacht und zugleich ermuntert hat. An dieser Stelle möchte ich mich auch bei der Maximilian-Bickhoff-Universitätsstiftung bedanken, die mir durch die Gewährung eines zweijährigen Stipendiums eine sehr große Hilfe bei der Erstellung dieser Arbeit war.

Sandra Siebenhüter

---

[7] Maccoby, M. (1979): Die neuen Chefs – Die erste sozialpsychologische Untersuchung über Manager in Großunternehmen, Hamburg, (Vorwort) – Titel der deutschen Erstausgabe 1977 „Gewinner um jeden Preis".
[8] Vgl. dazu Kapitel II/4.

# Inhaltsverzeichnis

# Abbildungsverzeichnis

# Einleitung

Manager, Führungskraft, Leistungsträger – wem mag da nicht der ehrfurchtsvolle Schauer der Bewunderung den Rücken hinunterlaufen? Man verbindet mit diesen Menschen: Kraft, Durchsetzungsvermögen, Einfluss, Reichtum, Intelligenz, Prestige; eben alles was sich die meisten Menschen vielleicht insgeheim wünschen. Doch wie sieht die Realität aus?

Übervolle Terminkalender und daher zu wenig Zeit, um sowohl dem Anspruch an die Qualität der eigenen Arbeit als auch den Erwartungen der Mitarbeiter gerecht zu werden; organisatorisches Chaos durch immer wiederkehrende, von der Führungsspitze als notwendig verkaufte Umstrukturierungen; politische Intrigen zwischen Kollegen und Vorgesetzten; zeitaufwendige und enervierende Meetings; langweilige Präsentationen; Dienstreisen, die nur noch von jenen Leuten als aufregend betrachtet werden, die noch nie morgens um 6 Uhr stundenlang am Flughafen wegen Schneetreibens auf den Start ihrer Maschine warten mussten, dafür aber um 3.30 Uhr aufgestanden sind oder noch nie die trostlose Idylle einer zweitklassigen Hotelbar am Abend erfahren durften. Diese Aufzählung könnte man noch beliebig verlängern.

Nicht zuletzt zu erwähnen sind die daraus folgenden Begleitumstände im Privatleben: zu wenig Zeit für die Familie und für Freunde, das teilweise Übergeben des Privatlebens in die Hände des Partners[9] und das nagende Gefühl das „eigentliche Leben" zu verpassen. Und zu alledem kommt noch hinzu, dass sich kaum jemand findet, der einen für das aufreibende Leben auch nur ein bisschen bemitleidet.

So aufregend, bunt und viel versprechend das Managerleben von außen erscheinen mag, so uniformiert und reglementiert ist es doch bisweilen im Inneren. Tatsache ist, dass gerade Führungskräfte aufgrund betrieblicher Umstrukturierungen, die sich vor allem an das „Lean Management-Konzept"[10] anlehnen, einem zunehmendem Erwartungs- und Leistungsdruck ausgesetzt sind. Es wird ein immer stärkeres Engagement, vor allem in Form uneingeschränkter Verfügbarkeit für das Unternehmen von ihnen erwartet.[11] Auch immer komple-

---

[9] Eine sehr treffende Arbeit zu diesem Thema wurde verfasst von Renate Liebold („Meine Frau managt das ganze Leben zu Hause..." – Partnerschaft und Familie aus Sicht männlicher Führungskräfte. Wiesbaden 2001). Darin beschreibt sie ausführlich die latente Unzufriedenheit von Führungskräften, die alltägliche Balance den Ansprüchen gerecht zu werden, den Umgang mit dem dauerhaft schlechten Gewissen, aber auch den resignativen Blick der Führungskräfte auf ihr Privatleben.

[10] Durch das Konzept sollen Organisationen zugleich verschlankt werden, aber auch auf die Strukturen bezogen, völlig neu gestaltet werden. Der Mensch wird in den Mittelpunkt des Unternehmensablaufs gestellt: Null-Fehler- Zielsetzungen oder Gruppenkonzepte in denen vielseitig ausgebildete Arbeitskräfte ein Maximum an Aufgaben und Verantwortung zu tragen haben erzeugen in der tagtäglichen Umsetzung einen ungeheuren Druck sowohl auf Arbeiter wie auch auf das Management. (vgl. Bösenberg, D./Metzen H. (1995): Lean Management - Vorsprung durch schlanke Konzepte. München.) Die besondere Sprengkraft liegt darin, dass jeder Mitarbeiter zum potentiellen „*Stolperstein*" auf dem Weg zum schlanken Unternehmen werden kann (Kühl, S. (1998): Wenn die Affen den Zoo regieren. Die Tücken der flachen Hierarchien, Franfurt/New York, S.116).  Einen sehr guten Einblick und Überblick über Dimensionen und Inhalte des Konzeptes des „Lean Management" siehe: Der SPIEGEL, Nr. 11/1994, S. 97.

[11] Vgl. Deutschmann, J. /Faust, M. /Jauch, P./Notz, P. (1995): Veränderung der Rolle des Managements im Prozeß reflexiver Modernisierung. In: Zeitschrift für Soziologie, Nr. 6, S. 436-450.

xer werdende Aufgabengebiete und damit einhergehende steigende Qualifikationsprofile, eine verschärfte Konkurrenz unter den Kollegen und veränderte betriebliche Handlungsbedingungen - die Zunahme von Handlungsspielräumen und Leistungsverdichtung, von Autonomiegewinn und Verschärfung der psychischen Belastung - von Führungskräften tun ihr weiteres dazu[12].

Daher darf man es berechtigterweise als „Kunst" bezeichnen, wenn es dennoch Menschen gibt, die unter diesen Bedingungen Karriere machen, aber dennoch die Fähigkeit besitzen, sich eine gewisse Distanz zu ihrer Berufsrolle zu bewahren. Menschen, die sich nicht völlig vom Arbeitsleben vereinnahmen lassen, die Erwartungen der Kollegen und Vorgesetzten nicht unbedingt (über-) erfüllen wollen und sich auch noch eine private und ‚unprofessionelle Seite' ihrer Persönlichkeit bewahrt haben. Zu betonen ist dabei, dass es durchaus kein Muss ist sich eine Distanz zur Berufsrolle zu bewahren und dass all jene Menschen, die sich völlig mit ihrem Beruf, mit ihrer Rolle und den damit verbundenen Erwartungen identifizieren nicht weniger wertvolle Zeitgenossen sind.

Dass ich mich jedoch auf die Suche nach jenen Menschen gemacht habe, die ihre eigenen Wege und Strategien haben (manchmal auch ihre Tricks), sich eine Distanz zu bewahren oder immer wieder neu zu schaffen, ist in einem sehr persönlichen Interesse begründet.

Von der Notwendigkeit, aber auch vom generellen Bedürfnis danach sich im Arbeitsleben noch Freiräume zu schaffen, zeugt der schier unübersichtliche Ratgebermarkt für Manager: Survival-Guides für Führungskräfte[13] mit Tipps zum „Dem Irrsinn trotzen" finden sich ebenso darunter wie humorige Sichtweisen auf die Tribüne des Leistungsprinzips[14]. Dass auch Manager Menschen mit emotionalen Bedürfnissen sind, dem wird vor allem in der seit einigen Jahren im Aufwind befindlichen Work-Life-Balance Bewegung Rechnung getragen. Dies wird inzwischen sogar von den Firmen erkannt, die ihrerseits ihrem Führungspersonal etwas Gutes tun wollen indem sie diese auf Work-Life-Balance Seminare schicken. Ob jedoch in diesem Falle wirklich der Fürsorgegedanke der Unternehmen im Mittepunkt steht oder mehr die Idee, dass nur ein ausgeglichener und umsorgter Manager noch mehr Leistung erbringen kann, sei dahingestellt. Hinsichtlich dieser Schwemme von Beratungsliteratur und Seminarangeboten stellt sich nur die Frage, ob Menschen mit einer 55-Stunden-Woche noch Zeit und Muse haben diese Literatur zu lesen bzw. ihre Wochenenden für Seminare zu opfern? Ebenso muss gefragt werden, ob man aus Büchern oder in Seminaren die Fähigkeit zum Abschalten tatsächlich lernen kann oder ob es nicht letztlich doch einer bewussten Auseinandersetzung mit dem Arbeitsalltag vor dem Hintergrund der individuellen Lebensumstände bedarf.

---

[12] Vgl. Baethge, J./Denkinger, J./Kadritzke, U. (1995): Das Führungskräfte-Dilemma. Manager und industrielle Experten zwischen Unternehmen und Lebenswelt. Frankfurt/M.
[13] Owen, J. (2003): Das Lexikon des ganz normalen Management-Wahnsinns: Ein Survival-Guide für Führungskräfte, Frankfurt/M.
[14] Maywald, F. (2003): Der Narr und das Management – Leistungssteigerung im Unternehmen zwischen Shareholder Value und sozialer Verantwortung, München.

Mein Anliegen war es Menschen zu finden, die ihre Distanz-Strategie bereits praktizieren und ihr berufliches Fortkommen noch nicht am „Sun Tzus-Effizienzmodell"[15] ausgerichtet haben. Menschen, die ihren eigenen, ganz persönlichen Weg im Laufe der Zeit aus sich selbst heraus gefunden haben und gelernt haben, die mit ihrer beruflichen Position zunächst nicht vermuteten Handlungsspielräume zu nutzen, um für sich daraus Freiräume zu schaffen. Freiräume, die für sie selbst notwendig, aber auch ausreichend und passend sind um noch ein Leben zu leben, unabhängig von der Firma und von der Berufsrolle.

Was ich suchte und auch fand, waren bunte Vögel, die erfolgreiche Manager und Managerinnen sind und darüber hinaus auch eigenwillige und interessante Menschen. Menschen, welche sich bewusst entschieden haben, ihr Leben anders zu organisieren, auch um den Preis im Kollegenkreis möglicherweise als „seltsam" zu gelten. Ja vielleicht bedingt sogar nur ein individueller Weg auch eine eigene Form von Lebensweisheit, denn *"wer nicht den Mut hat, auf seine eigene Art narrisch zu sein, hat ihn schwerlich, auf seine eigene Art klug zu sein"[16]*.

---

[15] Sun Tzu lebte vor ca. 2500 Jahren in China und war ein Experte für militärische Strategie. Seine „Dreizehn Gebote der Kriegskunst" wurden sowohl von Mao Tse-tung, wie auch heute noch von vielen Unternehmensführern rund um den Globus gelesen (vgl. Krause, D.G. (2002): Die Kunst des Krieges für Führungskräfte: Sun Tzus alte Weisheiten – aufbereitet für die heutige Geschäftswelt, München).

[16] Jean Paul - Bemerkungen über uns närrische Menschen. Zitiert nach Maywald, F. (2003): a.a.O., S. 5.

# Kapitel I: Methodisches Vorgehen

## 1. Forschungsleitende Fragestellung – Erkenntnisinteresse

Sowohl die Zahl der jährlichen Neuerscheinungen auf dem Buchmarkt - welche Managern eine Hilfestellung sein sollen das Berufs- und Privatleben einigermaßen zu vereinbaren, sich ihre Arbeit effizienter zu organisieren oder ihre Mitarbeiter produktiver zu führen – als auch eine Zunahme des Burn-Out-Syndroms[17] (inzwischen als Hurry-Sickness bezeichnet) unter Managern zeichnet ein deutliches Bild davon, dass viele Personen in den Führungsetagen von Unternehmen jeden Tag bis an ihre Grenzen gefordert sind.

Meist spielen dabei weniger die intellektuellen Anforderungen die entscheidende Rolle, sondern die tatsächlichen oder vermeintlichen Erwartungshaltungen des Unternehmens, der Chefs, der Mitarbeiter oder aber die Ansprüche an sich selbst. Denn in einer Zeit in der „Perfekt-Sein" kein entferntes Idealbild mehr ist, sondern tagtägliches Soll, ist auch das Nichterfüllen von Erwartungen bzw. das Nichtgerechtwerden von Ansprüchen gleichbedeutend mit Versagen.

Den Preis den diese Menschen dafür bezahlen, dass sie es nicht schaffen diesen Erwartungsdruck von sich entfernt zu halten, steht ihnen meist sehr deutlich im Gesicht. Häufig ist der Leistungsgedanke[18] dann der Leitgedanke, der Inhalt, das Postulat und die Essenz eines solchen Lebens. Zumeist erstreckt sich dieser auch noch auf eventuelle Hobbies, so dass diese nicht etwa einen Ausgleich zur Arbeit bilden, sondern eine Weiterführung der „Arbeitsmoral" nur in einem anderen Umfeld sind.

Gerade dieser Typ Mensch findet sich vor allem in den Führungsetagen mittlerer und großer Unternehmen zuhauf: Menschen die den Leistungsgedanken internalisiert haben und oftmals langfristig einen zu hohen Preis[19] für ihre Karriere zahlen.

---

[17] Burn-Out zeigt sich als ein Phänomen des Ausgebranntseins mit körperlicher und psychischer Erschöpfung, Abstumpfung und Gefühlen persönlicher Inkompetenz. Zuerst wurde dieses Syndrom bei sozialen Berufen beobachtet als eine Reaktion auf emotionale Überbeanspruchung, Daueranspannung und berufliche Situationen, in denen begrenzte Handlungsmöglichkeiten als besonders belastend erlebt werden. Zunehmend tritt dieses Phänomen auch unter Personen auf, von denen ein fortdauernder intensiver Arbeitseinsatz und das Annehmen immer neuer Herausforderungen erwartet werden. Im Wirtschaftsleben trifft dies vor allem das mittlere Management (vgl. Kernen, H. (1997): Burnout-Prophylaxe. Erfolgreiches individuelles und institutionelles Ressourcenmanagement, Bern).

[18] Moderne Gesellschaften zeichnen sich dadurch aus, dass das Leistungsprinzip der Verteilungsmaßstab ist, nach dem materielle und soziale Chancen an Individuen, abhängig allein von der Qualität und dem Umfang ihrer erbrachten Leistung vergeben werden. Der soziale Status einer Gruppe oder einzelner Mitglieder richtet sich nach den erbrachten Leistungen für die Gesellschaft. Was jedoch als Leistung gewertet wird und wer wofür und warum belohnt wird, wird von Kriterien bestimmt, die nicht an diesen Zielen ausgerichtet sind (vgl. Fuchs-Heinritz, W. /Lautmann, R./Rammstedt, O./Wienold, H. (Hrg.) (1994): Lexikon zur Soziologie, Opladen, S. 398 f.).

[19] Vgl. Marstedt, G. (1994): Rationalisierung und Gesundheit. „Neue Produktionskonzepte", „systemische Rationalisierung", „lean production" – Implikationen für die Arbeitsbelastung und betriebliche Gesundheitspolitik. Veröffentlichungsreihe der Forschungsgruppe Gesundheitsrisiken und Präventionspolitik. Wissenschaftszentrum Berlin für Sozialforschung, Berlin, S. 94-204.

Obwohl sich die Bedingungen und das Umfeld für karrierewillige Personen auf den ersten Blick gleichen, finden sich dennoch Unterschiede im individuellen Umgang damit: Jene Menschen, die sich vereinnahmen lassen und jene die einen anderen Blickwinkel, einen distanzierten Blick darauf haben und genau daraus für sich Freiheiten schöpfen.
Die Distanz[20] - der rote Faden innerhalb dieser Arbeit - ist es, die für den Menschen eine perspektivische Kategorie darstellt Lebensentwürfe, Ordnungsmodelle und Wertepräferenzen festzulegen, aber auch die Freiheit schafft, diese immer wieder neu zu gestalten oder sie letztlich dauerhaft als richtig anzunehmen. Sie ermöglicht dem Menschen eine Loslösung von der bloßen biologischen und subjektiven Bindung.

Daher galt es unter den Führungskräften jene zu finden, die ‚anders sind und es anders machen', damit verbunden die möglichen Spielräume in jeder Position zu erläutern und darzustellen wie diese von Rolleninhabern genutzt werden. Von Bedeutung wird dabei sein, wie die jeweiligen Personen für sich diesen Spielraum gefunden haben, ihn tagtäglich neu ausloten und welche Schwierigkeiten sie haben, ihn gegenüber dem System immer wieder neu zu verteidigen und zu begründen. Gerade die Möglichkeit des Aufdeckens einer individuellen Rollenstrategie, d.h. wie aufeinander abgestimmt verschiedene Rollen kombiniert werden oder in wie weit heterogene Rollen räumlich/zeitlich getrennt werden, macht die Besonderheit aber auch den Reiz dieser empirisch-qualitativen Forschungsarbeit aus. Die Frage, die am Ende des Forschungsvorhabens beantwortet werden soll ist:

„Was treibt diese Menschen an bzw. woraus generieren sie ihren ganz persönlichen Wertehorizont, ihr ganz persönliches Weltbild, dass es ihnen gelingt in dem sehr leistungsorientierten System Wirtschaft Karriere zu machen und erfolgreich zu sein, ohne die Distanz zu den dort geltenden Wertmaßstäben (Leistungsprinzip, Loyalitäten zum System, Gewinnorientierung) und Erfolgsvoraussetzungen (Akzeptanz der Spielregeln des Systems, Macht- und Durchsetzungsbewusstsein) zu verlieren und ein sehr differenziertes Rollensystem mit synkretistischen Sichtweisen für sich in Anspruch zu nehmen?"

Um diese Kunst, sich eine Distanz zu bewahren überhaupt würdigen zu können, wird im ersten Teil der Arbeit der Kontext, also die objektive Welt in der Führungskräfte sich bewegen, und dabei in erster Linie die Welt der Industrie, aus verschiedenen Blickwinkeln beleuchtet. Im weiteren Verlauf werden dann mögliche soziologische Erklärungsmuster im Umgang mit dem Rollenkonzept näher beleuchtet und diese dann nach ausführlicher Darstellung der empirischen Ergebnisse mit den unterschiedlich praktizierten persönlichen Strategien der Abgrenzung in Zusammenhang gebracht.

---

[20] „Distanz ist ein in den Verhältnissen des Menschen zu sich selbst, seinem Ich, Über-Ich und Es sowie zu seiner sozialen, physischen und symbolischen Welt durch kognitives, affektives und handelndes Abstandnehmen und -halten sich artikulierender Beziehungsmodus und (im Ergebnis) ein sein Selbst wie Gesellschaft und deren Kultur strukturierendes Prinzip" (Luthe, H.O. (1985): Distanz – Untersuchungen zu einer vernachlässigten Kategorie. München, S. 87).

## 2. Auswahl der Stichprobe

Für die vorliegende Forschungsarbeit wurden 30 Personen in verschiedenen Führungspositionen aus dem Bereich der Wirtschaft - vorrangig Industrie - interviewt. Das Sample der zu Interviewenden wurde zum einem bestimmt aus der wöchentlichen Arbeitszeit, die mindestens 45 Stunden betragen sollte und zum anderen aus der mit der Position einhergehenden Verantwortung. Angestrebt war dabei, dass die Führungskräfte entweder eine Personalverantwortung für mindestens 20 Personen innehatten oder eine Budgetverantwortung von mindestens 5 Mio. Euro im Jahr. Ich habe mich für diese Rekrutierungsmerkmale entschieden, weil diese in der Regel nur auf Personen zutreffen, die aufgrund ihrer Qualifikation und aufgrund ihres bisherigen beruflichen Werdeganges auch andere berufliche Möglichkeiten hätten. Solch qualifizierte Personen könnten für sich auch weniger ‚anstrengende', also mit weniger Verantwortung verbundene Tätigkeiten wählen. Dies unterstreicht implizit daher auch die Freiwilligkeit in Bezug auf die derzeitige Position und den derzeitigen Aufgabenbereich.

Sehr differenziert sind dabei die Verantwortlichkeiten zu betrachten, weil es Führungskräfte gibt, welche z.b. ein Budget von über 500 Mio. € zu verantworten haben, aber nur 19 Mitarbeiter (z.b. im Einkauf). Im Gegenzug dazu finden sich Führungskräfte, welche für mehrere hundert Personen verantwortlich sind, jedoch sehr wenig Budget zur Verfügung haben. Zum Punkt des zu verantwortenden Budgets zeigten sich die Befragten jedoch teilweise sehr verschwiegen und gaben oft keine oder nur sehr spärliche Auskunft. Andere wiederum bevorzugten es nur Angaben zum jährlichen Umsatz, aber nicht zu ihrem Budget zu machen.[21]

---

[21] Daher wird das Kriterium des Budgets in der nachfolgenden Übersicht auch nicht erwähnt, da eine vollständige Darstellung nicht möglich ist.

Die weiblichen Führungskräfte sind bei dieser Befragung unterrepräsentiert, aber Ursachen dafür lassen sich in einer Vielzahl von wissenschaftlichen Untersuchungen und Studien[22] finden und sind auch nicht Inhalt dieser Arbeit.[23]

Mir ging es bei den Interviews nicht um eine Quantifizierung von Aussagen, sondern um die alleinige qualitative Darstellung der persönlichen Strategien. Eine Schwierigkeit bestand auch im Auffinden der ‚richtigen Personen‘, d.h. ich habe allein durch persönliche Empfehlung Zugang zu diesen Personen gefunden, so dass sich auch der Zeitraum, in dem die Interviews durchgeführt wurden, verlängerte. Die Interviewserie dauerte von November 2002 bis Juli 2004 und umfasst mehr als 42 Gesprächstunden mit einem Sample von 30 Managerinnen und Manager. Einen Überblick der interviewten Personen nach verschiedenen Kriterien gibt die nachfolgende Tabelle:

---

[22] Das „Handbook of Gender and Work" (Powell, G.N. (1999) listet auf über 100 Seiten mehr als 2000 Literaturverweise zum diesem Thema auf.

[23] Eine Umfrage des Deutschen Instituts für Wirtschaftsforschung (DIW) ergab, dass die Karriere-Chancen von Frauen in der BRD sehr branchenabhängig sind. Obwohl Frauen mit 57 Prozent die Mehrheit der Angestellten und Beamten stellen, sind jedoch die höheren Positionen zu 75 Prozent von Männern besetzt. Frauen in höheren Positionen arbeiten überdurchschnittlich häufig in kleinen und mittleren Betrieben. Die Aufstiegs-Chancen für Frauen sind am geringsten im Bereich der Hochtechnologie und am aussichtsreichsten im Dienstleistungsbereich, wo auch 85,5 Prozent aller weiblichen Führungskräfte arbeiten (vgl. Süddeutsche Zeitung (http://www.sueddeutsche.de/jobkarriere/erfolggeld/artikel/247/10237/). Wo Frauen Karriere machen: Die Chefetagen der DAX-Unternehmen sind dabei nach wie vor zu 100 Prozent ein Männerrevier, genau wie das Bundeskanzleramt, Bundespräsidialamt und die wichtigsten Ministerien. Auf EU-Ebene bildet Deutschland das Schlusslicht, wenn es um die Besetzung von Führungsetagen mit Frauen geht. Ein Vergleich unter sieben europäischen Ländern ergab, dass in den obersten Führungsebenen in Deutschland nur 5 Prozent Frauen vertreten sind, im mittleren Management 14 Prozent und im unteren Management 19 Prozent. Auf europäischer Ebene liegt der Durchschnitt im unteren Management bei 28 Prozent. Zwei Drittel der Firmen nennen als Grund dafür den Mangel an Kandidatinnen und ca. ein Viertel sieht auch in der Unternehmenskultur eine Ursache für den niedrigen Frauenanteil (vgl. Donaukurier, Ingolstadt, 27.10.03). Weitere Ursachen für die starke Unterrepräsentation von Frauen in Führungspositionen in Deutschland sind u.a. die immer noch schlechten Möglichkeiten der Kinderbetreuung und die eher generell niedrige gesellschaftliche Akzeptanz von Frauen in Führungspositionen. Der starke Anteil der Frauen in Führungspositionen in den USA (dort liegt der Anteil bei ca. 46 Prozent) wird darauf zurückgeführt, dass dort im Rahmen der Rassen-Antidiskriminierungsgesetze auch die Frauen stark profitiert haben. Denn dort werden offene Stellen neutral ausgeschrieben (keine Alters-, Rassen- oder Geschlechterangabe) und die Besetzung der Stellen wird auch staatlich kontrolliert. (vgl. Handelsblatt vom 21./22.11.03 „Karriere", Nr. 225/47.Jg., Düsseldorf).

**Abb. 1: Die Verteilung der befragten Personen nach unterschiedlichen Kriterien**

| Geschlecht | Weiblich 20 % (6) | | Männlich 80% (24) | |
|---|---|---|---|---|
| **Alter** | x < 40 Jahre 30% (9) | 40-50 Jahre 23% (7) | 50 – 60 Jahre 37% (11) | x >60 Jahre 10% (3) |
| **Familienstand** | ledig oder getrennt lebend 17% (5) | | verheiratet 83% (25) | |
| **Führungsebene** | Erste Führungsebene (Direktor, Vorstand, Geschäftsführer, Prokurist) 47 % (14) | | Zweite/Dritte Führungsebene (Abteilungs- u. Hauptabteilungsleiter) 53% (16) | |
| **Ausbildung** | Hochschule mit Promotion oder MBA 40% (12) | | Fachhochschul-/Hochschulabschluss 47% (14) | Berufliche Ausbildung, Berufsakademie 13% (4) |
| **Zweiter Bildungsweg** | (6) (Entspricht 20% aller Interviewpartner und 23% der akademisch ausgebildeten Interviewpartner) | | | |
| **Arbeitszeit** | x < 50 Std./Woche 20% (6) | | 50-60 Std./Woche 63% (19) | X > 60 Std./Woche 17% (5) |
| **Anzahl der Mitarbeiter** | x < 25 Mitarbeiter 30% (9) | 25-50 Mitarbeiter 17% (5) | 50-150 Mitarbeiter 20% (6) | x > 150 Mitarbeiter 33% (10) |
| **Branche** | Industrie 73% (22) | | andere Bereiche (z.B. Dienstleistung) 27% (8) | |
| **Budget/Umsatz** | Keine oder nur ungenaue Angaben | | | |

Verteilung der Befragten, in die qualitative Untersuchung eingegangenen Manager (prozentual und absolut) n= 30; alle Angaben gelten zum Zeitpunkt der Befragung.

## 3. Erhebungsmethode der qualitativen Daten

Da sich das Erkenntnisinteresse auf sehr individuelle Sichtweisen, Sinn- und Relevanz-strukturen, aber auch auf die Wertepräferenzen und Handlungsleitenden Erfahrungen von Personen richtete, wurden diese qualitativ-empirische Untersuchung ausschließlich in Form von autobiographisch-narrativen Leitfadeninterviews durchgeführt. Dabei konnten sehr deutlich biographische Handlungsmuster herausgearbeitet und lebensgeschichtliche Kontexte hergestellt werden. Auch Motive für bestimmte Entscheidungen, wie etwa das Ablehnen einer Beförderung oder auch Wechsel des Arbeitsbereiches, können dadurch erschlossen werden.

Gerade weil Personen in Führungspositionen gewöhnt sind „Rede und Antwort" zu stehen, also Interviews bekannte Situationen darstellen in denen man sich deshalb eine routinierte Art des Auskunftgebens zugelegt hat, die sich durch möglichst kurze, adäquate und vermeintlich erwartete, aber auch unverbindliche Antworten auszeichnet, waren diese Interviews eine interessante Herausforderung und eine echte Suche: Nämlich hinter dieser „professionellen Fassade" auch den Menschen zu finden, um dadurch die Lebenswelt[24] des Befragten, also die persönliche Wirklichkeit[25] in der er sich bewegt, die zugleich Schauplatz wie auch Ziel seines Handelns ist, wiederzugeben. Diese Lebenswelt muss jedoch auch ausgelegt werden, indem vergangene Ereignisse bewertet werden (z.B. die Frage nach einem Bruch im Lebenslauf oder nach einschneidenden Ereignissen und diese aus heutiger Sicht bewertet werden). Nur so ist auch für den Interviewer ein Blick auf „die Logik eines Menschen" möglich und lässt auch eine gewisse Stimmigkeit innerhalb der Aussagen zusätzlich erkennen.

Sehr hilfreich dabei war die Methode des ero-epischen Gespräches[26] wie sie von Roland Girtler in seinen Untersuchungen immer wieder angewendet wird. Angelehnt ist dieser Begriff des ero-epischen Gespräches an die Tradition von Homer und der griechischen Antike. Es wird dabei versucht Fragen wie auch Erzählungen miteinander zu verknüpfen. Ziel ist, nicht stur einem Leitfaden zu folgen, sondern im Laufe eines Gespräches vom Erzähler Stichpunkte aufzugreifen, die für den Forscher noch von weitergehendem Interesse sind. Somit wird eine Situation vermieden, in der der Forscher immer nur auf Antworten wartet und damit auf den Befragten einen gewissen Druck ausübt. Denn dadurch wird der

---

[24] Der Begriff der Lebenswelt im hiesigen Forschungskontext ist vor allem an Edmund Husserl und Schütz/Luckmann orientiert, welche die Lebenswelt stark an der alltäglichen und sozialen Praxis des Individuums konzentrieren: *„Die Lebenswelt ist (...) vom Anbeginn an intersubjektiv. Sie stellt sich mir als subjektiver Sinnzusammenhang dar; sie erscheint mir sinnvoll in Auslegungsakten meines Bewusstseins; sie ist nach meinen Interessenlagen etwas zu Bewältigendes, ich projiziere in sie meine eigenen Pläne und sie leistet mir Widerstand bei der Verwirklichung meiner Zwecke, wodurch manches für mich durchführbar, anderes undurchführbar wird"* (Schütz, A./Luckmann, T. (1979): Strukturen der Lebenswelt. 1 Band, Frankfurt/M., S. 38).

[25] *"Wissenschaften, die menschliches Handeln und Denken deuten und erklären wollen, müssen mit einer Beschreibung der Grundstrukturen der vorwissenschaftlichen, für den – in der natürlichen Einstellung verharrenden – Menschen selbstverständlichen Wirklichkeit beginnen. Diese Wirklichkeit ist die alltägliche Lebenswelt"* (Schütz, A./Luckmann, T. (1979): a.a.O., 2. Band, S. 25).

[26] Girtler, R. (1995): Randkulturen: Theorie der Unanständigkeit, Wien-Köln-Weimar, S. 218ff.

Befragte möglicherweise dazu verleitet, irgendwelche Antworten zu geben, nur damit der Forscher zufrieden ist. Durch das ero-epische Gespräch soll eine Kommunikationssituation hergestellt werden, bei der beide Personen – also sowohl Forscher wie auch der zu Interviewende - sich öffnen.

Durch überwiegend persönliche Empfehlungen „von Befragten zu Befragten" waren die Interviewsituationen sehr entspannt. Einige Male passierte es, dass Personen, die von einem bereits Befragten gebeten wurden sich bei mir zu melden, von sich aus sagten, dass sie das Thema selbst sehr interessiere und sie sich auf das Interview bereits freuten. Aber es gab auch die Erfahrung, dass nach Abschluss des Interviews der Interviewpartner enttäuscht darüber war, weil er nicht das gefragt wurde, was er erwartet hatte. Dieses wiederum führte hoffentlich dazu, dass die Antworten – weil die Fragen unverhofft waren – sehr ehrlich ausfielen und ich mich der Wahrheit zu einem guten Stück genähert habe, wie es Roland Girtler in seinem Buch beschreibt. Andere wiederum entschuldigten sich dafür, dass sie mir kein Interview geben konnten, obwohl sie daran interessiert wären, aber sie hätten Bedenken hinsichtlich der Folgen, wenn es publik werden würde, dass sie für „so etwas" Zeit erübrigen könnten.

Gerade eine sehr offene Art der Befragung ermöglicht es Biographien in ihrem Gesamtverlauf zu erfassen und die Bedeutung und den Zusammenhang von Einzelepisoden vor dem Hintergrund der zeitlichen Veränderung zu erkennen, um auch dann die Frage nach dem „Woraus generiert die Person ihr Weltbild?" zu beantworten. Zudem war es ein Bestreben die Personen in ihrem beruflichen Umfeld zu interviewen, auch wenn dort strengere Zeitvorgaben herrschten und auch die Ablenkung durch Telefongespräche und ähnliches größer war.

Dennoch eröffnete gerade diese Atmosphäre spezifische Erkenntnischancen.[27] Auch wurden im Anschluss an jedes Interview noch Gedächtnisprotokolle erstellt, mit dem Ziel die Gesprächssituation festzuhalten, um noch zusätzlich Aufschluss über die Person zu erhalten.

### 4. Grenzen einer subjektbezogenen Analyse

Doch trotz dieser teilweise optimalen Interviewsituation und Auskunftswilligkeit der befragten Personen liegt in einer empirischen Untersuchung, welche die Arbeitswelt als Forschungsinteresse hat, eine besondere Schwierigkeit: Der Einfluss und die Rückkopplung des Berufes auf die Identität einer Person, die wiederum eine nicht zu unterschätzende Auswirkung auf die Authentizität der Interview-Aussagen hat.

---

[27] Siehe noch genauere Ausführungen dazu im Kapitel IV/1 (Interviewsituation).

Letztlich sind beide Seiten, d.h. der Interviewte, aber auch der Interviewer davon betroffen und treten sich in der sozialen Situation des Interviews als ‚professionelle Identitäten'[28] gegenüber, was zu Beginn einer Studie nicht unerwähnt bleiben darf.

Bezogen auf die hier zu untersuchende Gruppe der Führungskräfte wird damit eine Reihe von Fragen aufgeworfen. In wie weit ist es einem Interviewpartner tatsächlich möglich oder auch gestattet, der aufgrund seines Berufes interviwt wird, tatsächlich von diesem völlig zu abstrahieren[29] ohne dass er die Erwartungen des Interviewers enttäuscht?

In wie weit ist es einer Führungskraft, die durch oder wegen ihres bisherigen erfolgreichen Rollenhandelns[30] einen Aufstieg vollzogen hat, noch möglich eine ‚echte' persönliche Meinung zu definieren? Wie stark sind die Aussagen einer Führungskraft von einer berufs-notwendigen Rhetorik[31] beeinflusst, dass dies von dem Interviewten selbst nicht mehr als solche wahrgenommen wird? Ebenso muss gefragt werden, ob es in hierarchisch-organisationalen Strukturen lebenden Personen, welche einem immerwährenden Druck zur Anpassung, Einordnung und Unterordnung in die Logik der Struktur ausgesetzt sind, noch möglich ist sich davon zu distanzieren? Hinzu kommt, wie in Kapitel II/2 ausführlich dar-gestellt, dass dieser dauerhaft wirkende Zwang seitens der Organisation sehr subtil unterstützt wird, indem er vermeintlich abgeschwächt wird. Vor diesem Hintergrund bleibt die Erkenntnis, dass eine echte Individualität von Personen oder deren kritische sub-jektive Wahrnehmung der Verhältnisse seitens der Organisation nicht gewünscht ist und daher umso schwerer überhaupt möglich ist. Weiter wird die kritische Frage aufgeworfen, in wie weit sich ein im Wertschöpfungsprozess in verantwortlicher Position stehender

---

[28] Hiermit wird auf den Umstand verwiesen, dass der Beruf als die bedeutsamste Prägung für die soziale Identität eines Menschen gilt. Zum einen vollzieht sich am Beruf die Einschätzung und Einordnung einer Person innerhalb der Gesellschaft, d.h. Berufstätige werden über ihren Beruf beurteilt und wahrgenommen, zum anderen steht auch das Selbstverständnis einer Person mit seinem ausgeübten Beruf in Zu-sammenhang (vgl. Lucke, D. (1977): Ich-Stärke als Berufsqualifikation? Oder: Ist eine „gesunde Ich-Identität vereinbar mit berufskonformen Persönlichkeitsstrukturen? In: Beck, U. /Brater, M. (Hrg.) (1977): a.a.O., S. 237-249).

[29] Zum Thema Kommunikation, der Bedeutung eines gemeinsamen Kultur- und Wissenskontextes und der Problematik, dass es die ideale Sprechsituation nicht gibt: Habermas, J. (1981): Theorie des kommunikati-ven Handelns, Bd. 1 und Bd. 2, Frankfurt/M.

[30] Vor dem Hintergrund einer interaktionstheoretischen Identitätstheorie muss ein Individuum für ein erfolg-reiches Rollenhandeln drei Grundqualifikationen mitbringen: Frustrationstoleranz (Ertragen von Nicht-übereinstimmung zwischen Fremderwartung und Eigenbedürfnissen), eine kontrollierte Selbstdarstellung und Ich-Spontaneität (selbständige Interpretation von Rollen und Abstimmung mit den Deutungen des An-deren) und die Herausbildung einer flexiblen Über-Ich-Formation (Fähigkeit eine Rollen-Distanzierung vorzunehmen) (vgl. Lucke, D. (1977): a.a.O., S. 242f. ).

[31] Sieht die Attributionstheorie hier einen sehr starken Zusammenhang zwischen dem Erfolg in einer soziale Rolle und der Entwicklung von bestimmten Persönlichkeitsmerkmalen (d.h. aufgrund der Karriere wird eine Führungsposition erreicht und damit eng verbunden ist ein dementsprechendes und erwartetes Verhal-ten inklusive der selbstsicheren, motivierten und überzeugenden Rhetorik, die von einer Führungsperson erwartet wird), welche mit dieser Rolle in Verbindung gebracht werden, geht die Rollentheorie davon aus, dass das Verhalten einer Person eher wenig Informationen darüber liefert, wie eine Person ‚tatsächlich' ist. Im Gegensatz dazu liefert ein Verhalten, das von der ihr zugeschriebenen Rolle abweicht, weitaus stärkere Hinweise darüber, wie eine Person zu beurteilen ist: „Voraussetzung ist freilich die genaue Rollenkenntnis des Beobachtenden, sowie das Wissen darum, welche Rollen das Individuum eventuell gleichzeitig auszu-üben hat" (Wiswede, G. (1977): Rollentheorie, Stuttgart, S. 45). Dies ist jedoch im Rahmen eines 2stündigen Interviews kaum einzuschätzen.

Mensch einer ökonomischen Logik tatsächlich entziehen kann, d.h. in der Rolle als Privatperson tatsächlich von einer tagtäglich mehr als acht Stunden vorherrschenden Logik abstrahieren kann und nach Ende der Arbeitszeit (nach Abzug der alltäglich notwendigen Handlungen, wie Schlafen, Essen, Körperpflege usw.) oder auch während der Arbeitszeit eine nicht-professionalisierte Logik des Handels aufkommen lassen kann? Kann eine Person, deren Tag von Terminen durchzogen ist, in einem nicht-beruflichen Handeln diese gewohnte Art der Organisation des Lebens tatsächlich verleugnen, d.h. nicht auch die Freizeit nach Terminen und Prioritäten zu organisieren?

Eine Möglichkeit die Authentizität der Aussagen der Interviewten zu prüfen wäre gewesen, die Kollegen und Mitarbeiter, hier vor allem zu nennen die Sekretärinnen, ebenfalls zu interviewen. Auch verwiesen einige Interviewpartner darauf, dass es möglicherweise noch das Bild abrunden würde, würde man ihre eigenen Partner darüber befragen. Beide Möglichkeiten wurden jedoch nie in Betracht gezogen. Zum einen stellt sich hier die Frage, in wie weit Personen, die direkt oder indirekt von der befragten Führungsperson abhängig sind oder auch emotional mit ihr verbunden sind, selbst bereit sind mögliche negative Aussagen über den Interviewten zu tätigen? Zudem stellt sich eine ähnliche Problematik, welcher sich auch der Interviewer gegenübersieht, nämlich in wie weit eine Objektivität von Aussagen über eine Person generell möglich ist. Sowohl die Interviewten wie auch der Interviewer selbst unterliegen der Gefahr im Bewusstsein der subjektiven Perzeption der Wahrnehmung zu verharren, welche z.B. nicht frei ist von Sympathie oder Antipathie, Wohlwollen oder Glaubwürdigkeit gegenüber den Aussagen einer Person. Man könnte durchaus auch von einem Gefangensein in einer Art selbstreferentieller Kommunikation sowohl des Interviewers, wie auch des Interviewten sprechen, was letztlich eine abschließende objektive Wahrheitsfindung nicht nur erschwert, sondern nur bis zu einem gewissen Grad möglich macht. Obwohl vor allem der Wissenschaftler um diese Problematik weiß und daher stark bemüht ist zu abstrahieren und zu reflektieren und darüber hinaus dies noch durch in Kapitel I/3 ausgeführte Interviewmethode zu umgehen versucht, kann auch dieser nicht ausschließen, dass eine angestrebte wertfreie Einordnung der Aussagen immer gewährleistet ist.

Diese kurzen Ausführungen sollen verdeutlichen, dass sich die Autorin den Schwierigkeiten, die mit einer empirisch qualitativen Untersuchung und dabei vor allem einer subjektbezogenen Analyse einhergehen, bewusst ist. Dennoch kann davon ausgegangen werden, dass die Art der geführten Interviews durchaus Rückschlüsse auf die Motivation und Einstellung der Befragten zulassen, um eine grobe Strategietypologie zu entwerfen.

# Kapitel II: Prägende Einflussfaktoren und spezifische Umweltbedingungen von Führungskräften

## 1. Manager als Beruf

### *1.1. Vom Unternehmer zum High-Potential*

War der Unternehmer bis ins späte 19. Jahrhundert hinein Unternehmensgründer, Unternehmenseigentümer und Unternehmensleiter in einem und führte den Betrieb vor allem durch seine persönliche Präsenz und seine damit einhergehenden sehr individuellen Methoden,[32] so verlangte das stetige Anwachsen der Unternehmen auf mehrere hunderte Beschäftigte auch veränderte Anforderungen an die Führung und Organisation des Betriebes. Funktionen wie Planung, Koordinierung, Information und Kontrolle wurden immer bedeutender und immer weniger reichten Führungsmethoden aus, die sich allein auf die Persönlichkeit des Unternehmers gründeten. Hinzu kam, dass eine einzelne Person allein nicht überall und allzeit gegenwärtig sein konnte und es bedurfte weiterer Personen auf deren Schultern die Verantwortung für den Betrieb aufgeteilt werden konnte.

Mit der Ausweitung der Großunternehmen[33] kam es in Folge auch immer mehr zu einer Trennung zwischen der Ebene der Betriebseigentümer und der Ebene der Betriebsführung, der Manager bildete sich heraus und der Bedarf an fähigem und qualifiziertem Führungspersonal stieg fortlaufend, was sich auch an der Gründung von verschiedenen Schulen[34] zeigte. Auch in den anderen westlichen Industrieländern wie Frankreich, England oder den USA verlief die Entwicklung teilweise bereits schon früher in die gleiche Richtung.[35]

Die Wissensvermittlung setzte jedoch auch die Analyse und Erforschung des Gegenstandes, sowie die Systematisierung von vorhandenen Erfahrungen voraus, so dass eine Begründung der Management-Wissenschaft[36] eine logische Folge war. Die Vorstellungen

---

[32] Die „Allgemeine Gewerkslehre" empfahl 1868: *„Die beste Instruktion ist die mündliche, die der allezeit und überall gegenwärtige, alles durchschauende Unternehmer selbst gibt, und die, welche ein Beispiel den Angestellten fortwährend vor Augen hält"* (Emminghaus, A. (1868): Allgemeine Gewerkslehre, Berlin, S. 164. In: Rudolph, F. (1994): Klassiker des Managements: von der Manufaktur zum modernen Großunternehmen, Wiesbaden, S. 9).

[33] In Deutschland verdreifachte sich das Sozialprodukt von 1873 bis 1913. Galten in der Mitte des 19. Jahrhunderts Fabriken mit 50 Beschäftigten noch als Großunternehmen, gab es 1910 bereits eine Vielzahl von Betrieben mit über 1.000 Arbeitnehmern. So wuchs z.B. die Belegschaft der Krupp-Werke von 74 Personen 1848 auf 25.000 in den Jahren 1891/92 (Rudolph, F. (1994): Klassiker des Managements: von der Manufaktur zum modernen Großunternehmen, Wiesbaden, S. 9).

[34] 1898 wurden die ersten Handelshochschulen in Deutschland und Österreich gegründet und im Wintersemester 1911/12 studierten in diesen Einrichtungen bereits über 2.000 Studenten. Zum Wintersemester 1923/24 waren es bereits 5.000 Studierende. Das Fach Betriebswirtschaftslehre stand 1906 zum ersten Mal auf dem Stundenplan und der Titel eines Diplom-Kaufmanns wurde erstmals 1913 verliehen (ebd., S. 10).

[35] Roth, W.F. (2000): The Roots and Future of Management Theory: A Systems Perspective, Boca Raton, London, New York, Washington, D.C., S. 100.

[36] Dass die Wurzeln des Management-Gedankens bereits weit im Altertum liegen zeigt: George, C.S. (1972): History of Management Thought, New York.

darüber wie diese jedoch auszusehen hatte, waren in den westlichen Industrieländern sehr unterschiedlich.

Waren in den USA waren vor allem die arbeitsorganisatorischen Untersuchungen des Ingenieurs Frederick W. Taylor[37] von herausragender Bedeutung, so wurde Frankreich eher von den Ideen Henri Fayols[38] mit seiner systematischen Darstellung der Planung und Organisation in Großunternehmen geprägt. In Deutschland dagegen wandte man sich stark der Betriebswirtschaftslehre und dem Rechungswesen zu und mit den Schriften von Ernst Abbe[39] lagen die gesammelten praktischen Erfahrungen eines deutschen Unternehmers vor. Die bedeutendsten Vorläufer einer Management-Wissenschaft kamen jedoch mit Charles Babbage, Robert Owen und Andrew Ure aus England, die auch für einen Übergang von der Manufaktur zu Fabrik standen.[40] Mit all diesen Pionieren der Fabrikorganisation wurde *„das Management entdeckt, bevor es Management gab, das der Rede Wert gewesen wäre."* [41]

Bereits in den 20er Jahren des letzten Jahrhunderts entwickelte der Soziologe Max Weber sein Modell der „Bürokratischen Herrschaft", welches für ihn die kennzeichnende Herrschaftsform des modernen Kapitalismus darstellte. Sein Bürokratiemodell, auf deren Basis alle großen Organisationen funktionieren, gilt als die formal rationalste Form der Herrschaftsausübung, denn sie gibt dem administrativen Apparat einer Organisation Stabilität, Verlässlichkeit, Berechenbarkeit, Kompetenz und auch Disziplin. Er beschrieb dies mit der Metapher des „stahlharten Gehäuses", das in allen westlichen Gesellschaften zu einem kontinuierlichen Bestreben nach Rationalität und materiellen Gütern führt und prognostizierte das weitere Ausdehnen von Bürokratien, *„bis der letzte Zentner fossilen Brennstoffs verglüht."* [42]

Weber nahm damit entscheidenden Einfluss auf die Organisationsforschung, sowohl im Bereich des Managements wie auch im Bereich der öffentlichen Verwaltung und wurde zu

---

[37] Mit seinem Vortrag « A Piece Rate System » (Ein Stücklohnsystem) von 1895 und seinen von ihm entwickelten „Principles of Scientific Management" and „Mechanism of Scientific Management" gilt Taylor bis heute als Vater der wissenschaftlichen Betriebführung. Doch seine Studien waren auch deshalb so erfolgreich, weil in den Unternehmen, die nach dem Taylor-System arbeiteten, die Produktion innerhalb von zwei Jahren durchschnittlich um das Zweifache anstieg. 1940 hatten nahezu 90 Prozent der US-amerikanischen Industrieunternehmen das Taylor-System eingeführt (vgl. Rudolph, F. (1994): a.a.O., S. 13). Die spätere Einführung der Fließbandfertigung (Fordismus) war ebenfalls eine Folgeerscheinung dieser Studien.

[38] Fayol, H. (1929): Allgemeine und industrielle Verwaltung, München, Berlin. Die Grundlage von Managementfähigkeiten lassen sich für ihn in 14 Prinzipien zusammenfassen: Arbeitsteilung, Kompetenz und Verantwortlichkeit, Disziplin, Einheitlichkeit der Anordnungen, Einheitlichkeit der Leitung, Unterordnung persönlicher Ansprüche unter das Allgemeininteresse, faire Vergütung, Zentralisierung, einliniger Aufbau der Hierarchie, Ordnung, Überparteilichkeit, Stabilität, Initiative und Corpsgeist (vgl. Fayol, H. (1949): General and Industrial Management, London, S. 19f.).

[39] Abbe, E. (1989): Gesammelte Abhandlungen. Band 4 (unveröffentlichte Schriften wissenschaftlichtechnischen Inhalts; 1. Hälfte. Arbeiten zum Glaswerk zwischen 1882 und 1885) und Band 5 (Werden und Wesen der Carl-Zeiss-Stiftung), Hildesheim.

[40] Vgl. Rudolph, F. (1994): a.a.O., S. 10ff.

[41] Drucker, P.F. (1974): Die neue Management-Praxis, Düsseldorf/Wien, S. 50.

[42] Weber, M. (1984): Die protestantische Ethik und der Geist des Kapitalismus. Entnommen aus: Winkelmann, J. (Hrg.) (1984): Max Weber – Die protestantische Ethik I. Aufsatzsammlung, 7. Aufl., Gütersloh, S. 27-277 (S. 188).

Recht als *„Soziologe der organisatorischen Revolution"*[43] bezeichnet. Seine entwickelten Typologien und Begrifflichkeiten bilden bis in unsere heutige Zeit die Grundlage für viele andere Konzepte der Organisationspraxis und haben im Bereich der Managementschulung Maßstäbe gesetzt.[44]

Zeitgleich etwa wurden in den USA Untersuchungen zu psychologischen und soziologischen Aspekten des Arbeitsprozesses und deren Auswirkung auf die Produktivität der Arbeitnehmerschaft durchgeführt. Dies war der Auftakt zur sog. Human-Relations-Bewegung[45], die den Menschen, also den Arbeiter selbst, in den Mittelpunkt von Forschungen stellte. Das Philadelphia-Experiment 1923/24 und das Hawthorne-Experiment 1924-1929[46] sind hierbei zu nennen. In Deutschland wurde die weitere Entwicklung geprägt von der Psychoanalyse Freuds und der Tiefenpsychologie von Adler und Jung.[47] Weitere wichtige Meilensteine setzten auch das „Institut für Betriebssoziologie"[48] in Berlin, die Arbeiten der Verhaltenswissenschaftler Willy Hellpach und Eugen Rodenstock[49] und die Untersuchungen von Hendrik de Man.[50]

In den 40er und 50er Jahren stieg vor allem in den USA das Interesse an verhaltensorientierter Managementwissenschaft, welche sich in der Folgezeit in zwei verschiedene Richtungen aufspaltete: Zum einen in einen motivationsorientierten Ansatz mit Frederick Herzberg[51] und Frederick W. Taylor[52], zum anderen in einen systemorientierten Ansatz mit den Vertretern Chester Barnard[53] und Herbert A. Simon[54].

---

[43] Nisbet, R.A. (1975): Authority. In: Monahan, W.C.: Theoretical Dimensions of Education, New York, S. 204.

[44] Weber, M. (1924): Gesammelte Aufsätze zur Sozial- und Wirtschaftsgeschichte, Tübingen.
Weber, M. (1964): Wirtschaft und Gesellschaft – Grundriss der verstehenden Soziologie, Köln, Berlin.

[45] Kritisch betrachtet geht es bei diesem Ansatz darum, die Flexibilität und Innovationsfähigkeit einer Organisation zu steigern und eine ‚organisch-adaptive' Struktur zu schaffen. Dies wird erreicht mit und durch die Integration der Interessen und Bedürfnisse der Beschäftigten in die Zwecke der Organisation. Die Erweiterung der Autonomie, der Partizipation und der heute stark gruppenorientierten Arbeitsformen dienen dabei der Erschließung eines schier unerschöpflichen Motivationsdepots (vgl. Hoffmann, U. (1977): Neue Arbeitsformen im Managementbereich. Organisationsstrategien und Kompetenzstrukturen bei höheren Angestellten. In: Beck, U./Brater, M. (Hrg.) (1977): a.a.O., S. 113-178, S. 165).

[46] Mit Unterbrechungen wurde es noch bis 1939 durchgeführt (vgl. Mayo, E. (1933): The Human Problems of an Industrial Civilization, New York).

[47] Münsterberg, H. (1914): Grundzüge der Psychotechnik, Leipzig, S. 379.

[48] Das 1928 gegründete Institut für Betriebssoziologie und Soziale Betriebslehre an der TU Berlin problematisierte erstmals soziale Aspekte der Arbeitsabläufe (vgl. ).

[49] Hellpach, W. (1944): Sozialorganismen – eine Untersuchung zur Grundlegung wissenschaftlichen Gemeinschaftslebenskunde, Leipzig. Hellpach, W. (1946): Sozialpsychologie: ein Elementarlehrbuch für Studierende und Praktizierende, 2. Aufl., Stuttgart.

[50] De Man, H. (1927): Der Kampf um die Arbeitsfreude: eine Untersuchung auf Grund der Aussagen von 78 Industriearbeitern und Angestellten, Jena.

[51] Herzberg, F. (1959): The Motivation to Work, New York.

[52] Taylor, F.W. (1967): The Principles of Scientific Management, New York.

[53] Barnard, Ch. I. (1938): The Functions of the Executive, Cambridge/Mass.

[54] Simon, H.A. (1948a): Administrative Behaviour: A Study of Decision-Making Processes in Administrative Organization, New York.

17

Eine weitere Entwicklung war die Lehre vom „Organizational Behavior"[55], welche mit den Namen von George Homans[56] und Peter Blau[57] verbunden ist.

Die systemorientierte Managementlehre stand in den 50er und 60er Jahren auch stark unter dem Einfluss anderer Wissenschaftsdisziplinen, wie der Kybernetik[58], der Informationstheorie[59] und der Allgemeinen Systemlehre[60].

Heute bildet die Managementforschung ein klassisches Arbeitsfeld der Organisationssoziologie und Talcott Parsons[61] war dabei einer der ersten, der die Außenwelt eines Wirtschaftsunternehmens als ein zentrales Problem für die Erhaltung und Stabilisierung eines Systemgleichgewichtes herausarbeitete. Wichtige Arbeiten dazu verfassten March und Simon[62], denn sie widerlegten die Ansicht, dass sich Organisationen durch ein Stimulus-Reaktionsmodell steuern ließen und somit auch, dass Beschäftigte bloße Werkzeuge seien, die man nur „richtig" zu bedienen brauche. Sie arbeiteten heraus, dass die Wünsche, Motive und Antriebe der Organisationsmitglieder einen entscheidenden Einfluss auf die Qualität der Arbeit haben. Dies hat auch zur Folge, dass ein Stimulus bei den Beschäftigten unterschiedliche Verhaltensweisen auslösen kann und stellt in Folge den Begriff der rationalen Steuerung einer Organisation in Frage, was somit auch das Handeln des Managers, der Probleme optimal lösen soll, vor neue Herausforderungen stellt.

Hinzu kommt, dass es sich bei anstehenden Entscheidungen von Führungskräften in der Regel nicht um eine Entdeckung von neuen Möglichkeiten handelt oder um eine Auswahl zwischen optimalen Alternativen, sondern oftmals ‚nur' darum für alle Beteiligten einigermaßen zufrieden stellende Alternativen zu finden. Noch schwieriger wird es, wenn es darum geht vorhandene Sachverhalte oder Probleme zu optimieren.

*„Der Unterschied lässt sich mit den Suchvorgängen vergleichen, die nötig sind, um in einem Heuhaufen die spitzeste Nadel oder aber eine solche zu finden, die ausreichend spitz ist, um mit ihr nähen zu können."*[63]

---

[55] Es wird davon ausgegangen, dass die Leistung einer Gruppe immer von der Einstellung zum Ziel ihrer Tätigkeit maßgeblich beeinflusst. Eine Organisation wird dabei als ein flexibles, lernendes und gestaltendes System aufgefasst, das sich aus sich selbst heraus steuert und im Idealfall selbst reguliert. Wichtige Indikatoren sind dabei unter anderen Organisationsziel, Organisationsgleichgewicht, Rollenkonflikt und Entscheidungsfindung.

[56] Homans, G. SC. (1974): Social Behaviour: Its Elementary Forms, New York.

[57] Blau, P.R. (1971): The Structure of Organizations, New York. / Blau, P.R. (1983): On the Nature of Organizations, Malabar.

[58] Wiener, N. (1963): Kybernetik: Regelung und Nachrichtenübertragung im Lebewesen und in der Maschine, Jena. Barnard, Ch. I. (1938): The Functions of the Executive, Cambridge/Mass. Simon, H.A. (1948): Administrative Behaviour: A Study of Decision-Making Processes in Administrative Organization, New York.

[59] Shannon, C. (1956): Automata Studies, Princeton. Shannon, C., Weaver, W. (1971): The Mathematical Theory of Communication, University of Illinois.

[60] Bertalanffy von, L. (1968): General System Theory: Foundations, Development, Applications, New York.

[61] Parsons, T. (1977): Social Systems and the Evolution of Action Theory, New York.

[62] March, J.G./Simon, H.A. (1958): Organizations, New York. (deutsch: March, J.G./Simon, H.A. (1976): Organisation und Individuum, Wiesbaden).

[63] March, J.G./Simon, H.A. (1976): Organisation und Individuum, Wiesbaden, S. 141.

Schon bald zeigte sich, dass Ablaufprozesse in Unternehmensorganisationen effektiver gestaltet, Entscheidungen beschleunigt und Kommunikationswege verkürzt werden konnten. Dennoch ließ sich ein Unternehmen nicht als ein perfekter, sich selbständig dem Markt anpassender Regelkreis konstruieren. Die empirischen Forschungen von Alfred Chandler[64] zeigten, dass Organisationsstrukturen von Großunternehmen wie General Motors oder Ford in erster Linie durch die wechselnden Anforderungen des Marktes bestimmt werden und das Ergebnis seiner Untersuchung gipfelte in der berühmt gewordenen Zusammenfassung „structure follows strategy". Als weitere Klassiker der Managementwissenschaft gelten bis heute die Werke von Alfred P. Sloan,[65] Thomas J. Watson jun.[66] und das Werk von Peter F. Drucker[67].

Erfahrungsberichte bekannter Unternehmer und Führungskräfte wie John Sculley[68] (Apple), Andrew Grove[69] (Intel), Akio Morita[70] (Sony) oder auch Studien von Unternehmensberatungen gelten in der Wirtschaftswissenschaft bis heute als bedeutende Quelle praktischen und praktikablen Führungswissens.

## 1.2. Manager ist nicht gleich Manager

Wenn man heutzutage über „die Manager" spricht, so muss man berücksichtigen, dass bereits der Begriff „Manager" oder „Führungskraft" sehr ungenau definiert, vom nationalen Kontext stark geprägt und bereits innerhalb Europas sehr unterschiedlich zu fassen ist.

---

[64] Chandler A. (1962): Strategy and Structure: Chapters in the History of the Industrial Enterprise, Cambridge/Mass.

[65] Sloan baute General Motors zum größten Unternehmen der Welt aus und setzte bereits in den 20er Jahren neue Organisationsformen (Dezentralisierung), Marketinginstrumente (Marktforschung) und neue Führungsmethoden (Bonus-System) ein (vgl. Sloan, A.P. (1967): My Years with General Motors, London).

[66] Er setzte neue Maßstäbe im Bereich Marketing und Personalpolitik (vgl. Watson, T.J. (1966): A Business and its Beliefs: The Ideas that Helped Build IBM, New York).

[67] Drucker legte bereits in den 50er Jahren die bis heute gültigen Auffassungen über modernes Management nieder und gilt daher als einer der großen Management-Philosophen (vgl. Drucker, P.F. (1954): The Practice of Management, New York. Und Drucker, P.F. (1986): The Frontiers of Management: Where Tomorrow's Decisions are Being Shaped Today, New York).

[68] Byrne, J.A./Scully, J. (1987): Meine Karriere bei PepsiCo und Apple, Düsseldorf.

[69] Grove, A.S. (1985): Die Kunst des Managements: Ideen, Prinzipien und Techniken aus dem Managementkonzept von Intel, eines der erfolgreichsten Mikroelektronik-Unternehmen der Welt, Haar.

[70] Morita, A. (1986): Made in Japan: Eine Weltkarriere, Bayreuth, 4. Aufl.

So bilden die Führungskräfte in Frankreich[71], bedingt durch das Schulsystem, welches eine klare Elitenausbildung[72] aufweist, eine eigene Interessengruppe „Cadres"[73], die sogar von eigenen Gewerkschaften vertreten wird. In Deutschland dagegen bezeichnet der Begriff der Führungskraft zunächst einmal nur eine grundsätzliche Funktion, nämlich die Ausübung einer leitenden Funktion, die sowohl von einem Arbeiter, wie auch von einem Angestellten ausgeübt werden kann. Auch findet sich keine gemeinsame deutsche Bezeichnung für eine solche sozio-professionelle Gruppe. In den Bundesländerstatistiken findet man unterschiedliche Begriffe: ‚Leitende Angestellte', ‚Führungskräfte' und ‚Akademiker' um diese Gruppe zu kategorisieren.

In Deutschland finden der „erfolgreiche" berufliche Werdegang und die sekundäre Sozialisation junger Manager innerhalb der Unternehmen statt. Man kann dabei unterscheiden zwischen der Potentialidentifikationsphase, die in den ersten Jahre stattfindet und ähnlich einer Ausbildung ist, d.h. einer Phase des Erwerbs von unternehmensspezifischem Know-how entspricht und der Potentialentwicklungsphase, die darauf aufbaut.[74] Noch deutlicher wird dies in den inzwischen weit verbreiteten Trainee-Programmen, die Jungakademiker beim Berufseinstieg innerhalb eines Unternehmens nochmals durchlaufen müssen.

Auch die berufliche Identität[75] junger Manager und junger Ingenieure definiert sich in Deutschland - im Vergleich zu Frankreich, wo diese Rolle von den Grandes Ecoles[76] erfüllt wird - sehr stark über das Unternehmen bzw. das Fachgebiet in dem der Jungakademiker seine ersten Karriere-Schritte macht. Es wird eher von einem Siemens-Ingenieur oder von einem Maschinenbau-Ingenieur gesprochen, als davon wo er seinen Abschluss gemacht hat.

---

[71] Davoine, E. (2002): Zeitmanagement deutscher und französischer Führungskräfte, Wiesbaden.

[72] Einen sehr guten Einblick in die Reproduktion von Elite in Frankreich findet sich bei: Bourdieu, P. (1981): Titel und Stelle - Über die Reproduktion sozialer Macht, Frankfurt/M.

[73] Cadres in Frankreich haben nicht zwangsläufig eine Leitungsfunktion inne, aber jedoch sind alle Personen, die eine Leitungsfunktion ausüben auch Cadres. Der Begriff ist zwar an eine hierarchische Funktion gebunden, zu-nächst aber mit einem hierarchischen, juristischen und sogar sozialen Status verbunden. Daher wird der ‚Statut Cadre' immer noch als eine Barriere begriffen, als ein anzustrebendes Ziel, oder aber als Belohnung am Ende einer Karriere als Angestellter oder verdienter Meister (vgl. Davoine, E. (2002): a.a.O., S. 34 ff.).

[74] Vgl. Evans, P. /Lank, E./Farquhar, A. (1989): Managing Human Resources in the International Firm. In: Evans, P. /Doz, Y. /Laurent, A. (Eds.) (1989): Human Resource Management in International Firms, London, pp. 113.) Übersetzung von Scholz, Ch. (1993): Personalmanagement, München.

[75] Vgl. Lanciano, C. /Nohara, H. (1994): Socialisation des ingénieurs et construction de leurs compétences : comparaison internationale, in L'impact du modèle industriel japonais sur l'organisation du travail et les relations industrielles en Europe: le cas de l'Allemagne et de la France, colloque Université Paris X Nanterre. In: Davoine, E. (2002): a.a.O., S. 36.

[76] Das französische Ausbildungssystem bildet nach wie vor Eliten und ein damit verbundenes Statusbewusstsein aus. Der Abschluss einer Grande Ecole und der damit erworbene Status kann auf keinem anderen Weg mehr - auch nicht durch Weiterbildung - kompensiert werden. Die Elite, die dort heranwächst und die damit verbundene Prägung wird in der Aussage eines Technikers deutlich: „Die Streifen eines Zebras kann man niemals wegwischen" (vgl. Davoine, E. (2002): a.a.O., S. 41).

Dass sich der deutsche Manager zu anderen europäischen Führungskräften sehr stark über sein Fachwissen definiert, zeigen auch andere Studien[77]: Ein Vergleich zwischen deutschen und britischen Manager in der mittleren Führungsebene ergab, dass die Auffassung der Managerrolle bei den deutschen nicht universell ist und sehr fachspezifisch definiert wird. Das Fachwissen scheint bei den befragten britischen Managern, deren hierarchische Position vergleichbar ist, eine weitaus geringere Rolle zu spielen. Als Gründe werden dafür das deutsche Bildungssystem und die deutsche Arbeitskultur angeführt. Hinzu kommt, dass diese Fachkompetenz auch ein zentrales Thema der deutschen Berufsausbildung ist.

Die hohe Wertschätzung des Fachwissens unter deutschen Managern hat auch einen signifikanten Einfluss auf die Definition der eigenen Autorität gegenüber den direkten Mitarbeitern: Der deutsche mittlere Manager definiert sich als Kollege und als ‚primus inter pares' dem ein höheres Fachwissen und eine längere Berufserfahrung die Möglichkeit und die Legitimität verleiht seine Mitarbeiter einzusetzen und anzuleiten. Bis heute ist die dominante subjektive Führungstheorie des Mittleren wie auch Höheren Managements: Führung ist nur dann möglich, wenn man auch das dafür erforderliche Fachwissen besitzt.[78]

Dieses Fachwissen[79], welches im Unternehmen erworben und dort auch immer wieder unter Beweis gestellt wird, gibt dem Manager eine Expertenautorität, die sich später auch in hierarchische Autorität umsetzt. Diese interne Wertschätzung begünstigt immer noch einen Karriereweg innerhalb der gleichen Firma oder zumindest innerhalb des gleichen Konzerns. Im Gegenzug dazu, weil es in der Regel als unternehmensspezifisch gilt und der unter-nehmensinterne Erfolg eher eine schwache Außenwirkung aufweist, produziert diese Art von Karrieresystem eher „Bergsteiger-Karrieren" [80], bei denen Führungskräfte nach einem anonymen Start innerhalb des Unternehmens kontinuierlich aufsteigen.

Die hohe Wertschätzung von berufsspezifischem Fachwissen erklärt auch die „Kamin-Karrieren"[81] von deutschen Managern, welche innerbetriebliche Karrieren ohne größere Mobilität zwischen Fachbereichen und Abteilungen möglich machte. Erst die letzten Jahre ist eine Änderung festzustellen: Die breite Einführung von Assessment-Centern und Mana-

---

[77] Stewart,R./Barsoux, J.-L./Kieser, A./Ganter, H.-D./Walgenbach, P. (1994): Managing in Britain and Germany, London .
Eberwein, W. /Tholen, J. (1993): Euro-Manager or Splendid Isolation? – An Anglo-German Comparison, Berlin, New York.
[78] Vgl. Walgenbach, P. (1994): Mittleres Management, Wiesbaden, S. 139-143.
[79] Viele großen deutschen Konzerne (Daimler-Chrysler, Metallgesellschaft, SAP) haben inzwischen „corporate universities", so die trendige Bezeichnung für betriebsinterne Kurse. Diese interne Ausbildung soll Entwicklungschancen bieten. Jedoch ist zu fragen, ob dies die zeitgemäße Alternative dazu ist, dass man früher den Arbeitnehmern Sicherheit bot, heute nur mehr Entwicklungschancen? (Süddeutsche Zeitung: ‚Studieren in der Arbeit: http://www.sueddeutsche.de/jobkarriere/erfolggeld/artikel/28/13015/).
[80] Vgl. Peretti, J.M. (1991): Vers un marché inique du recrutement? In : Revue Francaise de Gestion, Mars-avril-mai, pp. 89-97. In: Davoine, E. (2002) : a.a.O., S. 36.
[81] In Deutschland sind rund 40 Prozent der „Big Linkers" der Wirtschaft – Vorstandsvorsitzende großer Unternehmern oder Banken, die mehrere Aufsichtsratsposten wahrnehmen - länger als 10 Jahre im Unternehmen. In den USA liegt dieser Anteil überraschenderweise sogar bei fast 50 % (vgl. Windolf, P. (2000): Berufsverläufe von deutschen und britischen „Big Linkers", Vortragsmanuskript. In: Pohlmann, M. (2003): Der Generationswechsel und die „Weltklasse" des Managements. In: ISO-Mitteilungen, Nr. 2/September 2003, Saarbrücken, S. 50-63).

gementnachwuchsprogrammen zur Rekrutierung des Führungsnachwuchses wie auch eine immer stärkere akademische Bildung der jüngeren Generation stellen diese traditionellen Karrieremuster in Frage. Hinzu kommt, dass zwar die Bergsteiger-Karrieren den Zugang zu den höheren Rängen des mittleren Managements oder zu Geschäftsführung in einem Mittelstandsunternehmen ermöglichten bzw. ermöglichen, selten jedoch den Zugang zum Vorstandssessel von deutschen Konzernen.[82] Dieser hängt zum überwiegenden Maße in Deutschland immer noch von der Herkunft ab wie eine STERN-Studie[83] aus dem Jahr 2003 zeigt: Nur ein einziger Vorstandchef der 30 im DAX notierten Unternehmen kommt aus der Arbeiterschicht.

## 1.3. Der Manager als Führungsperson

### 1.3.1. Begriff der individuellen Führung

Der Manager soll führen und die Richtung bestimmen, soweit besteht Einigkeit. Doch der Kontext in dem er agiert, also seine Leitungsfunktion ausfüllt, wird von der jeweiligen Organisation durch formelle und informelle Macht-, Kompetenz- und auch Verantwortlichkeitsstrukturen bestimmt. Die formalen Strukturen werden von Organigrammen, hierarchischen Strukturen, Stellenbeschreibungen, Arbeitsanweisungen, aber auch durch die vorherrschende Kultur innerhalb der Organisation bestimmt und geregelt. Doch je anspruchsvoller die Tätigkeit, desto mehr ist sie auch mit sozialer Verantwortung verbunden und desto mehr spiegelt sich darin auch die Komplexität der Organisation wider. Die Betrachtung der Organigramme und Hierarchien reicht nicht aus, um die Aufgabe der Führu-ng zu erfassen.

Dies mag ein Grund dafür sein, dass sich in der Literatur eine Vielzahl von Versuchen findet, die Tätigkeit von Führungskräften zu charakterisieren, zu analysieren und zu bewerten, aber die Ergebnisse sehr unterschiedlich ausfallen. Ein einheitlicher Führungsbegriff lässt sich bis heute in der betriebswirtschaftlichen Literatur nicht ausmachen. Die widersprüchlichen Entwicklungen, die Konkurrenz und die gegenseitige Abwertung der verschiedenen Ansätze auf dem Gebiet der Managementtheorie insgesamt wurden schon in den 80er Jahren als Dschungelkrieg[84] – im Dschungel der Managementtheorien – bezeichnet und dies gilt auch heute noch. Denn neben einer Vielzahl von wissenschaftstheoretischen Strömungen finden sich auch noch Strukturorganisationsmodelle (Sparten nach McKinsey) und strategische Planungsmatrizen (Portfolio nach Boston Consulting). Im Weiteren haben betriebswirtschaftliche Ansätze wie z.B. „Business Re-Engineering", „Total-Quality-Management", „Kaizen – kontinuierlicher Verbesserungsprozess" und „Lean-Management" einen entscheidenden Einfluss auf Organisationsstrukturen und Organisati-

---

[82] Vgl. Walgenbach, P. (1994): a.a.O., S. 127-129.

[83] Vgl. STERN, „Das Märchen von der Chancengleichheit" vom 17.07.03:
http://www.stern.de/wirtschaft/arbeit-karriere/?id=510485&eid=&nv
http://www.stern.de/wirtschaft/arbeit-karriere/?id=510508&eid=&nv

[84] Snyder, N./Wheelen, T. (1981): Managerial Roles: Mintzberg and the Management Process Theorists. In: Academy of Management Proceedings, p. 249 – 253, (p. 249). Koontz, H. (1982): The Management Jungle Revisited. In: The Academy of Management Review, No. 2, p.175-187 (p. 175).

onsabläufe in Unternehmen genommen und somit auch auf die Arbeit von Führungskräften[85].

Bereits ein Blick in die Literatur, was man unter ,individueller Führung' zu verstehen hat, lässt erkennen, dass es den „One Best Way" wohl nicht gibt. So wird u.a. in funktionelle und institutionelle Ansätze[86] unterschieden, wobei die funktionellen Ansätze nochmals unterteilt werden in funktionell–anthropozentrische[87] und funktionell-technische Ansätze.[88] Oft wird auch der Management-Begriff mit dem der Leitung und der Führung[89] gleichgesetzt. Zusammenfassend ist festzustellen, dass sich in der Literatur eine unüberschaubare Zahl von weiteren Definitionen und Ansätzen[90] zum Begriff „Führung" finden.

Daher soll hier abschließend nur noch auf die Systematik und die Einzelschritte eingegangen werden, welche die Deutsche Management-Gesellschaft in Form des Managementkreises[91] entwickelte und die daher sehr verbreitet ist. Die dort dargestellten Stufen „Ziele setzen - Planen - Entscheiden – Realisieren – Kontrollieren – Kommunizieren" werden als ein in sich geschlossener Kreis verstanden, dessen zwangsläufige Abfolge weder geändert noch eine Stufe übersprungen werden kann. Auffallend ist dabei, dass die Kommunikation an letzter Stelle steht.[92]

Auch der Umsetzung von Führung zur Sicherstellung einer planvollen und systematischen Führungsleistung wurden im Laufe der vergangenen Jahrzehnte ganze Bibliotheken ge-

---

[85] Einen kurzen, aber dennoch aussagekräftigen Überblick über verschiedene Management-Begrifflichkeiten wie „Balanced Scorecard" über „Due Diligence" bis „Total Quality Management" und deren möglichen Folgen gibt eine Serie der Süddeutschen Zeitung: ,Management-Chinesisch: Von Benchmarking bis zu Shareholder Value': http://www.sueddeutsche.de/jobkarriere/erfolggeld/artikel/559/4555/.

[86] Rühli, E. (1985): Unternehmensführung und Unternehmenspolitik, Bern und Stuttgart, Bd. I, 2. Aufl., S. 20.

[87] Dieser stellt ab auf eine Beeinflussung des menschlichen Verhaltens: *„Führung sei die Fähigkeit einen Menschen dazu zu bringen, das zu tun, was man will, wann man will, wie man will, weil er selbst es will"* (Eisenhower, Dwight D. zitiert nach: Scanlan, B. K. (1970): Führungstechnik für Manager; ein Leitfaden zur erfolgreichen Mitarbeiterführung. München, S. 33).

[88] Diese konzentrieren sich auf die Entscheidungsfindung: *„ Unternehmensführung bedeutet ... die geistige Auseinandersetzung mit praktischen Problemen in dem Bestreben, für das Unternehmen richtige Entscheidungen zu treffen. Das Anordnen im Betrieb, die Durchsetzung der beschlossenen Maßnahmen im einzelnen, die dabei notwendig werdende Überwindung von Schwierigkeiten, das Problem der sog. Menschenführung, sind keine wesensmäßigen Bestandteile des Tatbestandes Unternehmensführung mehr"* (Pöhlmann, G. (1964): Der Prozess der Unternehmensführung. Berlin, S. 19).

[89] Führung wird dabei verstanden als *„die Gesamtheit der Institutionen, Prozesse und Instrumente, welche „im Rahmen der Problemlösung durch eine Personengemeinschaft (mit komplexen zwischenmenschlichen Beziehungen) der Willensbildung (Planung und Entscheidung) und der Willensdurchsetzung (Anordnung und Kontrolle) dient"* (Rühli, E. (1985): a.a.O., S. 28).

[90] Vgl. Ramme, I. (1990): Die Arbeit von Führungskräften: Konzepte und empirische Ergebnisse, Bergisch-Gladbach, Köln, S. 15ff. In dieser sehr ausführlichen Arbeit wird eine Unterscheidung zwischen der Funktion, der Aktivität, der Rolle und der Aufgabe von Führungskräften vorgenommen.

[91] Jeuschede, G. (1994): Grundlagen der Führung: Führungsprozess, Führungskreis, Führungsfunktion, Führungskonzeptionen, Führungsstil, Wiesbaden, S. 5.

[92] Besonders vor dem Hintergrund der Erfahrung, dass sich oft die besten Ideen nicht durchgesetzt haben, weil sie von den Menschen nicht angenommen und nicht mitgetragen wurden oder einfach falsch verstanden wurden.

widmet und vor allem in den USA Führungsmodelle[93] entwickelt, welche als Gestaltungshilfen für die Praxis und als Empfehlung von Verhaltensweisen für Führungskräfte dienen sollen.

Im Laufe der Zeit haben sich vier Hauptlinien dieser Führungskonzepte, auch „Management-by-Techniken"[94] genannt, herauskristallisiert. Jedoch ist darauf zu verweisen, dass die Wahl des Führungskonzeptes in der Realität zweitrangig ist, solange die Funktion der Führung, d.h. die Erfüllung der Vorgaben der Eigner (Unternehmer, Aktionäre, Staat) erreicht werden und im Interesse der Organisation liegen. Dabei muss jedoch auch damit gerechnet werden, dass vor allem dort wo „Fremdmanager" (im Vergleich zum Besitzer und Manager in einer Person) die Geschicke einer Organisation leiten, es durchaus zu einer gewissen Interessendivergenz kommen kann. Dies gilt sowohl für die private Wirtschaft[95], d.h. dass Manager weniger im Interesse der Eigner handeln, wie auch für den Staat, wenn führende Beamte im öffentlichen Dienst andere Ziele anstreben[96], als diese vom Parlament oder der Landesregierung vorgegeben werden. Ein Versuch, dieser Interessendivergenz entgegenzuwirken, ist eine gewisse Identifikationspolitik[97] durch den Aufbau einer Cooperate Identity, welche eine verbindende Vision unter den Mitarbeitern schaffen und alle in eine Kultur des Unternehmens mit einbeziehen soll. Beim Management geschieht dies sehr stark durch finanzielle Anreizsysteme und der Führungserfolg selbst wird zumeist daran festgemacht, in wie weit Zielvorgaben erfüllt wurden.

## 1.3.2. Veränderungen des Führungsstils

Doch auch die Umsetzung der unternehmerischen Zielvorgaben seitens der Führungskräfte unterliegt einem starken Wandel, wie ein Blick auf die Veränderung des Führungsstils zeigt. Diese zunächst sehr personenabhängige Komponente wird von einem gewissen Zeitgeist beeinflusst und kann auch organisationsspezifisch sehr unterschiedlich ausfallen.

---

[93] Ebd., S. 10-62. Neben den reinen auf die Mitarbeiter bezogenen Führungsmodellen finden sich in der Literatur auch noch „integrierte Management-Modelle", die sich sowohl auf die Gesamtsteuerung der Unternehmung und ihrer Teilbereiche als auch auf die Führung des einzelnen Mitarbeiters beziehen. Die bekanntesten sind das „St. Gallener Management-Modell" und der „Zürcher-Ansatz".

[94] Es wird unterschieden zwischen: „Management by Objectives" (MbO), „Management by Exception" (MbE), „Management by Delegation" (MbD), auch Harzburger Modell genannt und „Management by Control" (MbC) (vgl. u.a. vgl. Hopfenbeck, W. (1989): Allgemeine Betriebswirtschafts- und Managementlehre. Das Unternehmen im Spannungsfeld zwischen ökonomischen, sozialen und ökologischen Interessen, Landsberg/L., S. 477ff., Worpitz, H. (1991): Wissenschaftliche Unternehmensführung? – Führungsmethoden, Führungsmodelle, Führungspraxis, Frankfurt/M., Höhn, R. (1970): Das Harzburger Modell in der Praxis - Rundgespräch über die Erfahrungen mit dem neuen Führungsstil in der Wirtschaft, 2. Auflage, Bad Harzburg. Höhn, R. (1986): Führungsbrevier der Wirtschaft, 12. Aufl., Bad Harzburg. Strackbein, R. (2002): Ergebnisorientiert delegieren: Engagement fordern, Selbstverantwortung fördern, Wiesbaden).

[95] Vgl. Pirchegger, B. (2001): Aktienkursabhängige Entlohnungssysteme und ihre Anreizwirkungen, Wiesbaden.

[96] In der Wissenschaft wird dies als Prinzipal-Agent-Problematik bezeichnet, wobei der Auftraggeber der Prinzipal und die ausführende Person den Agenten darstellen.

[97] Vgl. Wunderer, R./Mittmann, J. (1995): Identifikationspolitik. Einbindung des Mitarbeiters in den unternehmerischen Wertschöpfungsprozess, Stuttgart.

Empirische Untersuchungen zeigen, dass im westdeutschen Management bis in die 70er Jahre hinein ein patriarchalisch-autoritärer Führungsstil dominierte, der vergleichsweise an starker Hierarchisierung, Zentralisierung und Formalisierung betrieblicher Entscheidungsprozesse orientiert war.[98] Erst zu Beginn der 80er Jahre kam es zu einer Veränderung hin zu einem stärker mitbestimmungsorientierten Führungsverständnis. Hintergrund für die Etablierung dieses Führungsverständnisses ist ein tiefer organisatorischer Wandel[99] ab Mitte der 80er Jahre hin zu mehr Dezentralisierung, Enthierarchisierung, Partizipation, Demokratisierung und Humanisierung. Ein weiterer Grund[100] für diesen Wandel scheint der in den 80er Jahren vollzogene Generationswechsel im Management gewesen zu sein, der einen Partizipationsschub in den Betrieben mit sich brachte.

Dieser Trend[101] hin zu einem stärker partizipativen, teamorientierten Führungsstil im westdeutschen Management hat sich in den 90er Jahren noch verstärkt:

*„Dem paradigmatischen Anspruch von Lean Management entsprechend gelten Dezentralisierung, Selbstorganisation, Gruppen- und Teamarbeit, Aufgabenintegration, direkte Partizipation, kooperative Führungsstile und diskursive Unternehmenskulturen nunmehr als geeignete Mittel, eine kleinschrittige, von Beschäftigten selbst getragene Optimierung der Organisationsabläufe und Arbeitsprozesse in Gang zu setzen."*[102]

Neueste Untersuchungen[103] zeigen jedoch, dass der Trend der partizipativen Rationalisierung nicht nur ins Stocken geraten ist, sondern auf diesem Gebiet sogar wieder eine Kehrtwende zu verzeichnen ist.

Für Deutschland kann festgehalten werden, dass die Herkunft der Führungskräfte (West- oder Ostdeutschland) auch heute noch Einfluss auf das jeweilige Führungsverständnis hat.[104] Eine weitere Entwicklung zeigt eine im November 2003 veröffentlichte Untersu-

---

[98] Eberwein, W./Tholen, J. (1993): Euro-Manager or Splendid Isolation? International Management - An Anglo-German Comparison, Berlin, New York.
Hofstede, G. (2001): Culture's Consequences. Comparing Values, Behaviours, Institutions and Organizations Across Nations, Thousand Oaks.
[99] Dörre, K./Neubert, J. (1995): Neue Managementkonzepte und industrielle Beziehungen: Aushandlungsbedarf statt „Sachzwang Reorganisation". In: Schreyögg, G./ Sydow, J. (Hrg.) (1995): Managementforschung 5. Empirische Studien, Berlin, New York, S. 167-213.
Deutschmann, C./ Faust, M./ Jauch, P./Notz, P. (1995): Veränderung der Rolle des Managements im Prozeß reflexiver Modernisierung. In: Zeitschrift für Soziologie, 24. Jg., H. 6, S. 436- 450.
[100] Gergs, H.-J./Schmidt, R. (2002): Generationswechsel im Management ost- und westdeutscher Unternehmen. Kommt es zu einer Amerikanisierung des deutschen Managementmodells? In: Kölner Zeitschrift für Soziologie und Sozialpsychologie, 54. Jg., H. 3, S. 553-578.
[101] Bosch, A. (1997): Vom Interessenskonflikt zur Kultur der Rationalität. Neue Verhandlungsbeziehungen zwischen Management und Betriebsrat. München, Mering.
[102] Dörre, K./Neuber, J. (1995): a.a.O., S. 169.
[103] Dörre, K. (2001): Das Pendel schwingt zurück. Arbeit und Arbeitspolitik im flexiblen Kapitalismus. In: Ehlscheid, C. (Hrg.) (2001): „Das regelt schon der Markt!" Marktsteuerung und Alternativkonzepte in der Leistungs- und Arbeitszeitpolitik, Hamburg, S. 37-58.
Dörre, K. (2002): Kampf um Beteiligung. Arbeit, Partizipation und industrielle Beziehungen im flexiblen Kapitalismus. Eine Studie aus dem Soziologischen Forschungsinstitut Göttingen (SOFI), Wiesbaden.
[104] Geschäftsführer ostdeutscher Herkunft neigen eher einem Führungsstil zu, der sich auf überlegenes Fachwissen als Grundlage einer Autorität sowie auf Anweisungen und Kontrollen gründet, damit also eher von

chung,[105] nämlich dass mit dem Ausscheiden der älteren Managergeneration auch eine Veränderung zu weniger patriarchaler Verantwortung und geringerer Fürsorge gegenüber den Mitarbeitern einhergeht. Bemerkenswert ist, so die Studie, dass aber auch das kooperative Führungsverständnis bei der älteren Managergeneration noch eine größere Rolle spielte als bei den nachrückenden, jüngeren Führungskräften.

Insgesamt ist zu konstatieren, dass ein *„partizipatives, kooperatives Verständnis der Mitarbeiterführung sich im Topmanagement der mittelständischen Industrie weitgehend durchgesetzt hat und allgemein befürwortet wird. Es korrespondiert mit einer entsprechenden Rollenzuweisung der Geführten, die ihre Aufgaben selbständig und eigenverantwortlich erledigen sollten.*"[106]

---

autoritär-patriarchalische, kontroll- und anweisungsbetonten Führungseinstellungen dominiert wird und stärker an bürokratischen Regeln und formalisierten Verfahren der hierarchischen Aufgabendelegation orientiert ist. West-deutsche Unternehmensleiter zeigen dagegen eher ein kooperatives und partnerschaftliches Führungsverständnis. Dieses korrespondiert mit einer entsprechenden Präferenz für die Delegation von Aufgaben, das Einräumen von Selbstständigkeitsspielräumen und der Stärkung von Eigenverantwortlichkeit für die Mitarbeiter (vgl. Alt, R./Lang, R. (1998a): Führungskräfte im Prozeß tiefgreifender Veränderungen von Unternehmen. In: Becker, M. (Hrg.) (1998): Unternehmen im Wandel und Umbruch. Transformation, Evolution und Neugestaltung privater und öffentlicher Institutionen. Stuttgart, S. 211-233. Alt, R./Lang, R. (1998b): Wertorientierungen und Führungsverständnis von Managern in sächsischen Klein- und Mittelunternehmen. In: Lang/R. (Hrg.) (1998): Führungskräfte im osteuropäischen Transformationsprozess. München, Mering, S. 247-271. Lungwitz, R.-E./Preusche, E. (1999): Vom Mängelwesen zum Macher? Manager in Ostdeutschland als Gestalter einer leistungsfähigen Unternehmens- und Arbeitsorganisation. In: Arbeit, 8. Jg., H. 4, S. 341-356. Bosch, A. (1997): Vom Interessenskonflikt zur Kultur der Rationalität. Neue Verhandlungsbeziehungen zwischen Management und Betriebsrat, München, Mering).

[105] Bei der vom Institut für Soziologie an der Universität Jena durchgeführten Studie wurden insgesamt 700 mittelständische Unternehmen in Ost – und Westdeutschland befragt.
Martens, B./Michailow, M./Schmidt, R. (Hrg.) (2003): Managementkulturen im Umbruch, Sonderforschungsbereich 580 "Gesellschaftliche Entwicklungen nach dem Systemumbruch. Diskontinuität, Tradition und Strukturbildung", Mitteilungen 10/2003, Universität Jena.

[106] Ebd., S. 34.

## 1.3.3. Erfolgreiche Führung als Kontextprodukt

Dass nicht die Führungskraft alleine dafür verantwortlich gemacht werden kann, wenn sich der erwünschte Erfolg nicht einstellt, darauf verweist die aktuelle Führungsforschung. Denn nicht allein die Persönlichkeitsmerkmale der Führungskraft oder deren Verhalten (Führungsstil) machen den Führungserfolg aus, sondern eine Vielzahl von Bedingungen, auf deren Gestaltung die Führungskraft nur bedingt Einfluss nehmen kann, bestimmen über Erfolg oder Misserfolg.

Die Einsicht, dass Führung nicht im luftleeren Raum stattfindet, sondern stark vom Kontext beeinflusst wird, entlässt zwar die Führungskraft nicht aus ihrer Verantwortung, jedoch zeigt sie auch, dass es ,den Manager mit Erfolgsgarantie nicht gibt'[107]. Unterschiedliche Ebenen und Komponenten sind für eine erfolgreiche Führung zu berücksichtigen und miteinander zu verbinden:[108]

a) Die Führungssituation (z.B. Kultur und politisches System des Landes, Größe, Struktur der Firma, Branchenzugehörigkeit der Organisation, Machtbasis des Führenden).

b) Die Person des Führenden (z.B. Intelligenz, Mut, Entscheidungsfreudigkeit, soziale Kompetenz, Big Five[109]).

c) Das Führungsverhalten (z.B. Führungsstil[110], Vorbildverhalten, Interpretation der Führungsrolle).

d) Den Führungserfolg (hinsichtlich des Geführtenverhaltens und hinsichtlich der Effizienz).

All diese Komponenten, die sich wiederum aus einer Vielzahl von verschiedenen Teilen zusammensetzen, können auf sehr unterschiedliche Weise zusammentreffen und in Folge davon auch dann sehr unterschiedliche Ergebnisse zeitigen. Sicherlich liegt ein sehr stabiles Element in der Person der Führungskraft selbst, die auf situative Gegebenheiten reagiert. Schon oft haben gute Manager Firmen durch sehr schwierige Gewässer geführt, weil sie einerseits der Belegschaft Vertrauen und Zuversicht vermitteln konnten, andererseits aber gegenüber Geschäftspartnern oder Banken unmissverständlich und autoritär aufgetreten sind.

---

[107] Diese Einsicht setzte sich auch durch als es um die Besetzung des Geschäftsführers und den Umbau der Bundesagentur für Arbeit ging (vgl. Süddeutsche Zeitung vom 8. Januar 2004 „Arbeitsämter - Der weite Weg von der Anstalt zur Agentur": http://www.sueddeutsche.de/jobkarriere/erfolggeld/artikel/449/24425/ und Süd-deutsche Zeitung,, 2. Februar 2004 „Bundesagentur für Arbeit - Umbau auf allen Etagen": http://www.sueddeutsche.de/jobkarriere/erfolggeld/artikel/942/25917/).

[108] Rosenstil, L. v. (2001): Führung. In: Schuler, H. (Hrg.) (2001): Lehrbuch der Personalpsychologie, Göttingen, S. 317-347 und Rosenstil, L. v. (2002): Führung in Organisationen. In: (2002): a.a.O., S. 203-244, (S. 211).

[109] Dabei handelt es sich um die Persönlichkeitsmerkmale: Extraversion, Emotionale Stabilität, Verträglichkeit, Gewissenhaftigkeit und Offenheit für Erfahrungen (vgl. Judge, T.A./Higgins, C./Thorensen, C.J./Barrick, M.R. (1999): The Big Five Personality Traits, General Mental Ability, and Career Success Across the Life Span, Personel Psychology 52, p. 621-652).

[110] Vgl. Seidl, E. (1978): Betriebliche Führungsformen, Stuttgart oder Neuberger, O. (2002): Führen und führen lassen, Stuttgart.

Abschließend kann man feststellen, dass die Führungsforschung immer noch sehr funktional orientiert ist und immer noch die Frage im Mittelpunkt steht, welcher Input notwendig ist, um den gewünschten Output zu garantieren. Eine Ausweitung des Forschungsfeldes wäre daher zu begrüßen, denn *„Theorien, die nicht nur den Führungserfolg thematisieren, sondern auch die Legitimation und Akzeptanz von Führung, die Sozialisation von Führenden und Geführten, die Genese bestimmter Formen von Führungsverhalten oder den interkulturellen Vergleich dieses Handelns zum Gegenstand haben, sind rar. Auch Themen wie Kooperation, Fairness, Gerechtigkeit ... Tausch oder Androgynität der Organisation ... sind kaum bearbeitet."*[111]

### 1.3.4. Optimale Erfolgsprofile der High Potentials

Doch welche Qualifikationen sind nun notwendig, damit eine Person eine gute Führungskraft ist? Die Angaben darüber sind sehr unterschiedlich und es wird meist auf eine Kombination[112] verschiedener Teilkompetenzen verwiesen, die idealerweise gleichzeitig auch mit einer Persönlichkeitsentwicklung einhergehen (sollten) und zudem auch je nach Führungsebene unterschiedlich ausgeprägt sein sollten[113].

Welche Qualifikationen die heutige junge deutsche Managerelite, auch High Potentials[114] genannt, in der Praxis aufweist, was sie auszeichnet, was ihre spezifischen Persönlichkeitsmerkmale sind und welche die entscheidenden Motivationsstrukturen und Erfolgsfaktoren sind, all diesen Fragen ging eine Umfrage[115] unter 1851 Führungskräften nach. Die Ergebnisse sollen hier kurz vorgestellt werden, da sie Aufschluss darüber geben, wie sich

---

[111] Rosenstil, L. v. (2001): a.a.O., S. 235f.

[112] Rieckmann, H. (2000): Managen und Führen am Rande des 3. Jahrtausends: Praktisches, Theoretisches, Bedenkliches, 2. Auflage, Frankfurt/M., S. 228.

[113] Die oberen und oberste Führungsebene sollte dabei über je 40% Managementkompetenz und Sozialkompetenz verfügen und es gelten 20% Fachkompetenz als ausreichend. Beim mittleren und unteren Management gelten 20% Managementkompetenz als ausreichend, jedoch je 40% Sozialkompetenz und Fachkompetenz als optimal. Dabei umfasst Managementkompetenz Fähigkeiten wie strategisches Gestalten und Lenken von Unternehmen, Organisationen und Prozessen. Fachkompetenz umfasst fachliche Qualifikation und das Lösen von Fachproblemen und Sozialkompetenz beinhaltet die Fähigkeit zur Führung und Umgang mit Menschen, Gruppen und sozialen Organisationen und sozialen Prozessen (d.h. Kommunikation, Konflikt usw.). Rieckmann, H. (2000): Managen und Führen am Rande des 3. Jahrtausends: Praktisches, Theoretisches, Bedenkliches, 2. Auflage, Frankfurt/M., S. 228.

[114] High Potentials (HPs) zeichnen sich vor allem durch eine sehr hohe Eigenmotivation aus: *„Diese Leute warten nicht passiv darauf, bis ihr hohes Potenzial angefordert wird, sondern sie werden von sich aus aktiv."* Man erwartet, *„dass er initiativ neue Dinge anpackt".* Demnach ein *„stilles Genie"* kein HP. Auch *„Opinion Leader",* also Meinungsbildner solle er sein, denn *„wer sich nicht von der Meinung anderer lenken lasse, besitze echte Führungsqualitäten"* und er *„muss sich auch nicht zwangsweise mit jedem im Arbeitsumfeld gut verstehen."* Doch nicht jedes Unternehmen, so konstatiert der Artikel vom Juli 2002, will unbedingt eine HP haben, denn manche Chefs haben offensichtlich immer noch Angst davor vom eigenen Mitarbeiter übertroffen zu werden (vgl. Süddeutsche Zeitung: ‚Bescheidenheit ist eine Zier. Was ist ein „High Potential?' http://www.sueddeutsche.de/jobkarriere/berufstudium/artikel/2/5996/).

[115] Die Untersuchung wurde während der Aktion „Elite der Zukunft", welche zusammen von Bertelsmann, BMW, Deutsche Bank und der Wirtschaftswoche veranstaltet wurde, durchgeführt (vgl. Bröcker, H./Zehnder, E. (Hrg.) (1998):Erfolgsprofile junger deutscher Führungskräfte, München).

heutige Großkonzerne ihren Führungskräftenachwuchs vorstellen, aber auch darüber hinaus, welche vermeintlich idealen Zusatzqualifikationen in der Realität weniger von Bedeutung sind.

- Die Studiennote ist bei Wirtschaftswissenschaftlern weit aussagekräftiger als bei Ingenieuren.
- Die durchschnittliche Dauer des Studiums spielt für den Erfolg bzw. Nichterfolg im späteren Berufsleben eine untergeordnete Rolle.
- Zusatzqualifikation (MBA oder Promotion) spielen nicht die entscheidende Rolle, die ihr oft zugeschrieben wird.
- Junge Führungskräfte, die während ihres Studium im Ausland waren – und dort vor allem in der Schweiz, nicht wie oft vermutet in den USA oder in anderen EU-Ländern – haben eine weit höhere Erfolgsquote aufzuweisen als jene Personen, die nie im Ausland waren.
- Die erfolgreichsten High Potentials zeichnen sich dadurch aus, dass sie ihre Absichten auch gegen Widerstände durchsetzten, sich nicht scheuen unpopuläre Entscheidungen zu treffen und Veränderungsprozesse in Gang zu setzen, aber auch in der Lage sind getroffene Fehlentscheidungen zugeben.
- Jene Personen, die mehr an einer abwechslungsreichen Tätigkeit und an Selbstverwirklichung interessiert sind und ein stark ausgeprägtes Individualistentum pflegen, sind weniger erfolgreich.
- Erfolgreicher Führungskräftenachwuchs zeichnet sich stark durch eine hohe Zielorientierung und einen hohen Motivationsgrad[116] aus. Ein fachlicher Vorsprung gegen über anderen ist ihnen weniger wichtig.
- Kurzfristige Ziele zu erreichen ist dem Nachwuchs wichtiger als das Erreichen langfristiger Ziele. Daraus wird geschlossen, dass sie für die Erweiterung ihres Verantwortungsbereiches, das Erlangen von Führungsverantwortung und für eigenen Einfluss auf wichtige Entscheidungen hinstreben.

Aus diesen Ergebnissen ist zu schließen, dass offensichtlich immer noch der „Machertyp" (der jedoch nicht allzu sehr Individualist sein darf) am ehesten eine Karriere zu erwarten hat. Auch tritt die Diskrepanz zwischen vermeintlich geforderten (z.B. Auslandserfahrung) und dann tatsächlich als positiv bewerteten Stufen (gerader Lebenslauf und Zielorientierung) im Lebenslauf deutlich hervor.

Der tatsächliche Unterschied zwischen einer Führungskraft (als Position) und erfolgreicher Führung wird in einer nachfolgend, ebenfalls kurz skizzierten Studie (vgl. Kapitel II/1.3.7.), deutlich. Denn hier wird nicht der Weg hin zu einer Führungsposition beschrieben, der vor allem in der Industrie immer noch sehr konservativ, d.h. geradlinig verläuft, sondern das Erfolgsgeheimnis jener Menschen, die bereits erfolgreich sind.

---

[116] In dem berühmt gewordenen Buch „Mythos Motivation" (Sprenger, R.K. (1998), Frankfurt/M., New York) wurde diese vermeintliche Heilsbotschaft sehr stark entzaubert und als eine Projektion der eigenen Schwäche der Motivationsbegeisterten herausgearbeitet. *„Die Motivierung ist die Krankheit, für deren Heilung sie sich hält."* (Sprenger, R.K. (1999): Motivation. In: Heinrich, P./Schulz zur Wiesch, J. (Hrg.) (1999): Wörterbuch der Mikropolitik, Opladen, S. 181-184 (S. 184)).

## 1.3.5. Qualifikationsstrukturen im Wandel

Die Chancen in das Management einer Firma aufzurücken, sind heute weitaus berechenbarer geworden als noch vor einigen Jahrzehnten. Der Grund dafür ist, dass die Qualifikationsstrukturen der potentiellen Kandidaten weitaus ähnlicher geworden sind und es geradezu an ein Baukastensystem erinnert (vgl. dazu auch Kapitel II/3.4.) an welchen Rädchen im System gedreht werden muss, um in die Führungsetagen aufzusteigen. So trifft man heute überwiegend auf ein akademisch gebildetes Topmanagement und zwar sowohl in mittelständischen Industriebetrieben[117] wie auch in den großen Industrieunternehmen.[118]

Daraus ist zu schließen, dass ein akademischer Abschluss inzwischen fast zur Normalvoraussetzung geworden ist, um eine Managementposition zu erreichen. Weiterhin zeigen Untersuchungen[119], dass von den Vorstandsvorsitzenden der großen Unternehmen/Banken in Deutschland („Big Linkers") rund 63 Prozent noch eine Promotion vorzuweisen haben. Heute ist man als karrierewillige Person also gut beraten beim Einstieg in ein großes Unternehmen bereits einen Doktortitel mitzubringen, unabhängig davon ob dieser wirklich etwas über die Qualifikation aussagt.

Auch eine Verschiebung in der Art der akademischen Qualifikation ist festzustellen. Mit der Größe der Unternehmen steigen im Top-Management die Anteile der wirtschaftswissenschaftlich und juristisch Ausgebildeten, die naturwissenschaftlich-technisch gebildeten Manager sind bereits in der Minderzahl. Diese Entwicklung ist auch in mittelgroßen Unternehmen auszumachen. Es folgt eine immer stärke Rekrutierung von jüngeren wirtschaftlich ausgebildeten Managern.[120] Noch bis in die 80er Jahre gehörten zu den typischen Eigenschaften des westdeutschen Managements die im internationalen Vergleich auffallende Dominanz der Ingenieure und Techniker,[121] die sich als Spezialisten mit einem umfangreichen praxisbezogenen Fach- und Erfahrungswissen[122] verstanden haben. Damit war eine direkte Einbindung der Führungskräfte in die Produktion möglich.

---

[117] Eine Studie unter 700 mittelständischen Unternehmen in Ost- und Westdeutschland zeigte, dass 80,9 Prozent der westdeutschen Geschäftsführer und 93,7 Prozent der ostdeutschen Geschäftsführer ein Studium absolviert hatten (vgl. Martens, B./Michailow, M./Schmidt, R. (Hrg.) (2003): Managementkulturen im Umbruch).

[118] Siehe auch: Faust, M. (2002b): Karrieremuster von Führungskräften der Wirtschaft im Wandel - Der Fall Deutschland in vergleichender Perspektive. In: SOFI-Mitteilungen, Nr. 30, Saarbrücken, S. 69-90.
Hartmann, M. (2002): Der Mythos von den Leistungseliten. Spitzenkarrieren und soziale Herkunft in Wirtschaft, Politik, Justiz und Wissenschaft, Frankfurt/M., New York.
Höpner, M. (2003): Wer beherrscht die Unternehmen? Shareholder Value, Managerherrschaft und Mitbestimmung in Deutschland, Frankfurt/M., New York.

[119] Pohlmann, M. (2003): Der Generationswechsel und die „Weltklasse" des Managements. In: ISO-Mitteilungen, Nr. 2/September 2003, Saarbrücken, S. 50-63 (S.55).

[120] Martens, B./Michailow, M./Schmidt, R. (Hrg.) (2003): Managementkulturen im Umbruch.

[121] Warner, M./Campbell, A. (1993): German Management. In: Hickson, D.J. (Hrg.) (1993): Management in Western Europe. Society, Culture and Organization in Twelve Nations, Berlin, New York, p. 89-108.
Lawrence, P. (1994): German Management: At the Interface between Eastern and Western Europe. In: Calori, R. /de Woot, Ph. (Eds.) (1994): A European Management Model. Beyond Diversity, New York, S. 133-163.

[122] Walgenbach, P./Kieser, A. (1995): Mittlere Manager in Deutschland und Großbritannien. In: Schreyögg, G./ Sydow, J. (Hrg.) (1995): Managementforschung - 5. Empirische Studien. Berlin, New York, S. 259-309.

Es verdeutlichte auch die starke Technikorientierung innerhalb der Firmen, die aufgrund des Gütesiegels „Made in Germany" auch gewünscht und angestrebt wurde[123].

Dass sich nun seit Mitte der 80er Jahre eine Veränderung im Topmanagement der Großunternehmen hin zu einer mehr wirtschaftswissenschaftlich/juristisch gebildeten Führungsebene abzeichnet[124], kann als ein Paradigmenwechsel gewertet werden. Offensichtlich sahen sich die deutschen Unternehmen im Zuge des sich globalisierenden Wettbewerbsdrucks herausgefordert (oder auch verunsichert), was zu einer managementstrategischen Umorientierung führte. Nämlich hin zu einer Art von Unternehmenssteuerung wie sie bereits in den großen internationalen Konzernen Einzug gehalten hatte. Damit verbunden ist bis zum heutigen Tage eine zunehmende Bedeutung der Managementaufgaben im Bereich Controlling, Finanzierung und allen übrigen betriebswirtschaftlichen Bereichen. Diese neue Ausrichtung zieht eine stärkere Rekrutierung von Führungskräften mit wirtschaftswissenschaftlichem Ausbildungshintergrund nach sich.

## 1.3.6. Generationswechsel und die Folgen

Neben den veränderten beruflichen Qualifikationsprofilen bringt die nachwachsende Managergeneration auch neue Arbeits- und Wissensformen in die Geschäftswelt ein. Durch das Einschieben von Auslandsaufenthalten während oder nach dem Studium, mehr oder weniger freiwilligen Weiterbildungsphasen oder Firmenwechsel steht die junge Managergeneration[125] damit zugleich für eine Abkehr von den bis dahin eher traditionellen berufsbio-graphischen Mustern und Arbeitsorientierungen. Diese trägt zur Erosion der Normalbiographie bei, wie sie noch bei der älteren Managergeneration selbstverständlich war. Es kommt zu einer stärkeren Hinwendung von sehr individuell gestalteten Arbeitszeit- und Lebensarrangements[126], auch wenn die Untersuchung von Hielscher[127] zeigt, dass diese Entwicklung immer noch sehr zögerlich und erst unterhalb der Positionen des Top-Managements in Unternehmen vor sich geht.

---

[123] „The German top manager is embedded in a much stronger technical culture, which leads to a strong emphasis on production design. Thus, German factories show a strong tendency for technical functions to be in-corporated into the management hierarchy, which limits the relative importance of financial economics" (Höpner, M. (2001): Corporate Governance in Transition: Ten Empirical Findings on Shareholder Value and Industrial Relations in Germany. MPIfG Discussion Paper 01/5. Köln, S. 22).

[124] Ende der 80er Jahre verfügten nur noch 43 Prozent bzw. 32 Prozent der Topmanager über einen technischen oder naturwissenschaftlichen Studienabschluss (Eberwein, W./Tholen, J. (1990): Managermentalität. Industrielle Unternehmensleitung als Beruf und Politik. Frankfurt/M. und Wuppermann, M. (1989): Geschäftsführer in Deutschland, Frankfurt/M., New York).

[125] Vgl. Gergs, H.-J./Schmidt, R. (2002): a.a.O., S. 555.

[126] Liebold, R (2001): a.a.O., und Ellguth, P. (1998): „Double Squeeze" Manager zwischen veränderten beruflichen und privaten Anforderungen. In: Kölner Zeitschrift für Soziologie und Sozialpsychologie, 50 Jg. , H.3, S. 517-535.

[127] Hielscher, V. (2002): Personalpolitik im Experten-Engpaß. Betriebliche Strategien zwischen Marktabhängigkeit und Eigenverantwortung, Berlin.

In der Gesamtheit jedoch ist zu erkennen, dass neue Arbeitsorientierungen im Entstehen sind, die mit den traditionellen Strukturen im Wettbewerb stehen.[128] Der veränderte Umgang mit dem Rohstoff Wissen, die Anwendung von neuen flexiblen Formen von Wissensarbeit, die Handhabung von Wissensbeständen und innovative Formen von Wissensmanagement (z.b. E-Learning) sind ebenfalls Folgen davon.

Von Interesse ist dabei nun, ob diese neue Managergeneration[129] sich auch einem „neuen Managementmodell" zuwendet, d.h. sich vom bisherigen „deutschen Managementmodell" eines sozial-integrativen „rheinischen Kapitalismus" abwendet und eine stärkeren „Amerikanisierung" anstrebt.

Es handelt sich dabei um zwei grundsätzlich verschiedene Modelle[130], welche sich sowohl in sachlicher, organisatorischer wie auch in zeitlicher Dimension grundlegend unterscheiden.

Obwohl die neue Führungsgeneration im Vergleich zur vorherigen Generation durch Medien, Tourismus oder Studienaufenthalte mit einer sehr viel stärkeren Affinität zum amerikanischen Wirtschaftsmodell sozialisiert ist, bringt dies nicht zwangsläufig einen Einstellungswandel hinsichtlich einer Managementkultur mit sich. Einen weitaus stärkeren Einfluss auf die Entwicklung der Managementleitbilder, die das deutsche Management dem angelsächsischen Modell ähnlicher macht, liegt vielmehr in den Veränderungen der Ausbildung des Managementnachwuchses. Seit Mitte der 90er führen veränderte Selektionskriterien und eine veränderte Rekrutierungsbasis zu einem erkennbaren „Kulturwechsel" an der Spitze von Organisationen.[131]

---

[128] Bäthge, M. (1991): Arbeit, Vergesellschaftung, Identität – Zur zunehmenden normativen Subjektivierung der Arbeit. In: Soziale Welt 42, S. 6-20.
Bäthge, M./Denkinger, J./Kadritzke, U. (1995): Das Führungskräftedilemma. Manager und industrielle Experten zwischen Unternehmen und Lebenswelt, Frankfurt/M., New York.
Rosenstil, L.v. (1993): Wandel in der Karrieremotivation – Neuorientierungen in den 90er Jahren. In: Rosenstiel, L.v./Djarrahzadeh, M./Einsiedler, H.E./Streich, R.K. (Hrg.) (1993): Wertewandel. Herausforderung für die Unternehmenspolitik in den 90er Jahren, Stuttgart.

[129] Aufgrund der teilweise katastrophalen Erfahrungen mit dem „Jugendlichkeitswahn" der späten 90er Jahre, gescheiterten Reorganisationsprojekten und dem Niedergang der „New Economy" kommt es inzwischen zu einem Stillstand oder sogar zu einer Gegenbewegung bei der Neubesetzung von Managerpositionen. Es werden inzwischen wieder ältere, erfahrene und auch Vertrauen vermittelnde Manager gesucht (vgl. dazu auch: Manager-Magazin vom 13.08.2002: „Karriere: Oldies but Goldies").
(http://www.manager-magazin.de/koepfe/artikel/0,2828,209287,00.html)

[130] Das amerikanische Managementmodell wird als relativ stark an finanzwirtschaftlichen Zielen (Shareholder-Value) und Marketingzielen orientiert, eher zentralistisch und weniger partizipativ organisiert eingestuft. Entscheidungen werden eher an kurzfristigen Zeithorizonten orientiert getroffen und das Management selbst wird von kaufmännisch qualifizierten Führungskräften dominiert. Demgegenüber ist das deutsche Managementmodell stärker produktions-, forschungs- und entwicklungsorientiert und zudem eher dezentral und partizipativ organisiert. Die Entscheidungshorizonte sind außerdem längerfristig angelegt und das Management selbst ist überwiegend mit technisch-qualifizierten Führungskräften besetzt. Eine idealtypische Differenzierung zwischen dem US-amerikanischen Managementmodell und einem deutschen Managementmodell siehe: Gergs, H.-J./Schmidt, R. (2002): a.a.O., S. 553-578.

[131] Martens, B./Michailow, M./Schmidt, R. (Hg.) (2003): a.a.O., S. 63.

Obwohl Initiativen zu Wandel in Organisationen häufig von neuen Figuren an der Spitze ausgehen bzw. bestimmte Formen institutionellen Wandels von „Institutional Entrepreneurs"[132] oder „Modernisierungseliten"[133] angestoßen und vorangetrieben werden, ist für eine Organisationsreform, welche sich an einem amerikanischen Leitbild[134] orientiert kein Generationen- oder Personenwechsel an der Spitze notwendig.

Empirisch beobachtete Reorganisationsprozesse[135] der 90er-Jahre, in deren Gefolge sich auch die Rollenvorbilder des Managements wandelten, zeigen, dass die kombinierte Wirkung eines bestimmten Typs von Unternehmensreorganisation und einer Personalpolitik, die sich die Förderung „internen Unternehmertums" auf die Fahnen geschrieben hat und gegen das „funktionale Management" zu Feld zieht, einen Wandel von Karriereorientierungen und Karrieremustern im mittleren Management zur Folge hat. Auf dieser Grundlage verändert sich das Reservoir an Führungsnachwuchskräften hinsichtlich sozialisationsrelevanter Dimensionen (Ausbildung, Karrierewege, womöglich auch soziale Herkunft), so dass durchaus mit veränderten Einstellungen und Orientierungen der nachrückenden Generation gerechnet werden kann.

## 1.3.7. Was lässt Manager erfolgreich sein?

Letztlich sind all die dargestellten Wege nur Versuche und Anstrengungen seitens der Unternehmen qualifizierten, kompetenten Führungsnachwuchs zu rekrutieren, um das Unternehmen noch erfolgreicher zu machen. Eine Garantie jedoch ist dies nicht, zumal die eigentliche Leistung von Führungskräften einen sehr hohen Anspruch an die Persönlichkeit stellen und nur schwer zu erlernen ist.

Erfolgreiche Manager, so eine Befragung[136] der Personalberatung Spencer Stuart von 575 US-Führungskräften nach den 50 besten Managern Amerikas, sind weder aufgrund ihrer Herkunft noch aufgrund ihrer Lebenswege einheitlich. Jedoch zeigen sie in einem Punkt eine hohe Übereinstimmung, nämlich dass sie alle eine sehr ähnliche Ansicht über Führung

---

[132] DiMaggio, P.J. (1988): Interest and Agency in Institutional Theory. In: Zucker, L.G. (Eds.) (1988): Institutional Patterns and Organizations: Culture and Environment, Cambridge/Mass., p. 3-21.

[133] Wagner, P. (1995): Soziologie der Moderne, Frankfurt/M., New York.

[134] Zwar kommen die Leitideen des Organisations- und Institutionenwandels überwiegend aus dem angelsächsischen Raum und sind teilweise auch durch modellhafte Annahmen über die Funktionsvoraussetzungen der vermeintlich erfolgreichen amerikanischen Wirtschaft geprägt, aber Untersuchungen zeigen, dass solche Orientierung nicht, vor allem nicht, wenn sich der damit assoziierte wirtschaftliche Erfolg nicht einstellt. Hinzu kommt, dass Orientierungen an nationalen Vorbildern selbst Konjunkturen unterliegen (vgl. Faust, M. (2002a): Organisations- versus Berufsanbindung bei Karrieren von Führungskräften. Der Fall Deutschland in vergleichender Perspektive. In: Seifert, W./Weber, C. (Hrg.) (2002): Japan im Vergleich – München, S. 225-253. Faust, M. (2002b): Karrieremuster von Führungskräften der Wirtschaft im Wandel – Der Fall Deutschland in vergleichender Perspektive, in: SOFI-Mitteilungen, Heft 30, Juli 2002, S. 69-90).

[135] Ebd.

[136] Vgl. Süddeutsche Zeitung vom 6. Mai 2002: ‚Das Geheimnis richtiger Führung' http://www. Sueddeutsche.de/jobkarriere/erfolggeld/artikel/431/5426/.

besitzen. Es kristallisierten sechs Prinzipien heraus, die ihrer Meinung nach erfolgreiche Manager ausmachen.

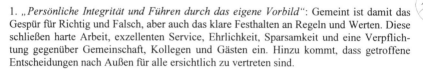

1. *„Persönliche Integrität und Führen durch das eigene Vorbild"*: Gemeint ist damit das Gespür für Richtig und Falsch, aber auch das klare Festhalten an Regeln und Werten. Diese schließen harte Arbeit, exzellenten Service, Ehrlichkeit, Sparsamkeit und eine Verpflichtung gegenüber Gemeinschaft, Kollegen und Gästen ein. Hinzu kommt, dass getroffene Entscheidungen nach Außen für alle ersichtlich zu vertreten sind.

2. *„Entwickeln einer Großen Idee"*: Dies bedeutet vor allem eine klare Vorstellung zu haben von einem möglichen Wettbewerbsvorteil, denn in einem unsicheren Umfeld muss ein Top-Manager die Quelle einer überragenden Gewinnstrategie sein. Erfolgreiche Unternehmensführer definieren solche „großen Ideen" sehr plausibel und einfach, sind aber auch im Stande ihre Vision in der Wirklichkeit umzusetzen.

3. *„Aufbau eines exzellenten Management-Teams"*: Daran ist zu erkennen, dass erfolgreiche Führung kein Einzelkämpfertum ist, denn (so die Aussage der Befragten) so lange ein Unternehmen eine Ansammlung von Menschen ist, hängen die Ergebnisse unmittelbar von der Qualifikation des Management-Teams ab. Eine Führungsregel lautet daher: Setze auf die Stärken der Menschen und vermeide ihre Schwächen, daher haben außergewöhnliche Manager haben immer ein starkes Team um sich geschart, ganz nach dem Motto: Könner und nicht Claqueure sind gefragt.

4. *„Inspirieren von Mitarbeitern"*: Charisma hilft demnach zwar das Umfeld zu motivieren, es ist jedoch keine Voraussetzung, um erfolgreich zu führen. Um aus Mitarbeitern das Beste herauszuholen, reichen oft ganz einfache Verhaltensweisen: Kontinuierlich kommunizieren, aufmerksam zuhören, Fehler als Lernprozess tolerieren, auf den Wunsch von Menschen bauen, positiv aufzufallen, einen Beitrag zu leisten und dafür gewürdigt zu werden. Um Menschen zu begeistern, zählen Taten mehr als Worte.

5. *„Flexibilität der Organisation"*: Wichtig zu sein scheint, dass Organisationen offener und durchlässiger werden und bürokratische und hierarchische Entscheidungsprozesse der Macht des Informellen weichen müssen. Der Schlüssel zum Erfolg ist es, die richtigen Leute zu haben um Probleme zu lösen, egal wo sie gerade hierarchisch angesiedelt sind. Viele Top-Manager weisen darauf hin, dass in ihren Firmen komplett dezentrale Strukturen mit kleinen, schlanken Hauptverwaltungen bestehen.

6. *„Einführung einer leistungsorientierten Bezahlung"*: Um eine hohe Effizienz zu erreichen müssen Vergütung und Leistungsmessung mit den Werten und Strategien des Unternehmens übereinstimmen. Damit hält das Einkommenssystem die Organisation zusammen und schafft Kohäsion. Dabei spielt bei der Vergütung nicht nur die absolute Höhe eine Rolle, sondern die Differenzierung ist oft wichtiger. Leistungsabhängige Einkommen und langfristige Incentive-Elemente sind damit ein Instrument, um die besten Mitarbeiter zu binden.

Vor dem Hintergrund der zunehmenden Psychologisierung des Führungsbegriffes und dem damit verbundenen Ausbau von Nachwuchsführungsprogrammen (Assessment-Centern)[137] darf jedoch bezweifelt werden, ob eine wirkliche Ausbildung und auch Auslese von Führungskräften[138] noch jene Eigenschaften „übrig lässt", die dann wiederum notwendig sind, um auch innovativ, authentisch und somit auch erfolgreich zu führen.

Gerade im Zusammenhang mit der Diskussion um Fähigkeiten und Kompetenzen von Managern verweist Richard Sennett in seinem neuen Buch darauf, dass es heute in den Unternehmen eine Art „*Ethos der Potenz*"[139] des Managements gebe. Zum einen wird dadurch das Bild vermittelt, dass ein Unternehmen aufgrund seines Managements noch ein weit größeres Potential besitze als es gegenwärtig realisiert wird, zum anderen werden genau durch diese Strategie auch Investoren angelockt, weil sie durch die Politik unbestimmte Wachstumspotentiale zu erkennen glauben. Beides birgt jedoch Gefahren in sich, denn *„auf der Jagd nach Potential zentralisiert man das Unternehmen"* oder *„Investoren kommen auf die Idee ... Unternehmen könnten durch einen entsprechenden Umbau eine weitaus ,wichtigere' Rolle spielen"*[140]. Nicht selten kommen Unternehmen dadurch an den Rand des Untergangs.

## 2. Arbeitswelt Wirtschaft – ein gelungenes Konzept!

### 2.1. Das Unternehmen von heute

Das heutige moderne Unternehmen ist angenehm, nicht autoritär, nicht gewaltsam. Es hat sich von seinem Stechuhr-Image befreit und das fordistische Produktionsmodell mit seinen strengen Hierarchien, seiner hohen Fertigungstiefe und seiner ausdifferenzierten tayloristischen Arbeitsteilung hinter sich gelassen.

Dem modernen Unternehmen von heute ist es durch neue Organisationsprinzipien gelungen eine *„Internalisierung des Marktes"*[141] zu schaffen und somit dem traditionellen Zeit- und Leistungsregime wichtige Grundlagen zu entziehen. Zum einen führte dies auf der Unternehmensebene zu einer starken strategischen Ausrichtung an den Normen und Erwartungen der Finanzmärkte, der sog. *„Finanzialisierung"*[142], zum anderen führte es zu einer Abbildung der Marktstrukturen im Inneren der Organisation durch Dezentralisierung und Konkurrenz.

---

[137] Dabei stellt sich weniger die Frage der Notwendigkeit oder echten Nützlichkeit von solchen Einrichtungen, sondern vielmehr die Frage der Legitimation. Denn Unternehmen haben damit einen Nachweis über die Rekrutierung ihres Managements gegenüber Dritten.

[138] Heute bereitet sich der potentielle und ehrgeizige Kandidat mit Hilfe von Seminaren und Fachliteratur darauf vor.

[139] Sennett, R. (2005): Die Kultur des neuen Kapitalismus, Berlin, S. 124.

[140] Ebd.

[141] Moldaschl, M./Sauer D. (2000): Internalisierung des Marktes – Zur neuen Dialektik von Kooperation und Herrschaft. In: Minssen, H. (Hrg.) (2000): Begrenzte Entgrenzungen. Wandlungen von Organisation und Arbeit. Berlin, S. 205-224.

[142] Kädtler, J., Sperling, H.-J. (2001): Worauf beruht und wie wirkt die Herrschaft der Finanzmärkte auf die Unternehmen? SOFI-Mitteilungen 29, S. 23-43.

Diese Dezentralisierung spiegelt sich in den auf horizontaler und vertikaler Ebene geschaffenen profit- und kostenverantwortlichen Einheiten (Profit-Centern) ebenso wider wie in der Bildung von unternehmerisch selbstverantwortlichen Geschäftseinheiten, welche nach Produkten oder Märkten ausgerichtet sind. Auf den einzelnen Wertschöpfungsstufen konkurrieren die dezentralen Einheiten sowohl mit der externen als auch mit der internen Konkurrenz. In globalisierten Unternehmensstrukturen geschieht dies in der Form der Standortkonkurrenz[143]. Diese mit der Marktorientierung verbundene neuartige Überkreuzung von strategischer Zentralisierung und operativer Dezentralisierung wird in der Literatur auch als Mechanismus der *„indirekten Steuerung"*[144] und als *„fremdorganisierte Selbstorganisation"*[145] bezeichnet.

Wirklich erfolgreich kann diese Übertragung von unternehmerischer Verantwortung auf dezentrale Einheiten bei gleichzeitiger Festlegung der zentralen Rahmenbedingungen[146] jedoch nur sein, wenn es darüber hinaus noch zusätzlich gelingt eine Harmonie der funktionalen Erfordernisse mit den gegebenen strukturellen Bedingungen zu erreichen. Dies beinhaltet, dass Personen in den zu erfüllenden Aufgaben und Funktionen nicht nur eine rational zu erfüllende Tätigkeit sehen (Dienst nach Vorschrift), sondern dass sie auch darüber hinaus in emotionale Beziehungen und Verpflichtungen eingebunden sind. Um dies zu erreichen werden Mitarbeiter in Unternehmen auf den ersten Blick Strukturen vorfinden, die geradezu dazu angetan sind sich darin wohl zu fühlen: Die Organisation „Unternehmen" bekommt menschliche Eigenschaften[147], welche es den Mitgliedern leicht macht, die eigene Funktion zum Wohl des Unternehmens nicht nur pflichtgemäß zu erfüllen, sondern auch gerne wahrzunehmen.

---

[143] Vgl. Haipeter, T. (2003): Erosion der Arbeitsregulierung? Neue Steuerungsformen der Produktion und ihre Auswirkung auf die Regulierung von Arbeitszeit und Leistung. In: Kölner Zeitschrift für Soziologie und Sozialpsychologie, Nr. 3, Jg.55, S. 521-542.

[144] Vgl. Glißmann, W./Peters, K. (2001): Mehr Druck durch mehr Freiheit. Die neue Autonomie in der der Arbeit und ihre paradoxen Folgen. Hamburg.

[145] Vgl. Pongratz, H.J./Voß, G.G. (1997): Fremdorganisierte Selbstorganisation. Eine soziologische Diskussion aktueller Managementkonzepte. Zeitschrift für Personalforschung, S. 30-53.

[146] Gerade Manager stehen aufgrund der meist fest vorgegebenen Rahmenbedingungen vor unlösbaren Problemen, denn auf der einen Seite besitzen sie den Auftrag zum selbständigen unternehmerischen Handeln, auf der anderen Seite aber nicht die vollen Verfügungsrechte über die Produktionsmittel. Auch kommt es vor, dass sich die Führung möglicherweise vorbehält, gewisse Dinge plötzlich zur Chefsache zu erklären. Um nicht an der Absurdität der Aufgabe zu verzweifeln, empfiehlt Kühl daher die Suche nach einer Optimierung der Strukturen aufgeben und das Unternehmen eher als einen dynamischen Prozess anzusehen, der aufgrund seiner Komplexität immer in der Lage ist die notwendigen Entscheidungen zu treffen (vgl. Kühl, S. (2002): Sisyphos im Management. Die vergebliche Suche nach der optimalen Organisationsstruktur, Weinheim).

[147] Manthey, H.(2003): Menschliche Organisationen und verorganisierte Menschen. Zur Emotionalisierung von Arbeitsbeziehungen. In: Meschnig, A./Stuhr, M. (Hrg.) (2003): Arbeit als Lebensstil, Frankfurt/M., S. 109-132.

## 2.2. Die harmonische Verbindung von Funktion und Struktur

Die amerikanische Wissenschaftlerin A. Hochschild[148] zeigt am Beispiel einer unternehmens-spezifischen Untersuchung wie Firmen heute versuchen ihre Mitarbeiter nicht nur rational, sondern vor allem auch emotional einzubinden und welche Auswirkungen und Folgen dies mit sich bringt. Sie zeigt auf dass die Besetzung des Unternehmens als „Zuhause" nicht nur dazu führt, dass die Beschäftigten der Firma mehr Arbeitszeit zur Verfügung stellen als offiziell nötig, sondern auch wie sie dort alles vorfinden, um sich wohl zufühlen: Familiäres Zusammenleben, soziales Leben, Freundschaften, Anregung, Spaß und Selbstbestätigung. Im Gegenzug dazu wird eigene „reale Familie" als die eigentliche „Arbeit" empfunden wird, mit der eher Negatives verbunden wird: Schmutzige Wäsche, widerspenstige Kinder, Ärger und Streit mit dem Partner, Verwandte und Nachbarn und ein Mangel an Zeit, Stress und Hetze.

Diese Umbewertung des Arbeitsplatzes hat darüber hinaus einen direkten Einfluss auf die Selbstwahrnehmung: Menschen, die durch einen starken indirekten Druck der Unternehmensstruktur einer hohen Selbststeuerung ausgesetzt sind, fühlen sich eher zu Hause unter (direkt wahrnehmbaren) Druck gesetzt, weil sie dort das Gefühl haben Kräften ausgeliefert zu sein, die außerhalb ihrer Kontrolle liegen. Zu einer ähnlichen Bewertung kommt auch Renate Liebold,[149] wenn sie konstatiert, dass die Entlastung durch den Partner zu Hause in keinster Weise als mögliche Fremdbestimmung gesehen wird, sondern als die Möglichkeit der Übergabe einer teilweise unangenehmen Aufgabe, damit man für die beruflichen Aufgaben noch mehr Zeit und Kraft hat. Dieses negative Erleben von Familie bindet wiederum positiv an das Unternehmen und ermöglicht diesem einen noch stärkeren Zugriff auf die Person. Es besteht die Gefahr, dass die Menschen als Träger von Unternehmensfunktionen offen und unkritisch für die Intentionen der Struktur werden.

---

[148] Hochschild, A.R. (2002): Work-Life-Balance - Keine Zeit: Wenn die Firma zum Zuhause wird und zu Hause nur Arbeit wartet, Opladen.

[149] Liebold, R. (2001): a.a.O.

## 2.3. Grenzverwischungen und neue Wirklichkeiten

Unterstützt wird diese für das Unternehmen hilfreiche Einstellung durch die Schaffung einer positiven Unternehmenskultur[150] und den damit verbundenen Aktivitäten. So dient die Inszenierung einer Kaffeekultur (Frühstückskultur, Freitagskultur, Geburtstagskultur) dazu vermeintliche Entspannung aber auch Anregung (man unterhält sich meist dabei über die Firma und die Kollegen) zu verbreiten und Freizeit mit Arbeit sowie Privatsphäre mit Beruf zu verbinden. Dass diese Grenzverwischung[151] zwischen Arbeits- und Privatsphäre zugleich den Rahmen für eine neue Identitätsbildung darstellt, wird meist erst zu spät von den Betroffenen wahrgenommen.

Gerade einer persönlichen Abgrenzung[152], als wichtiger Baustein der Konstitution von persönlicher Identität, wird durch diese Grenzverwischung ein ambivalenter Prozess von Unternehmensseite entgegengesetzt: Der sorgfältige Aufbau einer Corporate-Identity und das Pflegen einer starken Unternehmenskultur wird als systematisches Instrumentarium für die Zwecke der Firma einsetzt. Denn neben der gewünschten Identifikation wird gleichzeitig ein Prozess der Segregation vorangetrieben. Aus Sicht der Firma kann Vergemeinschaftung nur durch Abgrenzung (gegenüber den Nicht-Firmenangehören) erreicht werden und Integration nur durch Segregation („Wir sind eine Unternehmensfamilie").

---

[150] Unter Unternehmenskultur kann man „die Gesamtheit von Normen, Werten und Denkhaltungen verstehen, die das Verhalten der Mitarbeiter aller Stufen und somit das Erscheinungsbild eines Unternehmens prägen" (Pümpin, C./Kobi, J.-M./Wüthrich, H.A. (1985): Unternehmenskultur. Basis strategischer Profilierung erfolgreicher Unternehmen. In: Orientierung, Nr. 85, Bern, S. 8). Eine andere Ausführung des Begriffs stellt auf den unmittelbaren Zusammenhang zwischen dem normativen Management und der Unternehmenskultur ab. Die dort gesetzten Normen und Werte sind es, die eine Hilfe bei der Auswahl von Informationen, Politiken, Strukturen, Systemen und Trägern bieten und damit auf das daraus folgende unterstützende oder ablehnende Verhalten Einfluss auf die Unternehmensentwicklung nimmt. Bleicher stellt heraus, dass Unternehmenskultur letztlich eine kollektive Programmierung des menschlichen Denkens zur Folge hat. Diese zeigt sich in einer Oberflächenstruktur gemeinschaftlich gepflegter Verhaltensweisen (Sitten und Gebräuche) im Umgang mit Mitarbeitern aber auch in den Zielen der Produktentwicklung usw. und sie spiegelt sich in Symbolen und Ritualen wider (Bleicher, K. (1999): Das Konzept integriertes Management. Visionen- Missionen- Programme, Frankfurt/M., 5. Aufl., S. 226f.). Eine gelebte erfolgreiche Unternehmenskultur zeichnet sich dadurch aus, dass sie gesamt-gesellschaftliche Werte und Normen, aber auch einzelwirtschaftliche Interessen ohne Widersprüche vereint und dadurch als Produzent von Sinn auftritt. Die Identifikation mit diesen Werten schafft unter den Beschäftigten gemeinsame Wirklichkeiten, was es dem Unternehmen erleichtert Zugriff auf die Potentiale ihrer Mitarbeiter zu nehmen und ‚Menschlichkeit' an funktionale Erfordernisse zu binden (vgl. Manthey, H. (2003): a.a.O.).

[151] Ebd.

[152] Mit der Vielzahl der Möglichkeiten des Individuums sich selbst in seiner Identität in Interaktionssituationen darzustellen hat sich vor allem Erving Goffman beschäftigt. Für ihn ist das Selbst „kein Eigentum" der Person, sondern ein Produkt gegenseitiger Interaktionskontrollen. Andererseits unternimmt das Individuum hartnäckige Anstrengungen um sein Selbst, dass es sich durch Interaktionen angeeignet hat, gegen Zerstörung durch Dritte, institutionelle Zugriffe und Schicksalsschläge zu verteidigen (Goffman, E. (1959): The Presentation of Self in Every Day Life. New York. Goffman. E. (1963): Behaviour in Public Places, New York. Eine sehr ausführliches Konzept von Identität findet sich in: Krappmann, L. (1975): Soziologische Dimensionen der Identität, Stuttgart).

Dieser Prozess schafft gleichzeitig von der Firmenleitung *„gewünschte Wirklichkeiten"*[153] oder Identitäten. Individualität wird im Zusammenhang mit kollektiven Gemeinsamkeiten tendenziell aufgehoben und durch die aktive Teilnahme an der Erzeugung kollektiver Gefühle (vor allem bei Events wie Betriebsfeiern, Präsentationen oder auch bei gemeinsamen Unternehmungen und sportlichen Aktivitäten mit den Kollegen) wird diese Entwicklung noch vorangetrieben. Durch die Einbeziehung des Unternehmens als ‚natürliche Person' in das Gemeinschaftsempfinden werden gesellschaftliche Entwicklungen mit einzelwirtschaftlichem Interesse verbunden: Beruf und Privates, Arbeit und Freizeit, Entspannung und berufliche Inspiration gehen eine verhängnisvolle Verbindung miteinander ein. Die berufliche Tätigkeit und die Arbeitswelt werden mit positiven Empfindungen wie Stolz, Spaß und Wohlgefühl, aber auch mit Geborgensein und mitmenschlicher Nähe verbunden.

Dieser Prozess besitzt aus dem Blickwinkel der Firma noch einen weiteren entscheidenden Vorteil: Je mehr die Mitarbeiter sich im Unternehmen wohl fühlen, sich mit den dort herrschenden Regeln identifizieren und die Spielregeln, Normen und Werte auch habitualisieren, desto weniger Kontrolle und Anreize für eine gute Arbeitsleistung sind notwendig.[154] Nicht nur dass eine völlige Kontrolle der Mitarbeiter seitens der Firma zu aufwendig und zu kostenintensiv wäre, sie ist auch letztlich nicht möglich. Durch das Schaffen dieser „Wohlfühlatmosphäre" wird jedoch bereits ein erster Schritt hin zu einer Normierung des Mitmachens und Mittragens (gemeinsame Freizeitaktivitäten mit Kollegen, Sommerfeste und Weihnachtsfeiern usw.) gegangen und Verhaltenserwartungen aufgebaut. Ein Institutionalisierungsprozess[155] nimmt seinen Lauf.

Neben dem Aufweichen der Grenzen zwischen Privat- und Berufsphäre wird durch verschiedenste Modelle der Personalführung wie Selbstorganisation, Eigenverantwortlichkeit und Zielbindung eine personenbezogene Interaktionen hinsichtlich Kooperation, Koordination, Integration und Kontrolle vorangetrieben[156]. Das personenbezogene Aushandeln unternehmensspezifischer Belange wird forciert, ja es wird letztlich zu einem strukturellen Muss. Denn das Funktionieren der Modernisierungskonzepte ist auf die Akzeptanz, die

---

[153] Manthey, H. (2003): a.a.O.

[154] March, J.G./Olsen, J.P. (1989): Rediscovering Institutions. The Organizational Basis of Politics, New York.

[155] Über die Bedeutung von Erwartungen und deren Einfluss auf die Institutionalisierung siehe auch: Scott, W.R. (1994): Institutions and Organizations: Toward Theoretical Synthesis. In: Scott, W.R./Meyer, J.W. (Eds.) (1994): Institutional Environments and Organizations. Structural Complexity and Individualism, Thousand Oaks, p. 55-80.

[156] Hier wird deutlich, dass der Humanisierungsaspekt und der Leistungsaspekt einen Widerspruch darstellen. Dieser wird in der organisationstheoretischen Literatur auch als *„Widerspruch zwischen Mensch und Organisation"* bezeichnet (vgl. Gebert, D. (1974): Organisationsentwicklung, Stuttgart, S. 22).

aktive Beteiligung und Einbindung jedes einzelnen Mitarbeiters angewiesen und ohne deren Loyalität, Motivation[157], Engagement und Kooperation können diese Konzepte nicht effizient sein.[158]

## 2.4. Gemeinsame Wirklichkeiten und die Simulation von Unternehmerverhalten

Plant eine Firma Änderungen innerhalb ihrer institutionellen Ordnung vorzunehmen, so reicht es nicht nur verbindliche Leitideen auszugeben, sondern diese müssen sich auch in der gesamten Unternehmensstrategie und Betriebsstrukturen widerspiegeln. Darüber hinaus muss auch für alle Beschäftigten erkennbar und erlebbar werden, dass die angestrebten Änderungen auch Auswirkungen auf das wirtschaftliche und organisationale Handeln haben. Um dieses zu gewährleisten verbinden Restrukturierungsmaßnahmen immer stärker Funktionsmechanismen und Personenbezogenheit. Die Menschen sind dabei sowohl Träger wie auch Nutzer der Strukturen und gelungene, gut funktionierende Beziehungen unter ihnen erleichtern die Vernetzung dieser Strukturen um ein Vielfaches. Damit sich dabei die zunehmende Flexibilisierung für eine Firma nicht in eine Orientierungslosigkeit und Unverbindlichkeit verläuft, muss der Zielbindung der einzelnen Personen hinsichtlich der gemeinsamen Aufgaben und des Unternehmensinteresses große Aufmerksamkeit geschenkt werden. Sehr deutlich beschreibt der Management-Trainer Gerd Gerken die neuen Anforderungen:

*„Es darf also keinen Stillstand geben, keine starren Strukturen, keine Gewohnheiten, keine Standards, keine Prestige-Regeln und keinen mentalen Konservatismus. Das Einzige was es geben muss, ist eine permanente Produktivitätssteigerung."* [159]

Wie bereits im Kapitel II/2.4. ausgeführt geht ein organisationaler Wandel nicht zwangsläufig mit dem Austausch der Unternehmensführung und dem oberen Management einher.[160] Der möglicherweise langfristigere aber auch wirkungsvollere Weg um diesen Wandel zu erreichen ist dabei die Schaffung von gemeinsamen Wirklichkeiten[161] zwischen den Beschäftigten und dem Unternehmen. Durch die starke Betonung des „Wir-Gefühls" wird

---

[157] Bei der von Unternehmen betriebenen Strategie, nämlich die *„Instrumentalisierung als Selbstfunktionalisierung"* (Hoffmann, U. (1977): Neue Arbeitsformen im Managementbereich. Organisationsstrategien und Kompetenzstrukturen bei höheren Angestellten. In: Beck, U./Brater, M. (Hrg.) (1977): a.a.O., S. 163), ist die Motivation des Beschäftigten bereits eingebaut. Dabei hat Motivation das Ziel, die Beschäftigten dazu zu bringen, dass sie zum einen in ihrer Tätigkeit ein maximales Maß an Selbstverwirklichung erreichen, aber auch dass sie das soziale System am effektivsten gestalten. Zusammenfassend bedeutet damit Motivation *„Handeln im Sinn der Forderung nach Zielkonformität"* (Wiedemann, H. (1971): Das Unternehmen in der Evolution, Neuwied, S. 70. Zitiert nach Hoffmann, U. (1977): Neue Arbeitsformen im Managementbereich, S. 163).

[158] Vgl. Marstedt, G. (1994): Rationalisierung und Gesundheit. „Neue Produktionskonzepte", „Systemische Rationalisierung", „Lean Production" – Implikationen für die Arbeitsbelastung und betriebliche Gesundheitspolitik. Veröffentlichungsreihe der Forschungsgruppe Gesundheitsrisiken und Präventionspolitik. Wissenschaftszentrum Berlin für Sozialforschung, Berlin, S. 94-204.

[159] Gerken, G. (1993): Trendzeit. Die Zukunft überrascht sich selbst, Düsseldorf, S. 65.

[160] Faust, M./Jauch, P./Notz, P. (2000): Befreit und entwurzelt: Führungskräfte auf dem Weg zum „internen Unternehmer", München/Mering. Kotthoff, H. (1997): Führungskräfte im Wandel der Firmenkultur. Quasi-Unternehmer oder Arbeitnehmer, Berlin.

[161] Vgl. Manthey, H. (2003): a.a.O., S. 127.

jeder Einzelne dazu angehalten seine sozialen und individuellen Kompetenzen zum Wohle des Unternehmens und der propagierten gemeinsamen Ziele einzusetzen. Ein sensibles Ausbalancieren von sozialen und individuellen Bedürfnissen ermöglicht dem Unternehmen, die Kompetenzen seiner Mitarbeiter an die funktionalen Erfordernisse und die damit an die neuen Leitziele anzupassen. Dieser Prozess[162], in der Literatur auch als *„Personalisierung von Organisationen"* und *„Verorganisierung sozialer Gruppen"* bezeichnet, schreitet immer stärker voran. Die immer stärkere Betonung der sozialen Dimension bei heutigen Restrukturierungsmaßnahmen lässt dabei reichlich Rückschlüsse über deren Bedeutung für den Unternehmenserfolg zu.[163]

Zusammenfassend ist festzustellen, dass der Zugriff auf den ‚ganzen Menschen' durch diese Einbindung in einem sozialen Ganzen zunimmt und auch wenn der Einzelne mit immer mehr Kompetenzen ausgestattet wird, so unterliegt er aber im Gegenzug dabei immer mehr auch den funktionalen Erfordernissen.

Diese Vermarktung, Einpassung und Anpassung, aber auch Instrumentalisierung von menschlichen Beziehungen und menschlichen Bedürfnissen zum Wohl des Unternehmens bezeichnen Döhl und Sauer[164] als eine *„Simulation von Unternehmerverhalten"*. Der Identifikation mit den betrieblichen Erfordernissen, der Mobilisierung von Eigenverantwortlichkeit, dem Sich-Einlassen auf die Anforderungen und der Anbindung an die Ziele (welche von der Unternehmensleitung deutlich definiert werden) kommt dabei ein hoher Stellenwert zu. Zum Zwecke der Produktionssteigerung wird dem Einzelnen eine permanente Selbstveränderung abverlangt, eine *„freiwillige und engagierte Selbstoptimierung."*[165]

Sozialintegrative Koordinationsmechanismen, d.h. Kommunikations- und Informationsverfahren, übergreifende Teamstrukturen aber auch neue Rollen- und Funktionsverständnisse auf der Managementebene sind dafür die Voraussetzung, denn diese Simulation von Unternehmerverhalten ist das Ergebnis einer kollektiven Leistung. Es ist das Produkt des Zusammenspiels individueller und sozialer Kompetenzen. Durch die Koppelung von Selbstorganisation und Selbstregulation, von Eigenverantwortlichkeit und personenbezogener Interaktion tritt die strukturelle Anbindung individueller Werte an soziale und kollektive Zusammenhänge klar hervor.

---

[162] Vgl. Minssen, H. (1995): Spannungen in teilautonomen Fertigungsgruppen. Gruppensoziologische Befunde für einen arbeitssoziologischen Gegenstand. In: Kölner Zeitschrift für Soziologie und Sozialpsychologie, Nr. 2, Jg.47, Köln, S. 339-353.

[163] Die Strategie, die persönlichsten Seiten des Menschen wie z.B. Einstellungen, Gefühle und zwischenmenschliche Beziehungen für den Unternehmenserfolg auszubeuten und nutzbar zu machen, ist nicht neu. Bereits 1966 wurde die Organisationsentwicklung als eine *„komplexe Erziehungsstrategie"* verstanden (Bennis, W.G. (1966): Changing Organizations, New York, S. 2. In: Hoffmann, U. (1977): Neue Arbeitsformen im Managementbereich, S. 176).

[164] Vgl. Döhl, V./Sauer, D. (1997): Die Auflösung des Unternehmens? – Entwicklungstendenzen der Unternehmensreorganisationen in den 90er Jahren (Teil A); Internalisierung des Marktes – Reichweite und Grenzen der Dezentralisierung (Teil B). Manuskript, S. 49 ff. In: Manthey, H. (2003): a.a.O., S. 109-132.

[165] Gerken, G. (1993): Trendzeit. Die Zukunft überrascht sich selbst, Düsseldorf, S. 65.

Die Führungsebene, der dabei eine gewisse Schlüssel- und Vorbildfunktion zukommt, kann sich diesem impliziten Prozess kaum entziehen. Sie sind zum einen selbst Opfer dieser Entwicklung, aber auch Täter: In Seminaren erfahren sie die Bedeutung von Soft Skills und werden angehalten ihre Mitarbeiter mit allen Sinnen zu führen. Eine in der Vergangenheit überwiegend verrechtlichte Beziehung (Arbeitgeber/Arbeitnehmer, Vorgesetzter/Untergebener) wird immer mehr zu einer emotionalen Beziehung. Moderne Managementtechniken und Konzepte der Arbeitsorganisation setzten genau dort an und *„kein Gefühl bleibt von der Verwertung ausgeschlossen, kein Gemeinsinn aus der Produktion ausgespart."*[166]

Jedoch zeigen sich auch bei dieser Entwicklung bereits fatale Folgen, denn durch die immer noch stärkere Ausbildung und Ausformung des unternehmerischen Denkens der einzelnen Beschäftigten tritt auch der Widerspruch zwischen Organisation und Person immer deutlicher hervor. Es *„wird der strukturelle Konflikt zwischen Organisation und Person mit dem personenbezogenen Aushandeln von Organisationsinteressen zu einem persönlichen"* und er *„verlagert sich als Gegenstand von Auseinandersetzung auf die zwischenmenschliche Ebene und wird v.a. auch zu einem intrapsychischen Problem."* [167]

So treten sich Kollegen nicht mehr nur als Kollegen gegenüber, sondern auch als ‚kleine eigenständige Unternehmer'. Dies führt zwangsläufig zu einem Aufeinanderprallen möglicher Unternehmensinteressen und sozialer Interessen. Deutlich sichtbar wird dieser Konflikt wenn Kündigungen oder Abmahnungen ausgesprochen werden müssen, denn dann können diese einstmals emotionalen Ideale den wirtschaftlichen Anforderungen nicht standhalten. Diese Pseudo-Emotionalität als Mittel zum Zweck der Produktivitätssteigerung in der Geschäftswelt wird dann schmerzhaft erkennbar. Gegenwärtig jedoch nimmt die Bedeutung der Soft Skills als Führungsqualität und der Stellenwert der Emotionalität im Bereich der Personalführung noch weiter zu. Auch die Inszenierungen, um den Widerspruch zwischen Person und Organisation zu kaschieren, werden immer noch einfallsreicher, so dass die Folgen kaum absehbar sind.

Nicht zuletzt die wirtschaftlich angespannte Situation und die damit einhergehende Unsicherheit veranlassen viele Mitarbeiter inzwischen zu einer reflektierten Betrachtung der Verhältnisse. Sie erkennen immer mehr, dass die aufgezeigte Struktur durch einen Widerspruch zwischen Manipulation und Kooperation gekennzeichnet ist und dass viele emotional ausgeschmückten Versprechungen der Vergangenheit der Realität nicht standhalten. Die Mitarbeiter reagieren im Umgang mit ihrer Berufsrolle mit einer immer größeren Professionalität. Genau hier werden dann auch die Grenzen der Unternehmensentwicklung deutlich: Denn während einerseits von organisatorischer Ebene auf den sinnlichen Menschen rekurriert wird (der die Unternehmensziele internalisiert), wird andererseits aber auch der Prozess forciert, dass die Menschen sich gegen den manipulativen Zugriff seitens des Unternehmens schützen, indem sie ihre Gefühle professionalisieren.

---

[166] Koch, J. (2001): Weder-Noch. Das Freiheitsversprechen der Ökonomie, Frankfurt/M., S. 374.
[167] Manthey, H. (2003): a.a.O., S. 121f.

Diese Professionalisierung als Folge einer Reflektierung der Beziehung ‚Ich und das Unternehmen' schafft jedoch eine Distanz zum Unternehmen und macht einen Mitarbeiter aus organisationstechnischer Sicht immer schwerer beeinflussbar und auch greifbar. Eine *„Instrumentalisierung des Mitarbeiters"* über einen Kunstgriff seitens des Unternehmens, wie es Hochschild[168] beschreibt, ist kaum noch möglich.

## 3. Die Rekrutierung von Managern

Um noch ein realistisches Bild von der ‚Welt des Managements' zeichnen zu können, wurden Gespräche mit Personalreferenten, mit Unternehmens- und Personalberatern[169] geführt. Im Mittelpunkt des Interesses stand dabei welcher Typ Mensch als Führungskraft gefragt ist, wie man eine erfolgreiche Führungskraft wird bzw. wie Führungskräfte rekrutiert werden. Dabei wurden grundsätzliche Dinge deutlich: Den erfolgreichen und gefragten Manager gibt es nicht und viele Faktoren auf die der Manager nur begrenzt oder gar keinen Einfluss hat, lassen eine Führungskraft erfolgreich sein. Ein bisschen Glück gehört auch dazu, um einfach zur richtigen Zeit am richtigen Ort zu sein.

### 3.1. Die konjunkturellen und kulturelle Einflussgrößen auf die Qualität von Führungskräften

Kommt heute ein Unternehmen in eine wirtschaftliche Schieflage und entscheidet die Firmenleitung vor diesem Hintergrund die Führungsmannschaft auszuwechseln, so wird es gezielt nach einem ganz bestimmten Typus von Manager suchen: Rationalisierer und Fusionierer sind gefragt mit Blick ins Unternehmen hinein. Befindet sich das Unternehmen dagegen in einer Expansionsphase, wird eher nach Führungskräften Ausschau gehalten, die eine visionäre Idee und einen Blick auf neue Märkte möglicherweise über nationale Grenzen hinweg haben, also ‚Eroberer und Entdecker'. Wieder andere Managertypen werden gesucht, wenn sich ein Unternehmen nach der Aufbauphase in einer Konsolidierungsphase oder erst recht in einer Restrukturierungsphase (Einsparphase) befindet. Daran wird bereits deutlich, dass es ‚den Manager' nicht gibt, da eine einzelne Person kaum die ganze Spannbreite dessen, was ein Unternehmen in seinem Lebenszyklus[170] an Führungsfähigkeiten benötigt, gleich gut beherrschen kann.

---

[168] Hochschild, A.R. (2002): a.a.O.

[169] Die Ausführungen des Kapitels 3 beruhen zum überwiegenden Teil auf geführte Interviews mit Personal- und Unternehmensberatern: Herr Heinz Mayk (Personalreferent, Siemens, Franfurt/M.), Herr Michael Kolios (McLoughlin Associates - Gesellschaft für Unternehmensberatung und Projektmanagement, München), Herr Stefan Schmid (Interheads München) und Frau Liliane Tschurtschenthaler (8pk-Beratungs GmbH München). Sie haben sich ausdrücklich damit einverstanden erklärt, dass ihre Namen an dieser Stelle genannt werden und mit ihren Aussagen in Verbindung gebracht werden.

[170] Einen Überblick über mögliche Zyklen, die ein Unternehmen durchläuft und auch den damit verbundenen Anforderungen an das Management findet sich bei: Wolf, M. (2002b): Das Unbewusste in der Organisation: Zur Dynamik von Gruppe, Organisation und Führung. In: Wolf, M. (Hrg.) (2002a): Frauen und Männer in Organisationen und Leitungsfunktionen. Unbewusste Prozesse und die Dynamik von Macht und Geschlecht, Frankfurt/M., S. 141 – 184 (S. 158 ff.).

Neben der konjunkturellen Lage in der sich ein Unternehmen befindet, hat auch die Branche, die Nationalität des Unternehmens und die Größe der Firma einen Einfluss darauf, welcher Typus von Führungspersönlichkeit gefragt ist. Mittelständische Unternehmen suchen eher Personen die *„nicht allzu dick auftragen"[171]*, die fähig und gewillt sind die Gesamtheit des Unternehmensfeldes im Blick zu haben und bereit sind bis zu einem gewissen Maß auch Risiken einzugehen, um dann bei einem eventuellen Scheitern auch die volle Verantwortung dafür zu übernehmen. Denn gerade mittelständischen Unternehmen erwächst häufig ein Marktvorteil daraus, dass sie flexibler sind und damit schneller und effektiver auf Veränderungen am Markt reagieren können. Große Industrieunternehmen suchen dagegen eher jene Menschen, welche sich ein- und unterordnen können, denn solche komplexe Firmen mit klaren Trennungen der Zuständigkeiten können nur dann funktionieren, wenn sich die Mitarbeiter an den vorherrschenden Strukturen ausrichten. Für die Führungskräfte heißt dies, dass sie ihre Zuständigkeitsgrenzen kennen und ihre damit verbundenen Kompetenzen nicht überschreiten[172]. Daher machen in großen Industrieunternehmen häufig jene Karriere, die sich genau an die Hierarchiestrukturen halten, also Personen, die sich *„besonders schlau unterzuordnen wissen"*.[173]

Ein gutes Beispiel dafür, dass auch der nationale Hintergrund in einem Unternehmen eine Rolle spielt, sind amerikanische Unternehmen, welche in Deutschland eine Niederlassung betreiben. Diese suchen eher Führungspersonen mit einem *„sehr gesunden Selbstbewusstsein und die die Cowboy-Manier"[174]* beherrschen, also eher den Macher-Typ repräsentieren. Auf der anderen Seite beinhaltet dies aber auch die Einstellung: *„Ich bin mir für Nichts zu schade, ich mache alles und pack' auch mal mit an wenn's brennt."* [175] Diese Eigenschaft jedoch fehlt bisweilen erfolgreichen (oder ehemals erfolgreichen) deutschen Führungskräften. Sie müssen sich den Vorwurf gefallen lassen, dass sie einen gewissen Dünkel pflegen, d.h. sie sind nur bereit eine neue Position zu besetzen, wenn diese ihrer letzten Position mindestens gleichrangig ist.

Die Ursachen dafür, dass Manager häufig die Firma wechseln[176] sind sehr vielfältig: Zum einen werden Manager einfach geschasst,[177] zum anderen liegt die Ursache auch im Abwerben durch Headhunter.[178] Vor allem nach einem Boom innerhalb einer Branche (z.B. New Economy) stehen viele ehemals auch gute Führungskräfte auf der Straße und suchen nach einem neuen Aufgabenfeld. Zwar versüßt die gezahlte Abfindung zunächst das Ausscheiden aus einer Firma, aber für den Aufbau einer neuen eigenen Existenz reicht diese in

---

[171] Interviewaussage Hr. Kolios.

[172] Was nach Aussage der Interviewpartner inzwischen eher dazu führt, dass Entscheidungen von einem Schreibtisch zum anderen geschoben werden damit niemand eine Entscheidung und somit auch Verantwortung übernehmen muss.

[173] Interviewaussage Hr. Kolios.

[174] Interviewaussage Fr. Tschurtschenthaler.

[175] Interviewaussage Fr. Tschurtschenthaler.

[176] Es besteht jedoch bei häufigem Wechsel die Gefahr, dass die Glaubwürdigkeit in Bezug auf das Produkt leidet (z.B. wenn Vorstandsvorsitzende vom einem Automobilkonzern zum anderen wechseln).

[177] Dies wird jedoch nicht so genannt, sondern es wird davon gesprochen, dass der Vertrag nicht mehr verlängert wird und da Topmanager mit Zeitverträgen arbeiten, ist dies ein gangbarer Weg.

[178] Im obersten Management nennen sich die Personalberater Executive-Search-Consultants.

den seltensten Fällen aus. Dennoch ist es gerade bei älteren Managern ein beliebter Weg, wenn sie keine Anstellung mehr bekommen, eine Ich-AG zu gründen und sich mit einer Berater- oder Management-Consultant Firma selbständig zu machen. Der bereits zitierte Dünkel deutscher Manager liegt dann darin, dass sie es häufig vorziehen arbeitslos oder mit einer unrentablen Firma selbständig zu sein, als eine niedriger bewerte Position zu bekleiden.

## 3.2. Netzwerke bestimmen den Marktwert

Die Frage ‚Wie macht man denn Karriere?', ist klar zu beantworten: Leute kennen lernen, die gleichsam einen Türoffner machen, selbst eigene Netzwerke bilden und den richtigen Mentor auswählen[179]. Eine Rolle spielt zwar auch die Kompetenz über die eine Person verfügt, jedoch reicht sie allein kaum aus um Karriere zu machen[180].
Bedeutsam sind solche Netzwerke und Kontakte vor allem bei Firmenwechsel, da jeder Wechsel immer auch einen Know-How-Transfer darstellt. Von besonderer Brisanz wird dieser vor allem, wenn ein Wechsel zu einem Konkurrenzunternehmen stattfindet, denn die Frage, die sich eine Firmenleitung immer stellt, ist: ‚Welche Kunden, welche möglichen Aufträge, welche Verbindungen, welche Ideen und welche Strategien könnte die neue Führungskraft mitbringen, die uns einen Vorteil verschaffen könnte?'

Dieser im Fachjargon auch Lopez-Koffer[181] genannte Grund ist es, dass Firmen sich häufig Leute von außerhalb (der Firma, des Konzerns) ins Management nehmen. Daneben soll auch ein frischer Wind ins Unternehmen kommen, da auch jede Organisation die Tendenz hat mit der Zeit zu verkrusten und verhärtete Strukturen sind nicht nur ineffizient, sondern auch teuer.

---

[179] Vgl. dazu Aussage (IP 13) Kapitel IV/6.6.
[180] Welchen Einfluss u.a. die berufliche Qualifikation, die Kleidung, die Einstellung zum Beruf, aber auch Netzwerke oder die Zugehörigkeit zu exklusiven Clubs auf die Personalrekrutierung in Unternehmen haben, findet sich bei: Hartl, M./Kieser, H./Ott, J. u.a. (1998): Soziale Beziehungen und Personalauswahl. Eine empirische Studie über den Einfluß des kulturellen und sozialen Kapitals auf die Personalrekrutierung. In: Cromm,J. /Giegler, H. (Hrg.) (1998): Reihe Praxis Sozialforschung, München, Mering, Bd.1.
[181] Benannt nach dem ehemaligen VW-Manager Ignazio Lopez.

Ein anderer Grund für die Rekrutierung von fremden Führungskräften ist, dass ein Unternehmen noch Kapazitäten auf einem neuen Gebiet auszubauen beabsichtigt und daher noch keine geeigneten Leute im Unternehmen hat, welche diese Entwicklung anschieben und vorantreiben könnten.[182]

Doch diese Netzwerke sind zugleich ein Beweis dafür, dass die Managerwelt der Alltagswelt doch sehr verwandt ist und dass sich auch Manager gern mit Personen umgeben, die sie bereits kennen und deren Loyalität sie sich sicher sein können. Der kluge Aufbau eines Netzwerks ist daher immer auch ein erster Schritt zur Karriere, denn häufig reicht es aus, wenn eine einzige Person aus dem Netzwerk Karriere macht und im weiteren Verlauf dann die Seinigen nachzieht. Sehr augenscheinlich wird diese Logik, wenn Manager von außen ganz neu in ein Unternehmen kommen und er im Laufe der ersten Monate verschiedene andere Personen ebenfalls neu in das Unternehmen einbringt, sich also mit seinen eigenen Leuten umgibt.

---

[182] Forschungsergebnisse weisen darauf hin, dass der vorherige berufliche Werdegang von Managern und Gründern neuer Organisationen eine entscheidende Rolle spielt. Die Lebensläufe dieser Personen verorten die entstehende Organisation in einem sozialen Netzwerk. Gründer oder Manager die vormals prominente Arbeitgeber hatten, profitieren nicht nur von Informationen zu denen sie in ihrer vorherigen Stellung Zugang hatten, sondern auch von dem Renommee des früheren Arbeitgebers. Burton zeigt auf, dass Manager, die bereits bei prominenten Arbeitgebern tätig waren, eher externe finanzielle Unterstützung von Risikokapitalgebern erhalten und auch Higgins und Gulati verweisen darauf, dass vormalige Verbindungen des Managements zu prominenten Liefer- und Vertriebsfirmen sowie zu Kundenkreisen eine entscheidend Rolle spielen, wenn es um die Unterstützung von Investmentbanken geht oder um einen geplanten Börsengang. Hannan und Freeman stellten in ihren Untersuchungen fest, dass vor allem neu entstehende Organisationen der Notwendigkeit unterliegen, erfahrende Mitarbeiter von der Konkurrenz abzuwerben, um von deren Wissen und Sachkenntnis zu profitieren. Auch die Untersuchungen von Haveman und Cohen gehen in diese Richtung: Sie zeigen, dass junge Firmen häufiger Mitarbeiter von der Konkurrenz abwerben als alteingesessene Firmen. Denn diese, so die Ergebnisse von Rao und Drazin, schauen sich im Vergleich zu den jüngeren Firmen, die gerne erfahrene Mitarbeiter mit langjähriger Berufserfahrung suchen, lieber in kleinen Firmen um, um an neue Ideen zu kommen [Burton, D. /Sorensen, J./Beckman, Ch. (1999): Coming From Good Stock: Career Histories and New Venture Formation, Harvard (unveröffentlichtes Manuskript). Higgins, M/Gulati, R. (1999): Getting off to a Good Start: The Effects of Upper Echelon Affiliations on Prestige of Investment Bank and IPO Success, Harvard (unveröffentlichtes Manuskript). Hannan, M.T./Freeman, J. (1989): Organizational Ecology, Cambridge, p. 132ff. Haveman, H.A./Cohen, L.E. (1994): The Ecological Dynamics of Careers: The Impact of Organizational Founding, Dissolution, and Merger on Job Mobility, American Journal of Sociology 100, p. 104-152. Rao, H. /Drazin, R. (2000): Revisiting Stinchcombe: Recruitment and Product Innovation in the Mutual Fund Industry; 1986-1994. Atlanta, GA: Emory University (Arbeitspapier). Entnommen aus: Rao, H. (2002): Gründung von Organisationen und die Entstehung neuer organisatorischer Formen. In: Allmendinger, J./Hinz, Th. (Hrg.) (2002): a.a.O., (323f.)].

### 3.3. So macht man keine Karriere!

Dass es nicht immer die brillanten Experten sind die Karrieren machen[183], sondern jene die über ein hohes Maß an strategischem Denken, an kluger Taktik und auch an sozialen Fähigkeiten verfügen ist kein Geheimnis. Vor allem fachlich sehr gute Mitarbeiter werden von vielen Vorgesetzten nur wenig gefördert, weil sie ihm die besten Zuarbeiter sind und er verständlicherweise auch gute Mitarbeiter nicht verlieren möchte. Vor allem Techniker und Ingenieure, d.h. naturwissenschaftlich orientierte Personen, die es gewöhnt sind sehr genau und auch sehr problemorientiert zu arbeiten, teilen oft dieses Schicksal. Ihnen haftet das Vorurteil an, dass sie zu wenig zielorientiert wären und sich häufig in Details verlieren würden. Dies sind alles Dinge, welche einem Karriereweg in einem Unternehmen im Wege stehen, denn *„sie wollen immer 100%-ige Gewissheit haben, während Menschen aus dem Bereich des Marketing sich oft schon mit einer 50%-igen Gewissheit zufrieden geben. "* [184] Auch scheinen ihnen auch die kommunikativen Fähigkeiten zu fehlen, um sich gut zu verkaufen.

Ein anderer möglicher Karriere-Hinderungsgrund, vor allem in den oberen und obersten Führungsetagen, ist die Nicht-Bereitschaft das Privatleben mit dem Arbeitsleben zu verschmelzen, d.h. auch die Privatzeit zur Pflege von geschäftlichen Kontakten zu opfern. Auch findet sich in diesen Regionen die Problematik nicht mehr den richtigen Life-Style zu pflegen.[185]

Um sich für eine obere Managementtätigkeit zu empfehlen müssen Führungskräfte auch bestrebt sein die Bereiche/Geschäftsfelder zu wechseln, denn *„es wird niemand Geschäftsführer, der nicht auch mal eine Vertriebsposition wahrgenommen hat. Denn nur über das Verkaufen eines Produktes verdient eine Firma auch Geld. "* [186]

Dies mag auch eine Erklärung dafür sein, warum sich möglicherweise technisch-naturwissenschaftlich gebildete Personen oft schwerer tun Karriere zu machen, als Personen mit einer Marketingausbildung. Denn letztlich geht es immer auch um das Überzeugen und Begeistern können und zwar sowohl auf Seiten der Mitarbeiter und der Kunden wie auch auf Seiten der Geschäftsleitung oder des Vorstandes.

Als Fazit aus den geführten Interviews lässt sich festhalten, dass es ,die Managementpersönlichkeit' nicht gibt, jedoch alle Manager eine bestimmte Eigenschaft verbindet, nämlich *„die Freude an der Übernahme von Verantwortung und im Treffen von Entscheidungen. Sie sind in der Lage Prioritäten zu setzten, sie haben ein bestimmtes Charisma und Visionen um auch mögliche neue Firmen und ihre Mitarbeiter zu gewinnen und sie haben den*

---

[183] Einen guten Überblick über Aspekte, mögliche Gründe aber auch Hindernisse für den Aufstieg in Organisationen gibt: Bosetzky, H./Heinrich, P./Schulz zur Wiesch, J. (2002): Mensch und Organisation – Aspekte bürokratischer Sozialisation, Köln, 6.Aufl, S. 202-206.

[184] Interviewaussage Hr. Kolios.

[185] *„Bei der Aussage ,Ich habe ein Life-Style Problem' ist für Insider klar, dass man entweder Kinder hat, ortsgebunden ist oder auch einen unpassenden Partner/in hat"* (Interviewaussage Hr. Schmid).

[186] Interviewaussage Fr. Tschurtschenthaler.

*Willen und auch Argumentationskraft sich durchzusetzen. Und ob sie dann eher Diploma-*
*ten, Schreier, Macher oder Visionäre sind, Jäger oder Farmer, dies hängt dann auch von*
*der wirtschaftlichen Situation eines Unternehmens ab. "* [187]

### 3.4. Die Personalabteilung – Führungskräfte in Serie?

Vor allem in großen Firmen hat der organisatorische und konzeptionelle Wandel innerhalb der letzten Jahre auch hinsichtlich der Rekrutierung von Führungskräften eine Vielzahl von Veränderungen mit sich gebracht. Dabei ist es nach Angabe der Befragten generell positiv zu bewerten, dass *„ im Vergleich zu früheren Jahren weit mehr Transparenz in das Ge-schäft mit der Karriere eingezogen ist. Denn waren früher die Beziehungen zum Chef bzw. zu den Vorgesetzten das fast allein ausschlaggebende Moment Karriere zu machen – und ein System dahinter kaum zu erkennen - so hat dieses Gemauschel einer weit größeren Offenheit Platz gemacht. "* [188]

Die Voraussetzung jedoch, um in diesen neuen Strukturen Karriere zu machen ist es, dass man heute als angehende potentielle Führungskraft genau wissen sollte, welche Position man erreichen will bzw. welche Aufgabe man zukünftig ausführen möchte. Die Personalabteilungen sind zumeist der Schlüssel dabei. Sie verstehen sich heute - nicht mehr wie früher, als der *„ Personalchef, ausgestattet mit viel Macht und voller Geheimnisse "* [189] war – auch als Dienstleister [190] mit Kundenorientierung, deren Aufgabe es ist mit Anwärtern auf Führungspositionen zusammen systematisch die Entwicklungsmöglichkeiten zu recherchieren und diese dann auch auszubauen. Instrumente und Tools im Rahmen von Personalentwicklungsprogrammen sind heute das Handwerkszeug der Personalabteilungen. Hat nun ein Bewerber Eingang in die Datei [191] der förderungswürdigen Personen gefunden, wird zugleich sichergestellt, dass er auch auf seinem Karriereweg betreut und begleitet wird. Nachwuchsführungsprogramme, die es inzwischen in jeder größeren Firma gibt [192] gleichen einem Ausbildungskatalog, der von Weiterbildungen über Kompetenzschulungen bis zum Coaching reicht. Definierte Meilensteine (Abschluss erfolgreicher Projekte) müssen dabei erreicht werden, um die nächst höhere Stufe zu erklimmen.

Der professionalisierte Prozess, der einem „strukturierten Durchschieben durch die Instru-mente" gleicht, bisweilen mit Argusaugen von der Geschäftsleitung verfolgt und die Perso-nalabteilungen sind dazu angehalten in regelmäßigen Abständen Auskunft über den Fort-

---

[187] Interviewaussage Fr. Tschurtschenthaler. Vgl. dazu auch die Ergebnisse der Umfrage in Kapitel II/1.3.7.

[188] Interviewaussage Hr. Mayk.

[189] Interviewaussage Hr. Mayk

[190] Auf die Frage was eine Firma heute bieten muss, um für junge Führungskräfte attraktiv zu sein, wurde an erster Stelle die Entwicklungsmöglichkeiten (und nicht Sicherheit) genannt. Ebenfalls von Bedeutung sind interessante Tätigkeiten und die Möglichkeit persönliches Interesse (Privatleben) mit der gezeigten Leis-tungsbereitschaft zu vereinbaren (dies umfasst vor allem die flexible Ausgestaltung der Arbeitszeit). Dabei spielen die finanziellen Möglichkeiten und geordnete Arbeitszeiten (Tarifvertrag) immer mehr eine eher untergeordnete Rolle.

[191] Die Personalabteilung hat in Zusammenarbeit mit der jeweiligen Fachabteilung die Aufgabe mögliche neue „High Potentials" ausfindig zu machen.

[192] Der Grund dafür findet sich im Kapitel III/1.3.

schritt - die Performance - der Führungskräfte zu geben. Evaluationsbögen, welche von den untergeordneten Mitarbeitern ausgefüllt werden, dienen einer weiteren Beurteilung.

Mit der Veränderung der Führungsstruktur hin zu immer flacheren Hierarchien und der damit verbundenen stärkeren Übertragung von Kompetenzen an Führungskräfte[193] sind jedoch auch neue Gefahren verbunden: Die Entstehung eines ‚Staates im Staate', d.h. dass sich eine Führungskraft mit der eigenen Mannschaft abkapselt und möglicherweise für Irritationen[194] sorgt.

In diesem Dilemma befinden sich wohl alle komplexen Organisationen, denn je verzweigter die Struktur ist, desto mehr „Agenten symbolischer Kontrolle"[195] können sie beheimaten.

Auch kann bei steigender Zahl derjenigen Organisationsmitglieder, die ihre Interessen und Sichtweisen artikulieren und dadurch als Befürworter oder Gegner der offiziellen Organisationsideologie anzusehen sind[196] ein hohes Maß an Eigenleben innerhalb bestimmter Einheiten entstehen.

## 3.5. Die Arbeit einer Personalberatungsfirma

Werden sie im offiziellen Sprachgebrauch als Personal-Service-Agenturen, Personalberatungen, Executive-Search-Consultant oder Personalvermittlungsunternehmen bezeichnet, so sind sie im Alltag eher als Headhunter (Kopfjäger) bekannt und eine Reihe von Mythen und Geschichten umgeben sie. Sie treten immer dann auf den Plan, wenn Firmen Führungs- oder spezielle Fachpositionen zu besetzten haben, diese aber nicht mit ihren eigenen Leuten besetzten wollen oder können. Der Weg eine Personalberatungsfirma mit der Suche zu beauftragen ist eine Alternative zu der klassischen Stellenausschreibung (Zeitungen, Internet, eigene Homepage usw.). Dabei zeigt sich, dass mit zunehmender Spezifizierung oder auch Qualifizierung immer mehr Personalberatungsfirmen eingesetzt werden, da sie zum einen überwiegend branchenspezifisch tätig sind (Telekommunikation, Finanzdienstleis-

---

[193] Darunter fallen die Betreuung der Mitarbeiter und die Verantwortung für deren Weiterbildung usw.

[194] Die Voraussetzungen, um in den Kreis der Führungskräfte zu kommen (Motivation, Leistungsbereitschaft, Sozialkompetenz, Teamfähigkeit, Unternehmergeist, Durchsetzungskraft), sind die gleichen Fähigkeiten, welche dazu führen können, dass eine Führungskraft sich mit seinem Team „selbständig" macht.

[195] Hier sei verwiesen auf den Begriff der ‚symbolischen Macht' wie ihn Bourdieu verwendet. Diese Macht zur Definition organisatorischer Wirklichkeit kann auch unabhängig von der Position einer Person erfolgen bzw. ist nicht ausschließlich an Personen mit formal hohem Status geknüpft. Gerade die Dezentralisierung der Machtstrukturen und die damit verbundene Aufteilung der Ressourcen schafft eine neue Machtverteilung. Diese Machtpotentiale können sich ergeben aus gemeinsamen neuen Gruppenressourcen, zeitlich befristeten formalen Rollen aufgrund anerkannten technischen Wissens oder aufgrund organisationsrelevanten Erfahrungen. Auch schon die Thematisierung und Behandlung von organisationsrelevanten Problemen im Bereich des inner-betrieblichen Bildungs- oder Personalentwicklungswesens bilden Quellen des Erwerbs von symbolischer Macht (Bourdieu, P. (1992a): Rede und Antwort, Frankfurt/M., S. 135ff.).

[196] Vgl. auch: Herkommer, S. (1989): Zur Problematik der kulturellen Hegemonie. In: Hoffmann-Novotny, H.-J. (Hrg.) (1989): Kultur und Gesellschaft. Gemeinsamer Kongress der Deutschen, der Österreichischen und der Schweizerischen Gesellschaft für Soziologie Zürich 1988, Beiträge der Forschungskomitees, Sektionen und Ad-hoc-Gruppen, Zürich, S. 162ff.

tungen, produzierendes Gewerbe, Life-Sciences usw.) und somit den Marktüberblick haben, zum anderen aber auch, dass sehr gute Leute – die einen zufrieden stellenden Arbeitsplatz haben – auch keine Stellenanzeigen lesen würden.

Aufgrund der Wirtschaftslage hat sich inzwischen auch der Kampf der Beratungsfirmen um Kunden verschärft, so dass viele – vor allem kleinere Beratungsfirmen - inzwischen nicht mehr warten bis sie von einem Unternehmen beauftragt werden, sondern von sich aus ihre Dienste den Unternehmen anbieten (nach dem Motto „Sie suchen doch sicherlich"). „*Der Markt ist inzwischen so hart umkämpft, dass sogar Assistentinnenstellen mit bis zu einem Jahresgehalt von 40.000 € (Low-Budget-Jobs) über Personalberatungsfirmen besetzt werden.*"[197]

Da jedoch die Provision der Vermittlungsunternehmen branchenüblich bei ca. 25-30 Prozent des Jahreszieleinkommens der zu vermittelnden Person liegt, ist das Ziel einer Beratungsfirma einen Festvertrag[198] zu erhalten und sich dabei zumindest in der Vermittlung von mittleren und oberen Managementpositionen[199] (Jahreszieleinkommen von 80.000 € - 150.000 €) zu etablieren.

Personalberatungsfirmen besetzen eine Position immer in der „Direktansprache" was die Unternehmen selbst nicht dürfen, d.h. die Personalberater sprechen Kandidaten in anderen Firmen direkt an, ob sie Interesse haben zu wechseln. Dies können je nach zu besetzender Position bis 100 Personen sein („*das sind erstmal nur Namen, noch keine Kandidaten*"[200]). Oft folgen mehrere Telefongespräche. Die Vorauswahl, welche Person bei näherer Betrachtung (Analyse der Persönlichkeit und der Kompetenz) für die jeweilige Stelle noch geeignet sein könnte, nimmt die Personalberatungsfirma nach ihren Kriterien vor. Zumeist bleiben dann 10-15 Personen übrig mit denen sich dann der Personalberater persönlich trifft. Es kommt vor, dass oft erst zu diesem Zeitpunkt der Kandidat erfährt, welche Firma sich denn genau nun für ihn interessiert. Die Kandidaten durchlaufen dann wiederum einen mehr-stufigen Prozess (bei gleichzeitigem parallelem Coaching durch das Personalberatungsunternehmen), bis schließlich maximal drei bis fünf geeignete Personen (Short-List) übrig bleiben, die man dem Unternehmen dann vorstellt.[201]

---

[197] Interviewaussage Hr. Schmid.

[198] Große Unternehmen arbeiten meist mit 8-10 festen Personalberatungsfirmen zusammen. Diese haben i.d.R. einen einjährigen Rahmenvertrag, der nach einem Jahr überprüft wird (Beurteilung der Performance). Entweder kommt es dann zu einer Verlängerung des Vertrages oder zu einem Ausscheiden aus dem Rahmenvertrag. Wichtige Kriterien sind dabei die Schnelligkeit der Vermittlung, die Zuverlässigkeit der Beratungsfirma, die Höhe der Honorarforderungen (dies schließt auch das Arbeiten für weniger Honorar als bisher mit ein) aber auch die Nachhaltigkeit der Arbeit, d.h. ob vermittelte Führungskräfte sich noch im Unternehmen befinden oder dieses bereits schon wieder verlassen haben.

[199] Die erste Riege des Managements (Vorstand, Geschäftsleitung usw.) ab 150.000 € wird von Personalberatern betreut, die sich „Executive Search Consultant" nennen. Bereits der Name lässt auf eine exklusivere Kundschaft schließen.

[200] Interviewaussage Fr. Tschurtschenthaler.

[201] Die Bezahlung findet bei Festaufträgen (Rahmenvertrag) oft in drei Stufen statt. Das erste Drittel der Provision (orientiert an der insgesamt 30%-igen Provision vom Jahreszielgehalt des Kandidaten) wird nach der Vertragsunterschrift zwischen Unternehmen und Personalberatungsfirma fällig, das zweite Drittel nach dem Präsentieren der Short-List (die drei Kandidaten, die in die engste Auswahl kommen) und das letzte Drittel wird bezahlt nachdem ein Kandidat mit dem Unternehmen einen Vertrag unterzeichnet hat. Da sich

Über die tatsächliche Arbeit, also darüber wie überhaupt die Personalberatungsfirmen an mögliche passende Kandidaten überhaupt kommen, ist nur sehr schwer Auskunft zu erhalten. Zumeist tauchen in diesem Prozess drei verschiedene „Köpfe" auf: Der Researcher, der Identer[202] und der Berater. Sucht ein Unternehmen eine neue Führungskraft und beauftragt eine Personalberatungsfirma damit, dann wird in einem ersten Schritt von einem Researcher eine Zielfirmenliste (Target-List) mit den direkten Konkurrenten der Firma erstellt, weil sich dort bereits die branchenspezifischen Führungskräfte befinden.

Danach beginnt die Tätigkeit des Identer, der die eigentliche (sehr umstrittene) Arbeit macht. Dieser verfügt zumeist bereits über eine sehr umfangreiche Kartei (50.000 Namen und mehr sind keine Seltenheit) und versucht nun mit Hilfe der Target-List Auskunft über die Personen in den Unternehmen zu erhalten. Das Ziel ist dabei zu erfahren welche Person (Name und Telefonnummer) nun die jeweilige interessante Position besetzt, um mit dieser Person Kontakt aufzunehmen.

Die Methode des Anrufes am Arbeitsplatz hat nun auch den Bundesgerichtshof beschäftigt und zwar besonders die Frage in wie weit die Arbeitszeit und die Telefonanlage des Betriebes dazu benutzt werden darf, um Kontakt zu einem anderen potentiellen Arbeitgeber (in dessen Auftrag ja ein Personalvermittler anruft) aufzunehmen. Denn die Art und Weise wie einen erfolgreicher Identer/Searcher[203] einen „passenden Kandidaten" ausmacht ist manchmal geradezu abenteuerlich: Er ruft bei einer Firma an und gibt sich als möglicher Kunde mit einem entsprechenden Auftragsvolumen aus. Dabei baut er die Geschichte so auf, dass er herausfindet, wer der Verantwortliche in der Firma ist (z.B. der Vertriebsleiter). Daraufhin ruft er kurz bei diesem direkt an und klärt ab, ob dieser an einem möglichen Wechsel zu einer anderen Firma interessiert ist. Verläuft diese erste Kontaktaufnahme (die meist nur wenige Minuten dauert) positiv, so folgt ein ausführliches Telefonat am Abend im privaten Umfeld. Diese Telefonate dauern dann oft schon mehr als eine halbe Stunde, bei dem sich dann der Identer/Searcher schon ein relativ genaues Bild (oft jedoch ohne Nennung des Auftraggebers) über das Know-How der Person machen kann. Der erste Schritt zu einer Abwerbung einer Führungskraft ist damit getätigt.

---

jedoch die Unsitte breit gemacht hat, dass viele Beratungsfirmen nur noch auf die ersten beiden Schritte hinarbeiten, d.h. eine Short-List präsentieren, die nur „irgendwelche Kandidaten" enthält, gehen die Unternehmen immer mehr dazu über nur noch Erfolgsaufträge mit den Personalberatungsfirmen abzuschließen. Dies hat wiederum zur Folge, dass die Bezahlung der Provision (ebenfalls 30%) erst zum Schluss, also nach erfolgreicher Vertragsunterzeichnung zwischen Kandidaten und Unternehmen, erfolgt. Spesen (Flug, Telefon, Einladungen zum Essen) die eine Personalberatungsfirma bei der Kandidatenauswahl hat sind von der Provision nicht abgedeckt und werden von den Firmen extra bezahlt. Folglich ziehen Personalberater beim Besuch eines Kunden die Business-Class der Economy-Class vor.
[202] Die Bezeichnung Identer ist angelehnt an den englischen Begriff „Identification".
[203] Diese beiden Tätigkeiten werden in einigen Beratungsfirmen nicht getrennt.

Weitere Schritte des Personalberaters können folgen: Weitere Face-to-Face-Interviews, Referenzprüfungen, Coaching oder auch dann Vorstellung beim späteren neuen Arbeitgeber.[204]

Erleichtert wird die Aufgabe des Identer durch einen Einblick in die firmeninternen Organisationsstrukturen. *„Die Kür dabei ist an ein Organigramm einer Firma zu kommen. Ich kenne Identer, die haben eine Dame in der Telefonzentrale so eingelullt, dass ihnen diese das Organigramm gefaxt hat. Es ist daher kein Zufall, dass die Identer meist männlich sind, da die Telefonzentralen meinst mit Damen besetzt sind. Auch wird da schon mal angerufen und ein Notfall vorgetäuscht, z.B. man gibt sich als jemand aus, der im Auftrag eines Schwerverletzten von einer Intensivstation aus anruft und man wüsste nur die Position der Person (nicht den Namen oder hat ihn vergessen), den man nun verständigen soll.“[205]*

Mit dem Habhaftwerden eines Organigramms sind auch langfristige Vorteile verbunden, denn man erkennt daraus nicht nur „Wer an wen zu berichten hat" (Hierarchiestruktur), sondern auch wie Personen in 2-3 Jahren aufgestellt sein könnten, bzw. welche möglichen Beförderungen anstehen.

Da sich unter Firmenmitarbeitern inzwischen herumgesprochen hat, dass Unternehmensberatungen im Hause meist mit Stellenabbau einhergehen, sind diese oft nicht sehr kooperativ. Daher sind die Organigramme bzw. die Arbeit der Identer auch bei Unternehmensberatungen sehr beliebt. Auch Banken greifen gerne für Referenzchecks auf die Arbeit der Identer zurück.

*3.6. Das Beratungsgeschäft – Ein umkämpfter Markt*

Wie groß die Konkurrenz unter den jeweiligen Beratungsfirmen ist, sieht man daran, dass im Bundesverband Deutscher Unternehmensberater (BDU e.V.) zur Zeit rund 15.000 Unternehmensberater und Personalberater organisiert sind, die sich auf über 500 (im Jahr 2002: 560) Management-, IT- und Personalberatungsfirmen verteilen. Die Mitgliedsunternehmen allein des BDU erzielten im Jahre 2003 einen Gesamtumsatz von rund drei Milliarden Euro. Der gesamte Markt der Unternehmensberater in Deutschland (diesen teilen sich ca. 68.000 Berater in rund 14.400 Unternehmen) machte dabei im Jahr 2003 einen Umsatz von ca. 12,2 Mrd. Euro. Die prozentualen Umsatzanteile der einzelnen Beratungsfelder sind dabei sehr unter-schiedlich: Der Umsatz der Managementberatung betrug ca. 7,25 Milliarden Euro, der IT-Beratung/-Services 3,57 Milliarden Euro und der Umsatz des Human-Ressource-Managements betrug 1,41 Milliarden Euro.[206]

Ein anderer Zusammenschluss von Beratungsfirmen ist der VDESB (Vereinigung Deutscher Executive-Search-Berater e.V.), der 1993 aus dem 1983 gegründeten "Arbeitskreis

---

[204] Vgl. auch Radiobericht Deutschlandfunk, vom 6.03.04 „Was darf ein Headhunter? (www.dradio.de/dlf/sendungen/campus/244521/)
[205] Interviewaussage Hr. Schmid.
[206] Vgl. Pressemitteilung des BDU vom 10.02.2004 (www.bdu.de).

der Personalberater in Deutschland" (AKP) hervorging. Obwohl dieser Verband weniger bekannt ist als der BDU, wird er unter den Beratern selbst als der elitärere Verband angesehen. Zum einen, weil er die qualitativ höherwertigeren Leistungen bietet, aber wohl auch deshalb, weil der Club exklusiver ist: Man hat strengere Kriterien[207] zu erfüllen und auch einen relativ hohen Jahresbeitrag (ca. 5.000 €) zu entrichten.

Insgesamt ist das Geschäft der Personalberater härter geworden, was sich im starken Rückgang der Personalberatungsfirmen zeigt. Doch neben der wirtschaftlichen Situation auf dem Beratermarkt sind auch die Anforderungen an die Beratungsfirmen gestiegen. Waren vor Jahren bei der Besetzung von Führungspositionen noch eher Personen mit sehr breitem Wissen gefragt, so werden heute absolute Fachkräfte gesucht. *„Nicht mehr Dilettanten, sondern Spezialisten sind gefragt."*[208] Die Folge davon ist, dass trotz des größer gewordenen Pools von freigesetzten Führungskräften die Arbeit der Personalberatungsfirmen den „Richtigen" auszuwählen noch schwieriger geworden ist.

Eine mögliche Entwicklung des härter gewordenen Wettbewerbs mag auch sein, dass die Berater selbst zunehmend mehr Einfluss in Firmen bekommen in der Form, dass häufig inzwischen Führungspositionen nur noch mit Beratern besetzt werden. Die Vorteile auf der Unternehmerseite sind dabei klar erkennbar: Die Berater treten in den Firmen als eine Art Leiharbeiter auf Zeit auf, die vom Kündigungsschutz nicht betroffen werden. Hinzu kommt, dass sie finanztechnisch zumeist aus einer Art Sondertopf bezahlt werden, was nicht unter Personalausgaben fällt und daher im Jahresabschluss ein positives Bild vermittelt. Auch die bereits genannten „mitgebrachten Netzwerke" (in die auch Beraterfirmen mit eingebunden sind) beim Wechsel an der Firmenspitze führen dazu, dass jede Neubesetzung eines Chefsessels auch ein Austauschen der Beraterfirmen zur Folge hat.

Nicht zuletzt demonstrieren Unternehmen bereits allein mit dem Engagement von Beratern große Entschlossenheit Dinge zu verändern und sie senden damit das Signal aus, dass Macht ausgeübt wird. Im Außenverhältnis solche Signale nicht zu unterschätzen, denn gegenüber Investoren zeigen sich Unternehmen damit flexibel und handlungsbereit. Dies allein kann schon eine Erhöhung des Aktienkurses zur Folge haben kann.[209]

Dennoch sollen auch an dieser Stelle die positiven Auswirkungen von Beratern nicht unerwähnt bleiben. Bereits das Engagement von Beraterfirmen und die damit verbundenen finanziellen Auslagen setzen die Firmen unter einen gewissen Umsetzungsdruck. Ebenso lassen sich zusammen mit Beratern oft Lösungen finden, die einem Kompromiss (einer Schlichtung) gleichen und daher für die unterschiedlichen Seiten besser zu akzeptieren sind, da es keine Gewinner und Verlierer gibt.

---

[207] Die Aufnahmekriterien sind lt. Geschäftsbedingungen u.a. mindestens zwei Executive-Search-Berater pro Mitgliedsunternehmen (ausgeschlossen sind damit Ein-Mann-Beratungsfirmen, wie sie bisweilen von geschassten Managern gegründet werden, vgl. 3.1.), mehrjährige Branchenerfahrung und "ein guter Name" (vgl. http://www.vdesb.de/voraussetzungen.htm).
[208] Interviewaussage Fr. Tschurtschenthaler.
[209] Vgl. Sennett, R. (2005): Die Kultur des neuen Kapitalismus, Berlin, S. 48.

## 4. Ratgebermarkt: „Wie überlebe ich meine eigene Karriere?"

Die Zahl der Bücher, die von Wissenschaftlern, Unternehmensberatern, Journalisten oder von Managern selbst für Manager geschrieben werden, ist überaus vielfältig. Jeder schmückt sich dabei auf den ersten Seiten bzw. auf dem Buchrücken mit seinen Erfahrungen und der impliziten Botschaft: „Ich weiß wie der Hase läuft". Ohne einzelnen Autoren ihre Kompetenz absprechen zu wollen, stellt sich doch die Frage, ob die Vielzahl der Bücher zum einen wirklich jemand liest und zum anderen, warum es immer noch so viel schlechtes, unfähiges Management, unzufriedene Mitarbeiter und kranke, völlig überarbeitete Manager mit kaputten Ehen gibt, wenn diese Bücher tatsächlich eine kompetente Wissensquelle wären?

Bevor hier zu zwei Hauptlinien dieser „Manager-Ratgeber-Literatur" Stellung genommen wird, nämlich das weite Feld von „Work-Life-Balances" und von „Zeitmanagement", soll hier kurz auf zwei besonders eigenwillige Exemplare dieses Genres eingegangen werden: Das Buch von Jo Owen[210] stellt ein Nachschlagewerk dar. Bereits das Titelbild lädt zum Schmunzeln ein: Ein Blick unter einen Konferenztisch, an dem in einer Reihe sitzend mehrere Männer die gleichen grauen Anzüge und die gleichen schwarze Schuhe tragen und neben ihnen am Boden stehend jeweils ein schwarzer Hartschalen-Aktenkoffer der gleichen Marke. Nur eine Person trägt anstatt der schwarzen Schuhe überdimensionale Hausschuhe mit orangefarbenem zotteligem Löwenkopf. Der Inhalt des Buches ist alphabetisch gegliedert. In diesem Buch findet sich unter A: „Dem Ärger Luft machen: Die Kunst, den Mist zutage zu fördern". Darin wird beschrieben wie ein Führungskreis einen Tag und eine Nacht zusammen saßen und jeder seinem Frust und seiner Wut freien Lauf lies. Etwa gegen 2h, so wird beschrieben, stellten sie dann überraschend fest, dass sich das Unternehmen in einer echten Krise befand und dass die Manager untereinander sich die größten Feinde waren. *„Nachdem sie das Tal des Todes durchschritten hatten, kam es zu einer Katharsis und man entschloss sich voller Enthusiasmus, das schwierige Problem der Erholung in Angriff zu nehmen"* (S. 18).

Das Kapitel „Dem Irrsinn trotzen" (S. 108f.) weist darauf hin, dass man sich nicht jeder neuen närrischen Initiative unterwerfen muss, die aus der Chefetage durchsickert. Verschiedene Taktiken werden dabei vorgestellt: Ignorieren, weil ja die Möglichkeit besteht, dass der obere Manager entweder befördert bzw. versetzt wird oder in einem *„Augenblick der Zurechnungsfähigkeit die Initiative still und heimlich einschlafen lässt"*. Weitere Taktiken können sein: Sich die Realität neu zu definieren, den schwarzen Peter weitergeben oder für Verzögerung, Ungewissheit oder Verwirrung sorgen in der Hoffnung, dass sich eine neue klare Linie findet und die alte Idee wieder in der Schublade verschwunden ist. Im weiteren Verlauf finden sich unter „Sex and Drugs and Rock and Roll" Hinweise darauf, dass sich Sex im Büro nicht lohnt, weil es möglicherweise zu Komplikationen führt und bezüglich Drogen wird man darauf verwiesen, dass sie zwar in einigen Unternehmen obligatorisch seien, aber die Macht doch immer noch als Droge der Klasse A einzustufen ist (S. 226).

---

[210] Owen, J. (2003): Das Lexikon des ganz normalen Management-Wahnsinns: Ein Survival-Guide für Führungskräfte, Frankfurt/M.

Das Buch von Fritz Maywald[211] zielt auf die Figur des Narren, die sowohl als Symbol für die Lust an der Veränderung als auch für Kreativität steht. Ein historischer Abriss über die Figur des Narren im Mittelalter, im Christentum und als Symbol im Tarot bildet den Einstieg des sehr unkonventionellen und unterhaltsamen Buches. Der Narr, so seine Ansicht, sieht klar und ungetrübt, weil er sich nicht den vorgegebenen Zwängen fügt. Die praktische Klugheit des Narren, seine Unerschrockenheit und seine Unabhängigkeit sind für ihn Idealvoraussetzungen für einen erfolgreichen Manager, der innovative Prozesse in Unternehmen vorantreiben soll. Nur wenn ein Unternehmer kluge, furchtlose und erfinderische Narren in das Unternehmen einziehen lässt, kann er Leistungssteigerung und Veränderungsprojekte von der Analyse bis zur Implementation optimal umsetzten. So empfiehlt er unter anderem sich einfach mal hinzusetzten und ein Märchen zu schreiben, um seine Phantasie einzusetzen (S. 76). Denn, so sein Fazit, wer nicht in seiner Phantasie Ziele realisieren kann, der wird dies auch in der Realität nicht schaffen. Zu Ende des Buches findet sich ein Kapitel mit dem Inhalt: „Den inneren Narren finden" in dem darauf verwiesen wird, dass es ratsam ist, den eigenen inneren Narren zu ermöglichen, zu erkennen, zu akzeptieren, zu ernähren aber auch weiterzugeben.

Diese beiden Bücher sind sicherlich eine unterhaltsame Urlaubslektüre, aber in wie weit sie wirklich in der Lage sind einem Rat suchenden Manager zu helfen, sei an dieser Stelle dahingestellt.

## 4.1. Work-Life Balance

Die Politik der Arbeitszeitverkürzung hat zusammen mit der Notwendigkeit, Investitionen besser auszulasten, zu einer Entkoppelung von Betriebs- und Arbeitszeiten geführt. Damit sind auch wichtige Taktgeber für das Gemeinwesen weggefallen und die früher anerkannten gesellschaftlichen Zeiteinheiten (Wochenende, Feierabend) lösen sich auf.

---

[211] Maywald, F. (2003): Der Narr und das Management – Leistungssteigerung im Unternehmen zwischen Shareholder Value und sozialer Verantwortung, München.

Die Informations- und Kommunikationstechniken haben diesen Trend noch verstärkt und lassen zwar die Spielräume für eine Gestaltung von Lebens- und Arbeitszeit anwachsen, jedoch bringen die immer vielfältiger werdenden Arbeitszeitmodelle[212] steigende Erwartungen der Beschäftigten an noch ausdifferenziertere Gestaltungsmöglichkeiten mit sich: Die Abkehr von einem starren Arbeitsregime (7 Uhr früh bis 16 Uhr abends) oder von Schichtwechsel zu Schichtwechsel hat große Hoffnungen auf neue Freiheiten und individuelle Gestaltbarkeit hervorgebracht.

Doch Gleitzeit, Arbeitszeitkonten, Altersteilzeit, Qualifizierungszeiten oder andere Varianten der Flexibilisierung führen dabei nicht zwangsläufig zu einem Zuwachs an Zeitsouveränität und die euphemistische Bezeichnung wie „Vertrauensarbeitszeit"[213] zeigt inzwischen ihre Schattenseiten. Denn im gleichen Maß wie die Arbeitszeitmodelle wachsen, wachsen auch die Anforderungen der Betriebe, so dass eine Vereinbarung der betrieblichen Ansprüche mit den privaten Idealvorstellungen immer schwieriger wird.

---

[212] Grundsätzlich werden nach Angaben des Bundesministeriums für Wirtschaft und Arbeit sieben verschiedene Teilzeitmodelle (neben Elternzeit- und Altersteilzeit) unterschieden: „Teilzeit Classic": Die klassische Form der Teilzeitarbeit. Die Arbeitszeit wird dabei täglich stundenweise reduziert. „Teilzeit Classic Vario": Die variable Variante von Teilzeit Classic. Die wöchentliche Arbeitszeit wird auf 2 bis 5 Tage verteilt. "Teilzeit Jobsharing": Zwei Arbeitnehmer teilen sich eigenverantwortlich eine Stelle. „Teilzeit Invest / Sabbatical": Die unsichtbare Teilzeit. Gearbeitet wird unverändert Vollzeit, bezahlt wird Teilzeit. Die Differenz wird auf einem Langzeitkonto angespart und kann beispielsweise zu einer mehrmonatigen Urlaubsphase genutzt werden. „Teilzeit Team": Im Team werden die persönlichen Arbeitszeiten aufeinander abgestimmt. „Teilzeit Saison": Zum Ausgleich von Über- oder Unterauslastung in Saisonbetrieben. "Teilzeit Home": Arbeitnehmer arbeiten in Teilzeit von zuhause (vgl. http://www.bmwa.bund.de/Navigation/Beruf-und-Karriere/Teilzeit/Arbeitszeit-Modelle/teilzeitmodelle.html).

[213] „Ein revolutionäres Modell namens Vertrauensarbeitszeit macht Schluss mit dem Anwesenheitskult im Betrieb", so titulierte die Frankfurter Rundschau in einen Artikel im Herbst 2002. Darin beschrieben wurde der Trend, der vor allem in großen Konzernen wie IBM oder VW um sich greift und den inzwischen mehr als 10 Prozent der Arbeitnehmer für sich in Anspruch nehmen: Die Zeit, die jemand in seinem Betrieb anwesend zu sein hat bleibt völlig ihm selbst überlassen, solange er die gestellte Aufgabe erledigt. Dem Anwesenheitskult und der damit verbunden Kontrolle und Bevormundung soll damit entgegengetreten werden und dem engagierten Arbeitnehmer bleibt es überlassen wie ein unternehmerisch denkendes Subjekt dabei zu agieren, so die hehren Gründe für die Einführung der Vertrauensarbeitszeit seitens der Konzernleitung. Dass diese Zeitsouveränität darüber hinaus noch einen betriebswirtschaftlich positiven Nebeneffekt mit sich bringt, wird nur beiläufig erwähnt: Sie lässt wie von Zauberhand einen Teil der für den Arbeitgeber kostenträchtigen und teilweise auch peinlichen Überstunden gleichsam verschwinden. Auf den zweiten Blick weicht die Vertrauensarbeitszeit (Vaz) die Grenze zwischen Arbeit und Freizeit mehr denn je auf und ein buchstäbliches Arbeiten ohne Ende ist die Folge. Durch die informationstechnischen Möglichkeiten verschwimmen nicht nur die Zeiten, sondern auch die Orte der Arbeit – Arbeit von Zuhause aus, vom Urlaubsort aus – und es gibt keine klaren Abgrenzungen mehr. Es ist alles nur noch Arbeit und die Spannung zwischen Arbeitsplatz und Zuhause verschwimmt und mit ihr die Spannung, die für unsere Rituale und Lebensordnung wichtig sind. Wenn es kein Weggehen von zu Hause am Morgen mehr gibt und keine Heimkehr am Abend, dann verliert sich auch die Grenze zwischen Privaten, Intimen und Öffentlichem. Die Arbeitnehmer handeln in Bezug auf ihre Zeitressourcen zwar wie Selbstständige, die Eigentums- und Machtverhältnisse bleiben jedoch davon völlig unberührt. Hinzu kommt, dass sie bisher vom Arbeitgeber getragenen Risiken (z.B. die Krankheit des Kollegen oder der Computerausfall) selbst auszugleichen haben. Eine Angestellte der IBM-Hauptverwaltung aus Stuttgart meinte dazu: " Das ist alles ein ganz clever Schachzug des Unternehmens, um auf uns noch mehr Druck auszuüben" (vgl. http://www.frankfurter-rundschau.de/uebersicht/alle_dossiers/politik_inland/wie_viel_staat_braucht_der_mensch/hartz_kommission /arbeit_2002_neue_chancen_alte_zwaenge/im_kontext/?cnt=32477&).

Daher ist es auch nicht verwunderlich, dass das Konzept des Work-Life Balance gegenwärtig eine Hochkonjunktur erfährt. Die Beschäftigten suchen eine Harmonie zwischen ihren Welten (berufliche und private) und hoffen zugleich auch ein Gegengewicht zu der jeweils anderen Welt herzustellen zu können. Programmatisch drückt der Begriff bereits aus, dass es sich dabei um ein individuelles Suchen handelt, nämlich eine Balance zu finden, ein immer wieder neues Ausloten zwischen Berufsleben und Privatleben.

Für den derzeitigen Boom dieses Begriffes werden drei Ursachen[214] ausgemacht: Zunächst ist es das Verhältnis von Beruf und Familie vor dem Hintergrund der steigenden Frauenerwerbstätigkeit. Diese brachte sowohl den Wunsch nach Gleichwertigkeit in diesen Lebensbereichen mit sich, wie auch die praktische Umsetzung der Vereinbarkeit von Familie und Beruf. Zum anderen wird der Wertewandel, also die „Subjektivierung"[215] von Arbeit und die Bedeutungszunahme von freier Zeit im Verhältnis Arbeit und Leben gesehen. Dieser Prozess der zunehmenden Subjektivierung zwingt jedoch zu einer Auseinandersetzung zwischen den Strukturvorgaben der Arbeitswelt und den eigenen individuellen Ansprüchen an das Verhältnis von Arbeit und Privatleben. Dies wird immer wichtiger vor dem Hintergrund der zunehmenden Flexibilisierung der Arbeitszeit und der Einführung von Vertrauensarbeitszeit. Als dritte Ursache ist die wachsende Belastungen in der betrieblichen Arbeitswelt zu nennen, welche eine persönliche Kompetenz fordert, nämlich die Balance zwischen den zunehmenden Arbeitsanforderungen (Leistungsbereitschaft) und dem individuellen Bedürfnis nach Entspannung und Erholung (Gesundheitsbewusstsein) zu finden.

Betriebliche Programme der Work-Life Balance werden vor allem im anglo-amerikanischen Bereich schon seit geraumer Zeit angeboten und eingesetzt und gelten dort bereits als Indikator in Benchmarking-Systemen[216]. In westeuropäischen Großunternehmen ist dieses Konzept zumeist ein für ihre Führungskräfte eingesetztes Mittel der betrieblichen Innovations- und Motivationspolitik. Für Deutschland gilt, dass zwar in vielen Unternehmen dieses Leitbild des Work-Life Balance herumgereicht wird, jedoch keine einheitlichen Konzepte oder Anwendungsbereiche darunter verstanden werden. Meist bleibt die Verantwortung für die Balance dem Einzelnen überlassen und der Status von Work-Life Balance kommt erst dann zum Tragen, wenn die Gesundheit bereits stark angegriffen oder das Privatleben Schaden genommen hat. Der dabei vielleicht ernüchterndste Gedanke an diesem Konzept ist, dass - entgegen dem Work-Life Balance Gedanken - die Wirklichkeit nach wie vor anders aussieht, denn „*traditionelle Werte wie Pflichtbewusstsein, Fleiß und eine ausgedehnte Arbeitszeit sind immer noch karriereentscheidend.*"[217]

---

[214] Vgl. Hildebrandt, E. (2004): Balance zwischen Arbeit und Leben. In: Eberling, M./Hielscher, V./Hildebrandt, E./Jürgens, K. : Prekäre Balancen. Flexible Arbeitszeiten zwischen betrieblicher Regulierung und individuellen Ansprüchen, Berlin (unveröffentlichtes Manuskript, S. 55).

[215] Diese Subjektivierung hat jedoch in Bezug auf die Arbeit eine Doppeldeutigkeit: „*Dies kann einmal heißen, dass Individuen von sich aus mehr Subjektivität in die Arbeit hineintragen, aber auch, dass die Arbeit immer mehr Subjektivität von den Individuen fordert*" (Egbringhoff, J./Kleemann, F./ Matuschek, I./Voß, G. (2003): Subjektivierung von Bildung : Bildungspolitische und bildungspraktische Konsequenzen der Subjektivierung von Arbeit, Stuttgart, S. 58).

[216] Vgl. Hildebrandt, E. (2004): Balance zwischen Arbeit und Leben. In: Eberling, M./Hielscher, V./Hildebrandt, E./Jürgens, K. : Prekäre Balancen. Flexible Arbeitszeiten zwischen betrieblicher Regulierung und individuellen Ansprüchen, Berlin (unveröffentlichtes Manuskript, S. 61).

[217] Ebd., S. 63.

## 4.2. Zeit-Management

Über die Begrifflichkeit der Zeit und deren Verwendung finden sich in der Ratgeberliteratur nicht nur verschiedenste Ansichten und Einstellungen, sondern auch die Anzahl der Zeitmanagement-Handbücher, die für sich postulieren das Geheimnis von Effizienz zu offenbaren oder über Techniken hin zu noch größerer Effizienz Auskunft geben zu können, ist nahezu inflationär[218]. Von Seiten der Managementforscher[219] wird diese Literatur größtenteils sehr skeptisch beurteilt.

Das individuelle Zeitmanagement[220] scheint, wenn man die Zahl der veröffentlichten Bücher und der angebotenen Seminare und Workshops zugrunde legt, die wichtigste Sorge der Manager zu sein. Die Markteinführung des methodischen Terminkalenders brachte einen nochmaligen Interessenaufschwung an diesem Thema[221]. Generell ist festzustellen, dass die meisten Handbücher und Methoden, da sie sehr ähnliche Techniken und Rezepte zur Rationalisierung der täglichen Arbeit geben (Ziel- und Prioritätensetzung, Zeitprogrammierung, Analyse und Reduzierung von zeitfressenden Tätigkeiten[222] usw.), keine wesentlichen Unterschiede aufzuweisen haben. Auch werden häufig eine methodische Reduzierung von Zeitunterbrechungen sowie eine Strukturierung der täglichen Kommunikation und der Arbeitskontakte empfohlen.

Um jedoch ein effektives und viel versprechendes Zeitmanagement-Konzept vorzuschlagen muss zuerst der Frage nachgegangen werden, was ein Manager eigentlich macht? Die Antworten darauf sind zweigeteilt: Die eher funktionalistische Betrachtungsweise[223] zeichnet

---

[218] Ein wahrer Erfolgsautor auf diesem Gebiet scheint Lothar Seiwert zu sein: Seiwert, L. (1986): Das 1x1 des Zeitmanagement, München, ders. (1988): Mehr Zeit für das Wesentliche: so bestimmen Sie Erfolge selbst, durch konsequente Zeitplanung und effektive Arbeitsmethode, Landsberg/L., ders. (1998): Endlich Zeit für mich! Wie Frauen mit Zeitmanagement Arbeit und Privatleben unter einen Hut bringen, ders. (1998): 30 Minuten für optimales Zeitmanagement, Offenbach.

[219] Simon, H. (1989): Die Zeit als strategischer Erfolgsfaktor. In: Zeitschrift für Betriebswirtschaft, 59. Jg., S. 70-93, oder Walgenbach, P. (1995b): Kann das Zeitmanagementkonzept halten, was es verspricht? In: Die Betriebswirtschaft, Nr. 2, 55. Jg. S. 187-197.

[220] Eines der ersten grundlegenden Konzepte des Zeitmanagements und eines effizienten Managerverhaltens wurde bereits zu Beginn der 70er Jahre entworfen. Darin geht es um die rationale individuelle Verwendung der Arbeitszeit und es steht dabei sowohl die Wirksamkeit der Arbeit, also die Umsetzung von Zielen, wie auch die Effizienz, d.h. die bestmögliche Nutzung der Ressourcen, der individuellen Arbeit im Mittelpunkt (Drucker, P. F. (1974): Effective Management Performance, London).

[221] Seiwert, L. (1990): Management mit Zeitplanbuch : 43 Zeitplanbücher im Überblick, Speyer.

[222] Als " Zeitfresser" werden nach Seiwert 29 Punkte angesehen, diese umfassen den Versuch, zuviel auf einmal zu tun – Papierkram – Schlechtes Ablagesystem – Mangelnde Motivation – Unfähigkeit, nein zu sagen - Fehlende Selbstdisziplin - Privater Schwatz – Zu wenig Delegation – Zu viel Aktennotizen – Überhäufter Schreibtisch (vgl. Seiwert, L. (1988): Mehr Zeit für das Wesentliche: so bestimmen Sie Ihre Erfolge selbst durch konsequente Zeitplanung und effektive Arbeitsmethodik, Landsberg/L.).

[223] Das funktionale Modell sieht die Managertätigkeit als eigenständige Tätigkeit mit den Hauptaufgaben: Planung, Organisation, Ausführung und Kontrolle und geht von einem rational strukturierten Handlungsmodell aus, das vom jeweiligen Organisationsgefüge determiniert wird. Dieser Ansatz findet sich bereits in den Schriften von Henry Fayol (Fayol, H. (1949): General and Industrial Management, London) und ist auch die Hauptlinie, die sich heute in der Zeit-Management-Literatur widerspiegelt.

ein Bild vom Arbeitsverhalten eines Managers[224], welches geordnet und geplant und in Zusammenarbeit mit Vorgesetzen, Mitarbeitern und mit festen Kontakten und formellen Informationsgefügen stattfindet. Auch wird von einem überwiegenden Gebrauch offizieller Informationen und kaum politisch motiviertem Handeln ausgegangen. Die behavioristische Sichtweise geht davon aus, dass das Arbeitsfeld des Managers reaktiv, spontan und nur in geringem Maße[225] planbar ist. Heutige empirische Untersuchungen weisen eher in die letztere Richtung. Demnach verbringt ein Manager 40-80% seiner Arbeitszeit[226] mit Kommunikation in Form von geplanten oder kurzfristig einberufenen Sitzungen oder informellen Gesprächen. Ebenso unterstützen aktivitätsorientierte Studien[227] die Annahmen, dass das Arbeitsverhalten von Managern politisch motiviert ist und sehr häufig informelle und spekulative Informationen eine Rolle spielen. Das gesamte Verhalten ist stark fragmentiert, ad hoc und zumeist unüberschaubar. Beziehungen sind überwiegend wechselseitig individuell und nicht, wie bei der funktionalen Sichtweise dargestellt, fest und strukturiert.

Eine Zusammenfassung der Aktivitäten von Managern gibt Walgenbach[228]:

- Der Arbeitstag der Manager besteht aus vielen einzelnen und kurzen Episoden, wobei das Ausmaß der Fragmentierungen in oberen Managementebenen deutlich abnimmt.
- Verbale Kommunikation beansprucht den größten Teil der Arbeitszeit.
- Neben den Kontakten zu Mitabeitern sind auch Kontakte zu Vorgesetzten, Kollegen und Externen von Bedeutung.
- Nicht alle Kontakte sind vorher fest vereinbart oder werden vom Manager initiiert, viele ergeben sich ad hoc durch Telefonate oder zwischen „Tür und Angel".
- Manager wechseln häufig den Ort, an dem sie arbeiten. Sie haben keinen festen Arbeitsplatz. Zwar sind sie meistens in ihrem eigenen Büro zu finden, verbringen aber auch viel Zeit in den Büros der Kollegen, Vorgesetzten, Mitarbeiter oder auch bei Externen wie Kunden und Lieferanten.
- Der Arbeitstag der Manager ist voller unvorhergesehener und ungeplanter Kontakte und Ereignisse. Viele Autoren kommen daher zum Schluss, dass Manager mehr intuitiv auf Ereignisse reagieren und nur wenig Zeit mit Planung und kritischer Reflexion verbringen.

Dieser Antagonismus zwischen den Vorstellungen über das Verhalten und Handeln eines Managers lässt auch die Möglichkeiten und die Umsetzbarkeit eines Zeitmanagements in einem anderen Licht erscheinen. Die tatsächlichen Auswirkungen von Zeitmanagement-Schulungen auf das Verhalten von Industriemanagern untersuchte eine Studie aus dem

---

[224] Vgl. Schirmer, F. (1991): Aktivitäten von Managern: Ein kritischer Review über 40 Jahre „Work-activity" Forschung. In: Stähle, W./Sydow, J. (Hrg.) (1991): Managementforschung 1, Berlin, New York, S. 205-253.
Müller-Böling, D./Ramme, I. (1990): Informations- und Kommunikationstechniken für Führungskräfte – Top-Manager zwischen Technikeuphorie und Tastaturphobie, München.
[225] Schreyögg, G./ Hübl, G. (1992): Manager in Aktion: Ergebnisse einer Beobachtungsstudie in mittelständischen Unternehmen. In: Zeitschrift für Führung und Organisation, Nr. 2, Jg.61, S. 82-99.
[226] Davoine, E. (2002): a.a.O., S. 71.
[227] Schirmer, F. (1991): a.a.O., S. 205-253. Schreyögg, G./Hübl, G. (1992): Manager in Aktion, S. 82-89.
[228] Walgenbach, P. (1994): a.a.O., S. 26.

Jahre 1993[229]. Die observierte Managergruppe[230] sollte durch Selbstbeobachtung im Zeitraum von zwei Tage vor der Schulung bis sechs Wochen danach ihr Verhalten in Bezug auf Zeitmanagement bewerten. Dabei zeigte sich nach eigener Einschätzung, dass sie zwar sechs Wochen nach Abschluss des Seminars noch sehr viel über den Inhalt des Seminars wussten, es ihnen nach eigenen Angaben jedoch nicht gelang dies in ihre Arbeitspraxis einzubauen. Sie erledigten trotz der Schulung ihre Arbeit nicht nach „High Priority Tasks" und „Low Priority Tasks".

Die Ineffizienz des Seminars bei Managern führen die Forscher zum einen auf eine sehr geringe Teilnahmemotivation seitens der Manager zurück - sie wurden meist ohne ihr Zutun von den Unternehmen auf ein solches Seminar geschickt - zum anderen dass der Arbeitskontext von Managern ein echtes Zeitmanagement nicht erfolgreich umsetzen lässt. Denn die Verhaltensweisen von Vorgesetzten oder Kollegen, die nicht an einem Seminar teilgenommen haben, wirken diesem entgegen und das hohe Maß an Reaktivität, das eine Managerfunktion verlangt, erlaubt keine starke Programmierung. Zumindest die Gruppe der Manager bestätigen damit eine frühere These[231], nämlich dass Methoden des Zeitmanagements oft zu simplizistisch sind und somit der Komplexität und der Reaktivität einer Managertätigkeit nicht angemessen sind.

Obwohl man sagen kann, dass das klassische Zeitmanagement der Ratgeber-Literatur für Manager weniger geeignet ist, so lassen die formalen Strukturen in der Ausgestaltung und Wahrnehmung dennoch Freiräume[232] erkennen, da auch Strukturen modifizierbar und konstruierbar sind und einem permanenten dynamischen Prozess unterworfen sind. Von Bedeutung ist dabei das Erlernen von Dispositionen, Präferenzen und Fähigkeiten, die eine berufliche Nutzbarmachung versprechen, aber auch die Frage nach Tätigkeiten, welche ein Manager nicht zu machen braucht oder welche er möglicherweise auch delegieren kann.

---

[229] Slaven, G./Totterdell, P. (1993): Time Management Training: Does it Transfer to the Workplace? In: Journal of Managerial Psychology, Vol.8, No. 1, p. 20-28. In: Davoine, E. (2002): a.a.O., S. 82.

[230] Untersucht wurden 28 britische Teilnehmer aus zwei verschiedenen Zeitmanagement-Seminaren, nur 18 davon waren auch in tatsächlichen Managerpositionen.

[231] Kotter, J. (1982): What Effective Mangers Really Do. In: Harvard Business Review, Vol. 60, No. 2, p. 156-167. In: Davoine, E. (2002): a.a.O., S. 83.

[232] Eine Vergleichsstudie unter deutschen und britischen Managern zeigt, dass der Manager, selbst wenn er sich in einem von Begrenzung und Anforderungen strukturierten und klar umrissenen Universum aufhält, dennoch einen freien Handlungsspielraum behält, der mit dem Modell Anforderungen – Begrenzungen - Wahlmöglichkeiten bezeichnet werden kann. (vgl. Stewart,R./Barsoux, J.-L./Kieser, A./Ganter, H.-D./Walgenbach, P. (1994): Managing in Britain and Germany, London)

# Kapitel III: Theoretischer Bezugsrahmen

## 1. Der Blick auf die Struktur

### 1.1. Von der Organisation zur Institution

Ausgehend von der in Kapitel II/2. verbindlich wirkende Einbindung in die Organisation[233] einerseits und der Reglementierung durch Vorgaben der Struktur und der Handlungsabläufe andererseits, ist weder das Ausüben einer individuell definierten Rolle, noch eine mögliche Rollendistanz keine Selbstverständlichkeit. Für Führungskräfte, die stark in Verantwortlichkeiten eingebunden sind, ist dies umso schwieriger. Denn Organisationen sind nicht ganz so unproblematisch und passiv zu sehen, wie nachfolgendes Zitat von Weick vermuten lässt:

*„Organisationen halten Leute beschäftigt, unterhalten sie bisweilen, vermitteln ihnen eine Vielfalt von Erfahrungen, halten sie von den Straßen fern, liefern Vorwände für Geschichtenerzählen und ermöglichen Sozialisation. Sonst haben sie nichts anzubieten."[234]*

Wie für alle Organisationen in der Gesellschaft (Verbände, Vereinigungen, Gruppen, soziale Gebilde) so gilt auch für Unternehmen, dass sie arbeitsteilig gegliedert auf ein Ziel hin ausgerichtet sind und zur Erreichung dieses Zieles klare Vorgaben machen, die für ihre Mitglieder verbindlich sind. Bei Arbeitsorganisationen gründet dabei der Zusammenschluss weniger auf gemeinsamem Interesse als vielmehr auf Tauschbeziehungen[235] (Geld gegen Arbeitsleistung).

Eine erstmals für die Betriebswirtschaft umfassend formulierte institutionenökonomische Perspektive von Organisationen findet sich bei Picot[236], der Organisationen als ein „System

---

[233] Als Organisation wird ein kollektives oder korporatives soziales System bezeichnet, das vor allem Koordinations- und Kooperationsprobleme lösen soll. Jede Organisation hat bestimmte Ziele (wirtschaftliche Organisationen: Gewinnmaximierung, Produktivitätssteigerung), es sind Mitglieder in der Organisation vorhanden, es gibt ein Innenverhältnis, das sich durch eine Mischung aus formalisierten und informellen Handlungen und Strukturen auszeichnet und es bestehen Außenverhältnisse zu anderen Organisationen (Banken, Zulieferer, Kunden, Konkurrenten) sowie Anpassungs- und Austauschbeziehungen mit einer vielfältigen Umwelt. Dabei sind Organisationen Akteure zweiter Ordnung, in denen Ressourcen von Akteuren erster Ordnung zusammengeführt werden, um unspezifische Zwecke zu verfolgen. Ganz unabhängig davon, ob die Zusammenlegung dazu dient unterschiedliche oder gleichgerichtete Interessen von Organisationsmitgliedern zu verfolgen, macht erst die Zusammenlegung selbst eine solche Interessendurchsetzung möglich (vgl. Allmendinger, J./Hinz, T. (2002): Perspektiven der Organisationssoziologie. In: Allmendinger, J./Hinz, T. (Hrg.) (2002): a.a.O., S. 10f.).
[234] Weick, K. (1985): Der Prozeß des Organisierens, Frankfurt/M., S. 375.
[235] Ausführlich dazu die Unterscheidung von Interessen- und Arbeitsorganisationen bei: Etzioni, A. (1975): A Comparative Analysis of Complex Organizations, New York. Auch March und Simon (March, J.G./Simon, S, H.A. (1958): Organizations, New York, p. 35-112) haben diesen Tauschzusammenhang von an Mitarbeiter gerichtete „Inducements" der Organisation und „Contribution" der Mitarbeiter an die Organisation näher beleuchtet.
[236] Picot, A./Dietl, H./Franck, E. (1999): Organisation. Eine ökonomische Perspektive, 2. Auflage, Stuttgart, S. 31.

von Institutionen" bezeichnet und damit die „Gesamtheit der organisatorischen Regeln eines Unternehmens" umfasst. Demnach bilden „Institutionen einschließlich der beteiligten Personen"[237] Organisationen.

Im Kontext dieser homines oeconomici[238] erwächst den Organisationen als Institutionen die Aufgabe die Handlungen der Akteure über Vertrag und Regelsetzung, Anreize und bürokratisch-hierarchische Kontrolle extern zu steuern. Aber sie dadurch auch im eigenen Interesse zu veranlassen, einen Beitrag zum Organisationsziel zu leisten,[239] welches im wirtschaftlichen Bereich bedeutet: Alle Beteiligten haben zur Wertschöpfung und zur Gewinnmaximierung beizutragen, indem sie effektiv und produktiv handeln.

Damit sind Organisationen zugleich Absender wie auch Adressat von Institutionalisierungsprozessen in Form von mehr oder weniger definierten Erwartungsstrukturen. Auch bestimmen sie durch sichtbare und unsichtbare Normen, durch formelle und informelle Strukturen die Handlungsoptionen der Mitglieder, was zwar auf der einen Seite zu Einschränkungen führt, andererseits aber wiederum innerhalb des sozialen Systems auch eine Handlungssicherheit gewährleistet. Vor dieser Bühne bestehend aus Normen und Erwartungen muss auch das Ausgestalten und Definieren einer Rolle betrachtet werden, um zu erkennen und auch zu würdigen welche Leistung dahinter steckt. Denn all diese Normen und Strukturen legitimieren eine bestimmte Handlungspraxis und organisieren damit auch ,gesellschaftliche Vorgänge und Abläufe'. Institutionen sind damit wichtige *„Wegmarken gesellschaftlicher Entwicklung"* [240]. Hinzu kommt, dass sie gegenüber äußeren Einflüssen in ihrem Wesen relativ resistent sind, d.h. auch politische Umbrüche oder gesellschaftliche Veränderungen werden von Institutionen „leicht weggesteckt". Dies ist auch eine Erklärung für die vielfältigen und unterschiedlichen Kapitalismusformen[241], welche sich innerhalb sehr unterschiedlicher politischer Systeme entwickelt haben.

## 1.2. Das Unternehmen als Prozess

Da die vorliegende Arbeit die leitenden Mitglieder von Organisationen in den Mittelpunkt stellt, ist es notwendig, neben der in Kapitel II beschriebenen objektiven Welt, auch den Kontext zu erfassen in dem sich die befragten Personen tagtäglich durch ihre Organisation bewegen und in welches Umfeld diese eingebettet sind. Nur dann ist nachzuvollziehen,

---

[237] Richter, R./Furubotn, E. (1996): Neue Institutionenökonomik, Tübingen, S. 8.

[238] Der homo oeconomicus wird gesehen als Nutzenmaximierer. Dieser trifft unter den jeweiligen Rahmenbedingungen der Situation und bei nur begrenzt verfügbaren Informationen über Voraussetzungen und Folgen einer Entscheidung seine subjektive rationale Wahl. Dabei schreckt er auch vor Opportunismus nicht zurück. Die Figur des homo oeconomicus ist dabei eine modelltheoretische Figur, die sich der empirischen Forschung stellen muss (Coleman, J.S. (1991): Grundlagen der Sozialtheorie, Bd. 1, München, S. 19ff.).

[239] Vgl. Edeling, T. (2002): Organisationen als Institutionen. In: Maurer, A./Schmid, M.(Hrg.) (2002): Neuer Institutionalismus – Zur soziologischen Erklärung von Organisation, Moral und Vertrauen, Frankfurt/M., New York, S. 225.

[240] Allmendinger, J./Hinz, T. (2002): Perspektiven der Organisationssoziologie, S. 16.

[241] Vgl. Hall, P./ Soskice, D. (2001): Varieties of Capitalism. The Institutional Foundations of Comparative Avantage, Oxford.

welche komplexen Zusammenhänge zwischen den Menschen, den Organisationen und ihrer Umwelt bestehen.

Dabei reicht es nicht aus Organisationen[242] nach Kriterien der Funktionalität, der Effizienz von Strukturen und deren strategische Ausrichtung und Anpassung zu interpretieren, sondern es gilt zu begreifen, welchen Einfluss Rahmenbedingungen (die von der Organisation gesetzt werden) und die Umwelt allgemein haben. Einen Zugang dazu bietet dabei der noch relativ junge organisationssoziologische Ansatz des Neo-Institutionalismus (NI)[243], der eine Verbindung zwischen Soziologie und Ökonomie herstellt.

Der Ansatz des NI wirft eine neue Sichtweise auf die Kopplung von Handlungs- und Strukturebene[244] und zeichnet sich durch eine handlungstheoretische Fundierung aus. Der NI[245] macht die Geltung von Institutionen auch abhängig von Motiven, Interessen und Einstellungen der Akteure innerhalb der Organisation. Daraus folgt, dass sowohl die Entstehung,

---

[242] Einen sehr ausführlichen Überblick über mögliche Sichtweisen auf Organisationen liefert Gareth Morgan: Er sieht die Organisation als Maschine, als Organismus, als Gehirn, als Kultur, als politisches System, als psychisches Gefängnis, als Fluss und Wandel und als Machtinstrument (Morgan, G. (1997): Bilder der Organisation, Stuttgart (Original: Images of Organization, 1986).

[243] Bisher werden die Begriffe Neuer Institutionalismus (Neo-Institutionalismus), Neue Institutionenökonomik, Neuer Soziologischer Institutionalismus noch uneinheitlich verwendet. Auch findet sich keine einheitliche Systematisierung. Als Vorläufer des NI gelten aus soziologischer Sicht der Begründer der Soziologie Emile Durkheim, der bereits die Soziologie als „Wissenschaft von Institutionen" bezeichnete (Durkheim, E. (1980): Die Regeln der soziologischen Methode, 6. Aufl. Darmstadt/Neuwied, S. 100 – Original 1895), Talcott Parsons, der den Zusammenhang von Institutionen und verhaltensregulierenden Normen herausarbeitete (Parsons, T. (1990): Prolegomena to a Theory of Social Institutions. In: American Sociological Review 55, p. 319-333) und Max Weber, der die Entfaltung von wirtschaftlichem Erfolg auf institutionelle Regeln zurückführte (Weber, M. (1964): Wirtschaft und Gesellschaft. Grundriss der verstehenden Soziologie, Köln, Berlin). Im weiteren Verlauf wurden rechtliche und organisatorische Strukturen, aber auch Gewohnheiten und Sitten als Erklärungshilfe wirtschaftlicher Phänomene herangezogen. Aus wirtschaftlicher Sicht sind Vertreter des klassischen Institutionalismus Thorstein Veblen, Joseph A. Schumpeter und Karl Polany (vgl. Hodgson, G.M. (1994): The Return of Institutional Economics. In: Smelser, N.J./Swedberg, R. (Eds.) (1994): The Handbook of Economic Sociology, Princeton, p. 58-75).

[244] Drei grundlegende Aufsätze bilden den Ausgangs- und Bezugspunkt des Neo-Institutionalismus: a) Meyer, J.W./Rowan, B. (1977): Institutionalized Organizations: Formal Structures as Myth and Ceremony. In: American Journal of Sociology 83, p. 340-363. b) Zucker, L.G. (1977): The Role of Institutionalization in Cultural Persistence. In: American Sociological Review 42, p. 726-743. c) DiMaggio, P.J./Powell, W.W. (1983): The Iron Cage Revisited: Institutional Isomorphism and Collective Rationality in Organizational Fields. In: American Sociological Review 48, p. 147-160. (In diesem Aufsatz wird bereits im Titel der Rückgriff auf Max Weber deutlich, der die Metapher des „stahlharten Gehäuses" („iron cage") für das Modell der modernen kapitalistischen Gesellschaft heranzog. In der weiteren Arbeit von Powell wird die Webersche Begrifflichkeit wieder aufgenommen und dabei auf das Auseinanderbiegen der Gitterstäbe des eisernen Käfigs verwiesen (Powell, W.W./Jones, D. (1999): Bending the Bars of the Iron Cage. Institutional Dynamics and Processes. Chicago/London). Bei den Autoren finden sich unterschiedliche Schwerpunkte: Zucker legt den Focus auf Prozesse institutionellen Wandels (Begriffe: taken-for-granted-Annahmen - aktive Aneignungsformen), Meyer/Rowan setzen Symbole und Mythen in den Mittelpunkt und unterscheiden auch noch zwischen Formal- und Aktivitätsstruktur und DiMaggio/Powell schließlich benennen drei unterschiedliche Mechanismen zur Erzeugung institutioneller Isomorphie, die in den jeweils organisationalen Feldern wirken. Eine sehr ausführliche Beschreibung über die jeweiligen Ansätze findet sich in: Hasse, R./Krücken,G./Scharpf, F.W. (2001): Der „Neue Instituionalismus" - Kurseinheiten 1 und 2, Fernuniversität Hagen, S. 14-24.

[245] Eine eher skeptische Einschätzung zum NI findet sich bei: Stinchcombe, A.L. (1997): On the Virtues of the Old Institutionalism, Annual Review of Sociology 23, p. 1-18.

die Existenz als auch der Wandel von und in Institutionen bedingt wird durch die Art und Weise des Handelns der in ihr agierenden Mitglieder.

Im Umkehrschluss folgt daraus für die Beschäftigten, dass eine Firma/ein Konzern/ein Unternehmen kein statisches Gebilde ist in dem sich die Mitglieder einzufügen haben, sondern dass jeder Institution eine Dynamik innewohnt, die von den Mitgliedern signifikant mitgestaltet werden kann und immer auch mitgestaltet wird. Dies eröffnet nicht nur den Beschäftigten eine Vielzahl von Möglichkeiten Einfluss zu nehmen, sondern auch der Geschäftsführung, der Personalabteilung und auch Unternehmensberatungen[246], denen in den letzten Jahren eine besondere Aufmerksamkeit dahingehend zuteil wurde.

*1.3. Isomorphismus – Der Trend zu Vereinheitlichung*

Jede Neueinstellung, jede Veränderung und Umstrukturierung in der Organisation stellt aus Unternehmersicht einen sehr riskanten Vorgang im Sinne des „Funktionierens der Organisation" oder möglicher Irritationen dar. Um das Risiko möglichst gering zu halten wird versucht erfolgreiche Konzepte anderer Organisationen bei der Bewältigung neuer unternehmerischer Herausforderungen zu kopieren und bestimmte Strukturen zu übertragen. Häufig werden dazu Unternehmensberatungen um Rat gefragt, die bereits in ähnlichen Unternehmen ähnliche Konzepte und Modelle integriert haben. Durch dieses Hereinnehmen vermeintlich neutraler, rein rationaler Beratung und zusätzlichem Kow-How wird eine Rationalitätsfiktion, wie Schimank sie bezeichnet, geschaffen.

Rationalitätsfiktionen, „die Legitimierungsgeschichten der organisatorischen Entscheidungsprämissen", dienen der Fixierung von Entscheidungsmustern, welche als rational angesehen werden, „so dass derjenige, der sich an diesem Muster orientiert, in den Augen aller nichts falsch macht und daher selbst dann, wenn sich im Nachhinein herausstellt, dass er falsch entschieden hat, nicht zur Rechenschaft gezogen wird, sondern darauf verweisen kann, dass eigentlich nur ungünstige Umstände für den schlechten Verlauf der Dinge ursächlich gewesen sein können."[247]

Eine generelle Realitätsfiktion besteht darin, Modelle anderer erfolgreicher Organisationen in ihren Entscheidungsprämissen zu kopieren, ja dass es sogar mit einem Risiko verbunden ist, dieses nicht zu tun, wenn dann Fehlentscheidungen auftreten[248].

---

[246] Die ZEIT schreibt im Juli 2004: ‚Die Berater-Republik - In der Politik geht nichts mehr ohne Beistand von außen. Wer Reformen will, ruft nach Berger, McKinsey und Co. Häufig wird schlechter Rat teuer bezahlt' (http://www.zeit.de/2004/07/Berater).

[247] Schimank, U. (2002): Organisationen: Akteurskonstellationen – korporative Akteure – Sozialsysteme. In: Allmendinger, J./Hinz, T. (Hrg.) (2002): a.a.O., S. 29-54 (S. 49).

[248] Vgl. Schimank, U. (2002): a.a.O., S. 49.

Eine Legitimität gegenüber Banken, den Kunden, Geschäftspartnern, aber auch gegenüber den Mitarbeitern ist durch die Übernahme solcher Fiktionen zumindest gewährleistet[249], auch wenn der Nachweis über den Erfolg oder Misserfolg solcher Modelle häufig erst nach Jahren geführt werden kann. Beispiele für solche Realitätsfiktionen sind heute z.b. die Umsetzung bestimmter betriebswirtschaftlicher Konzepte wie „Lean Management", „Total Quality Management", oder auch „das Assessment Center als selbstverständliches Instrument der Personalselektion." [250]

Dieses „Durchlaufen" gleichartiger Prozesse und der Input gleichartiger Ideen und Rezepte führt aber zwangsläufig auch zu einer Angleichung zwischen den Organisationen, eine institutionelle Isomorphie[251] findet statt.

„Isomorphismus meint den Prozeß, der eine Einheit in einer Population dazu bewegt, sich anderen Einheiten anzugleichen, die mit den gleichen Umweltbedingungen konfrontiert sind."[252]

---

[249] In der Bedeutung der gesellschaftlichen Umwelt und ihrer Erwartungen an Unternehmen zeigt sich deutlich der Unterschied zwischen dem neo-institutionalistischen Ansatz und der Systemtheorie von Niklas Luhmann: Während die NI die gesellschaftliche Umwelteinbettung von Systemen in den Mittelpunkt stellt, die dann zwangsläufig eine institutionelle Isomorphie nach sich zieht, betont Luhmann die Herauslösung sozialer Systeme aus ihren Umwelten. Die komplexe Betrachtung und Würdigung von Sinngrenzen überschreitenden Prozessen der Insitutionalisierung und De-Instiutionalisierung gesellschaftlicher Strukturvorgaben macht dabei die besondere Leistung des NI aus. Luhmann hingegen betrachtet die System/Umwelt-Grenze als so undurchlässig, dass Sinngrenzen überschreitende Prozesse nur aus der Perspektive des jeweiligen Systems behandelt werden (vgl. Luhmann, N. (1984): Soziale Systeme. Grundriß einer allgemeinen Theorie, Frankfurt/M.; Luhmann, N. (1997): Die Gesellschaft der Gesellschaft, 2 Bde., Frankfurt/M.). Auf der anderen Seite jedoch bietet die Sichtweise von Luhmann, die Betonung der Eigenlogik von Systemen, eine aufschlussreiche Ergänzung zur Umwelteinbettung von Organisationen, denn es „schärft den Blick für organisationale Grenzen und Brüche bei der Diffusion von institutionalisierten Umweltvorgaben" (Hasse, R./Krücken, G./Scharpf, F.W. (2001): a.a.O., S. 72f.).

[250] Walgenbach, P. (1999): Institutionalistische Ansätze in der Organisationstheorie. In: Kieser, A. (Hrg.) (1999): Organisationstheorien, Stuttgart (S. 319-353), S. 320f.

[251] Dieser Isomorphismus kann nach DiMaggio und Powell durch Nachahmung und Imitation („mimetic isomorphism"), aber auch durch Zwang („coercive isomorphism") und durch normativen Druck („normative isomorphism") erreicht werden (vgl. DiMaggio, P.J./Powell, W.W. (1983): The Iron Cage Revisited: Institutional Isomorphism and Collective Rationality in Organizational Fields. In: American Sociological Review 48, p. 147-160 (p. 150).

[252] Walgenbach, P. (1995a): Institutionalistische Ansätze in der Organisationstheorie. In. Kieser, A.: Organisationstheorien, 2. Aufl, Stuttgart, S. 269-301 (S. 283).

Gerade die Geschäftswelt, die sich bezüglich ihrer Effizienz und Erfolgsquote in einem ständigen Rechtfertigungszustand befindet (seit den 90er-Jahren vor allem gegenüber den Shareholdern) und sich einem zunehmenden Konkurrenzdruck ausgesetzt sieht, greift gerne auf „Bewährtes" zurück, d.h. auf bereits erfolgreiche oder zumindest erfolgsversprechende Konzepte[253] und Mythen[254]. Bei der Rekrutierung von Führungskräften gibt man in gewisser Weise einem normativen Druck nach, was sich an der zunehmenden Zahl von promovierten Führungskräften und der Veränderung hinsichtlich der Qualifikationsstruktur des Managements (hin zu immer mehr betriebswirtschaftlich und juristisch gebildetem Personal, vgl. Kapitel II/1.3.5.) ablesen lässt. Denn erweist sich eine „Organisation, die eine innovative Verfahrensweise oder ein innovatives Strukturelement generiert hat, als erfolgreich, so wird diese Organisation zu einem Modell, an dem sich andere Organisationen orientieren." [255] Deutlich erkennbar wurde dies in den 80er Jahren in der Automobilindustrie[256] durch die Übernahme japanischer Produktionskonzepte und dem allgemeinen Trend, das amerikanische Managementmodell zu kopieren.

Ebenfalls ein Grund für die Übernahme solcher externen Vorgaben seitens der Unternehmen mag sein, dass sie andernfalls erhebliche Nachteile (Legitimationsprobleme gegenüber Banken bei Beibehaltung alter Konzepte) in Kauf nehmen müssten. Dies zeugt davon, dass Unternehmen durch ihre soziale Einbettung gesellschaftlichen Erwartungen unterliegen, was eine unmittelbare Auswirkung auf die Angestellten und Mitarbeiter von Unternehmen hat. Denn genau wie dieser Druck zu einer Vereinheitlichung von Organisationskonzepten, Handlungsabläufen, Produktionsprozessen und anderen Strukturen führt (mimetische Isomorphie), führt er auch zu einer immer stärkeren Vereinheitlichung der Erwartungshaltungen gegenüber den Mitarbeitern[257].

---

[253] Dieses Kopieren bereits legitimer Modelle, deren Wirkungsweise, aber auch deren Zweck und Sinn nicht mehr in Frage gestellt wird, bezeichnen DiMaggio und Powell als „modeling" (DiMaggio, P.J./Powell, W.W. (1991b): The Iron Cage Revisited: Institutional Isomorphism and Collective Rationality. In: DiMaggio, P.J. (Ed.) (1991a): The New Institutionalism in Organizational Analysis, Chicago/London, p. 69).

[254] Auch lassen sich formale Organisationsstrukturen als institutionale Regeln der Organisationsumwelten interpretieren, welche durch die organisationsinterne Ausarbeitung und Kultivierung (vor allem wenn sie nach außen demonstrativ als Regeln dargestellt werden) zur weiteren Expansion und Steigerung der Komplexität formaler Organisationsstrukturen beitragen. Diese institutionalisierten Regeln können als Mythen wirken, welche die Organisation und ihre Mitglieder inkorporieren, habitualisieren und inszenieren. Dadurch werden zum einen deren Legitimität verstärkt und deren Ressourcen gesichert, zum anderen erlangen sie auch hohe institutionelle Stabilität. Organisationen, welche ein isomorphes Durchdringen durch Mythen der institutionalisierten Umwelt erfahren (im Gegensatz zu jenen, die durch technische oder ökonomische Anforderungen strukturiert sind), unterliegen der Notwendigkeit interne Koordinations- und Kontrollvorgänge abzubauen, um genau ihre Legitimität beizubehalten. An die Stelle von Koordination, Kontrolle und Bewertung tritt eine ‚Logik von Glauben und Vertrauen', welche die symbolische Ebene von Organisation stärker hervortreten lassen. Zugleich zwingt es aber auch die Organisation und ihr Personal verstärkt zu mehr symbolischem Handeln (vgl. Meyer, J.W./Rowan, B. (1977): Institutionalized Organizations: Formal Structures as Myth and Ceremony. In: American Journal of Sociology 83, p. 340-363 und Franzpötter, R. (1997): Organisationskultur: Begriffsverständnis und Analyse aus interpretativ-soziologischer Sicht, Baden-Baden, S. 83).

[255] Walgenbach, P. (1995a): Institutionalistische Ansätze in der Organisationstheorie, S. 295.

[256] Kinnen, H. (1982): Die japanische Herausforderung, München.

[257] Vgl. dazu: Hasse, R./Krücken, G./Scharpf, F.W. (2001): a.a.O., S. 40ff.

66

Doch ebenso wie normative und kognitive Erwartungen, mit deren Erfüllung man rechnen kann, Stabilität und Verlässlichkeit verleihen und damit auch sich wiederholende und verstärkende Institutionalisierungsprozesse[258] darstellen, kann durch eine gegenläufige Entwicklung (Verweigerung von Erwartungen, Widerspruch) institutioneller Wandel eingeleitet werden. Hierbei spielen nach Jepperson[259] vor allem die institutionelle Entwicklung, die Re-Institutionalisierung sowie die damit einhergehende De-Institutionalisierung in Form von Abbau gesellschaftlicher Vorgaben entscheidende Rollen. Die Träger solcher Prozesse sind immer die in den Institutionen tätigen Menschen, die ihre jeweilige Rolle kraft Ideen und auch Mut immer wieder neu interpretieren. An dieser Stelle ist auch die gesellschaftliche Komponente einer Rollendistanz einzuordnen.

Mitarbeiter des Managements sind aufgrund ihrer exponierten Stellung noch eher in der Lage durch bestimmte „nicht erwartete Verhaltensweisen" Veränderungen einleiten. Gerade durch ihre Vorbildfunktion (vgl. dazu auch Kapitel IV/4.) besitzen sie sowohl die Macht wie auch die Ausstrahlwirkung Institutionalisierungsprozesse voranzutreiben oder zur De-Institutionalisierung von bestimmen Vorgaben und Verhaltensnormen beizutragen, indem sie Vorgaben ignorieren. Dieser Vorbildfunktion und der damit verbundenen wirkmächtigen Einflussnahme sind sich die Unternehmensleitungen sehr wohl bewusst und haben ihrerseits dieses Wissen bereits ausgiebig umgesetzt (vgl. Kapitel II/2.).

## 2. Die Führungskraft als handelnde Person

### 2.1. Die Rollenerwartungen an eine Führungskraft

Um sich dem Begriff der Distanzierung zu nähern, ist es notwendig die verschiedenen Rollen einer Führungskraft und die damit verbundenen Rollenerwartungen genauer zu betrachten. Jede Führungsperson ist in einem Unternehmen sehr verschiedenen Rollenerwartungen ausgesetzt. Bedingt auch durch ihre organisationelle und soziale Position befindet sie sich geradezu in einem Zentrum von solchen Erwartungen. Es sind sowohl intra- wie auch extraorganisationelle Erwartungen, die wiederum eine oder mehrere Rollen definieren und somit auf das Verhalten von Führungskräften Einfluss nehmen. In wie weit diese Erwartungen aber das tatsächliche Handeln einer Person auch bestimmen, hängt davon ab ob neben antizipierten oder normativen Erwartungen auch objektiv gegebene oder lediglich perzipierte Erwartungen für den Rollenempfänger relevant sind[260]. Dies hat zur Folge, dass nicht jede objektiv gegebene oder auch geäußerte Erwartung für jede Person gleich relevant ist, aber auch dass nicht jede perzipierte Erwartung auch objektiv gegeben ist. Graduelle

---

[258] Auch Berger/Luckmann haben schon darauf hingewiesen, dass der Aufbau gesellschaftlicher Vorgaben nicht primär auf Entscheidungen basiert, sondern auf der Gewöhnung an routinisierte und habitualisierte Verhaltensweisen (vgl. Berger, P.L./Luckmann, T. (2003): Die gesellschaftliche Konstruktion der Wirklichkeit – Eine Theorie der Wissenssoziologie, Frankfurt/M., 19. Aufl., S. 56ff.).

[259] Jepperson, R. (1991): Institutions, Institutional Effects, and Institutionalization. In: DiMaggio, P.J./ Powell, W.W. (Eds.) (1991): The New Institutionalism in Organizational Analysis. Chicago/London, p. 143-163 (p. 152). Entnommen aus: Hasse, R./Krücken, G./Scharpf, F.W. (2001): a.a.O., S. 49.

[260] Vgl. Wiswede, G. (1977): Rollentheorie, Stuttgart, S. 40.

Abstufungen über die Perzeption sind möglich. Somit sind sowohl eine qualitative Verzerrung wie auch eine Verfälschung, eine Mehrdeutigkeit und eine Widersprüchlichkeit hinsichtlich der tatsächlichen Rollenerwartung und der vermuteten Rollenerwartung möglich. Dies alles eröffnet Freiräume (durch das Ignorieren objektiver und tatsächlicher Rollenerwartungen oder durch das Erahnen von möglichen Nicht-Erwartungen) für den Handelnden, wenn er es versteht den Grad der Verhaltensrelevanz von Erwartungen einzuschätzen, bzw. die Folgen des Konformitätsdruckes[261] zu ignorieren oder auch zu ertragen. Dass nicht zuletzt der Status einer Person und die damit verbundene Autorität und Macht Einfluss auf diese Freiräume hat, zeigt sich in den Interviews[262].

In dem nachfolgend dargestellten Rollenkonzept von Mintzberg werden Manager als Personen definiert[263], die für eine organisatorische Einheit verantwortlich sind, wobei eine organisatorische Einheit dabei ein ganzes Unternehmen, ein Bereich oder auch eine Abteilung sein kann. Diese dem Manager formal verliehene Autorität verleiht ihm zugleich einen besonderen Status. Obwohl das von Mintzberg entwickelte Rollenkonzept[264] später stark kritisiert wurde[265] gibt es dennoch   einen ersten guten Überblick über die Ebenen, Interessen und Aufgabenfelder denen sich ein Manager gegenübersieht.

---

[261] Dabei wird in der Konformitätsforschung zwischen 'acceptance' (innere Konformität) und 'compliance' (äußere Konformität) unterschieden. Die äußere Rollenkonformität ist vergleichbar mit dem Überstülpen einer Rolle, die nach ‚Gebrauch' wieder abgelegt wird, ohne dass der Träger mit ihr verschmolzen ist. Eine innere Konformität ist dann gegeben, wenn es zu einer Rolleninternalisation kommt, d.h. die Rolle keine Hülle mehr ist, die nach Belieben an- und abgelegt werden kann, sondern mit dem Träger verbunden ist, also die Rollen- und Motivationsstruktur zu einer „unentmischbaren Legierung verschmolzen" sind (vgl. Wiswede, G. (1976): Soziologie konformen Verhaltens, Stuttgart, S. 40).

[262] Je höher der Status einer Person ist, desto eher besteht die Chance, dass die Person ihre Autonomie und Selbstbestimmung auch nutzt. Verstärkt wird dies, wenn sich Eigeninterpretationen der persönlichen Rolle (d.h. nicht-konformes Verhalten) in der Vergangenheit als besonders positiv oder zumindest neutral ausgewirkt haben (vgl. dazu auch: Wiswede, G. (1977): a.a.O., S. 172).

[263] Vgl. Mintzberg, H. (1973): The Nature of Managerial Work, New York, p. 54. In: Walgenbach, P. (1994): a.a.O., S. 31.
McCall, M.W./Segrist, C.A. (1980): In Pursuit of the Manager's Job: Building on Mintzberg. Technical Report No.14, Center for Creative Leadership, Greensboro, p.6.

[264] Mintzberg, H. (1975): The Managers's Job: Folklore and Fact. In: Harvard Business Review, Vol. 53, No. 4, p. 676-695. In: Walgenbach, P. (1994): a.a.O., 32f.

[265] Snyder, N.H./Wheelen, T.L. (1981): Managerial Roles: Mintzberg and the Management Process Theorists. In: Academy of Management Proceedings, Vol.41, p. 249-253.
Stewart, R. (1982): Choices for the manager, New York, S. 94.

Er unterscheidet zwischen verschiedenen *Interpersonalen Rollen*[266], *Informationellen Rollen*[267] und *Entscheidungsrollen.*[268]

Neben diesem sehr systematisierten, auf die Berufswelt konzentriertem Rollenkonzept[269], bezieht nachfolgende Übersicht auch die außerhalb der Berufswelt liegenden Erwartungen an einen Manager mit ein.[270]

---

[266] Interpersonale Rollen beinhalten: Die Rolle des Repräsentanten (seiner verantwortlichen Einheit nach außen), die Liaison-Rolle (die Verbindung zwischen Organisationseinheit und der Umwelt dieser Organisationseinheit) und die Führungsrolle (in Bezug auf seine Mitarbeiter).

[267] Informationelle Rollen beinhalten: Die Rolle des Monitors (das Sammeln von Informationen, die es ihm er-möglichen sowohl seine organisatorische Einheit wie auch deren Umwelt zu verstehen), die Rolle des Informationsverteilers (diese umfasst die Weitergabe von Informationen aus der Umwelt an seine Organisationseinheit und von einem Mitarbeiter zum anderen) und die Sprecherrolle (das Übermitteln von Informationen an Personen außerhalb seiner organisatorischen Einheit).

[268] Die Entscheidungsrolle beinhaltet: Die Unternehmerrolle (diese umfasst die Suche nach Chancen zu Innovation und möglichem systematischen Wandel für seine Organisationseinheit), die Rolle des Störungsreglers (das Beheben von plötzlich auftretenden Störungen und Krisen, für die es keine organisationalen Programme gibt), die Rolle des Ressourcenzuteilers (diese umfassen die Zuteilung an Personen und Gruppen, wie z.B. Geld und Ausstattung, aber auch Arbeitskräfte und Arbeitszeit) und die Verhandlerrolle (dabei repräsentiert er seine Organisation in bestimmten Umweltsegmenten und trifft dabei auf andere Verhandler um sich mit ihnen gemeinsam abzustimmen).

[269] Hier sei verwiesen auf das Rollenkonzept von Merton, der betont dass zu jeder Position eine ganze Anzahl von Rollen gehört und benutzt dabei den Begriff des Rollen-Sets (Role-Set). Er definiert darin eine Kombination von Rollenbeziehungen, in welche ein Individuum aufgrund seines sozialen Status eingebunden ist (vgl. Merton, R.K. (1957): The Role-Set. In: British Journal of Sociology, 8).

[270] Neuberger, O. (1995): Führen und geführt werden, 5. Aufl., Stuttgart, S. 84.

## Abb. 2: Das Rollenkonzept nach Mintzberg

Innerorganisatorische Erwartungen                    Außerorganisatorische Erwartungen

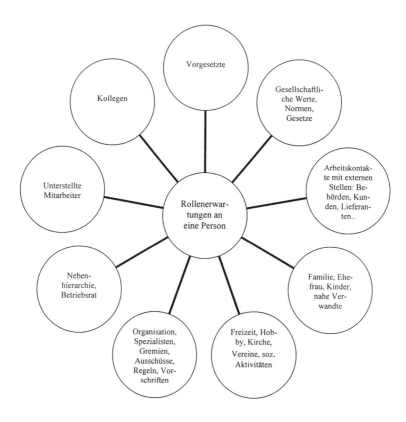

Ausgehend von einem interaktionistischen Rollenmodell bewegt sich zwar eine Führungs-kraft tagtäglich in mehr oder weniger formellen Strukturen und ist mit einer Vielzahl von mehr oder weniger definierten Rollenerwartungen konfrontiert, aber dennoch liegt die Wahrnehmung bzw. die Erfüllung dieser Erwartungen in jedem Moment beim Rolleninha-ber (der Person) selbst. An ihm liegt es, seine verschiedenen Rollen kontinuierlich neu zu definieren, sie in jeder Interaktion wiederum neu auszuhandeln und die Erwartung zu bestä-tigten oder zu modifizieren. Diese Interpretations- und Handlungsfreiräume sind je nach dem persönlichen Stil sehr unterschiedlich und auch je nach dem Interaktionskontext brei-ter oder enger.

Für eine Führungskraft wird dieses Maß an Freiheit neben der persönlichen Rollendisposition immer auch unter anderem bestimmt von[271]

- der jeweiligen Position, welche sie bekleidet (eine neu geschaffene Position bietet leichtere Definitionsmöglichkeiten als eine bereits lang bestehende, die darüber hinaus bisher eine Person innehatte, die sich sehr stark mit ihrer Rolle identifiziert hat),
- den Hierarchie- und Organisationsstrukturen in einem Unternehmen (je höher die Position, desto mehr Freiheiten werden dem Rolleninhaber zugebilligt),
- der Technologie (Unternehmen in der High-Tech-Branche, die selbst Entwicklung und Forschung betreiben, haben oft weitaus weniger Verhaltenscodes, als Unternehmen des Banken- oder Versicherungsgewerbes, die tagtäglich Menschen überzeugen und Vertrauensverhältnisse schaffen müssen),
- der Situation des Unternehmens (befindet sich ein Unternehmen in der Aufbauphase, wird es mehr danach streben möglichst wenig „zu überraschen", sondern es möchte für seine Kunden berechenbar sein),
- dem Erfolg des Unternehmens (erfolgreiche Unternehmen werden eher Verhaltensfreiheiten billigen, solange die Ergebnisse weiterhin erfolgreich sind, als Unternehmen, die kurz vor dem Konkurs stehen und daher sehr unter Beobachtung der Öffentlichkeit und auch der Belegschaft stehen),
- der Unternehmenskultur (Unternehmen der „New Economy", die eine „kreativ-unkonventionelle Unternehmenskultur" pflegen, erwarten oder billigen ein anderes Verhalten (legerer Kommunikations- und Kleidungsstil) ihrer Mitarbeiter als ein eingesessenes Familienunternehmen,
- der Alterstruktur der Belegschaft (je jünger die Belegschaft, desto eher wird ein non-konformes Rollenverhalten akzeptiert) und
- dem Ort, an dem das Unternehmen seinen Sitz hat (ein großstädtisches Umfeld lässt tolerantere Rollenbilder zu als eine kleinstädtische Umgebung).

Der Gedanke, dass eine Distanzierung gegenüber den institutionellen Erwartungen und Vorgaben Freiheitsgrade eröffnet findet sich bereits in der klassischen neo-institutionalistischen Literatur, zumal Organisationen institutionelle Vorgaben in der Regel nur symbolisch befolgen,[272] da sie kaum auf die Kernaktivitäten Einfluss nehmen und auch nur lose mit diesen gekoppelt sind. Dies beinhaltet folglich auch, dass eine Distanzierung gegenüber institutionellen Vorgaben zwar dem Einzelnen nutzt, aber der Organisation als Ganzes nicht schadet. Dabei sind Personen, welche die Freiheit einer Distanzierung nicht für sich in Anspruch nehmen, selbst Träger von institutionellen Effekten.[273] Denn nicht Akteure sind es, die Gesellschaft konstituieren, sondern umgekehrt:

---

[271] Vgl. Davoine, E. (2002): a.a.O., S. 100.

[272] Meyer, J.W./Rowan, B. (1977): Institutionalized Organizations: Formal Structures as Myth and Ceremony. In: American Journal of Sociology 83, p. 340-363.

[273] Scott, W.R./Meyer, J.W. (1994): Institutional Environments and Organizations. Structural Complexity and Individualism, Thousand Oaks, p. 5.

*„Die moderne Gesellschaft konstituiert den Akteur, der vorgegebene „scripts" umsetzt, indem er sich der vorherrschenden Form der Rationalität unterwirft."*[274]

Im Rahmen der späteren Typologie (Kapitel V) ist eine Abgrenzung mit Hilfe eines Rollenkonzeptes der interaktionistischen Schule (z.b. Blumer) wenig hilfreich. Dagegen wird ein formalistisch und systemorientierter Rollenbegriff wie ihn u.a. Kahn/Wolfe[275] vertreten und das Verhältnis zwischen Rollenträger und Organisation anschaulich in den Mittelpunkt stellen, vorgezogen: *„Jede Stelle in einer Organisation kann betrachtet werden in ihrer Definition durch Erwartungen, Vorschriften und Verhaltensweisen, die von den Kollegen ausgehen. Um das Bild ein wenig zu ändern ist die Organisation eine Art von Fischernetz; die Knoten sind die Stellen oder Positionen, und das verbindende Garn repräsentiert die Erwartungen. Der Beobachter kann das organisationale Netz an jedem Knoten emporheben und alle Verbindungen zu den herumliegenden Knoten nachvollziehen. Dies wird alle Positionen in der Organisationen im Hinblick auf ihre Beziehung zu der Position lokalisieren, mit der man begonnen hatte."*

## 2.2. Rollenkonflikte als Chance

Bereits aus dem o.a. Rollenschema ist unschwer zu erkennen, dass die Vielzahl von Rollenerwartungen, welche an eine Führungskraft gerichtet sind, nicht oder nur sehr unbefriedigend erfüllt werden können. Intra-Rollenkonflikte (aufgrund der Erwartungshaltungen an die Führungskraft im Rahmen ihrer Berufsrolle) und Inter-Rollenkonflikte (Partnerschaft und Beruf – Vorgesetzter und Freund) sind vorprogrammiert[276] und eine Auswahl zu treffen (welche zugleich auch eine Ablehnung von Rollenerwartungen impliziert) ist die notwendige Folge.

Dass diese Rollenkongruenz und die daraus mögliche resultierende Rollenambiguität nicht von Nachteil sein müssen, sondern sogar eine persönliche Chance zur persönlichen Positionsfindung bietet, zeigt Ralf Dahrendorf im Rahmen seiner Konfliktforschungen[277] deutlich auf. Für die zu untersuchende Gruppe der Führungskräfte sind vor allem die Rollenkonflikte in Form von „Gleicher contra Gleichen" (z.B. Familienrolle contra Berufsrolle), „Übergeordneter contra Untergeordneter" (z.B. Berufsrolle contra Vereinsrolle) und „Ganzes contra Teil" (Sozialpersönlichkeit contra Berufsrolle oder Loyalitätsverpflichtung contra Vorgesetztenrolle) bedeutsam. Der dabei mögliche Umgang mit Konflikten gliedert sich dabei in vier Schritte[278]: Zunächst die positive, nicht resignative Anerkennung des Konflik-

---

[274] Hasse, R./Krücken,G./Scharpf, F.W. (2001): a.a.O., S. 53.

[275] Kahn, R.L./Wolfe, D. (1975): Rollenkonflikt in Organisationen. In: Türk, K. (Hrg.) (1975): Organisationstheorie, Hamburg. Entnommen aus: Wiswede, G. (1977): a.a.O., S. 101.

[276] Vgl. dazu ausführlich: Bahrdt, H.P. (2000): Schlüsselbegriffe der Soziologie. Eine Einführung mit Lehrbeispielen, 8. Aufl., München, S. 66-87.

[277] Ein guter Überblick über mögliche Konfliktfelder findet sich in: Dahrendorf, R. (1972): Konflikt und Freiheit. Auf dem Weg zur Dienstklassengesellschaft, München, S. 27.

[278] Ebd., S. 42. Obwohl Dahrendorf dabei eher gesellschaftliche Konflikte im Blick hat (Gewerkschaften – Arbeitgeber, Regierung - Opposition), so kann dennoch eine Übertragbarkeit auf Organisationseinheiten (Chef-Mitarbeiter, Geschäftsführung - unteres Management) vorgenommen werden.

tes von allen Beteiligten, die Regelung der Konfliktformen (nicht der Konfliktursachen), die Kanalisierung und Organisation der Konflikte in Gruppen und das zuletzt erfolgte verbindliche Festlegen der Spielregeln der Konfliktaustragung. Auch wenn die Konflikte durch eine Regelung dabei nicht verschwinden, weil sie immanenter Bestandteil der Gesellschaft und der darin vertretenen Gruppeninteressen sind, so hat die Form des Umgangs mit Konflikten dennoch einen entscheidenden Einfluss auf die Gewaltsamkeit von Konflikten. *„Der geregelte Konflikt ist gewissermaßen entschärft: Obwohl er unverändert besteht und außerordentlich intensiv sein kann, vollzieht er sich in Formen, die sich mit einer kontinuierlich sich wandelnden Sozialstruktur vertragen."* [279]

Ebenso wie die Theorie von Anthony Giddens (Kapitel III/2.4.) oder von Erving Goffman (Kapitel III/ 2.5.) leistet dieser konflikttheoretische Ansatz eine Möglichkeit zur Überwindung der Struktur- Handlungsdebatte, da die notwendige Austragung der Konflikte eine kontinuierliche Veränderung der Gesellschaft vorantreibt. Diesem Prozess kann sich niemand entziehen, da sich alle Mitglieder einer Gesellschaft in konfliktträchtigen Beziehungen[280] gegenüberstehen. Konflikte sind allen sozialen Systemen immanente, strukturell erzeugte Faktoren[281], welche alle Beteiligten vor große Herausforderungen stellen und für den Wandel von Gesellschaften (Organisationen) mitbestimmend sind. Nur durch Konflikte wird jeder Einzelne dazu gezwungen Entscheidungen zu treffen, Dinge zu ändern oder sich anders zu positionieren.

Auch in jeder Firma stehen sich Konfliktgruppen[282] gegenüber. Bereits die strukturelle Ausgangslange (Vorgesetzte – Mitarbeiter, Geschäftsführung – mittleres/unteres Management, Kapitaleigner – Unternehmensführung) formiert *„Quasi-Gruppen, d.h. bloß erschlossene Mengen von Positionsträgern, denen Gemeinsamkeiten unterstellt werden, die ihnen nicht bewußt zu sein brauchen."*[283] Diese Zugehörigkeit zu einer solchen Quasi-Gruppe (Führungskraft-Management) schließt zugleich die Erwartung mit ein, bestimmte Interessen[284] zu vertreten. Diese „latenten Interessen"[285] sind unmittelbar mit einer sozialen Position verbunden und eine Abweichung davon (z.B. Führungskraft ist seinen Mitarbeitern gegenüber loyaler als gegenüber der Unternehmensleitung und vernachlässigt die Steigerung der Arbeitsproduktivität) birgt weitreichende Risiken in sich. Diese bereits

---

[279] Ebd., S. 43.
[280] Bedingt wird dieser Konflikt aus der Universalität von Zwang bzw. Herrschaft. Daher ist der Konflikt ein permanenter Prozess der Infragestellung dieser herrschaftlichen Strukturen und der daraus entstehenden sozialen Ungleichheit (vgl. Dahrendorf, R. (1974): Pfade aus Utopia, 3. Aufl., München).
[281] Ebd. S. 272.
[282] Dabei teilt Dahrendorf den Prozess der Bildung von Konfliktgruppen in drei Phasen ein: Die strukturelle Ausgangslage, die Bewusstwerdung latenter Interessen (Wandlung der latenten Interessen zu manifesten Interessen) und die Phase ausgebildeter Konflikte (vgl. Dahrendorf, R. (1972): a.a.O., S. 35f.).
[283] Ebd., S. 35.
[284] Damit gemeint sind die Interessen des Systems, welche die Quasi-Gruppen hervorgebracht hat. In einer Firma können sich diese vermeintlichen Interessen der Quasi-Gruppe ‚Führungskräfte' z.B. auf die Umsetzung der Vorgaben der Geschäftsführung, dem Erreichen des Renditeziels oder der Umsatzprognose oder der Steigerung der Arbeitsproduktivität beziehen.
[285] Darunter sind *„alle positionsbedingten Verhaltensorientierungen (Rollen-Erwartungen), die eine Gegensatzbeziehung zwischen zwei Aggregaten von Positionen begründen, ohne den Trägern der Position notwendig bewußt zu sein"* zu verstehen (Dahrendorf, R. (1957): Soziale Klassen und Klassenkonflikt, Stuttgart, S. 204).

strukturell zugrunde gelegten Konflikte finden im weiteren Verlauf einen möglichen Zwang zur Austragung, denn je nach Unterschiedlichkeit und auch Forcierung der vorhandenen strukturellen Konflikte können diese nach einer Phase der Bewusstmachung (der unterschiedlichen Interessen) nach einer Konfrontation der Interessengruppen verlangen.[286]

In den Interviews zeigte sich, dass dieser Konflikt der Quasi-Gruppen in Form von Orientierungslosigkeit und Unsicherheit[287] eine alltägliche Begleiterscheinung des Manageralltages ist. Dabei sind es jedoch nicht allein nur die konkreten Erwartungen Dritter (Kapitel III/2.1.), die eine Führungskraft unter Druck setzten, sondern bereits die Position selbst (als Ausdruck einer Organisations- und Verpflichtungsstruktur) übt einen Verhaltensdruck aus. Um diesem Konflikt nicht hilflos ausgeliefert zu sein suchen Führungskräfte oft die Nähe ihrer eigenen Quasi-Gruppe um durch das Teilen (in Form des Austausches, des Gespräches) der gleichen Probleme eine Entlastung zu erfahren. Diesem Bedürfnis trägt nicht auch zuletzt die Firma Rechung, indem sie Manager gleicher Position zusammen auf Fortbildung oder Seminare sendet.

Doch trotz dieser möglichen vorübergehenden Teilbarkeit des Rollendrucks kann die Führungskraft letztlich einer Entscheidungsfindung nicht ausweichen. Sie selbst steht zu einem gewissen Zeitpunkt vor einer Entscheidungsfindung und muss damit Prioritäten bei ihren Inter- und Intrarollenkonflikten setzen. Dass diese Entscheidungsfindung nicht nur zwangsläufige Folgen, sondern immer auch Chancen beinhaltet, darauf verweist Dahrendorf mit Nachdruck. Für ihn ist jeder soziale Konflikt Ausdruck von Lebenschancen, da es sich dabei immer um die individuelle Möglichkeit der Lebensgestaltung handelt.

*„Lebenschancen sind zunächst Wahlchancen ... Menschen müssen wählen dürfen und wählen können."*[288]

Diese Wahlchancen in einem strukturell vorgegebenen Raum sind mit jeder sozialen Position unmittelbar verknüpft und bilden Optionen, welche wiederum eine spezifische Kombination von Anrechten und Angebot[289] darstellen.

*„Dennoch sind diese Optionen allein nicht genug. Wahlchancen müssen Sinn haben. Das ist aber nur der Fall, wenn sie eingebettet sind in gewisse Wertvorstellungen, die Maßstäbe liefern."*[290]

---

[286] Dahrendorf bezieht sich in seinem Modell vor allem auf die klassische Auseinandersetzung von politischen Gegnern (Regierung - Opposition), so dass die weiteren Schritte der Konfliktproblematik (Bewusstwerdung und Austragung) nicht in jedem Falle eintreten müssen.

[287] Fragen wie: „Wem soll ich den Vorrang geben, meinem Gewissen oder meiner Karriere?" „Wer ist mir näher, meine Mitarbeiter oder meine persönliche Loyalität zur Geschäftsführung?" „Kann ich diese Firmenpolitik noch mittragen, ohne mich Selbst zu verleugnen?" zeugen von diesem Konflikt.

[288] Dahrendorf, R. (2003): Auf der Suche nach einer neuen Ordnung. Vorlesungen zur Politik der Freiheit im 21. Jahrhundert, 3. Aufl., München, S. 44.

[289] Dabei ist die Zahl der Anrechte und auch des Angebotes umso höher je exponierter (und damit je machtvoller) die Position einer Person ist. Führungskräfte des unteren Managements haben zwar weniger Optionen als jene des oberen Managements, aber die Chance diese zu nutzen ist zunächst unabhängig von der Position. In den Interviews zeigte sich, dass Menschen die bereits in niederen Positionen ihre Wahlmöglichkeiten genutzt haben, diese Chance auch dann in hohen Positionen stärker und selbstverständlicher wahrnehmen (vgl. auch Kapitel V/2.).

Diese Wertvorstellungen bezeichnet Dahrendorf als Ligaturen. Sie sind *„tiefe Bindungen, deren Vorhandensein den Wahlchancen Sinn gibt. Sie sind gleichsam der Kitt, der Gesellschaften zusammenhält. Man kann sie auch als die subjektive Innenseite der Normen beschreiben, die soziale Strukturen garantieren."* [291]

In der Arbeitswelt stellen all die Bindungen und die Bezüge, in welche Führungskräfte aufgrund ihrer Position und ihrer Rolle hineingestellt sind diese Ligaturen dar. Nur vor dem Hintergrund dieser Einbettung, die damit auch Sicherheit und Orientierung ermöglichen, können auch die Optionen in all ihrer Bandbreite wahrgenommen werden. Während das alleinige Vorhandensein von Optionen (ohne Ligaturen) die Gefahr von Anomie und Entfremdung in sich bergen, führen Ligaturen ohne Optionen zu Unfreiheit[292]. Bestimmend für die Wahrnehmung der Lebenschancen im Spannungsfeld von Optionen und Ligaturen sind nicht zuletzt auch die durch Sozialisation bestimmten Verhaltensmuster, sozialen Interaktionsstrukturen (Familie, Schicht) und darin vermittelten Werteorientierungen. Dies schlägt sich auch in den im Kapitel V. dargelegten Strategien der Abgrenzung nieder. Auch in den Interviews wird deutlich wie unterschiedlich die Führungskräfte mit den sich bietenden Wahlmöglichkeiten umgehen: Nehmen sie die Herausforderung an und empfinden diese Entscheidungsnotwendigkeit auch als Chance oder vermeiden sie Konflikte und damit Entscheidungen, da sie diese als Bedrohung empfinden.

## 2.3. Akteure als Personen

Doch können Akteure gleichermaßen in institutionelle Rahmen eingebettet und dennoch fähig sein, diesen Rahmen zumindest zeitweise zu verlassen oder zu erweitern? Legt man Parsons[293] Idee der *„integrierten Persönlichkeit"* zugrunde, so kann diese Frage nur negativ beschieden werden, denn diese fühlt sich verpflichtet in ihren verschieden definierten Rollen den Erwartungen zu entsprechen in Form des „braven Jungen", des „guten Studenten" oder des „tüchtigen Arbeiters".

Eine befriedigendere Antwort findet sich in der neueren Literatur[294] zum Neo-Institutionalismus, durch die dort vorgenommene Personalisierung der Akteure. Hierbei wird weder einen homo sociologicus (Rollenkonformist) noch einen homo oeconomicus (Nutzenmaximierer) zugrunde gelegt, sondern individuelle Akteure, ausgestattet mit Ressourcen, Rechten, Präferenzen und Kognitionen. Weiterhin wird dabei die „soziale Einbettung" einer Person, ihre Verflechtung in sozialen Strukturen und ihre interpersonellen Be-

---

[290] Dahrendorf, R. (2003): a.a.O., S. 44f.

[291] Ebd. S. 44.

[292] Vgl. Diewald, M. (1991): Soziale Beziehungen: Verlust oder Liberalisierung? Soziale Unterstützung in informellen Netzwerken. Berlin, S. 29.

[293] Parsons, T. (1964b): Die Motivierung des wirtschaftlichen Handelns. In: Parsons, T. (1964a): Beiträge zur soziologischen Theorie, Neuwied, S. 136-159 (S. 144).

[294] Edeling, T. (2002): Organisationen als Institutionen. In: Maurer, A./Schmid, M. (Hrg.) (2002): Neuer Institutionalismus – Zur soziologischen Erklärung von Organisation, Moral und Vertrauen, Frankfurt/M., New York, S. 219-235.

ziehungen berücksichtigt, aus denen sich wiederum auch individuelle Handlungsrationalitäten erklären lassen[295].

Bei näherer Betrachtung der Lebenswelten einer Führungskraft zeigt sich, dass diese möglicherweise neben dem „Chef einer Abteilung" auch noch ein aktiver Bürger eines Gemeinwesens ist (Vereinsmitglied, politisches Ehrenamt).[296] Diese Verortung der Akteure innerhalb einer inhomogenen Sozialstruktur ist zugleich Spiegelbild der modernen Gesellschaft, die jedoch dabei nicht nur voll von Spannungen und Widersprüchen ist, sondern zugleich auch „die Chance zur Autonomie der Person"[297] bietet, wie es Schelsky in seiner Einleitung zu Riesmann (1968) „Die einsame Masse" betont.

Noch einen Schritt weiter geht Esser[298], wenn er das Akteurshandeln vor dem Hintergrund einer Rollendistanz[299] (aus welcher die Chance erwächst, sich für eine divergierende Rollenerwartung zu entscheiden) als rationales und Nutzen maximierendes Handeln interpretiert. Eine Führungskraft, der es gelingt sich eine Distanz zu ihrer Rolle zu bewahren, kann anhand von egoistischen und utilitaristischen Maßstäben wählen, ob sie sich eine Rollenerwartung offen hält, um langfristig für sich den größten Nutzen zu erzielen. Diese schließt auch eine bewusste Nichterfüllung von möglichen Rollenerwartungen (z.B. ständige Verfügbarkeit) oder den Widerstand gegenüber empfundenen Rollenzumutungen mit ein.

Gelingt nun diese kritische Auseinandersetzung mit den Rollenerwartungen der Umwelt und der möglichen Anpassung an bestimmte situative Bedingungen auf der einen Seite und der Berücksichtigung und Optimierung der eigenen Bedürfnisse und Interessen auf der

---

[295] Vgl. Granovetter, M. (1985): Economic Action and Social Structure - The Problem of Embedded-ness. In: American Journal of Sociology, Jg. 91, p. 481-510. In: Edeling, T. (2002): a.a.o., S. 222.

[296] Vgl. dazu das Rollenkonzept von Neuberger (Kapitel III/2.1.).

[297] Schelsky, H. (1968): Einführung. In: Riesmann, D.: Die einsame Masse, Reinbek, S. 7-19 (S. 17).

[298] Esser, H. (2000): Soziologie. Spezielle Grundlagen, Bd. 5, Institutionen, Frankfurt/M., New York, S. 175/S. 211.

[299] Es muss jedoch darauf verwiesen werden, dass in der Literatur der Begriff der Rollendistanz sehr ungenau definiert ist und sich eine Fülle unterschiedlicher Bedeutungen dahinter verbergen (vgl. Berger, P.L./Luckmann, Th. (1972): Die gesellschaftliche Konstruktion der Wirklichkeit. Eine Theorie der Wissenssoziologie, Frankfurt/M., Dreitzel, H.P. (1972): Die gesellschaftlichen Leiden und das Leiden an der Gesellschaft. Vorstudien zu einer Pathologie des Rollenverhaltens, 2. Aufl., Stuttgart). Mögliche Bedeutungsinhalte können sein (vgl. Wiswede, G. (1977): a.a.O., S. 167 f.):
1. Der Grad, mit dem sich ein Individuum mit einer Rolle identifiziert.
2. Der Grad, in dem das Individuum mit einer Rolle einverstanden ist.
3. Der Grad, in dem die Rolle die eigenen Absichten des Individuums repräsentiert.
4. Der Grad, in dem das Individuum sich im Rahmen der Rolle engagiert.
5. Das Ausmaß, in dem ein Individuum seine Rolle mit expressiven Elementen ornamentiert.
6. Das Ausmaß, in dem ein Individuum über eine Rolle reflektiert.
7. Der Grad, in dem ein Individuum 'Ich-Leistungen' in eine Rolle einbringt.
8. Das Ausmaß, in dem ein Individuum die Rolle gestalten (manipulieren) kann.
9. Der Grad, in dem sich ein Individuum von seiner Rolle emanzipieren kann.
10. Das Ausmaß, in dem man gewöhnlich von der Rollenerwartung abweicht.

anderen Seite, dann kann man durchaus von einer *„gelungenen Subjektivität"*[300] bzw. einer *„flexiblen Identität"*[301] sprechen.

Eine andere Lösung und damit eine noch weitergehende Kontextualisierung der Akteure bietet sich in der *„organisatorischen Denkweise"*[302], welche von Erhard Friedberg aufgegriffen wird. Für ihn spielt nicht mehr die soziale Einbettung und die aus ihr erwachsende Personalisierung die Hauptrolle, sondern Person und Interesse, Situationsdeutung, Nutzen und Rationalität des Handelns von Akteuren. All dies wird aber erst im Nachhinein aus der Analyse des konkreten Handlungsfeldes rekonstruiert. Dabei sind die Regeln, welche in einem Handlungsfeld für das jeweilige Spiel gelten gegenüber dem Sinn, welcher hinter dem Spiel steckt, zweitrangig. Denn dieser Sinn ist es, über den dann die Akteure auch ihre Identität gewinnen und ihre Interessen definieren. Friedberg[303] bezeichnet diesen als *„methodologischen Utilitarismus"* und er geht dabei von einer *„heuristischen Vorstellung von Interessen"* aus, deren Inhalt sich erst aus der konkreten Interaktionssituation ergibt.

Daher ist der Frage nachzugehen, welchen Sinn die Führungskräfte in ihrer Arbeit suchen bzw. welchen Sinn sie in den vorherrschenden Strukturen sehen? Auch das Verständnis und das Wissen darüber in wie weit sich die Führungskräfte diese Strukturen zu nutze machen oder aber sie sich von diesen bestimmen lassen, ist nicht unbedeutend.

### 2.4. Die Dualität von Handlungs- und Strukturebene

In wie weit kann nun der Einzelne durch sein Handeln überhaupt Einfluss auf solche zunächst starr erscheinenden Strukturen in seinem persönlichen Arbeitsumfeld nehmen und sich somit persönliche Freiheiten schaffen?

Der britische Soziologe Anthony Giddens hat sich genau diesem Problem ausführlich gewidmet, indem er versucht den Dualismus[304] zwischen der (subjektiven) Handlungsebene und der (objektiven) Strukturebene zu überwinden. Seiner Ansicht nach stehen sich gesellschaftliche Strukturen und die Handlungen der Individuen nicht gegenüber, sondern es besteht eine Interdependenz in der Weise, dass die Strukturen auf die Handlungen einwirken, aber auch die Handlungen Einfluss nehmen auf bestehende Strukturen.

Für Giddens stellt dabei eine Struktur weniger einen Rahmen oder Kontext dar in dem soziales Handeln eingebunden ist, sondern vielmehr ein Mittel und auch ein Ergebnis eines gesteuerten, geplanten und strategischen Verhaltens.

---

[300] Leu, H.R. (1989): Wechselwirkungen – Die Einbettung von Subjektivität in die Alltagspraxis. In: Brock, D./Leu, H.R./Preis, Ch./Vetter, H.-R. (Hrg.) (1989): Subjektivität im gesellschaftlichen Wandel – Umbrüche im beruflichen Sozialisationsprozeß, München, S.36-58.

[301] Hurrelmann, K. (1986): Einführung in die Sozialisationstheorie. Über den Zusammenhang von Sozialstruktur und Persönlichkeit, Weinheim, S. 165.

[302] Friedberg, E. (1995): Ordnung und Macht, Frankfurt/M., S. 225.

[303] Ebd. , S. 230ff.

[304] Giddens, A. (1988a): Die Konstitution der Gesellschaft – Grundzüge einer Theorie der Strukturierung, Frankfurt/M. (Original 1984), S. 67ff.

*„Struktur ist den Individuen nicht ‚äußerlich': In der Form von Erinnerungsspuren und als in sozialen Praktiken verwirklicht, ist sie in gewissem Sinne ihren Aktivitäten eher ‚inwendig' als ein (...) außerhalb dieser Aktivitäten existierendes Phänomen. Struktur darf nicht mit Zwang gleichgesetzt werden: Sie schränkt Handeln nicht ein, sondern ermöglicht es auch. Dennoch kann man sagen, dass die strukturellen Momente sozialer Systeme so weit in Raum und Zeit ausgreifen, dass sie sich der Kontrolle eines jeden individuellen Akteurs entziehen. "* [305]

*„Strukturen selbst existieren gar nicht als eigenständige Phänomene räumlicher und zeitlicher Natur, sondern immer nur in der Form von Handlungen oder Praktiken menschlicher Individuen. Struktur wird immer nur wirklich in den konkreten Vollzügen der handlungspraktischen Strukturierung sozialer Systeme, weshalb ich auch meinen Ansatz ‚Theorie der Strukturierung' genannt habe. "* [306]

Die Struktur ist ebenso wenig Barriere wie Hindernis, sondern das Medium und das Ergebnis[307] von sozialen Handlungen. Die Wirkungen, welche Strukturen entfalten, stehen in einem unmittelbaren Zusammenhang mit den Beweggründen[308] des Handelns. Durch die Betonung des instrumentellen Charakters[309] einer Struktur wird jede individuelle Handlung damit weder zu einer zwangsläufigen Folge oder auf eine bloße Funktion von Struktur reduziert, noch werden die strukturellen Bedingungen und ihre Konsequenzen vernachlässigt[310] oder negiert.

Durch dieses Theoriekonzept schafft Giddens den Brückenschlag zwischen strukturalistischen und funktionalistischen Ansätzen und lässt weder ein Primat der Struktur noch ein Primat der Funktion[311] gelten.

---

[305] Ebd., S. 77f.

[306] Giddens, A. (1988b): Die Theorie der Strukturierung. Interview mit Anthony Giddens (geführt von Bernd Kießling). In: Zeitschrift für Soziologie, Jg. 17, S. 286-295 (S. 290).

[307] Giddens, A. (1984): Interpretative Soziologie: Eine kritische Einführung, Frankfurt/M., S. 148.

[308] Vgl. Giddens, A. (1988a): Die Konstitution der Gesellschaft – Grundzüge einer Theorie der Strukturierung, Frankfurt/M., S. 235.

[309] Vgl. Schienstock, G. (1991): Struktur, Politik und soziale Praxis – Perspektiven einer soziologischen Theorie des Managements. In: Österreichische Zeitschrift für Soziologie, 16 Jg. Nr. 2, S. 27-40, S. 35.

[310] Vgl. Clark, J. (1990): Anthony Giddens, Sociology and Modern Social Theory. In: Clark, J. / Modgil, S. (Eds.) (1990): Anthony Giddens – Consensus and Controversy, London, p. 21-27, p. 22f.

[311] In einer Vielzahl von Managementlehrbüchern findet sich das Primat der Struktur wieder, d.h. die Auffassung, dass die Struktur in einem Unternehmen das Handeln von Managern bestimmt. Demgegenüber stellt vor allem in der interpretativen Soziologie allein der Sinn, den man mit dem Handeln verknüpft, den Maßstab für menschliches Verhalten dar (vgl. auch Kapitel III/2.2.: Friedberg, E. (1995): Ordnung und Macht, Frankfurt/M.).

Durch das Herausarbeiten der Dualität von Handlung und Struktur verbindet er auch eine institutionelle und strategische Dimension[312] von sozialen Praktiken, wobei er den Begriff der Struktur nicht mit einem sozialen System[313] gleichsetzt, sondern als eine *„virtuelle Ordnung"*[314] begreift, die durch soziales Handeln immer wieder neu verfestigt wird. Doch genau wie die Struktur durch Wiederholung immer wieder reproduziert wird, kann sie auch durch „Nicht-mehr-Handeln" in Frage gestellt werden.

Konstitutiv für die Struktur sind dabei Regeln[315] und Ressourcen[316], denn sie verleihen den interaktiven Beziehungen über Raum und Zeit hinweg Stabilität[317] und sie sind zugleich die Eigenschaften von sozialen Beziehungen.[318] Die Spannbreite[319] dieser Regeln und Ressourcen ist dabei sehr stark sowohl kulturell wie auch historisch bedingt.

Die verschiedensten Interaktionsprozesse werden immer anhand von der einer Person zur Verfugung stehenden Deutungsmustern[320] und Normen (Modalitäten[321]) interpretiert. Diese Muster bilden dabei letztlich die Verbindung zwischen Interaktion und Struktur. Daher fällt es einer Gruppe von Personen, die möglicherweise die gleiche kulturelle Sozialisation erfahren hat - unabhängig von der sprachlichen Barriere - ungleich leichter zu kommunizieren, da sie über das gleiche Repertoire von Deutungsschemata verfügt und auch ihre Inter-

---

[312] Walgenbach, P. (1994): a.a.O., S. 89.

[313] Soziale Systeme bestehen innerhalb der Theorie der Strukturierung aus Handelnden, die kommunizieren, sanktionieren und Macht einsetzten (vgl. Turner, J. (1990): Giddens' Analysis of Functionalism: A Critique. In: Clark, J./ Modgil, S. (Eds.) (1990): Anthony Giddens – Consensus and Controversy, London, p. 103-110, (p. 108)). Soziale Systeme umfassen nach Giddens Netzwerke, Gemeinschaften (Organisationen und Gruppen) und Verbindungen (vgl. Giddens, A. (1990): Structuration Theory and Sociological Analysis. In: Clark, J./Modgil, S. (Eds.) (1990): Anthony Giddens – Consensus and Controversy, London, p. 297-315 (p. 303).

[314] Giddens, A. (1988a): Die Konstitution der Gesellschaft – Grundzüge einer Theorie der Strukturierung, Frankfurt/M., S.69.

[315] Unter Regeln werden dabei Techniken oder verallgemeinerbare Verfahren verstanden, die in der Ausführung von sozialen Praktiken angewendet werden. Die Regeln bilden den Kontext, in dem sich die Akteure bewegen, wobei es dabei um die Auslegung von z.B. bürokratischen Regeln handelt, nicht um die bürokratischen Vorschriften an sich. Diese Regeln, welche die Strukturen bilden, sind damit erst auf den zweiten Blick sichtbar. (vgl. ebd., S.73).

[316] Unter Ressourcen sind die sehr individuellen Möglichkeiten einer Person zu verstehen, die ihr ermöglichen bestimmte Ziele zu erreichen. Diese können sowohl materieller Art wie auch autoritativer Art (Macht, Einfluss) sein (vgl. ebd., S. 45).

[317] Hier ist eine Verbindung zum Feld- und Kapitalbegriff von Bourdieu zu ziehen. Die sozialen Felder stehen dabei für die institutionelle Strukturierung von sozialen Praktiken. Sie werden durch Verhandlungs-, Macht, – und Austauschbeziehungen zwischen verschiedenen Positionen definiert, mit dem Ziel die Ressourcen (Kapitalien) wie Macht und Anerkennung aufzuteilen (vgl. Bourdieu, P. (1992b): Die verborgenen Mechanismen der Macht, Hamburg. Bourdieu, P. (1985): Sozialer Raum und „Klassen", Frankfurt/M.).

[318] Vgl. Kießling, B. (1988): Kritik der Giddensschen Sozialtheorie: Ein Beitrag zur theoretischen Grundlegung der Sozialwissenschaften. Beiträge zur Gesellschaftsforschung. Bd. 8, Frankfurt/M., S. 126ff.

[319] Vgl. Sewell, W. Jr. (1992): A Theory of Structure: Duality, Agency and Transformation. In: American Journal of Sociology, Vol. 98, No.1, p. 1-29 (p. 20), In: Walgenbach, P. (1994): a.a.O., S. 92.

[320] Diese Schemata sind Typisierungen, die den Akteuren helfen einen Kommunikationsprozess aufrecht zu erhalten.

[321] Giddens, A. (1988a): Die Konstitution der Gesellschaft – Grundzüge einer Theorie der Strukturierung, Frankfurt/M., New York, S. 81.

pretation von Macht, Machtausübung oder von Normenumsetzung eine sehr ähnliche ist.[322] Diese Übereinstimmung im Gebrauch und im Verständnis der Modalitäten generiert die Struktur: *„Structure is both, medium and outcome of the reproduction of practices. "* [323]

Diese sehr kulturell bedingten Ressourcen und Regeln lassen nun auch verstehen, warum es Managern aus einer anderen Kultur (somit über eine völlig andere Spannbreite hinsichtlich dieser Regeln und Ressourcen verfügen) viel einfacher fällt neue Strukturen auszubilden oder die bestehenden zu verändern oder zu beeinflussen. Zum einen sind sie sich der bestehenden Regeln meist gar nicht bewusst oder sie unterschätzen die Bedeutung mancher Rituale[324]. Auch verzeiht man ihnen darüber hinaus gewisse Verhaltensweisen, da man ihnen unterstellt, dass sie um manche Gepflogenheiten nicht wissen. Ebenso wird dadurch verständlicher, warum die in einer Gesellschaft vorherrschenden Weltbilder sich in den jeweiligen Organisationen wieder finden lassen und sich ein Zusammenhang zwischen kulturellen Prägungen und der Spannbreite von Handlungs- und Deutungsmustern im Management widerspiegelt:

*„Managers from different national cultures hold different assumptions about the nature of management, authority, structure, and organizational relationship. These assumptions shape different value systems and get translated into different management practices, which in turn reinforce the original assumption. "* [325]

Die Problematik der dabei entstehenden Befremdung in bi-nationalen Firmen wird auch in den Interviews mit Angehörigen von Beraterfirmen[326] bestätigt, wenn sie darüber berichten, dass sich deutsche Manager in amerikanischen Firmen schwer tun akzeptiert zu werden, da ihr distanziertes Verhalten ihnen als Dünkel ausgelegt wird. Im umgekehrten Falle sorgt jedoch ein amerikanischer Chef in einem deutschen Unternehmen möglicherweise für Irritationen, wenn er ganz nach Gewohnheit auch mal mit anpackt, wenn Not an Mann ist (dies kann sogar soweit gehen, dass er auch seine handwerklichen Fähigkeiten zum Einsatz bringt). Die Folge kann sein, dass er von den deutschen Mitarbeitern aufgrund seines Verhaltens nicht wirklich ernst genommen wird.

Damit zeigt sich auch, dass es gerade für Manager ein unabdingbares Know-How[327] ist, über die vorherrschenden Strukturen und die daraus erwachsenden Handlungsmöglichkei-

---

[322] Giddens, A. (1984): Interpretative Soziologie: Eine kritische Einführung, Frankfurt/M., S. 149. In: Walgenbach, P. (1994): a.a.O., S. 93.

[323] Giddens, A. (1979): Central Problems in Social Theory, London, p. 5.

[324] Dies dürfte aber in den wenigsten Fällen so sein, denn Manager sind bereits durch ihre berufliche Sozialisation und auch durch eine „Business Community" sehr stark geprägt.

[325] Laurent, A. (1989): A Cultural View of Organizational Change. In: Evans, P. /Doz, Y./Laurent, A. (Eds.) (1989): Human Resource Management in International Firms, Basingstoke, pp. 83-94 (p. 91).

[326] Vgl. Kapitel II/3.

[327] Dabei trifft Giddens hinsichtlich dieses Wissens bzw. dieser Kompetenz nochmals eine Unterscheidung, die jedoch nicht sehr scharf voneinander getrennt werden kann: Diskursives Wissen oder Bewusstheit (discursive knowledge) und handlungspraktisches Wissen oder Bewusstheit (practical knowledge). Ersteres wird dabei von den Akteuren bewusst eingesetzt (z.B. Humor, Sarkasmus und Ironie), Letzteres ist mehr implizites Wissen, das die Akteure zwar anwenden, jedoch nicht in der Lage sind es zu erklären (vgl. Giddens, A. (1988a): Die Konstitution der Gesellschaft – Grundzüge einer Theorie der Strukturierung, Frankfurt/M., New York, S. 429).

ten Kenntnis zu haben. Damit sind sie zum einen in der Lage sich die Strukturen zu Nutze zu machen, zum andern sich die notwendigen Netzwerke (zur Absicherung gegenüber strukturellen Unsicherheiten) zu schaffen. Die Anerkennung und Bewusstmachung der Regeln und Ressourcen auf welche die Akteure im Interaktionsprozess Bezug nehmen (sie auch strategisch einsetzen) sind immer zugleich ein Spiegelbild ihrer Motivationen, d.h. sie stellen zugleich die Gründe und Zwecke des Handelns dar.[328]


## 2.5. Spielräume der Rolleninszenierung

Giddens hat in seiner ‚Theorie der Strukturierung' gerade was das Akteurs- und Handlungsverständnis anbelangt, Anlehnung genommen an dem interaktionistischen Konzept von Erving Goffman. Auch dieser war bemüht die Trennung zwischen Handlungsebene und Strukturebene zu überwinden.

Goffman richtete dabei seinen Blick auf die vielfältigen Aushandlungs- und Interpretationskonzepte des alltäglichen Lebens. In seinem Buch „ Wir alle spielen Theater" nimmt er (sich der Sprache der Theaterwelt bedienend) die alltägliche Wirklichkeit und damit das soziale Leben als eine auf verschiedenen Bühnen stattfindende Inszenierung von mehr oder weniger guten Darstellern unter die Lupe. Jeder Mensch spielt zu einem bestimmten Zeitpunkt unterschiedliche Rollen (Kollege, Vorgesetzter, Partner, Vater, Sohn, Freund usw.) und jeder ist darum bemüht die jeweilige Rolle zu jedem Zeitpunkt möglichst überzeugend zu spielen. Große Sorgfalt wird darauf verwendet bei den Mitmenschen den „richtigen" Eindruck (Eindrucksmanipulationen) zu machen, so dass das Gegenüber auch auf gewünschte Art und Weise reagiert. Die Kleidung ist dabei nur ein Hilfsmittel von vielen, andere Möglichkeiten der Eindrucksmanipulationen sind Sprache oder Verhalten.

Der überwiegende Teil des sozialen Lebens, so Goffman, findet dabei auf zwei Bühnen statt: Der Vorderbühne (front-region) und der Hinterbühne (backstage). Vorderbühnen sind soziale Anlässe, bei denen die Menschen formale Rollen spielen, sie sind „Bühnenvorstellungen"[329]. Dabei handelt es sich zumeist um mehrere Menschen, die sich gleichzeitig auf der Vorderbühne befinden, ein Team (ein Ensemble) bilden und in dieser Situation auch gegenseitig voneinander abhängig sind, damit der gewünschte Eindruck vermittelt werden kann. Im Geschäftsleben kann dies die Präsentation eines Produktes von Geschäftspartnern sein, im Privatleben die Darstellung eines glücklichen Paares während einer Einladung. Auf der Hinterbühne hingegen finden die Zusammenstellung der „Requisiten" und die Vorbereitung auf die zu spielende Rolle statt. Dort sind auch Verhaltensweisen erlaubt, die auf der Vorderbühne nicht gezeigt werden.

---

[328] Kießling, B. (1988): Kritik der Giddensschen Sozialtheorie: Ein Beitrag zur theoretischen Grundlegung der Sozialwissenschaften. Beiträge zur Gesellschaftsforschung, Bd. 8, Frankfurt/M., S. 152.

[329] Einen sehr konträren Standpunkt zu Goffmans Metapher des Schauspiels, der Rolle und der Bühne hat u.a. Alfred Schütz und Thomas Luckmann. Sie werfen ihm vor, dass es sich dabei um eine reine Konstruktion (eines Wissenschaftlers) von Wirklichkeit handelt und dass er dabei den Unterschieden zwischen Schauspiel und Alltag nicht gerecht wird (vgl. Schütz, A./Luckmann, T. (1979): Strukturen der Lebenswelt, Bd. 1, Frankfurt/M., S. 279 ff.).

Die Hinterbühne gestattet „... *die Anrede mit dem Vornamen, gemeinsame Entscheidungen, Vulgarität, offene sexuelle Anspielungen, Nörgeln, Rauchen, zwanglose Kleidung ‚schlampiges' Sitzen und Stehen, Verwendung von Dialekt oder Umgangssprache, Murmeln, Schreien, spielerische Aggression und ‚Neckereien', Rücksichtslosigkeit gegenüber dem anderen in kleineren, aber potentiellen symbolischen Handlungen, geringfügige physische Reaktionen wie Summen, Pfeifen, Gummikauen, Rülpsen und Windlassen.* "[330]

Dabei können Orte wie Büros oder das private Heim zu einem Zeitpunkt Vorderbühne sein, zu einem anderen Zeitpunkt Hinterbühne[331].

*„So ist das Privatbüro eines Direktors sicherlich die Vorderbühne, auf der sein Status in der Firma durch die Qualität seiner Büromöbel intensiv zum Ausdruck kommt, es ist aber auch der Ort, an dem er die Jacke ausziehen, den Schlips lockern, eine Flasche Schnaps zur Hand haben und sich mit Mitdirektoren des gleichen Ranges als guter Kumpel geben kann.* "[332]

Ronald Hitzler betitelt den von Goffman konstruierten Menschen als Goffmenschen, welcher unabhängig vom Geschlecht und Alter seinen Alltag auf verschiedenen Bühnen zu bewältigen sucht:

*„Inszenierung ist demnach gar keine besondere Sprache, Alltagsdramaturgie keine außergewöhnliche Art von Verhalten, Schauspielen keine spezifische Form menschlichen Zusammenlebens, sondern eine Grundgegebenheit der ‚conditio humana' zum einen, und eine recht banale, alltägliche Angelegenheit zum anderen: Wir alle zielen vermittels unserer Selbstdarstellung darauf ab, von den anderen auf eine bestimmte Art und Weise wahrgenommen zu werden, vor den anderen in einem bestimmten Licht zu erscheinen*"[333].

Doch auch bei der noch so durchdachten Inszenierung passieren verständlicherweise auch Missgeschicke, Informationen werden falsch übermittelt, die mit dem angestrebten Eindruck nicht harmonisch sind. Die Zuschauer eines solchen „Fehlers" reagieren bisweilen peinlich berührt, verlegen und nervös. Eine große Palette von Schutz- und Verteidigungsmechanismen wie Selbstbeherrschung, taktvolles Übersehen, Diskretion oder Loyalität dienen dann dazu solche Zwischenfälle zu vermeiden oder deren Folgen zumindest zu minimieren[334].

---

[330] Goffman, E. (1988): Wir alle spielen Theater – Die Selbstdarstellung im Alltag, S. 117f.

[331] Die Hinterbühne wird definiert als ein zur Vorstellung gehöriger Ort, an dem der durch die Darstellung erweckte Eindruck bewusst und selbstverständlich widerlegt wird. Auf der Hinterbühne werden unter anderem die Requisiten geordnet, aber auch Handlungsrepertoires und Charaktere werden dort aufbewahrt (vgl. ebd., S. 104).

[332] Ebd., S. 118.

[333] Hitzler, R. (1992): Der Goffmensch. Überlegungen zu einer dramatologischen Anthropologie. In: Soziale Welt, Jg. 43, 1992, S. 449-461 (S. 457). Entnommen aus: Treibel, A. (1997): Einführung in soziologische Theorien der Gegenwart, 4. Aufl., Opladen, S. 134.

[334] Goffman, E. (1988): a.a.O., S. 189 ff.

Die Möglichkeiten einer gekonnten Inszenierung und die Beherrschung „der Rolle" verschaffen dem Darsteller (dem Manager) Freiräume in seinem Handeln auch wenn zunächst die an ihn gerichteten Rollenerwartungen den Zwang mit sich bringen, diese zur Zufriedenheit der Zuschauer (Kollegen, Vorgesetzte, Kunden) zu spielen. Geschickte Inszenierungen (professionelles Verhalten bei einer Präsentation oder strategisches Verhalten bei Verhandlungen) helfen, dass dabei (auf der Vorderbühne) niemand vor den Kopf gestoßen wird oder ein geschäftlicher Nachteil entsteht. Doch das Beherrschen „der Rolle" hilft auch die Hinterbühne zu erkennen, die eben auch gewisse Freiheiten und Entspannung gewährt, um sich für den nächsten Auftritt wieder neu zu positionieren. Dabei kommt vor allem dem Moment des Wechsels Bedeutung zu, d.h. dem Überwechseln von einer Bühne zur anderen, denn dort findet in der Regel auch das An- oder Ablegen eines Rollencharakters statt[335]. Dort wird entschieden ob Rollenerwartungen bestätigt werden oder nicht. Entscheidend neben dem Wissen um die Erwartungen ist auch das Gespür dafür, bis zu welchem Grad Irritationen noch zulässig sind, um nicht den Auftritt/die Inszenierung zu zerstören und damit auch das Publikum (Kollegen, Vorgesetzte, Kunden) völlig vor den Kopf zu stoßen. Dazu bedarf es sowohl guter Menschen- wie auch Situationskenntnis.

Goffman führt noch weitergehende andere Einflüsse auf, die ein Darsteller zu beachten hat z.B. Geheimnisse oder Verschwörungen innerhalb eines Ensembles, Sonderrollen wie die des Denunzianten, des Claqueurs, des Vermittlers, der Unperson, aber auch mögliche Neugruppierungen. All diese Faktoren nehmen Einfluss auf das „Spiel" und ein guter Darsteller muss auch um diese Größen wissen, sie richtig einschätzen lernen.

Führungskräfte, die sich bedingt durch ihre Position noch öfter auf der Vorderbühne aufhalten und durch ihre herausgehobene Rolle auch oft Angriffspunkt für Intrigen sind, tun gut daran sich mit diesen „Faktoren" auseinander zu setzen, um nicht doch „bloß" strukturellen Zwängen[336] ausgeliefert zu sein. In den Interviews zeigte sich, dass sich einige Manager dieser Handlungsmöglichkeiten bewusst oder unbewusst bedienen und dabei Vorder- und Hinterbühne ganz klar trennen. Dieses spielerische Moment verlangt jedoch nach einer Rollendistanz[337], denn sie erleichtert das Ausbalancieren zwischen einer „persönlichen Identität" (dem privaten Teil einer Person) und einer „sozialen Identität" (dem öffentlichen Teil), welcher zugleich die Einzigartigkeit eines Individuums herausstellt.[338]

Sicher könnte man nun einwenden, dass das Spielen einer Rolle auch einen gewissen Betrug oder auch eine gewisse Heuchelei darstellt. Doch Georg Simmel, der sich ebenfalls mit dem Distanzaspekt und dem Rollenbegriff ausführlich beschäftigt hat, weiß diesen Vorwurf zu entkräften: Der „Schauspieler ist nicht die Marionette der Rolle"[339], sondern es ist auch

---

[335] Ebd., S. 112.

[336] Für Michel Foucault üben alle Institutionen einen solch starken Zwang aus, dass dem Einzelnen darin kaum noch Freiheiten auf der Handlungsebene zugestanden werden (vgl. Foucault, M. (1994): Überwachen und Strafen – Die Geburt des Gefängnisses, Frankfurt/M.).

[337] Der Begriff der Rollendistanz als „effektiv ausgedrückte, zugespitzte Trennung zwischen dem Individuum und seiner mutmaßlichen Rolle" ist dabei ebenso ein Mittel der Eindrucksmanipulation wie das Sich-einer-Rolle-hingeben (Goffman, E. (1973b): Interaktion: Spaß am Spiel. Rollendistanz, München, S. 121).

[338] Vgl. Krappmann, L. (1978): Soziologische Dimensionen der Identität, Stuttgart, S. 70ff.

[339] Simmel, G. (1968a): Das individuelle Gesetz. Philosophische Exkurse (herausgegeben von Landmann, M.), Frankfurt/M., S. 78.

der Versuch des Schauspielers aus der literarischen Vorlage herauszupressen, was sie für sich allein nie hergegeben hätte. Die schauspielerische Kunst ist ein dritter Moment neben der Vorlage und der Person eine Art Synthese zu gewinnen. Es ist das *„Einströmen des persönlichen Lebens in einer Äußerungsform, die es als eine irgendwie vorbestehende, vorgezeichnete vorfindet".* [340]

Nach Aussagen einiger befragter Manager ist es kaum möglich nur durch Fachwissen Karriere zu machen. Zumeist bedarf es auch einer Strategie z.B. in Form von Netzwerkaufbau. Bei fortschreitender Karriere gewinnen diese kontextunabhängigen „Dispositionen der Klugheit" als Basiskompetenzen der Akteure an Bedeutung[341]:

*Das Vermögen und die „Neigungen, alle möglichen Handlungsweisen und ihre Folgen zu überdenken, und zwar aus dem Blickwinkel aller beteiligten Parteien; die Gewohnheit, alle persönlichen Gefühle und alle Impulsivität bei der Analyse der Situation und der Durchführung eines Handlungsplans beiseite zu setzen; die Fähigkeit unter Druck zu denken und zu handeln, ohne nervös zu werden oder sich etwas anmerken zu lassen; die Fähigkeit, auf momentane Demonstrationen von Scharfsinn und Charakter zugunsten langfristiger Interessen zu verzichten; und natürlich die Fähigkeit und Bereitschaft, in jeder Hinsicht zu täuschen, auch bezüglich der eigenen Fähigkeiten als Spieler. "[342]*

Insgesamt fordert also ein strategisches Rollenverhalten und somit auch die Möglichkeit einer Distanzierung[343] ein sehr umfangreiches Wissen seitens der Akteure. Ebenso setzen sie eine Reflexion über das durch das eigene Verhalten vermittelte und gepflegte Image voraus. Daraus lässt sich schließen, dass eine Rollendistanz in der Regel sehr hart erarbeitet werden muss.

---

[340] Ebd. S. 79f.

[341] Herbert Willems hat sich sehr ausführlich mit den Werken Goffmans auseinandergesetzt und dabei auch die Ebenen, Konditionen und Determinanten strategischer Rationalität herausgearbeitet. Vor dem Hintergrund des hiesigen Forschungsgegenstandes besonders bedeutsam sind dabei die *„Bedingungen, die strategischen Spielräume eröffnen und beschränken und die dazu befähigen oder zwingen, strategisch rational zu agieren, also in der Verfolgung von Handlungszielen Chancen und Effekte zu optimieren sowie Risiken und Kosten zu minimieren. "* (Willems, H.(1997): Rahmen und Habitus – Zum theoretischen und methodischen Ansatz Erving Goffmans: Vergleiche, Anschlüsse und Anwendungen, Frankfurt/M., S. 104f.).

[342] Goffmann, E. (1981): Strategische Interaktion, München/Wien, S. 86. In: Willems, H.(1997): a.a.O., S. 104.

[343] Willems begreift Distanz als *„habituelle Inszenierungen ... sich rasch, kreativ und angemessen, auf verschiedenartige Identitäten und Grenzen beziehen".* Er verweist dabei auf den Stellenwert der Sprache, die zwar vor diesem Hintergrund eine wichtige, jedoch nicht die ausschlaggebende Rolle spielt (vgl. Willems, H. (1997): a.a.O., S. 200).

## 2.6. Neue Handlungsoptionen durch Distanzierung

Der Bedeutung von Distanz[344] als ein zentrales Instrument zur Analyse von sozialer Wirklichkeit und als ein Strukturprinzip des menschlichen Lebens hat sich Georg Simmel ausführlich gewidmet. Für ihn ist Distanz direkt verbunden mit der Konstruktion des Erkennens, d.h. der Wahrnehmung von alltäglichen Dingen:

*„Wenn wir einen räumlichen Gegenstand in zwei Meter, in fünf, in zehn Meter Abstand von uns sehen, so gibt das jedes Mal ein anderes Bild, jedes Mal ein solches, das in seiner bestimmten Art und nur in dieser ‚richtig' sein kann, und gerade innerhalb dieser auch Falschheiten Raum gewährt. Würde z.B. ein ganz detailliert gesehener Ausschnitt eines Gemäldes, wie ihn die größte Augennähe gibt, in diejenige Anschauung eingefügt, die einer Ent-/fernheit von ein paar Metern entspricht, so würde dieses letztere dadurch völlig verwirrt und gefälscht werden obgleich man uus oberflächlichen Begriffen heraus eben diese Detailanschauung für ‚wahrer' als das Fernbild halten könnte. Allein auch die ganz nahe Wahrnehmung hat doch irgendeine Distanz und deren untere Grenze ist gar nicht festzulegen. Das von einem Abstand aus, welcher er auch sei, gewonnene Bild hat sein Recht für sich, es kann durch kein von einem anderen her entstehendes ersetzt oder korrigiert werden. So nun sehen wir, an einem gewissen Umfang menschlicher Existenz an eines ‚nahe' herantretend, jedes Individuum in seinen genauen Sich-Abheben vom anderen; nehmen wir den Blickpunkt aber weiter, so verschwindet das einzelne als solches, und es entsteht das Bild einer ‚Gesellschaft' mit eignen Formen und Farben ... Der bestehende Unterschied ist nur der zwischen verschiedenen Erkenntnisabsichten, denen verschiedene Distanznahmen entsprechen".* [345]

Damit wird deutlich, dass der Grad der Distanz die Wahrnehmung eines Objektes stark beeinflusst. Dies gilt sowohl für die Gesamtheit aller Rollen, die eine Person wahrzunehmen hat als auch für die eigenen Aufgaben innerhalb eines Systems und zum System selbst. Es lässt dem Rollenträger Strukturen erkennen, die in einer zu engen Verbindung nicht sichtbar werden. Dieser damit verbundene Erkennens- und Verstehensprozess veranschaulicht Möglichkeiten, zeigt Freiräume auf oder hilft welche zu schaffen bzw. bestehende zu vergrößern. Dieses Erkennen lässt damit auch mehr Raum zu einem möglichen Balancieren[346] zwischen verschiedenen Erwartungen und Ansprüchen, denn *„nur wo wir nahe stehen, darinstehen, gleichstehen, haben wir die Kenntnis und das Verständnis; nur wo Distanz, die unmittelbare Berührung in jedem Sinn aufhebt, haben wir die Objektivität und den Überblick, die ebenso wie jene zum Urteilen nötig sind. Dieser Dualismus von Nähe und Ferne, dessen es doch für das einheitlich richtige Verhalten bedarf, gehört gewissermaßen zu den Grundformen unseres Lebens mit seiner Problematik."* [347]

---

[344] Ein sehr umfangreiche und differenzierte Untersuchung zum Begriff der Distanz in der Soziologie, Psychologie und Philosophie findet sich bei: Luthe, H.O. (1985): Distanz – Untersuchung zu einer vernachlässigten Kategorie, München.

[345] Simmel, G. (1913): Kant. Sechzehn Vorlesungen gehalten an der Berliner Universität, München/Leipzig, S. 11. In: Luthe, H.O. (1985): a.a.O., S. 18.

[346] *„Die Besonderheit des Individuums, seine Individualität, bezieht das Individuum aus der Art, wie es balanciert."* (Krappmann, L. (1978): a.a.O., S. 79).

[347] Simmel, G. (1968b): Soziologie. Untersuchungen über die Formen der Vergesellschaftung, Berlin, S. 40

In der Realität jedoch fallen eine Distanzierung von der Berufsrolle aufgrund der Betriebsamkeit am Arbeitsplatz und eines ständigen Termindrucks zunehmend schwerer. Vor allem hat sich das System „Wirtschaft" durch allerlei „Kunstgriffe" (vgl. Kapitel II) das Ziel gesetzt, den Menschen völlig einzubinden und ihm kaum Distanzierungsmöglichkeiten einzuräumen. Sind die Menschen darüber hinaus noch völlig von ihrer Tätigkeit fasziniert (Technik-Freaks) kann es leicht zu einem „Versinken im Beruf" kommen.

Neben dem Schaffen von Erkenntnischancen jedoch bedeutet Distanz im soziologischen Sinne auch einen Standpunkt zu wählen, von dem aus die Welt und die eigene Umwelt (Berufswelt, Privatwelt) betrachtet wird. Verständlicherweise ist die Wahl des Standpunktes nicht völlig frei, sondern geprägt *„durch die persönliche Leiblichkeit, die jeweilige Situation und die geschichtlichen, die früheren Entscheidungen, die Interessen, die Neigungen, die Intentionen beschränkt"* [348] und auch geprägt von dem normativen Wertesystem, in dem eine Person aufgewachsen und sozialisiert wurde. Dennoch beinhaltet dieser Standpunkt auch eine eigene individuelle Definition der Rollen, die eine Person gewillt ist zu erfüllen. Die große Spannbreite des Rollenbegriffes ermöglicht unbestreitbar einen sehr persönlichen Schutzraum, eine Zone der Privatheit und der Intimität, insgesamt also eine persönliche Freiheit. [349] Diese individuelle Definition jedoch muss sich jeder Einzelne im Laufe der Zeit selbst erarbeiten.

---

[348] Buytendijk, F.J.J. (1961): Mensch und Tier. Ein Beitrag zur vergleichenden Psychologie, 2. Aufl., Reinbek, S. 41.

[349] Zur sozialen Rolle und der menschlichen Natur siehe ausführlich bei: Plessner, H. (1966): Diesseits der Utopie: Ausgewählte Beiträge zur Kultursoziologie, Düsseldorf, S. 30ff.

# Kapitel IV: Ergebnisse der qualitativen Untersuchung

Um das Thema in geeigneter Weise zu bearbeiten war es wichtig den richtigen Zugang zu den Interviewpartnern zu finden, was jedoch nicht unerhebliche Probleme aufwarf. Zum einen waren die Interviewpartner sehr professionelle und im Umgang mit Fragen geübte Menschen, die nicht selten druckreife, sehr wohlüberlegte Antworten gaben, zum anderen waren sie - vor dem Hintergrund ihrer Position auch verständlich - sehr darum bemüht ihren Arbeitgeber in keinster Weise in negativem Licht erscheinen zu lassen. Die größte Herausforderung war jedoch, einen Einblick zu bekommen, was der Antrieb und die Motivation[350] dieser Menschen ist, um auch nachvollziehen zu können wie es ihnen gelingt eine Distanz zur Berufsrolle zu bewahren oder sich diese immer wieder neu aufzubauen. Dazu sollten die Fragen zu unter-schiedlichsten Themenbereichen verschiedenste Perspektiven auf die subjektive Wahrnehmung der Arbeitswelt ermöglichen.

Daher war es auch ein Bestreben die Gespräche in den Büros der Interviewpartner zu machen, weil sich dort möglicherweise noch weitere Rückschlüsse auf das Weltbild der interviewten Person ziehen ließen. Da Menschen und Organisationen[351] Zeichen und Symbole nutzen, um sich ihrer Umwelt in einer bestimmten Weise darzustellen und mit ihr zu kommunizieren, stellen sich vor allem Büros *„dem Beobachter als Bühnen temporärer, oft flüchtiger, nur scheinbar nebensächlicher Rollen- und Selbstdarstellung der Individuen dar."* [352] Sowohl Büros wie auch Arbeitsbereiche innerhalb von Großraumbüros sind immer auch eine persönliche Sphäre und verschiedenste Symbole werden zur Markierung zwischen dem eigenen Territorium und dem der Organisation, bzw. dem anderer Organisationsmitglieder genutzt. Durch Ausstattung und Ausgestaltung der Büros bzw. des Arbeitsplatzes (eigenes Mobiliar oder Firmenmobiliar, private Gegenstände oder Bilder, Hinweise auf Firmenideologie, Karikaturen, Schreibtischaccessoires, Kalenderblattsprüche...) subjektiviert eine Person *„den objektiven öffentlichen Raum des Organisationssettings, in dem es sich tagtäglich aufhält, in dem es gemeinsam mit anderen Individuen lebt und ‚belegt' ihn phantasievoll mit eigenen Interpretationen, Bedeutungen und Sinnkonstruktionen."* [353]

---

[350] Die offene Interviewsituation ermöglichte auch Einblicke in die verschiedenen Handlungssphären (Berufsleben, öffentliches Leben, Privatleben, Alltagsleben) des Interviewpartners zu erhalten, welche letztlich die Struktur abbilden, aus der heraus (und mit dieser) sich die seine Identität bildet.

[351] Unternehmen nutzen diese Zeichen und Symbole als konstitutive Elemente von Organisationskultur (vgl. Turner, B.A. (1990): Organizational Symbolism, Berlin, New York und Hörning, K.H. (1988): Die Kultur und Symbolik des Unternehmens – Soziologische Vorschläge und Vergleiche. In: Brandes, U./Bachinger, R./Erlhoff, M. (Hrg.) (1988): Unternehmenskultur und Stammeskultur. Metaphysische Aspekte des Kalküls. Darmstadt, S. 15-18). Die Organisationskulturanalyse unterscheidet dabei noch zwischen symbolischen Objekten (Artefakten) und Accessoires. Werden diese in einem Organisationssetting betrachtet, dann zeigt sich, dass ihnen Wirklichkeit konstruierende Kraft zukommt (Firmendokumente, Info-Broschüren, Büros, Firmenkleidung, Möbel) und für eine Corporate Identity unerlässlich sind (Franzpötter, R. (1997): Organisationskultur: Begriffsverständnis und Analyse aus interpretativ-soziologischer Sicht, Baden-Baden, S. 96 ff.).

[352] Ebd., S. 204.

[353] Ebd., S. 205. Auch vgl. hierzu: Sennett, R. (1983): Verfall und Ende des öffentlichen Lebens. Die Tyrannei der Intimität, Frankfurt/M., und Kunda, G. (1992): Engineering Culture. Control and Commitment in a High-Tech Corporation, Philadelphia.

Vor diesem Hintergrund waren die gewonnenen Eindrücke in den Büros dann bisweilen doch sehr verblüffend, aber auch die Bedingungen unter denen manche Interviews zustande kamen. Interviews wurden geführt in Großraumbüros[354], in Besprechungszimmern und spartanischen, mit dem Charme eines Operationssaales ausgestatten Einzelbüros. Die eigenwilligsten Büroausstattungen[355] waren ein Schreibtisch, der mit nichts anderem okkupiert war als mit 6 Flaschen Champagner und ein Büro, welches ein Sammelsurium zwischen Kinderzimmer (Holzschaukelpferd, Spielzeugautos und Pokale) und Bibliothek darstellte. Zudem hatte ich das Vergnügen Interviews in einer Werkskantine (in der gerade der Reinigungstrupp unterwegs war) und im 48. Stockwerk eines Hochhauses (mit Blick über die Frankfurt Skyline) zu machen.

Auch wenn man aus diesem Blick in Büroräume und an Arbeitsplätze keine voreiligen Schlüsse über den jeweiligen Nutzer ziehen kann, so geben sie doch Hinweise auf subjektive Weltsichten, Interpretationen und Einstellungen. Manche schaffen sich damit ihre Bühne *„auf der er seine Arbeitsrolle inszenieren kann, sich selbst darstellen und sich bestätigen kann.“*[356] Für den Forscher ermöglicht es in begrenztem Rahmen zumindest Rückschlüsse hinsichtlich der Stimmigkeit der getroffenen Aussagen.

Auffallend war, dass die jüngeren Interviewpartner ein immer wiederkehrendes Repertoire an Begrifflichkeiten (z.B. ziel- und problemorientiertes Arbeiten, Energiebilanz, Leistungsbereitschaft, persönliches Benchmarking, operativer Typ...) benutzten. Ob nun die Ursache für die schon eigene Sprache (Soziolekt) in der Flut einheitlicher Managementliteratur zu suchen ist oder in ähnlich aufgebauten Coaching[357]- und Fortbildungsseminaren, muss an dieser Stelle ungeklärt bleiben. Zumindest ist es ein Hinweis darauf, dass auch Führungskräfte einer sehr starken Beeinflussung unterliegen und die Propaganda der ‚offenen Kommunikation und Kooperation‘, die gepriesene ‚Selbstverantwortung‘ und die ‚informelle Entscheidungsfindung‘ auch an ihnen nicht spurlos vorbeigeht und sich als *„Ideologieelemente in jargonhaften und formelartigen Kürzeln dem Alltagsbewusstsein der Mitglieder einprägen.“*[358] Nicht selten zeigt sich dies in einem Mangel an eigener individueller Ausdrucksweise, um das persönliche Arbeitsumfeld, die dortigen Eindrücke und den persönlichen Umgang mit den Anforderungen zu beschreiben.

---

[354] Dort waren der Umgebungslärm und der Lärm eines Nadeldruckers teilweise so stark, dass das Interview zeitweilig unterbrochen werden musste.

[355] Die darin geführten Interviews waren jedoch umso aufschlussreicher und unterhaltsamer.

[356] Bosetzky, H./Heinrich, P. (1985): Mensch und Organisation – Aspekte bürokratischer Sozialisation, Köln, S. 181. Die Autoren verweisen darauf, dass ein eigenes Büro auch eine besondere Ausdrucksform ermöglicht: Ein gemütlich eingerichtetes Büro vermittelt eher die Tendenz eines offenen und partizipativen Umgangs, ein nüchtern-preußisch eingerichtetes Büro einen eher vorsichtigen und positionsbetont-autoritären Umgang. Einen weiteren ausführlichen Überblick über die verschiedenen Typen von Bürokultur findet sich in einer erweiterten Auflage: Bosetzky, H./Heinrich, P./Schulz zur Wiesch, J. (2002): Mensch und Organisation – Aspekte bürokratischer Sozialisation, Köln, 6. Aufl., S. 241-245.

[357] Einen guten Überblick über das Modell des Coaching, den Coaching-Prozess und das Coaching-Dreieck (berufliche Entwicklung – Organisation – Persönlichkeit) findet sich bei: Becker, H. (2002): Coaching: Mode oder Methode? Ein prozessbezogenes Arbeitsmodell. In: Wolf, M. (Hrg.) (2002a): Frauen und Männer in Organisationen und Leitungsfunktionen. Unbewusste Prozesse und die Dynamik von Macht und Geschlecht, Frankfurt/M., S. 185 – 204.

[358] Franzpötter, R. (1997): a.a.O., S. 191.

# 1. Der Einstieg: Die Frage nach einem Lebensmotto

Aus dem gleichen Grund, warum es zu präferieren war, die Interviews in den Büros der Befragten abzuhalten, stellte ich zu Beginn des Gespräches[359] die Frage nach einem Lebensmotto (oder Leitsatz). Ziel war es, durch diese sehr unerwartete Frage nicht nur einen Einstieg zu finden, sondern mir auch über die eigene Selbsteinschätzung einen ersten Eindruck zu verschaffen und auch einen möglichen Zusammenhang zu erkennen zwischen dieser Selbsteinschätzung, der damit verbundenen möglichen Prioritätensetzung und den später gemachten Aussagen[360].

Junge Führungskräfte neigen eher dazu ein sehr leistungsorientiertes Lebensmotto zu haben *„Lernen, Lernen, Lernen..."* (IP 4), *„Machen – Ich bin mehr der operative Typ"* (IP 11) und häufig machten diese Personen auch im Verlauf des Gespräches einen stark erfolgsorientierten Eindruck. Ein sehr junger Manager, der in seiner Freizeit leidenschaftlicher Sportler[361] ist, sagte von sich selbst: *„Ich bin sehr ehrgeizig. Dazu gehört Streben nach körperlicher Perfektion, sowohl als Voraussetzung für die Willenskraft wie auch als Ergebnis ... Ich will etwas erreichen und auch etwas gut machen, es gut erreichen"* (IP 23). Gerade das starke Erfolgs- und Leistungsstreben, vor allem von jüngeren Personen, wird später noch mehrmals thematisiert werden. Es wirft dabei die generelle Frage auf, ob es heute ohne ein „versessenes Streben" nach Aufstieg überhaupt noch möglich ist, Karriere zu machen und in wie weit ein solches Verhalten eine kritische Distanz zum eigenen Beruf noch zulässt.

*„Die Dinge sind so wie sie sind"* (IP 30) nannte eine junge Frau ihr Lebensmotto, welche vor dem Hintergrund ihrer bisher gemachten Erfahrungen im Arbeitsleben wenig idealisiert über ihre Berufsauffassung Auskunft gab. Einen völlig anderen Eindruck dagegen machte ein selbstbewusst erscheinender Manager, der auf die Frage nach seinem Lebensmotto ohne langes nachdenken antwortete: *"Erfolgreiche Menschen tun Dinge, die weniger erfolgreiche nicht tun"* (IP 27). Das Bewusstsein des eigenen Erfolges lässt jedoch auch fragen, in wie weit hier nicht auch eigene Handlungsweisen eine allgemeine Rechtfertigung erfahren.

Verblüffend war eine Begegnung mit einem Manager mittleren Alters, der ein sehr genussvolles Lebensmotto für sich gewählt hatte: *„Das Wichtigste ist, dass es mir gut geht!"* Dieses, auf einem großen roten Schild geschriebene Motto, kommentierte er: *„Das ist ein Schild, dass bei mir immer auf dem Schreibtisch liegt und früher hätte ich das ist egoistisch, aber heute sehe ich das anders ...heute weiß ich, dass ich nur dann optimal auf andere zugehen kann, wenn es mir selbst gut geht"* (IP 18). Hier zeigt sich eine Erkenntnis, die in dieser oder ähnlicher Weise bei überwiegend nicht mehr ganz jungen Menschen anzutreffen ist, was drauf schließen lässt, dass das Berücksichtigen der eigenen Be-

---

[359] Noch bevor die sozialstatistischen Angaben (Alter, Familienstand, Beruf, Position, usw.) gemacht wurden.

[360] Nach der Vielzahl der teilweise sehr ausführlichen Interviews (manche dauerten 2,5 Stunden) kann festgestellt werden, dass Menschen mit einem Laisser-faire-Motto eher seltener einen geplant ehrgeizigen Karriereweg hinter sich haben.

[361] Zur Bedeutung des Sports bei Führungskräften und als Regeneration siehe auch 5.2.

dürfnisse und das Bewusstsein um das eigene Wohlbefinden meist ein Lernprozess ist, der nicht zuletzt auch aus einer ernüchternden Sichtweise auf die Arbeitswelt heraus erwächst.

Unter den Führungspersonen finden sich auch unabhängig vom Alter stark von Verantwortung geprägte Sichtweisen: *„Da gibt es eine Reihe von Werten, die einen geprägt haben ... Menschlichkeit steht im Vordergrund, mit jedem mit Respekt umgehen ...und ich sage mal, man kann auch vom Dümmsten was lernen, ich widme jedem Aufmerksamkeit, wenn ich auch denke, da kommt nicht viel raus ... also zuhören. Insgesamt also Wertschätzung"* (IP 24). Einer der Befragten, welcher für seine Menschenfreundlichkeit unter den Kollegen sehr beliebt ist, meinte (fast entschuldigend): *„Auch wenn es vermessen und hochtrabend klingt, aber für mich gilt der „kategorische Imperativ", also Eigenverantwortlichkeit, daraus erwächst alles, d.h. Verantwortung für andere und auch für sich übernehmen"* (IP 19).

Insgesamt zeigte sich, dass die überwiegende Mehrzahl der Befragten eine Mischung hatte aus *„Leben und leben lassen"* (IP 2), *„Nicht alles zu ernst nehmen, aber die Grenzen kennen"* (IP 1) und *„Hart arbeiten, dranbleiben und immer für Neues aufgeweckt sein"* (IP 29). Dass sich ein eher relativierendes Lebensmotto vor allem im Managerberuf gut umsetzen lässt, findet ein Mann mittleren Alters, der bereits verschiedenste Stellen innehatte: *„Sowohl als auch! Das war schon immer etwas was mich auszeichnete, ich habe mich schon immer schwer getan mir etwas auszuwählen, das gefällt mir auch am Management, weil je weiter man kommt, desto abwechslungsreicher ist es und desto weniger planbar. Das ist es auch was mich reizt"* (IP 17).

Aus wissenschaftlicher Sicht verbietet es sich aufgrund eines Lebensmottos voreilige Schlüsse über Personen zu ziehen. Jedoch macht aber dieses in Kombination mit der Person selbst, mit der Büroeinrichtung, mit dem Habitus der Person und nicht zuletzt auch mit der Art und Weise, wie das Interview zustande kam einen ersten Eindruck von der Person möglich, welche die im Kapitel V. vorgenommenen Typisierungen abrunden.

## 2. Die Erwartungen an die Arbeit

Die Arbeit und die damit verbundene Anerkennung und Bestätigung ist ein entscheidender Persönlichkeitsprägender Faktor einer jeden Identität. Anerkennung wird dabei auf zwei Ebenen vermittelt: Zum einen durch die Interaktionen mit Kollegen, Vorgesetzten und Mitarbeitern, zum anderen seitens des institutionellen Rahmens und der Stellung innerhalb der organisationalen Strukturen.[362] Dies ist mit ein Grund, weshalb sich die Beschäftigten gegenüber ihren Arbeitsrollen nicht völlig funktional und instrumentell verhalten können.[363]

---

[362] Vgl. Holtgrewe, U. (2000b): Recognition, Intersubjectivity and Service Work: Beyond Subjectivity and Control. Contribution to the 18th Annual International Labour Process Conference, 25-27. April 2000, University of Strathclyde, Glasgow.

[363] Vgl. Becker-Schmidt, R./Knapp, G-A. (1987): Geschlechtertrennung – Geschlechterdifferenz. Suchbewegungen sozialen Lebens, Bonn.

Noch deutlicher wird der Stellenwert der durch die Arbeit vermittelten Anerkennung, wenn eine Person ihre Arbeit verliert, also arbeitslos wird[364]. Auch für die befragten Führungskräfte nimmt der Beruf einen sehr hohen Stellenwert ein, was eine Distanzfindung zur Berufsrolle erschwert und damit die Führungskräfte vor große persönliche Herausforderungen stellt.

Hinzu kommt bei dieser Personengruppe, dass sie durch ihre herausgehobene Stellung zum einen ein Mehr an Verantwortung zu tragen haben, zum anderen aber auch ein stärkeres Maß an Anerkennung[365] und Gratifikation erfahren. Für die befragten Führungskräfte dient die Berufsausübung nicht mehr der bloßen Existenzsicherung, sondern sie soll auch intellektuelle und ideelle Erwartungen erfüllen, was auch die mit der Führungsposition verbundenen negativen Erscheinungen (knappe Zeit, häufige Dienstreisen, Anspruch der Verfügbarkeit) für den Einzelnen erträglich macht. Trotz der sehr starken zeitlichen Belastung äußern sich die meisten Befragten sehr zufrieden mit ihrer Arbeitssituation. Um ein noch klareres Bild über die Erwartungen der Befragten an die Arbeitswelt zu erhalten, war es auch aufschlussreich, Auskunft über das als negativ Empfundene an der tagtäglichen Arbeit zu erhalten. Dies diente zugleich der Verdeutlichung darüber, welchen Stellenwert die Berufsrolle besitzt und wie groß sowohl die Chance wie auch das Bedürfnis ist, eine Distanz zu ihr zu finden.

## 2.1. Arbeit als Bestätigung und Herausforderung

Auf die Frage, welche Bedeutung die Arbeit für die befragten Führungskräfte hat bzw. welchen Stellenwert die Arbeit im Leben einnimmt, waren deutliche Schwerpunkte zu erkennen. Dabei sind die vom Elternhaus übernommenen Werte und die dort vorgelebte Arbeitsauffassung tief in den Befragten verwurzelt.[366] Die Leistungsbereitschaft, die hohe Arbeitsmoral, aber auch die Selbstverständlichkeit von harter Arbeit zeigte sich in vielen Aussagen und zwar unabhängig davon ob es sich um weibliche oder männliche Befragte handelte und ob die Befragten einem kleinbürgerlichen oder großbürgerlichen Hintergrund entstammten.

*„Arbeit ist sicherlich ein wichtiges Element...ich bin in einfachen Nachkriegsverhältnissen aufgewachsen, mein Vater war Maurer...Arbeit war in der Familie schon immer wichtig..."* (IP1).

---

[364] Goffman, E. (1967): Stigma – Über Techniken der Bewältigung beschädigter Identität, Frankfurt/M.
Wacker, A. (1983): Arbeitslosigkeit – Soziale und psychische Folgen, Frankfurt/M.
[365] In der heutigen Zeit, in denen die Transformation und Flexibilisierung von Organisationen immer schneller voranschreitet, zunehmend Marktelemente in die Organisationen implementiert und Hierarchien dezentralisiert werden, verändern sich die bisherigen Anerkennungsverhältnisse und die Annerkennungschancen werden ungewisser. Eine ex post Honorierung von Leistung führt dazu, dass immer nur messbarer Erfolg auf dem Markt zählt. Leistungsstandards und Arbeitsanforderungen werden auf die Zukunft ausgerichtet und auch die Bewertungsmaßstäbe, was eine anerkennungswürdige Leistung ist, werden in eine ungewisse Zukunft verlagert (vgl. Holtgrewe, U. (2000a): „Meinen Sie, da sagt jemand danke, wenn man geht?" – Anerkennungs- und Missachtungsverhältnisse im Prozess organisationeller Transformation. In: Holtgrewe, U./Voswinkel, S./Wagner, G. (Hrg.) (2000): Anerkennung und Arbeit, Konstanz, S. 63-84.
[366] Vgl. Klages, H. (1985): Werteorientierungen im Wandel, Frankfurt/M., New York.

*„Ich liebe meinen Job. Ich muss jeden Tag das Gefühl haben, etwas für die Firma gekonnt zu haben ... wir hatten nen' Handwerksbetrieb zu Hause und dort habe ich bereits gelernt ,Ohne Arbeit kein Erfolg'. Mein Vater hat immer gearbeitet und dies alles hat mein Verhältnis zur Arbeit sehr geprägt"* (IP 11).

Das Bestreben, möglichst gute und erfolgreiche Arbeit für die Firma zu leisten, zeugt von einem hohen Grad an Identifikation und einer großen Loyalität ihr gegenüber. Die Leistungsorientierung, die auch über das Vorbild des Vaters vermittelt wurde, wird damit indirekt auch als Grund und als entscheidender Faktor für die eigene Karriere angeführt. Neben der in der Herkunftsfamilie vermittelten Arbeitsauffassung stellt das Elternhaus auch einen wichtigen Ort der Anerkennung dar. Unabhängig vom Alter und einer bereits erreichten Position dient es häufig als Maßstab, wie eine weibliche Managerin sehr selbstkritisch gesteht:

*"Was ich sehr ausgeprägt habe, und ich empfinde es eher als negativ, ist auch heute noch der Wunsch, meinen Eltern zu zeigen was ich kann. Das ist immer noch da, obwohl ich nicht mehr so ganz jung bin. Ich empfinde das nicht als positiv und ich würde nicht sagen das hat mich weiter gebracht, sondern das ist mehr ein Druck"* (IP 26).

Die Herkunft, die sowohl Triebfeder als auch mit einem erhöhten Erwartungsdruck[367] verbunden sein kann, zeigt sich auch in der Aussage eines jüngeren Managers. Er selbst, eher aus einfachen Verhältnissen stammend, wurde durch einen Kollegen mit anderen Herkunftsbelastungen konfrontiert:

*„Ich habe keinen Druck Vorstand zu werden oder einen Dienstwagen zu fahren, nur um zu zeigen dass ich erfolgreich bin. Bin eher so der unauffällige Typ, bin im Dorf integriert, im Schützenverein und auch bodenständig. Nicht protzig und spießig ... habe bei anderen gesehen, dass z.B. der Vater Abteilungsleiter bei Siemens ist und die Mutter Lehrerin. Da hat man immer den Druck was zu sein. Dieser hat dann auch noch das Assessment-Center nicht geschafft, was einem Weltuntergang gleichkam. Er versucht, wenn er auf Dienstreise geht, immer einen A8 zu bekommen, um dann damit zu Hause vorbeizufahren. Meine Eltern sind so stolz auf mich wenn ich mal mit einem Dienstwagen mit einem dementsprechenden Kennzeichen zu Hause bin dann ist das schon was. Meiner Frau ist das eher unrecht, wenn ich mit einem A8 kommen würde, sie will nicht nur Frau XY sein ... sie war vor den Kindern Immobilienmaklerin und auch sehr erfolgreich und wenn ich jetzt noch mehr Karriere machen würde, würde sie sich eher unterlegen fühlen"* (IP 9).

Trotz der dargestellten „Freiheit" lässt sich dabei dennoch keine völlige Unbeschwertheit im Umgang mit dem eigenen Erfolg erkennen. Er ist weiterhin bestrebt „bodenständig" zu sein, indem er Freizeitaktivitäten pflegt, die er aus seinem Herkunftsumfeld kennt, um somit möglicherweise auch unbewusst dem Vorwurf des eingebildeten Karrieretypen zu entgehen. Auch steht die indirekte Erwartung seiner Frau im Raum, ihren früheren Erfolg im

---

[367] Hoher Erwartungsdruck seitens eines beruflich erfolgreichen Elternhauses kann als Hinweis gewertet werden, dass die Reproduktion einer Elite dort als Selbstverständlichkeit erwartet und betrachtet wird.

Beruf nicht völlig dadurch zu relativieren, dass sie nur noch als Anhängsel eines Managers wahrgenommen wird.

Durch den sozialen Aufstieg, der durch die Karriere vollzogen wurde, wird die Bedeutung der Arbeit als persönliche Bestätigung noch deutlicher. Eine Ausweitung des Aufgabengebietes wird als Bestätigung der eigenen Kompetenzen gewertet, ebenso die damit verbundene steigende Anerkennung von Kollegen und Mitarbeitern. Neben den traditionellen Zielen wie das Verdienen des Lebensunterhaltes und eine steigende Anerkennung im beruflichen und privaten Umfeld werden auch zunehmend postmaterialistische Werte[368] wie Selbstentfaltung und Selbstverwirklichung immer wichtiger. Das Einbringen von Kreativität und die Umsetzung von Ideen stehen immer mehr im Mittelpunkt:

*„Beruf ist für mich ein kreativer, gestalterischer Prozess, bei dem ich alles einbringen kann, was meine Persönlichkeit ausmacht. Ich glaube auch, nur das was man gerne macht, macht man auch gut"* (IP 28).

*„Arbeit ist für mich Bewegung. Ich kann Dinge bewegen, kreieren, beeinflussen, verändern, verbessern. Im Grunde macht mir das was ich mache einen Heidenspaß, weil ich genau das hier kann. Es ist Action, es ist Bewegung... es ist nie langweilig"* (IP 21).

Indirekt spiegelt sich in den Aussagen, dass Monotonie und Stillstand das Negativbild dessen ist was sich die Befragten von ihrer Arbeit erwarten, auch wenn genau diese Zunahme neuer Herausforderungen und das Einbringen von Ideen die Menschen unter einen gewissen Leistungsdruck setzen. Menschen, die weniger ideelle Ziele mit der Arbeit verbinden sind eher vor der Gefahr gefeit, sich zu sehr von der Berufsrolle besetzen zu lassen.

Häufig wird von den Befragten hervorgehoben, dass ihnen eine Bestätigung durch die Mitarbeiter und die Arbeit mit Menschen sehr wichtig ist. Die Anerkennung auf der persönlichen Ebene scheint sowohl für männliche wie auch für weibliche Manager von großer Bedeutung zu sein und *„... das Gefühl dass ich gebraucht werde und dass ich was tun kann. Aber ich arbeite auch in dem Bewusstsein, dass ich Menschen um mich herum habe, die mehr verstehen als ich von der Sache, das halte ich auch für wichtig. Denn wenn die anderen nicht mehr wissen als ich, dann besteht die Gefahr von Fehlern. Meine Arbeit besteht darin, Wege aufzuzeigen die man beschreiten kann, Dinge zu entscheiden wie etwas gemacht werden soll, von verschiedenen Möglichkeiten die beste herauszusuchen und bis zu einem gewissen Grad auch zu kontrollieren, ob die Sachen gemacht worden sind"* (IP 15).

Neben dieser Sichtweise eines Vorgesetzten über seine Chef-Funktion (auf die im weiteren Verlauf der Arbeit noch näher eingegangen wird) zeigt sich darüber hinaus der Wunsch eine Bestätigung nicht allein auf fachlicher Ebene zu erfahren, sondern auch die sozialen Herausforderungen zu meistern.

Damit jedoch die Arbeit auch die Möglichkeiten zur Selbstverwirklichung, zum Ausleben der Kreativität und der Umsetzung von Ideen bietet, sind Erwartungen mit der ausgeübten Tätigkeit verbunden, die eine 36-jährige Managerin so formuliert:

---

[368] Vgl. Inglehardt, R. (1977): The Silent Revolution, Princeton, New York.

*„Für mich wäre es schwer keine verantwortungsvolle Tätigkeit auszuüben, da es eine intellektuelle wie auch eine emotionale Herausforderung darstellt und das macht mir Freude. Ich glaube, das muss auch jede Führungskraft zugeben, dass dies auch so was wie ein Suchtverhalten ist und es sehr schwer wäre Verantwortung abzugeben und keine Entscheidungsbefugnis mehr zu haben. Das ist auch ein Statussymbol"* (IP 26).

Die Befriedung durch das Ausüben einer verantwortungsvollen Tätigkeit, aber auch die Bereitschaft weitere Herausforderungen zu suchen und möglicherweise noch mehr Verantwortung zu übernehmen, ist aus der Aussage zu erkennen. Dabei wird der mit der Karriere einher gehende Statusgewinn auf so explizite Weise kaum benannt und auch nur wenige der Befragten geben zu, dass die Möglichkeit zur Einflussnahme auch zwangsläufig mit dem Innehaben von Macht verbunden ist. Den Willen zur Macht offen zu benennen und die Bedeutung für die eigene Person offen anzusprechen, bildete in den geführten Interviews eher die Ausnahme. Dass es sich bei den nachfolgenden Zitaten, in denen der Wille zur Macht offen erklärt wurde, ausschließlich um Aussagen von Frauen handelt, mag daran liegen, dass diese sich auf ihrem Karriereweg bewusster mit dem Thema Macht auseinandersetzen (müssen) als Männer:

*„Man muss auch akzeptieren, dass Macht ein Faktor ist, den man auch haben will..."* (IP 12).

*„Macht ist dabei auch ein Thema und zwar im Sinn von „Machen" und die Möglichkeit, die Gestaltungsfreude auch umzusetzen. Mir war schon bald bewusst, dass ich Macht haben will"* (IP 28).

Neben den sozial und ideell ausgerichteten Erwartungen finden sich auch solche, die von einer klar persönlichen Zielorientierung zeugen. Die pragmatische Sichtweise eines 39-jähri-gen Managers, der von sich selbst sagt, dass er noch nie einen Job länger als 3 Jahre gemacht hat, zeigt einen Gegensatz zu den bisherigen Sichtweisen auf. Er gibt offen zu, dass für ihn eine Arbeit nur dann befriedigend ist, wenn sie nicht zu zeitintensiv ist und in einem angemessenen Maße mit Gratifikationen verbunden ist:

*„Unbefriedigend wäre ein Job, der völlig Platz einnehmend wäre und völlig unbefriedigend wäre auch, wenn ich sehr viel arbeite und mit dem Ergebnis dennoch nicht zufrieden sein kann.... das sind halt auch so meine Ansprüche, die ich an einen Job habe, dass meine Arbeit und meine Funktion auch einigermaßen zur Geltung kommt. Das ist auch der Grund warum mich dieses jetzt hier nicht so befriedigt, weil ich auch finde, dass manches unternehmerisch nicht gut gelöst wird und wenn man dann mit einem großen Aufwand jemandem zuarbeitet und er dies eben nicht so umsetzt, dann ist das sehr unbefriedigend. Ich habe ja noch einen Chef über mir und der ist auch ein Grund warum ich das was ich hier mache, nicht allzu lang machen werde. Weil ich auch glaube, dass er manche Dinge nicht so gut verkaufen kann, sich nicht so durchsetzten kann"* (IP 17).

Der spezifische Anspruch an das Berufsleben, nämlich das berufliche Fortkommen und auch die Erwartung, dass sich der Arbeitseinsatz in Form von Statusgewinn und Karriere auszahlt, wird deutlich. Der Arbeitseinsatz wird dabei wenig idealisiert und mit hehren Motiven begründet, was eine Distanz zur Berufsrolle möglicherweise eher erleichtert, weil man die Arbeit nicht als Teil der Selbstverwirklichung sieht. Aufgrund der Vielzahl der beruflichen Wechsel des Interviewpartners ist davon auszugehen, dass der nächste Wechsel in Kürze bevorsteht.

Eine völlig andere Einstellung hat ein 62-jähriger Manager, dem es auf Umwegen gelungen war, sein Hobby zum Beruf zu machen. Er ist im Museumsbereich tätig und veranschlagt seine Arbeitszeit auf weit mehr als 70 Stunden in der Woche, da seine Tätigkeit auch viele Wochenenden beansprucht. Hinzu kommt, dass er in seiner Funktion auch im Blickpunkt der Öffentlichkeit steht, was trotz der privaten Begeisterung für die Sache auch Repräsentationspflichten im Sinne der Firma mit sich bringt.

*„Ich mache seit 25 Jahren den gleichen Job, unvorstellbar... aber er macht mir immer noch Freude und wenn das nicht gegeben wäre, die Begeisterung für den Job, dann kann ich mir auch nicht vorstellen, dass man den solange mit Begeisterung machen könnte. Und den Job hier müssen sie mit Begeisterung machen, weil sie selbst sonst nicht glaubwürdig sind da draußen ... denn da hat man es mit wirklichen Enthusiasten zu tun, die auch sehr viel verstehen von dem was sie hier so treiben. Bei denen ist da sehr viel Herzblut dabei... "* (IP 14).

Obwohl es sich um eine stark idealisierte Perspektive der eigenen Tätigkeit handelt, ist dieser Manager unzweifelhaft eine Ausnahmeerscheinung. Er berichtet sehr begeistert und lebendig von seinem Tätigkeitsfeld und auch in der Einrichtung seines Büros wurde diese Begeisterung widergespiegelt. Dennoch muss man kritisch die Folgen hinterfragen, was es bedeutet, wenn das Hobby zum Beruf gemacht wird. Zum einen wird mit dem Hobby der Lebensunterhalt verdient und zum anderen unterliegt die Ausgestaltung des „Hobbies" fremden Regeln. Ebenso beruht das Engagement nicht nur auf Freiwilligkeit, sondern auf einer Verpflichtung. Im Hinblick auf die Thematik der Arbeit, nämlich eine Distanz zur Berufsrolle zu finden, ist nach eigener Aussage des Befragten zu schließen, dass er einem starken Rollendruck unterliegt, d.h. dass auch seitens seiner „Kunden" ein über das „normale professionelle Maß" hinausgehendes Engagement erwartet wird. Zwar wird der Befragte die Erwartungen an seine Rolle nur erfüllen können, wenn er sich auch selbst mit ihr identifiziert, aber das birgt auch die Gefahr in sich, dass es zu einer starken Verschmelzung von privater und beruflicher Rolle kommt, was im weiteren Sinn eine Selbstentfremdung zur Folge haben kann.

## 2.2. Die Arbeit als Ort von Enttäuschungen

Bei der Frage, was als negativ an der Arbeit/am Arbeitsplatz empfunden wird, wurde eine Zweiteilung sichtbar. Der Großteil der Befragten argumentierte technisch-rational und störte sich vor allem daran, dass es innerhalb der Firma an funktionierenden organisatorischen Strukturen mangelt. Ein geringerer Teil der Befragten gab sehr reflektiert Auskunft darüber welche für sie persönlich ernüchternden Erfahrungen und auch Enttäuschungen die Arbeitswelt mit sich gebracht hat.

Dass Karriere nicht zwangsläufig mit mehr Einflussnahme und Gestaltungskraft einhergeht, zeigt die Aussage eines 55-jährigen Managers, der in einem bi-nationalen Unternehmen arbeitet. Er beklagt die Ohnmächtigkeit innerhalb von Entscheidungsstrukturen, von der auch in den obersten Führungsetagen niemand ausgenommen ist. Eine gewisse Resignation ist die Folge:

*„Stören tut mich die Ohnmacht, dass keiner was zu melden hat und dass man so wenig bewegen kann. Die Entscheidungsträger sind oft zu weit weg, vor allem hier. Obwohl mein Chef Geschäftsführer ist, ist auch er an allen Ecken (Personal, Budget) festgeschraubt. Hier am Standort werden keine echten Entscheidungen getroffen. Man kapituliert innerlich. Du registrierst irgendwann die Ohnmacht und man lässt dann diese Punkte sein. Doch wo man noch was ändern kann, da probiert man natürlich alles um jemandem zu helfen"* (IP 2).

Dies zeigt bereits die auch später immer wieder erwähnte Undurchsichtigkeit von Entscheidungsstrukturen hinsichtlich der praktizierten Firmenpolitik. Um für sich dennoch eine gewisse Befriedigung aus der beruflichen Tätigkeit zu ziehen, wird die Bedeutung der Solidarität und Hilfsbereitschaft unter den eignen Leuten herausgestellt, die in dem System industrieller Arbeitsbeziehungen immer noch eine große Rolle spielten.

Einen ähnlich resignierenden Blick wirft ein Kollege des Managers auf den zwischenmenschlichen Umgang unter den Kollegen. Vor allem beklagt er die Verschlechterung der Beziehungen aufgrund der Zunahme des Drucks. In wie weit diese Sichtweise tatsächlich der Realität entspricht oder aufgrund der persönlichen Karriere (und der damit verbundenen Konkurrenzsituation) so wahrgenommen wird, muss offen bleiben. Konkurrenz und Rivalität sind alltägliche Erscheinungen und verstärken sich noch, wenn Beförderungen anstehen. Ein ausgeprägtes Einzelkämpfertum scheint in den Führungsetagen die Realität zu sein und auch wenn viele darunter leiden, so scheinen sie sich dennoch dem System zu fügen:

*„Am meisten stört mich, dass es keine Freundschaften und keine echte Kollegialität in der Firma mehr gibt, Seilschaften fangen niemanden auf. Der Chorgeist funktioniert nur solange keine Beförderung ansteht. In der Realität versucht man den anderen auszuhebeln. Karriere ist Charakter vernichtend und wenn man sich morgens im Spiegel anschaut, fragt man sich schon ob man sich noch in die Augen schauen kann"* (IP 3).

Der Hinweis auf das „Verderben des Charakters" scheint eine nach Ansicht des Befragten zwangsläufige Begleiterscheinung eines erfolgreichen Karriereweges zu sein, dem man sich auch hilflos gegenüber sieht. Um diesen Konflikt möglicherweise erträglicher zu gestalten, ist eine klare Grenzziehung zwischen privatem und beruflichem Bereich für diesen Manager die Konsequenz: *„Freunde aus der Firma gibt es nicht ... es besteht eine strikte Trennung ... und diese starke Trennung ist natürlich ein Schutzschild"* (IP 3).

Ein kurz vor der Rente stehender Manager, der aufgrund seines Umganges mit den Mitarbeitern und seiner gelebten „Menschlichkeit" als sehr beliebt gilt, äußerte sich ebenfalls sehr negativ hinsichtlich der zwischenmenschlichen Missstände, wie sie hinter verschlossenen Türen im Management immer wieder vorkommen:

*„Mich stört es wahnsinnig wenn einer in einer vertrauten Runde - auch wenn sie sehr vertraut ist - sich abfällig über seine Mitarbeiter äußert. Abfällig, nicht Kritik, die kann man äußern. Aber abfällig, wenn er eine Bemerkung macht, die denjenigen lächerlich macht, einfach etwas, was ihn erniedrigt. Da muss man sehr unterscheiden, das ist was anderes wie Kritik. Das mag ich überhaupt nicht. Ich glaube auch man unterschätzt die Feinfühligkeit der Menschen. Das kann auch niemand verbergen, auch wenn er es nur in einem kleinen Kreis sagt. Seine Umwelt merkt das irgendwie, dass er das hin und wieder sagt. Jeder spürt, wenn man vor ihm Achtung hat, jede Person. Ich habe es strikt vermieden - ganz gleich wer - mich lächerlich zu machen über jemanden. Also immer die Wertschätzung der Person, denn jeder ist irgendwo ein Mensch, der Ansprüche und Bedürfnisse hat... da bin ich immer sehr gut gefahren damit und die anderen merken das auch. Ich glaube das schafft auch Vertrauen, wenn man das lang durchhält und man ehrlich und überzeugt ist, diese Achtung ehrlich ist ... das hat auch mit Management und Führungskräfte zu tun, da sollte man sehr konsequent diese Linie verfolgen. Auch aus Überzeugung, nicht nur weil man meint, dass man dann Erfolg hat"* (IP 6).

Sehr deutlich thematisiert werden hier die im alltäglichen Umgang bisweilen auftretenden Spannungen. Es ist davon auszugehen, dass der beschriebene Weg der persönlichen Verarbeitung von Spannungen oder Unzufriedenheit in Form von Ironie, Zynismus oder Sarkasmus keinen Einzelfall darstellen. Ein geschlossener Kreis,[369] wie der von Führungskräften, mag auch eine gute Bühne bieten sich den Frust über die eigenen Mitarbeiter von der Seele zu sprechen. Besprechungen bilden demnach auch eine Art Hinterbühne[370], die dazu einlädt sich nicht-dienstlich zu geben und auch die Vorstellung von Moral und „guten Sitten" für kurze Zeit zu vergessen.

Eine ähnlich kritische Einstellung gegenüber ihren Kollegen im Allgemeinen und der derzeitigen aktuellen politischen Diskussion um Arbeitsplatzabbau im Besonderen hat eine Personalchefin. Die Art der Diskussion über Arbeitsplatzabbau und die damit vermittelte Botschaft an die Allgemeinheit sieht sie als ein großes Ärgernis, wenn die daran erinnert, dass *„Arbeitsplatzabbau in die Existenz von Menschen rein geht, darüber muss man sich ganz klar bewusst sein und man soll daher auch nicht leichtfertig entscheiden und darüber reden wie heute manchmal in den Medien zu sehen ist ... Heute sage ich jeder Führungskraft, dass es sehr wohl einen Unterschied macht nur hier im Besprechungsraum zu sitzen und zu sagen, dass wir 20 Leute entlassen oder dies dann tatsächlich zu tun. Ich bekomme eine echte Wut, wenn ich diese Diskussionen heute so höre... Da geht es um Menschen und deren Existenz und da kann man nicht einfach nur mit Zahlen um sich werfen... wie man es in den Nachrichten heute sieht, dass während des Aussteigens aus dem Auto das Jackett zuknöpft und sich darüber ausgelassen wird wie viele Menschen man beabsichtigt zu entlassen"* (IP 26).

Auf eine andere Unsicherheit, nämlich der Ambivalenz der Erwartungshaltungen seitens der Firma, verweist eine Managerin, die im Laufe ihrer Karriere bereits verschiedenste Tätigkeiten innerhalb ihrer Firma und dabei auch an ausländischen Standorten ausgeübt

---

[369] Vgl. dazu den Begriff der Quasi-Gruppen von Dahrendorf (Kapitel III/2.2.).
[370] Vgl. Goffmann (Kapitel III/2.5.).

hat. Diese unklaren Erwartungen und Erfordernisse lösen vor allem bei jungen Führungs-kräften starke Verhaltensunsicherheiten aus. Obwohl man als angehende Führungskraft mehrmals die Abteilung und die Geschäftsbereiche wechseln sollte, so die Firmenphiloso-phie, bringt es dennoch Unberechenbarkeiten mit sich:

*„Die Frage die sich auch immer stellt ist: Was wird eingefordert und was wird gelebt. Hier in der Firma ist ein Bereichswechsel oder ein Wechsel ins Ausland wichtig, um in das Management berufen zu werden. Aber das was ich tat war weniger der Karriere fördernd, denn wenn man wieder neu wo hinkommt dann muss einen der neue Chef erstmal in sein Schachbrett einplanen. Und bevor er einem Personalverantwortung gibt muss er erst einen kennen lernen und einem dies auch zutrauen. Wenn man innerhalb einer Abteilung bleibt geht dies schneller... "* (IP 12).

Es wird deutlich, dass eine mögliche formale Anforderung, die man zu erfüllen versucht, nicht unbedingt den erhofften Erfolg mit sich bringt, ja sogar Nachteile nach sich ziehen kann. Der sich wiederholende Neuanfang ist auch immer wieder mit einer Art Prüfung verbunden, die der betroffenen Person sehr viel Selbstbewusstsein abverlangt. Zudem ver-bindet sich auch die Gefahr eines „Nicht-Willkommen-Seins" in einer Abteilung. Der Un-terschied zwischen Formalanforderungen und der tatsächlichen Bedeutung scheint für den Großteil der jungen Führungskräfte, die motiviert in die Arbeitswelt starten, sehr verwir-rend zu sein. Nur ein kleiner Teil vermag diese Diskrepanz der Erwartungen geschickt für sich zu nutzen und darüber hinaus eine kritische Distanz (mit der Möglichkeit der Negie-rung) zu vermeintlichen formalen Regeln bereits besitzen.

Ebenfalls mit der Unsicherheit und Unstrukturiertheit, die sich ihr am Arbeitsplatz bietet, hadert eine junge Managerin. Der Nichtplanbarkeit versucht sie mit ihrer persönlichen Me-thode eines korrekt geführten Terminplaners entgegenzutreten:

*„Wirklich stören tut mich eine schlechte Organisation, die wirkt sich negativ aus... ich selbst schreibe mir fast alles auf, mein jetziger Chef fast nichts, da fehlt mir die Klarheit und Verbindlichkeit. Zumal er dann plötzlich einfach wieder was ändert und es ist nirgends festgehalten. Ich habe ein Zeitplanbuch und mir ist es ganz wichtig im Buch die Dinge ab-zuhaken und ich mag es nicht, wenn ich noch offene Punkte habe... ich muss immer die Tagesliste abgearbeitet haben. Ich habe das Zeitplanbuch immer dabei und es ist immer offen und wenn ich es zu Hause vergessen habe, dann fahre ich auch nochmals heim ... das mit dem Zeitplanbuch hatte ich auch schon während des Studiums. Ich arbeite sehr Ziel orientiert und ich setze mir Meilensteine und es ist für mich ein Gefühl der Befreiung, wenn ich diese geschafft habe"* (IP 30).

Die Befragte mit dem Selbstattribut, sehr organisiert zu sein, nutzt den streng geführten Terminplaner als persönliche Hilfestellung und vermeintliches Sicherheitsnetz, um für sich in der teilweise unorganisierten Arbeitswelt einen roten Faden zu haben. Die persönlichen Meilensteine, die ähnlich wie Termine geplant werden, lassen auf einen starken Ehrgeiz schließen, der dann mit dem Erfolgserlebnis, es geschafft zu haben, Genugtuung erfährt oder auch das Gefühl der Niederlage nach sich zieht. Auffallend ist, dass diese Zielstrebigkeit, mit der vor allem jungen Führungskräften ihre Karriere und möglicherweise auch ihr Leben planen, bisweilen zwanghafte Züge zeitigt.

Ähnlich der obigen Aussage ist das Verhalten von Kollegen Anlass großer Ärgernisse. Ein Manager, der sehr darum bemüht ist sich seine Position vor allem im privaten Umfeld nicht „raushängen" zu lassen, ärgert sich über gewisse Starallüren von Kollegen. Hinzu kommt noch die scheinbar erfolgreiche Strategie sich innerhalb einer Firma Loyalitäten aufzubauen, welche in seiner Automobilfirma offenbar keine Seltenheit darstellen:

*„Was mich stört sind solche Starallüren ... die aber auch schon normale Sachbearbeiter haben, da krieg ich so 'nen Hals! Die lassen sich ihren Dienstwagen voll tanken und waschen ...dazu wird sich dann ein Mann vom Band geholt und der bekommt einen Schreibtisch und der ist demjenigen dann ewig dafür dankbar und ist dann sein Hansel. Ich habe da so meine Grundprinzipien...und man kann auch alles übertreiben"* (IP 9).

In wie weit es sich dabei um ein echtes Ärgernis handelt oder um das Ausnutzen von Privilegien, die einer Person nicht zustehen, wird aus der Aussage nicht völlig deutlich. Jedoch gibt es einen Einblick wie Netzwerke bereits in unteren Etagen aufgebaut werden und sich dann mit weiterem Aufstieg noch verdichten, da sie noch mächtigere Schlüsselpersonen mit einbeziehen.

Neben dem Verhalten von Kollegen sorgen auch deren Arbeitsleistung und deren Arbeitseinstellung für Unmut:

*„Mich stört, dass viele Leute ihren Job tun, einfach so, ohne was beizutragen und das auch wissen. Alles ist egal ... sie geben keinen Beitrag ab, auch nicht für ihre Firma, nicht für ihr Umfeld. Damit meine ich nicht, wenn jemand seine Arbeit mal schlecht macht, es gibt auch wieder Gelegenheiten wo man es gut machen kann ... sondern so ohne Ziel, ohne Motivation. Es gibt auch Meetings wo es kein Ziel gibt, auch kein Protokoll. Wo man nicht weiß, warum hat man sich eigentlich getroffen, sondern man hat nur die Zeit vertan. Da wird oft zu wenig konsequent und zielorientiert gearbeitet. Ich selbst mache z.B. auch viel Urlaub, weil ich mir den auch aufgrund meiner Arbeitsweise gut einteilen und nehmen kann. Konsequent arbeiten und dann kann man auch mal länger Urlaub machen. Nur Zeit absitzen, davon halte ich gar nichts"* (IP 8).

Das Vertrödeln von Zeit aufgrund ineffektiver Arbeitsweise und der Vielzahl von täglichen Besprechungen kann vor allem in großen Firmen zu einem Problem werden. Vor allem jene, die aufgrund eines aktiven Privatlebens an planbaren Arbeitszeiten interessiert sind, wollen ihre Arbeitszeit so effektiv wie möglich nutzen. Darin zeigt sich ein Unterschied zwischen allein stehenden Führungskräften und Führungskräften, die in Beziehungen leben. Dort finden sich meist klare Zeitmuster vor allem in Bezug auf Feierabend und Wochenende. Dies wird im weiteren Verlauf der Arbeit noch genauer thematisiert werden.

Der hohe Zeitaufwand verbunden mit ungünstigen Arbeitsbedingungen, stellt sich für einen jungen Manager, wenn er beklagt, *„dass dies hier zu zeitintensiv ist. Aber ich bin dran* *langsam was zu ändern. Auch stört mich noch, dass hier die Räume nicht klimatisiert sind, wo man hier geistige Höchstleistungen vollbringen soll"* (IP 23).

Der Manager nimmt für sich das Selbstattribut in Anspruch geistige Höchstleistungen zu vollbringen. Aus dieser Selbsteinschätzung lässt sich auch der Druck ahnen, unter welchem sich der Befragte fühlt, wenn die Betonung der geforderten Leistung so deutlich wird. Als belastend empfinden die Befragten, wenn es ihnen nicht gelingt den eigenen Ansprüchen aufgrund der betrieblichen Erfordernisse an ihre Arbeit zu genügen. Es stellt sich zunächst als ein Konflikt an die eigenen Rollenerwartungen dar. Diesem Dilemma entgehen vor allem ältere Manager durch Loslösung von eigenen Perfektionsansprüchen, wie ein 60-jähriger Manager für sich konstatiert:

*„Mich stört die Vielzahl von Einzelthemen, man bleibt dadurch einfach unter seinem Qualitäts-Niveau. Man hat oft nicht die Zeit Probleme befriedigend zu lösen und das löst auch einen gewissen Frust aus und man setzt sich damit auch gewissen Vorwürfen aus. Wenn ich 'ne halbe Stunde Zeit habe für etwas und ein anderer Kontrolleur nimmt sich dafür 3 Stunden Zeit, dann findet er halt Fehler. Aber damit muss man sich abfinden, das ist eben normales Managerleben"* (IP 13).

Dass dieser Lernprozess auch eine Resignation beinhaltet ist nicht auszuschließen. Jedoch scheint dabei eine gewisse Distanzierung zur eigenen Tätigkeit hilfreich zu sein, welche dabei hilft dieses Dilemma als eine Art Normalität des Managerlebens anzusehen, dem man nicht ausweichen kann.

In der täglichen Arbeit stellen sich die Entscheidungen oder Verhaltensweisen der Geschäftsführung bzw. des Vorstandes oftmals als Hindernis dar. Vor allem dann, wenn die Diskrepanz zwischen Firmenpolitik (Einsparungen) und dem tatsächlichen Verhalten der Geschäftsführung nur schwer nachvollziehbar ist.

*„Was mich stört sind Fehlentscheidungen des Vorstandes, wo Modelle einfach wieder raus genommen werden oder Entwicklungen eingestellt werden, weil sie angeblich eine Fehlentwicklung sind. Für mich oft unlogische Entscheidungen, solche Sachen ärgern mich. Wir hier in der Entwicklung müssen jede Mark 2mal umdrehen und versuchen zu sparen wo es geht und beim Vorstand gibt es die absolute Geldverschwendung, die legen ja das Budget fest"* (IP 10).

Noch ein letzter Aspekt, der sich ebenfalls auf die Führung eines Unternehmens bezieht, ist die Art und Weise wie Entscheidungen getroffen werden. Dabei kommt auch eine gewisse Unzufriedenheit über die Rekrutierung von neuen Führungskräften zum Ausdruck.

*„Was mich stört ist die Technokratie in der Führungsetage, Menschen die nur Studium gemacht haben und Techniken erlernt haben und nur Entscheidungen nach technokratischen Überlegungen treffen. Menschen die nur Kopf kennen, aber keinen Bauch... Da fließt kein Herzblut mehr, da werden Entscheidungen nur nach unpersönlichen und logischen Gesichtspunkten gefällt"* (IP 27).

In dieser letzten Aussage finden sich ähnliche Ansatzpunkte wie zu Beginn dieses Kapitels, dass man den Bedürfnissen der Menschen in einem Betrieb immer weniger gerecht wird. Die Unzufriedenheit, aber auch die Angst vor Entscheidungen, die nach reinen Sachzwängen gefällt werden ohne über die Konsequenzen für die Mitarbeiter zu reflektieren, findet hier ihren Widerhall.

## 2.3. Zusammenfassung

Für die überwiegende Mehrheit der Befragten sind Aspekte wie Anerkennung, Bestätigung durch Mitarbeiter, Spaß[371] und Freude, Kreativität, das Einbringen von Ideen und das Vorhandensein von Gestaltungsmöglichkeiten wichtige Antriebsmotivationen.

Das Bedürfnis nach Selbstverwirklichung[372] wird dabei indirekt zum Ausdruck gebracht. Hinzu kommt, dass mit der eigentlichen Tätigkeit sehr hohe Erwartungen verbunden sind, sie soll weder monoton noch gleichförmig sein, sondern abwechslungsreich und immer neue Herausforderungen mit sich bringen. Der Wunsch nach Macht als Voraussetzung für eine Einflussnahme und der Umsetzung von Ideen, spielt für alle Befragten zwangsläufig eine wichtige Rolle, sie wird explizit jedoch nur von den weiblichen Befragten genannt. Nur wenige der Manager sprechen offen über den Wunsch nach beruflichem Aufstieg. Auch wenn das mit einer Führungsposition verbundene höhere Einkommen beim überwiegenden Teil der Befragten nicht als Grund für die berufliche Tätigkeit genannt wurde, so wird dennoch zugestanden, dass einem die durch ein höheres Einkommen zugänglichen Statussymbole eine große Befriedigung verschaffen. Bemerkenswert war, dass auch bei Führungskräften die im Elternhaus vorgelebte Arbeitsauffassung weitergeführt wird und das private Umfeld sehr ambivalente Auswirkungen auf den Stellenwert der Arbeit hat. So zeigen sich bei Personen mit eher kleinbürgerlichem Hintergrund Bestrebungen die berufliche Karriere zu relativieren, um nicht als Angeber oder Aufsteiger gelabelt zu werden.

Als störend empfinden viele der Befragten das Gefühl der Ohnmacht und der Undurchsichtigkeit. Dieses bezieht sich einerseits auf die vermeintlichen Erwartungen der Firma[373], andererseits auch auf Entscheidungen der Firmenleitung die oft nicht nachvollziehbar sind.

---

[371] Jedoch muss gefragt werden, in wie weit der häufig erwähnte Spaß an der Arbeit auch eine Rechtfertigung gegenüber der Familie und Freunden darstellt, um die wenig verfügbare Zeit zu rechtfertigen.

[372] Die Idee der Selbstverwirklichung geht dabei auf Maslow und McGregor, der diese Idee in die Organisationstheorie hineintrug, zurück (vgl. ausführlich: Großkurt, P./Volpert, W. (1975): Lohnarbeitspsychologie, Frankfurt/M., S. 236ff.). Dabei bietet die Einräumung von Selbstverwirklichung die Möglichkeit die individuellen Fähigkeiten und Fertigkeiten anzuwenden, aber auch diese weiter zu entwickeln (vgl. Hoffmann, U. (1977): Neue Arbeitsformen im Managementbereich. Organisationsstrategien und Kompetenzstrukturen bei höheren Angestellten. In: Beck, U./Brater, M. (Hrg.) (1977): a.a.O., S. 113-178, S. 177).

[373] Darunter leiden vor allem junge Führungskräfte, da sie nur schwer ausloten können welche Schritte notwendig und hilfreich sind sich gut zu positionieren.

Dies führt dazu, dass sich auch die befragten Führungskräfte als Mitglied eines großen Bürokratie- und Verwaltungsapparates nur noch als ein „Rädchen-im-Getriebe" fühlen[374]. Neben den strukturell-organisatorischen Ärgernissen wird auch das Verhalten von Kollegen (Staralüren) oder der beobachtete Umgang von Kollegen mit Mitarbeitern als sehr negativ empfunden.

Ein erstes Bild hinsichtlich einer Distanzierung zur Berufsrolle zeigt sich bereits: Führungskräfte, die sich mehr an den zwischenmenschlichen Beziehungen orientieren, sei es, dass sie sich mehr an menschlichen Verhaltensweisen stören als an organisatorischen Fehlern und Unlogiken oder auch mehr emotionale Erwartungen an die Arbeit haben, als rationale und intellektuelle, fällt es leichter, sich von ihrer Berufsrolle zu distanzieren, als den Befragten, die sehr stark auf die Organisation - also das System in dem sie arbeiten - bezogen sind.

## 3. Prägende Erfahrungen im Berufsleben

Folgende Aussagen zeigen wie Erfahrungen[375] sich auf die weitere persönliche Entwicklung auswirken können, wobei jede einzelne davon auch die Möglichkeit einer Modifizierung und Neu-Interpretation von Sichtweisen mit einschließt. Sie haben auf das Verhältnis von Subjekt und Rolle einen Einfluss, da sie nicht zuletzt die Sichtweise auf den Beruf, die Berufsrolle und die Arbeitswelt stark zu beeinflussen vermögen. Aus diesem Grunde wurden die Befragten gebeten, über mögliche für sie negative wie auch positive nachhaltige Erfahrungen in ihrem Berufs- oder auch Privatleben zu berichten. Von besonderem Interesse dabei war in wie weit diese Erfahrungen und Erlebnisse nach eigener Einschätzung auf das heutige, insbesondere berufliche Handeln, gewertet werden. Die Führungskräfte äußerten sich insbesondere über Erfahrungen mit beruflichen Situationen, Chefs und Kollegen welche sehr prägend waren. Der Bildung von Netzwerken kommt dabei eine Schlüsselfunktion zu. Sie dienen dem Schutz gegenüber Dritten, zur Absicherung bei Entscheidungen, aber sie dienen auch der Informationsbeschaffung und können einen Hierarchieaufstieg vorbereiten oder ermöglichen.

---

[374] Diese daraus entstehende Entfremdung hat schon zu Beginn des letzten Jahrhunderts der Soziologe Max Weber beschrieben, auch wenn er seine Studien auf den Beamtenapparat bezog. Da es sich bei den Interviewten zum überwiegenden Teil um Beschäftigte in der Wirtschaft handelt, ist der Bürokratieapparat dem einer öffentlichen Verwaltung zumindest ähnlich bzw. löst ähnliche Empfindungen bei den darin arbeitenden Menschen aus: *„Der einzelne Beamte kann sich dem Apparat, in dem er eingespannt ist, nicht entwinden ... Er ist - der überwiegenden Mehrzahl nach – nur ein einzelnes, mit spezialisierten Aufgaben betrautes Glied in einem nur von der höchsten Spitze her, nicht aber (normalerweise) nur von der Seite, zur Bewegung oder zum Stillstand veranlassenden, rastlos weiterlaufenden Mechanismus, der ihm eine im wesentlichen gebundene Marschroute vorschreibt. Und er ist durch all dies vor allem festgeschmiedet an die Interessengemeinschaft aller in diesen Mechanismus eingegliederten Funktionäre daran, daß dieser weiterfunktioniere und die vergesellschaftete Herrschaft fortbestehe"* (Weber, M. (1964): Wirtschaft und Gesellschaft, 2. Bd., Köln/Berlin, S.727).

[375] Besonders dann, wenn sie als ein Konflikt wahrgenommen werden (vgl. Kapitel III/2.2.).

## 3.1. Positiv prägende Erfahrungen

Positive Erfahrungen können durch einmalige Begegnungen und Geschehnisse, aber auch im Laufe der Zeit durch sich wiederholende Ereignisse angesammelt werden. Dazu ist unter bestimmten Umständen auch eine lange, im gleichen Unternehmen stattfindende berufliche Tätigkeit zu zählen. Eine große Portion Gelassenheit ist aus der Erzählung eines 55-jährigen Managers zu entnehmen, wenn er schmunzelnd, leicht ironisch und pointiert über seine Tätigkeit berichtet:

*„Ich bin seit 40 Jahren im Unternehmen und habe miterlebt wie die Firma achtmal ihre Rechtsform bzw. ihren Namen gewechselt hat. Heute muss jeder neue Chef eine Änderung machen. Auch habe ich schon viele Unternehmensberatungen (Roland Berger, McKinsey) mitgemacht, so dass ich da nur milde lächeln kann. Die optimale Lösung gibt es nicht und die Personen an der Spitze sind eigentlich austauschbar. Die Fachleute weiter unten bleiben. Außerdem, wenn man älter wird verschiebt sich die Gewichtung was wichtig ist und was nicht"* (IP 2).

Eine lange berufliche Erfahrung kombiniert mit der Sichtweise des Alters bringt nach Auskunft des Managers neben der Gelassenheit gegenüber dem System auch eine echte Wertschätzung für langjährige Mitarbeiter mit sich. Dies mag aus der Einsicht resultieren, dass ein System immer von jenen Menschen getragen wird, die über einen längeren Zeitraum dem System Stabilität verleihen, zum anderen, dass häufige Wechsel an der Führungsspitze auf lange Sicht gesehen den Alltag kaum verändern. Eher beinhalten häufige Wechsel der Führungsspitze, vor allem wenn diese mögliche Fehlentwicklungen eingeleitet haben, die Gefahr, dass sie bei der darunter liegenden Hierarchie und auch bei den Mitarbeitern generell an Glaubwürdigkeit und Wertschätzung einbüßen.

Auf ähnliche, aus einer langen beruflichen Tätigkeit resultierende Erfahrung, verweist ein älterer Manager in der Automobilindustrie. Er sagt von sich selbst, dass er früher seine Aufgabe sehr ernst genommen hat, heute im Rückblick sein Verhalten eher skeptisch bewertet:

*„Ein Sportunfall, der nach 20 Jahren wieder begonnen hat Beschwerden zu machen, hat mich ins Nachdenken gebracht hinsichtlich des Werts des Körpers und der Gesundheit. Ich habe mich damals nochmals operieren lassen und bin mit Krücken und Gipsbein in die Firma gegangen. Ich weiß nicht, ob ich das heute noch machen würde. Aber damals hatte ich das Gefühl, dass ich nicht drei Monate wegbleiben könne. Aber ich habe auch eingesehen, man ist leicht entbehrlich und dies hat mich gelehrt heute manche Dinge auch einfach laufen zu lassen"* (IP 10).

Verhaltensweisen, die man als jüngerer Mensch an den Tag gelegt hat, wirken aus der Perspektive des Alters und der damit verbundenen Erfahrung manchmal zweifelhaft. Die Erkenntnis um die vermeintliche Unersetzbarkeit und die dadurch mögliche Reflexion über die eigene Bedeutung ist scheinbar gelungen, auch wenn sie mit schmerzlichen Erfahrungen verbunden war. Möglicherweise folgt daraus auch ein Stück Resignation, andererseits befreit es die Betroffenen auch von einem Druck und lässt eine Distanzfindung eher zu.

Die Erfahrungen eines Auslandsaufenthaltes bringen zumeist sehr individuelle Eindrücke mit sich. Eine gewisse Wertschätzung der eigenen Lebensumstände, welche den beruflichen Werdegang nachhaltig beeinflusst haben, prägt eine Managerin:

*„Während meines Trainee-Programms war ich in Asien und habe dort mal gesehen, was ein Wirtschaftseinbruch bedeutet... und als ich zurückkam, war hier alles nicht mehr so wie ich es verlassen hatte"* (IP 12).

Die Eindrücke des Wirtschaftseinbruches als mögliches Zukunftsszenario im eigenen Land vermitteln das Gefühl der Nicht-Planbarkeit. Dass zunächst negative Veränderungen auch positiv gedeutet werden können, wird aus der Schilderung eines 38-jährigen Managers deutlich, der für längere Zeit aus beruflichen Gründen in Brasilien tätig war. Auch wenn er jetzt wieder in das alte Umfeld zurückgekehrt ist, beeinflussen ihn die dortigen Erfahrungen heute noch bei Entscheidungsfindungen. Nicht zuletzt konnte er nachhaltige Sichtweisen für sein eigenes Leben übernehmen:

*„Wie sich Dinge verändern und dass sie sich verändern, dass heute Dinge ganz anders sein können als gestern ... das trifft auch zu, wenn ich Entscheidungen treffe. Es ist auch so was wie Demut, es gibt nicht den goldenen Weg ... und daraus kommt dann die Quintessenz: Respekt zu haben davor, wenn andere ihr Leben anders organisieren, andere Entscheidungen treffen ... da war auch das Ausland sehr hilfreich, mal einen externen Blick auf die eigenen Kultur und die eigene Wertewelt zu werfen. Ich muss sagen, dass ich den Leuten dort wirklich Respekt zolle. Meins wäre es nicht in einer Holzhütte zu leben, keine Frage. Aber ich habe auch gelernt, dass sich die Lebensqualität nur aus einem sehr geringen Teil aus dem Lebensstandard zusammensetzt. Wir sind hier vielleicht zu verbissen ... zu groß ist das Thema Sicherheit und zu gering ist das Thema Glück bewertet bei uns. Ich bin ja nach Brasilien gegangen, um ihnen etwas beizubringen ... aber ich habe dort sicherlich mehr gelernt, als ich den Leuten je beibringen konnte"* (IP 24).

Positiv beeindruckt, da zunächst kaum vorstellbar, findet eine junge Managerin, die Ausstrahlwirkung eines einzelnen Menschen in einer Firma mit 30.000 Mitarbeitern. Dieser Vorgesetzte schaffte es durch sein Verhalten einem Teilbereich einen persönlichen „Stempel aufzudrücken" und ein zunächst unbeweglich erscheinendes System nachhaltig zu beeinflussen:

*„Beeindruckt hat mich ein Chef, der als Bereichsleiter 1500 Leute unter sich hatte. Er hat sich eine menschliche Variante behalten und dies hat sich auch in einem 1500 Mann-Bereich ausgewirkt. Er hat damit auch diesen Bereich geprägt. So hat er z.B. gesagt: Nach 18 Uhr gibt es bei mir keine Termine mehr, denn ich habe hier Väter und die haben auch Familien! Er hat die Menschen auch angehört und hatte noch so was Selbstloses ans sich und das in so einer Struktur wo eigentlich für so etwas keine Platz ist"* (IP 12).

Das Vorbild, dass die persönliche Fürsorge für die anvertrauten Menschen über den Interessen der Firma steht, hat eine nicht zu unterschätzende Signalwirkung und lässt einen erweiterten Blick auf zunächst unmöglich erscheinende Veränderungen innerhalb des Systems zu. Besondere Bedeutung haben solche Erfahrungen für Jungmanager, die an den Hochschulen allzu theoretisch ausgerichtete Techniken und Praktiken der Personalführung erfahren haben. Es wird deutlich, dass Organisationen keine statischen Gebilde sind, sondern zu jeder Zeit gestaltbar und zwar von jedem Mitglied. Der Neo-Institutionalistische Ansatz gibt hier weitreichende Einblicke (vgl. Kapitel III), da er ein Unternehmen als Prozess wahrnimmt, der von Handlungen der Mitglieder beeinflusst werden kann. Das Verhalten des dargestellten Managers (vor allem wenn es über einen langen Zeitraum hinweg wiederholt wird) hinsichtlich seiner strikten Terminplanung führt dazu, dass die Zeitgrenze „18 Uhr" eine Art Institutionalisierung erfährt. Sie wird für alle deutlich und auch verbindlich. Nach häufiger Wiederholung bedarf sie weder einer Begründung noch einer Rechtfertigung und findet im optimalen Verlauf eine Übernahme durch andere Mitarbeiter oder Kollegen und zwar nicht nur hinsichtlich der Zeit sondern auch hinsichtlich der dahinter stehenden Verantwortung für die Mitarbeiter. Ein Prozess des mimetischen Isomorphismus ist eingeleitet.

### 3.2. Negativ prägende Erfahrungen

Im Vergleich zu den positiven Erfahrungen ist die Anzahl der negativ prägenden Erfahrungen unter den befragten Führungskräften weitaus vielfältiger. Eine Erklärung könnte sein, dass den Befragten die negativen Erlebnisse länger in Erinnerung bleiben oder sie tatsächlich überwiegen. Generell lässt sich bei den Befragten eine Zweiteilung finden: Berichten männliche Befragte zumeist nur über berufliche Geschehnisse, so findet sich bei den weiblichen Befragten eher ein ausgewogenes Verhältnis von privaten und beruflichen Erfahrungen.

Über die Erkenntnis, in einer Firma letztlich auf sich gestellt zu sein, äußerten sich auch im oberen und obersten Management Tätige mit einiger Bestürzung. Entweder wurde dieses Bewusstsein geprägt durch eigene Erfahrung, nämlich „nach einem großem Engagement wurde ich vom Chef im Regen stehen gelassen ... jetzt versucht man selbst Netzwerke aufzubauen, um nicht allein zu sein und man zieht Grenzen, d.h. das eigene Engagement sind auch keine hundertzehn Prozent mehr" (IP 1), oder man erlebt diese Tatsache indirekt und stellt sich mental darauf ein. Ein 52-jähriger Manager berichtet: „Ich selbst habe zwar immer Glück gehabt, aber mein Vater war früher selbst leitender Angestellter und er wurde gegen seinen Willen in Frührente geschickt. Ich habe erkannt, dass ab etwa Mitte 50 eine neue Generation kommt und dass dann die Leistung der alten Generation nichts mehr zählt. Ich lebe damit, dass jeder ersetzbar ist. Es werden immer Bauernopfer gesucht. Oft ist es ein politisches Spiel, bei dem es nicht um Leistung geht. Die Leistung allein zählt nicht. Die Firma fängt niemanden auf. Die Firma fügt auch den Angestellten Wunden zu. Statussymbole werden auch schnell wieder genommen. Ich habe erlebt wie einer degradiert wurde und er für alle sichtbar wieder außerhalb des Firmengeländes parken musste. Und jede neue Führungsriege die kommt, bringt ihre eigenen Leute mit" (IP 3).

Die Labilität des Systems in Form von Ungerechtigkeit und auch Nicht-Planbarkeit einer Karriere wird immer wieder betont. Dies umfasst, dass eine langjährige zuverlässige Arbeit nicht unbedingt mit einem weiteren Aufstieg verbunden ist, ja sogar eine mögliche Degradierung zur Folge haben kann und dass aufgrund von Umstrukturierungen mehrere Ebenen gleichzeitig ausgetauscht werden. Insgesamt wird deutlich, dass das Systems keine Verlässlichkeit bietet. Um diesem entgegenzuwirken, werden Netzwerke und Seilschaften gebildet, die nach Aussage eines 55-jährigen Managers an Bedeutung zunehmen, denn *„der Druck heute hat zugenommen ... die letzten 10 Jahre wurde es viel enger. Früher war es menschlicher und es existierte ein privateres Klima. Privates ist heute gar nicht mehr erwünscht. Früher waren auch die Ergebnisse wichtig und der Chef hat sich noch vor die Untergebenen gestellt. Heute werden Bauernopfer gesucht und bis nach unten durchgetreten. Man selbst macht es so gut wie man kann und versucht deshalb verstärkt Vorgesetze mit einzubeziehen, um sich abzusichern"* (IP 2).

Noch drastischer drückt ein 58-jähriger Manager einer großen Automobilfirma die Unberechenbarkeit der Arbeitswelt aus. Er hat sich einige Jahre vor dem Ruhestand freiwillig entschieden, kürzer zu treten und sich daher auf eine niedrigere Position beworben, als er vorher jahrelang innehatte. Er spricht sehr offen und deutlich über seine gewonnen Eindrücke:

*„Man weiß nach einiger Zeit in so einem großen Betrieb, dass man auf sich allein gestellt ist. Man kann sich nicht auf das System als solches verlassen. Man kann nicht erwarten, dass dieses sehr wohlwollend oder loyal zu irgendjemand ist. Das ist irgendwie ein harter Job, da gibt es klare Regeln. Da geht es um Geld und man kann nicht erwarten, dass man in irgendwelchen Situationen aufgefangen wird, das ist nicht der Fall. Da verliert man jede Illusion langsam. Man muss um alles kämpfen. In den letzten Jahren ist das mit dem Kampf für mich persönlich immer weniger geworden. Vielleicht auch durch die Anerkennung von Mitarbeitern und Kollegen. Durch gewisse eigene Vorgaben, die ich mir gesetzt habe, meine ich es geschafft zu haben ... durch eine Linie, die ich ganz konsequent eingehalten habe in eine bestimmte Richtung, habe ich auch ein gewisses Vertrauen und Einschätzbarkeit erzeugen können bei anderen"* (IP 6).

Vertrauen und die Einschätzbarkeit als Handlungsmaximen dieses Managers in einer eher unsicheren Umwelt werden dabei nach Aussage seiner Mitarbeiter als sehr positiv und erleichternd empfunden. Durch seine herausgehobene Stellung innerhalb der Hierarchie ist der Befragte auch in der Lage, eine gewisse Berechenbarkeit zu bieten und dadurch zumindest für seine Mitarbeiter auch eine ‚kleine Welt' der Sicherheit zu erzeugen. Anderen bleibt oft nur eine noch stärkere Einbindung in Netzwerke oder auch Seilschaften. Sie bilden einerseits Sicherheitsnetze, andererseits auch Karrierehilfen. Sie basieren dabei auf dem Prinzip „Teilen und Herrschen", d.h. sie sind, wie aus den bisherigen Aussagen bereits deutlich wird, keine Freundschaften, sondern reine Zweckverbindungen.[376] In gewisser Weise sind sie auch ein Ausdruck von Beziehungslosigkeit, da menschliche Beziehungen selbst instrumentalisiert werden, um allen im System befindlichen Personen Schutz und Chancen zu bieten. Bedienen sich dabei Männer eher der hierarchischen Form der Seilschaft, so setzten Frauen eher auf Kooperation und die Ausbildung von Teamstrukturen.

---

[376] Vgl. Giebeler, C. (1986): Institutionalisierung der Empörung. Zum Verhältnis „Bewegung und Institution" am Beispiel der Frauenforschung. In: Beiträge zur Feministischen Theorie und Praxis, Nr. 18/1986, Köln, S. 65-81.

Wie stark solche durch Zweckfreundschaften entstandene Positionen verteidigt werden bzw. welche Möglichkeiten sie jenen bieten, die „es geschafft haben", darüber berichtet eine 38-jährige Managerin. Sie hat mit den ‚Männerbünden' in ihrem Betrieb bereits negative Erfahrungen gemacht und beurteilt diese Closed-Shop-Mentalität äußerst kritisch:

„Ich gönne jedem was er verdient hat. Für mich stellt sich nur dann ein Problem, wenn ich mich frage: Wie ist es möglich, dass derjenige es bis hierhin geschafft hat? Kampf gibt es für mich hier sehr wenig, weil ich weiß dass es auch glückliche Umstände sind, denen ich es zu verdanken habe, dass ich hier bin. Auch weiß ich auch was ich mir erarbeitet habe. In bestimmten Regionen spüre ich jedoch die Macht und ich erlebe es mit Erschrecken wie Status orientiert doch manche sind. Ich frage mich dann, warum manche Dinge so gesteckt und festgesetzt sind, z.B. dass man in manche Gremien nur ab einer bestimmten Hierarchieebene reinkommt. Wenn man mal im Führungskreis ist, ist das wie eine Eintrittskarte, wie wenn man einen Joker in der Tasche hätte, der einem dann Ruhe und auch Hilfe ist. Dadurch hat man eine bestimmte Treppe erreicht" (IP 11).

Die weibliche Befragte wird hier mit zwei typischen Phänomenen der industriellen Arbeitswelt konfrontiert: Männerbünde bestimmen die Firmenpolitik und das Erreichen einer bestimmten Hierarchieebene gilt gleichsam als Unterpfand für eine weitere blühende Karriere, die dann oft unabhängig von der Qualifikation voranschreitet. Das starke In-Group-Verhalten bietet den Dazugehörigen Ruhe und Sicherheit und findet auch in den privat gepflegten Beziehungen seinen Ausdruck[377]. Da es sich dabei um Tauschbeziehungen handelt, bringt eine höhere Hierarchieebene sowohl steigenden Gewinn für beide Beteiligten wie auch eine zunehmende Stabilität mit sich.[378]

Unabhängig von der Position in einem Unternehmen sind Firmenpleiten für alle Beschäftigten mit einschneidenden Erfahrungen verbunden. Daher ist auch nachvollziehbar, dass jene, die im Laufe ihres Berufslebens ein Konkursverfahren erleben mussten, sehr stark negative nachhaltige Erlebnisse damit verbinden und eine Tätigkeit in einer florierenden Firma nicht als eine Selbstverständlichkeit bewerten. Eine 30-jährige Führungskraft erzählte: „Die Firma, bei der ich nach dem Studium anfing ging in Konkurs. Da habe ich gesehen, wie schnell die Motivation verloren gehen kann ... wie eine innere Kündigung aussieht und auch wie leicht es ist erfolgreich in einem erfolgreichen Unternehmen zu sein, aber auch was es heißt bzw. wie viel schwieriger es ist in schweren Zeiten gut zu arbeiten" (IP 30).

In eine ähnliche Richtung gehen die Aussagen eines 41-jährigen Managers, der den New Economy Aufschwung und auch den Niedergang dieser Branche erlebt hat. Nicht zuletzt durch die damals üblichen extremen Arbeitszeiten hat er auch im privaten Bereich vieles versäumt. Als Folge hat er eine Schwerpunktverschiebung in seinem Leben eingeleitet: „Ein Bruch waren sicher die Entlassungswellen und Fusionswellen in der Branche. Dann muss man einsehen, dass man nur ein Stellrad in einem großen Getriebe ist. Der Job kann nicht alleine der Spaßfaktor sein, sondern er muss mir auch für das Privatleben was brin-

---

[377] Vgl. dazu auch die Aussagen in Kapitel II/3.2. und 3.3.
[378] Vgl. dazu auch: Bosetzky, H./Heinrich, P. (1985): Mensch und Organisation – Aspekte bürokratischer Sozialisation, Köln, S. 176ff.

*gen. Man nimmt sich ja zu Beginn des Berufslebens sehr wichtig und denkt sich: „Jetzt legt man los und gibt Gas'. Aber irgendwann erkennt man: Das kann es auf die Dauer nicht gewesen sein. Und dann kommen die Kinder und man hat erst mal Raubbau getrieben. Als die dann 6/7 Jahre alt waren ... wieder typisch erst mal nachgearbeitet bzw. versucht nachzuarbeiten. Man hat es sehr schwer die versäumten Jahre einzuholen, die man durch Nichtanwesenheit verpasst hat. Man kommt nach 20 Uhr heim, die Kinder sind schon im Bett und man kann nichts mehr beitragen."* Als Konsequenz hat der Befragte nun für sich die 4 Tage-Woche organisiert. Er fährt von seinem über 100 km entfernten Arbeitsort nicht mehr täglich nach Hause, sondern schließt am Donnerstagabend die Arbeitswoche vor Ort ab und ist über Email und Telefon freitags zu Hause erreichbar. *„Auf diese Art durchmischt sich das Berufs- und Privatleben mehr"* (IP 8). Durch diese Verklammerung werden die zumeist angestrebten und stark gepflegten Gegenhorizonte des Berufs- und Privatlebens aufgehoben (vgl. Kapitel IV/5.1.).

Andere Sichtweisen der Auswirkungen von Unternehmensinsolvenzen zeigen sich an der Schilderung einer 36-jährigen Managerin, die bedingt durch ihre damalige Position selbst in die Lage versetzt wurde, Kündigungen auszusprechen. Lange Zeit plagten die tragischen Folgeerscheinungen sie mit Schuldgefühlen:

*„Als wir im Rahmen eines Konkurses Kündigungen aussprechen mussten, da gab es Momente, die haben mich tief geprägt. Ein Mitarbeiter hat sich, nachdem wir ihn entlassen hatten, umgebracht. Das mag sicherlich auch andere Gründe gehabt haben, aber ich hatte lange danach noch Schuldgefühle, auch wenn ich natürlich weiß, dass dies aus betriebswirtschaftlicher Sicht notwendig war. Aber das Bewusstsein, dass so was auch in die Existenz von Menschen rein geht, darüber muss man sich ganz klar bewusst sein und soll man daher auch nicht leichtfertig entscheiden und darüber reden, wie das heute manchmal in den Medien zu sehen ist. Ich habe das damals nicht so ganz begriffen und auch nicht so gesehen... heute sage ich jeder Führungskraft, dass es sehr wohl einen Unterschied macht nur hier im Besprechungsraum zu sitzen und zu sagen, dass wir 20 Leute entlassen oder dies dann tatsächlich zu tun. Ich bekomme eine echte Wut, wenn ich diese Diskussionen heute so höre... Da geht es um Menschen und deren Existenz und da kann man nicht einfach nur mit Zahlen um sich werfen"* (IP 26).

Die Erfahrung, dass man Menschen wie eine anonyme Masse behandelt, ohne die persönlichen Einzelschicksale zu sehen, scheint in wirtschaftlichen Krisenzeiten keine Ausnahme darzustellen. Dabei mag die rational-betriebswirtschaftliche Sichtweise auch als eine persönliche Entlastung der Entscheidungsträger dienen. Die Interviewpartnerin, die immer bestrebt ist mit den Mitarbeitern ein persönliches Verhältnis zu pflegen, bringen solche Entscheidungen in ein Dilemma. Durch persönliche Appelle an Nachwuchsmanager versucht sie ihre eigenen Vorstellungen im Umgang mit Mitarbeitern zu vermitteln.

Einen Manager, dem es gelungen ist im Rahmen von Umstrukturierungen innerhalb des eigenen Geschäftszweiges eine gewisse Kontinuität zu behalten, ärgern die Beobachtungen im benachbarten Geschäftszweig:

*„Dort haben die Leute gewechselt wie man sonst die Unterhosen wechselt. Und da waren viele Leute drauf, die haben nur an ihre Karriere gedacht. Man hat sich gefragt: Um Gottes Willen, wie kommen wir da wieder raus? Die haben sich gar nicht um den Job gekümmert. Da dachte ich mir auch: So darf es nicht sein, denn man hat letztlich eine Verantwortung für Mitarbeiter, Menschen und für Kapital. Ich glaube, solche Leute sollten dann einen solchen Job nicht machen, denn man soll sich dabei um die Menschen und um die Ziele der Firma kümmern. Und dass die Karriere so im Vordergrund steht, da habe ich jetzt wieder zwei Beispiele gehabt, an die ich mich sehr gut erinnere und ich hoffe dass ich den Leuten nie wieder begegne. Gestört hat mich, dass sie ihre persönlichen Interessen absolut in den Vordergrund gestellt haben und die geschäftlichen Interessen hinten runter fallen lassen haben. Man muss ja mal denken wie viel Werte sie hier zu verantworten haben, wie viele Millionen und auch wie viele hundert Menschen. Und das kann man nicht einfach so auf das Spiel setzten und nach Portugal verlagern und die Leute nach Hause schicken. Aber diese Karte zog, dann auch nicht und es klappte nicht. Ich bin der Meinung, dass wenn die Fehler bereits vorher erkennbar waren, sollten solche Leute keine Karriere machen. Dass mit einer Leitungsfunktion auch Verantwortung verbunden ist, das muss man begreifen. Das ist nicht nur Geld kriegen und wenn man auf dieser Geld-Kriegen-Seite stärker ist, man sich nur daran orientiert und sich fragt: Wie komme ich da wieder raus und wie komme ich an den nächsten Job? Dann sind das für mich absolute Negativbeispiele. Sicherlich geht es dabei auch um Karriere, Macht, Anerkennung, Gesichtsverlust, aber es geht auch um Geld, das darf man nicht vergessen ... auch auf der privaten Seite. Es ist natürlich so, dass ein Unternehmen wie eine Pyramide aufgebaut ist und dass Leute, die später in den Zentralvorstand aufrücken sollen - und dabei Idealerweise nicht älter als 45 Jahre sein sollten - an der Organisation vorbeiziehen müssen ... diese Leute muss man beschleunigen. Die Gefahr ist dabei, dass die Leute es irgendwann begreifen und sich nur noch auf ihre Karriere ausrichten und gar keine Hinweise mehr aufnehmen ... und sehr viel kaputt machen.“* (IP 20)

Wie in den vorhergehenden Aussagen steht auch hier negatives Verhalten von Managern im Blickpunkt. Die persönlichen Interessen über die Interessen der Mitarbeiter und auch der Firma zu stellen, wird vor allem von „alten Hasen“, d.h. langjährige Mitarbeiter als ein verwerfliches Verhalten wahrgenommen und der leichtfertige Umgang mit Menschen und Firmenkapital wird nicht mehr als Einzelfall gesehen. Auch wenn der befragte Manager die Notwendigkeit benennt, dass es Führungskräfte geben muss, die schneller aufsteigen und besonders gefördert werden müssen, so besitzt für ihn die persönliche Verantwortung und Integrität einen hohen Stellenwert.

Wie ein ehemaliger gescheiterter Lebenstraum *„Ich wollte nach dem Abitur Jurist werden, das war so die Vorstellung Porsche fahren und viel Geld verdienen“* auch noch nach vielen Jahren als schmerzhaft empfunden wird, darüber berichtet ein 32-jähriger Befragter. Obwohl die berufliche Karriere nach dem erzwungenen Studienwechsel auch aufgrund diverser Stipendien steil bergauf ging, so dass er heute eine herausgehobene Funktion in seiner Firma innehat, ist der Abbruch des Erststudiums immer noch sehr präsent: *„Ein einschneidendes Erlebnis war sicherlich der Abbruch meines Jurastudiums, zu sehen dass man gescheitert ist ... Ich kam nicht zurecht mit der Unstrukturiertheit des Studiums, mit dem Benotungssystem, das nicht logisch und nicht nachvollziehbar war. Dort herrschte eine Logik,* *die war nicht berechenbar. Ich habe dann meine Karrierewünsche in den Wind geschrieben und mir gedacht, das kann es nicht sein"* (IP 25).

Aus der Schilderung ist nach Jahren immer noch eine gewisse Wut und Verbitterung zu spüren, welche der Befragte im Rahmen des Jurastudiums machte. Bis heute ist es für ihn nicht nachvollziehbar, wie das System dieses Studiums funktioniert und welche Fehler er machte, so dass er seine Berufsplanung nicht umsetzten konnte.

Einschneidende negative Erlebnisse, die mit starken Existenzängsten verbunden sind, davon erzählen auch eine 36-jährige Prokuristin und ein 54-jähriger Entwicklungsverantwortlicher. Sie wurden im Laufe ihres Berufslebens mit Menschen konfrontiert, die über eine vermeintliche Allmacht verfügten und über das Schicksal von Menschen entscheiden konnten:

*„Sehr negativ in Erinnerung geblieben ist mir ein Unternehmensberater den ich im Rahmen einer Insolvenz erlebt habe. Es war vor allem seine Art mit Menschen umzugehen und er verbreite nur ein Klima der Angst. Auch hat er nur durch Druck etwas bewegt ... ich bin damals in der Firma zusammengebrochen ... ich habe mich von der Arbeit auffressen lassen. Damals habe ich gelernt, dass ich weder mir noch dem Unternehmen dienen kann, wenn ich mich permanent unter Druck setzen lasse. Auch habe ich damals meine Ehe sehr belastet und mein Mann musste damals zugucken, wie ich mich zugrunde gerichtet habe"* (IP 26).

*„Ich habe die XY-Ära[379] mitgemacht. Er war damals Entwicklungschef hier und ich habe mit ihm zusammengearbeitet. Damals hatte ich teilweise Sozialängste, weil er sehr knallhart war. Tauchte ein Fehler zweimal auf, dann drohte er schon damit, dass er denjenigen in die Wüste schicken würde ... ich hatte damals 3 Kinder und eine Frau, da hatte ich schon Ängste. Heute würde ich sagen: ‚Nun ja, er ist halt so.' Aber damals verunsicherte mich das schon sehr. Irgendwie bewunderte ich ihn auch... aus heutiger Sicht, wie er den Konzern zurechtbog. Er hat in seiner Zeit hier brutal agiert. Irgendwie war da Angst und Bewunderung zu gleich von meiner Seite. Auch dann später als er Konzern-Chef war, war ich immer froh, dass ich noch einen Puffer dazwischen hatte – als Chef nach oben, der viele Dinge einfach abpufferte"* (IP 10).

Aus den beiden Aussagen wird deutlich, wie stark die Berufsrolle mit Ängsten verbunden sein kann[380] und sogar nach Jahren wird während der Interviews deutlich, dass diese Zeit bis heute sehr präsent ist. Die Kraft raubenden Arbeitseinsätze und der danach folgende Zusammenbruch aufgrund von Angst, Verunsicherung und Erschöpfung ließ bei der weiblichen Führungskraft ein weitaus stärkeres Bewusstsein für ihre Gesundheit und Belastbarkeit entwickeln. Sie hat für sich daraus Konsequenzen hinsichtlich der Bedeutung des Berufes gezogen. Dagegen hat sich der männliche Befragte im Rückblick relativierende Sichtweisen über das Verhalten der verursachenden Person und dem damit verbundenen

---

[379] Hier wird der Name eines späteren bekannten Vorstandsvorsitzenden genannt.
[380] Im Sinne von Dahrendorf (vgl. Kap. III/2.2.) könnte man auch sagen, dass der Betroffene hier keine Optionen mehr für sich sah und daher glaubte dem Vorgesetzten ausgeliefert zu sein.

110

Konflikt zurechtgelegt. Wie sich solche Erfahrungen möglicherweise auf die eigene Chef-funktion auswirken, darauf wird im weiteren Verlauf der Arbeit noch eingegangen werden.

Als stark beeindruckende Erlebnisse wurden auch nur unmittelbar wahrgenommene Erfahrungen geschildert. Einblicke in weit höhere Karriereebene können verdeutlichen welche negativen Begleiterscheinungen bestimmte Karriereschritte mit sich bringen. So erzählt ein 39-jähriger Diplomkaufmann, dem sein lebendiges Privatleben sehr wichtig ist und der bereits viele unterschiedliche Tätigkeiten bei mehreren Tochterfirmen innerhalb seines Konzerns ausübte, über seine Eindrücke als Assistent eines Vorstandes: *„Vorstand möchte ich nicht werden, das kommt daher, dass ich damals mit einem Vorstand zusammenarbeite-te. Er war die absolute Ausnahme unter denen alle. Er ist immer noch mit der ersten Frau verheiratet und hat eine gute Beziehung zu seinen Töchtern und er hatte auch ein Leben abseits des Büros, das wusste ich in Ansätzen auch vorher und daher bin ich da auch hin-gegangen. Zu anderen wäre ich wohl nicht gegangen. Ich habe aber über ihn diesen Kreis und seine Kollegen kennen gelernt ... und da gibt es extrem viele abschreckende Beispiele. Das ist so ein Lebensentwurf, wo mir die Arbeit und auch die Art wie man arbeitet nicht gefällt und wenn ich da einen Job angeboten bekäme - es gab da von einem dieser Leute auch mal ein Angebot - ihn aus Prinzip ablehnen würde"* (IP 17).

Nicht unbedingt negative Erlebnisse aber deutliche Aussagen darüber, was die Befragten in der Arbeitswelt noch als störend empfinden, macht ein 41-jähriger Manager. Vor allem die Pflicht zum Suchen von Kompromissen und Mehrheiten empfindet er als störend, was möglicherweise noch berufliche Konsequenzen nach sich zieht: *„Kompromisse machen zu müssen, stört mich eigentlich am meisten. Sich mit 5 Leuten abstimmen zu müssen, weil sich immer jemand mit seinen Animositäten auf die Füße getreten fühlt. Der ständige Zwang zum Konsens, dass man immer die maximale Unterstützung finden muss, das nimmt mir sehr viel Energie, weil ich eigentlich lieber losmarschieren würde. Ich bin zwar je-mand, der gerne ein Team führt, aber nicht gerne in einem Team als Mitglied darin arbei-tet. Daher kommt auch die Motivation, dass wenn ich dann die Firma mal wechsle, dann nur wenn ich Erster werde"* (IP 21).

Dieser angeführte Zwang zum Konsens beinhaltet letztlich auch, dass Konflikte nie offen ausgetragen werden können, was zumindest für den Befragten zu einem hohen Maß demo-tivierend wirkt. Das dabei langfristig formulierte Ziel eines Firmenwechsels mag zunächst illoyal erscheinen, zeugt aber auch von einer hohen Risikobereitschaft und einer geringen Fixiertheit auf die jetzige Position. Diese geringe Verbundenheit zur Firma eröffnet dem Befragten aber auch Möglichkeiten und Sichtweisen, welche pflichtbewusste und sehr loyale Mitarbeiter kaum haben.

Als ein weiteres Ärgernis wurde von einigen Befragten die scheinbar immer geringere Be-deutung von beruflicher Kompetenz empfunden. Gerade Ingenieure beklagen sich, dass weniger fachliche Kompetenz darüber entscheidet, ob man Karriere macht, sondern die Fähigkeit sich „gut zu verkaufen". Die Herkunft kann dabei zusätzlich das Gefühl vermit-teln im Kampf um den Aufstieg unterlegen zu sein: *„Ich komme aus einer Arbeiterfami-lie... Aufgrund dessen war die Rhetorik nicht so ausgeprägt. Andere haben von zu Hause das schon mitbekommen, die labern dich tot ... man meint, jetzt kommt gleich 'ne ganz tolle*

*Sache und dann kommt so ein kleines Mäuschen raus ... die trifft man ja eher"* (IP 8). Dass heutzutage auch eine gewisse Portion Showtalent dazugehört, um beruflich aufzusteigen, beklagt ein andere Ingenieur: *„Früher war ein Fortkommen möglich weil berufliche Leistung und berufliche Ergebnisse entscheidend waren. Heute braucht man mehr Verkäuferqualitäten. Diese erweisen sich als sehr zuträglich. Man muss 50 Prozent oder mehr für die eigene PR verwenden. Die „Power-Point-Ingenieure" verstehen das gut. Wir, biederen konservativen Ameisen ... ich zähle mich auch dazu, bin auch zu einfach gestrickt, um dies als Theater aufzufassen ... kommen nicht weiter"* (IP 4).

Eine latente Unzufriedenheit über die Rekrutierung von Nachwuchskräften wird in den Aussagen erkennbar. Dabei sind es sowohl die als ungerecht empfundenen Rekrutierungsmerkmale, als auch die Erkenntnis, dass weniger qualifizierte Kollegen schneller Karriere machen. Über eine solch demütigende Erfahrung berichtet auch ein ehemaliger Geschäftsführer:

*„Ich habe damals aus zwei Gründen die Firma verlassen, ich wollte zum Einen noch was Neues machen und zum Anderen war ich enttäuscht, dass ich nicht so befördert wurde, wie ich dachte. Mein damaliger Mitkonkurrent und ich waren uns einig, dass jeder von uns beiden geeignet wäre. Es hing aus unserer Sicht nur davon ab, auf welchen Schwerpunkt der Vorstand mehr Wert legen würde, dies war das Entscheidende ... aber nein, es wurde dann ein Dritter genommen und wir gingen daher beide, weil der Dritte nicht besser war"* (IP 5).

Wie bereits in den anderen Aussagen deutlich wurde, führt die Ungerechtigkeit und auch Unberechenbarkeit zu einem starken Gefühl der Hilflosigkeit und Enttäuschung. Je nach Persönlichkeit und individuell sich bietenden Alternativen kann dies zu einem abrupten Abbruch des Arbeitsverhältnisses führen.

Ein sehr nachhaltiger Eindruck, der auch die eigene Wahrnehmung der Arbeitswelt verändert hat und einen distanzierten Blick auf die berufliche Karriere gewinnen lässt, sind Erfahrungen von nahe stehenden Kollegen. Ein 48-jähriger Geschäftsführer, der vor wenigen Jahren nochmals eine starke berufliche Veränderung durchgemacht hat und immer wieder damit kämpft, dass ihn der Terminkalender nicht völlig vereinnahmt, berichtet über seinen früheren Kollegen, der seinen beruflichen Erfolg hoch bezahlt hat: *„Er beeindruckte mich, weil ich es bewundernswert fand, auf wie vielen Hochzeiten und Themen er sich bewegen konnte. Aber auf der anderen Seite habe ich auch gesehen, welchen Preis er bezahlt hat, wenn man sich seine persönliche Bilanz ansieht. Er hat sich als Mensch, als Person zu seinem sozialen Umfeld extrem negativ verhalten und ich führe es darauf zurück, dass er sich nur auf seine beruflichen Aufgaben konzentriert hat"* (IP 16).

Ebenfalls das Verhalten bzw. das Schicksal eines Kollegen während seines Auslandsaufenthaltes nahm sich ein junger Manager als Orientierung, um für sich die Konsequenzen zu ziehen. Er sagt von sich selbst: *"Von den schwierigen Menschen, da habe ich oft am meisten gelernt, Everybody's Darling sind meist nicht die Leute, die einen weiter entwickeln. Beeindruckt haben mich Leute, wie sie Verantwortung delegiert haben und aus der Mannschaft dadurch Höchstleistungen herausgeholt haben. Gerade in Brasilien gab es auch Leute, die 180 Prozent motiviert waren und dies führte dann dazu, dass zwei ehemalige*

*Chefs von mir inzwischen tot sind: 47 Jahre, im Flugzeug Herzinfarkt - ein absoluter Workaholic, immer mit viel Einsatz und Engagement vorne weg. Der andere war ein Brasilianer, sehr charismatisch ... der hat sich sehr schützend für seine Mitarbeiter, und zwar egal ob deutsch oder brasilianisch, eingesetzt. Auch in einer Zeit wo es hochpolitisch war und unheimlich gemobbt wurde ... er hat dann Selbstmord begangen. Es gab Zeiten, in denen wir mehr als 100 Stunden in der Woche miteinander verbracht und zusammen gekämpft haben. Das hat mich sehr lange Zeit beschäftigt. Es sind Fragen geblieben, die einem keiner mehr beantworten kann und das sind schon Erlebnisse, wo man sich fragt: Wie viel Einsatz will man bringen, was ist es wert?"* (IP 24)

Auch wenn das Scheitern und der Tod nahe stehender Kollegen immer noch Einzelfälle darstellen, haben sie durch ihre Endgültigkeit und auch Nicht-Erklärbarkeit eine nachhaltige Wirkung. Vermeintlich Wichtiges wird plötzlich unwichtig, der eigene Erfolg wird relativ gesehen und lässt die Frage aufkommen: War es das wert? Besonders deutlich wird der eigene Stellenwert, wenn man erkennen muss, dass die Lücke, welche der Tod hinterlassen hat, sehr schnell mit einem neuen Mitarbeiter besetzt wird.

Ein 51-jähriger Manager, dessen Lebensfreude einem bereits beim Betreten des Raumes auffallen musste, hat nicht zuletzt durch die Erfahrungen mit seinem Vorgänger sehr detaillierte Vorstellungen über seine Zukunft bzw. auch über die Gestaltung seines Ruhestandes: *„Sehr negativ beeindruckt hat mich sicherlich mein Vorgänger, denn als er aufgrund von Krankheit dieses Amt aufgab, dann gab es in seinem Leben keinen Inhalt mehr. Der ist in ein völliges Nichts gefallen ... er hat sich neben der Tätigkeit hier in der Verwaltung nichts anderes aufgebaut ... das hat mich so abgeschreckt, dass ich mir dachte das passiert dir mal nicht ... und darum baue ich mir jetzt auch noch andere Standbeine neben meiner Tätigkeit hier auf"* (IP 18).

Im Bewusstsein zu leben, dass eine berufliche Karriere abrupt zu Ende gehen kann bzw. sich der Ist-Zustand schnell verändern kann, führt bei einigen der Befragten zur Suche nach Alter-nativen für das Jetzt, aber auch für die Zukunft. Wie Führungskräfte mit einem möglichen Herannahen des Ruhestandes umgehen, darauf wird im weiteren Verlauf der Arbeit ebenfalls eingegangen.

*3.3. Die Schattenseiten der Macht*

Neben negativen Eindrücken oder bitteren Einsichten, die mit dem beruflichen Leben verbunden sind, haben einige Interviewpartner auch Erfahrungen machen müssen, welche massiv nachhaltige Spuren hinterlassen haben. Die Erfahrungen gehen über das „normale Maß" hinaus und spiegeln nicht zuletzt auch die „Schattenseiten der Macht" wieder.

Ein 40-jähriger Manager, der aufgrund früherer Tätigkeit als Assistent eines Vorstandes Einblicke in die obersten Karrierekreise gewinnen konnte, zeigte sich sehr ernüchtert über den Umgang in den Vorstandsetagen. Die erhoffte Handlungsfreiheit bei einem Karriereaufstieg wird dabei ebenso kritisch beleuchtet: *„Als ich hier als Sachbearbeiter anfing* *hatte ich mehr Narrenfreiheit und auch ein sehr behütetes Umfeld. Je mehr Verantwortung ich habe, je weiter ich aufsteige, desto brutaler wird der Ton und der Umgang miteinander ... und die Selbstbestimmung wird weniger, auch wenn viele immer sagen, wenn sie gefragt werden, sie machen das wegen der Selbstbestimmtheit. Das sehe ich nicht so. Als ich die Arbeit als Assistent auf der Vorstandsebene gemacht habe, muss ich sagen, das hatte nichts mehr mit Selbstbestimmtheit zu tun, auch im Umgang miteinander: Viel Feind, viel Ehr. Es wird immer subtiler und es immer schwieriger die Intention oder das Interesse zu erkennen, um was es eigentlich geht. Es geht nicht mehr um das Produkt, sondern um verdeckte Ziele, Eitelkeiten und Wünsche. Auch merke ich, dass ich mir selbst ein gewisses Maß an Dickfelligkeit angelegt habe und auch ein Maß an Aggressivität im Umgang mit Kollegen ... nicht mit Mitarbeitern "* (IP 19).

Das Feld zwischen unklaren und nicht nachvollziehbaren Zielen, unausgesprochenen Interessen, latenten und manifesten Erwartungen und auch der von Konkurrenz geprägte Umgang miteinander stellen ein großes Verunsicherungspotential für die Beschäftigten dar. Die immer subtileren Verhaltenscodes gepaart mit immer undurchschaubareren Netzwerkaktivitäten, die auf der Bühne der Vorstandebene verwendet werden, haben zur Folge dass es nur wenige schaffen in diesen Kreis aufgenommen zu werden. Dies mag zum einen daran liegen, dass nur wenige Personen bereit sind, sich den dort herrschenden unsicheren Regeln auszusetzen und auch zu unterwerfen, zum anderen mag es auch daran liegen, dass die Erfüllung der dortigen Rollenerwartungen immer mühevoller wird (Zeitaufwand, persönliches Engagement, Lebensstil usw.). Auch wird aus der Schilderung deutlich, dass der Wunsch nach Selbstbestimmtheit als Begründung für eine angestrebte Karriere der Realität oft nicht standhält.

Ähnlich äußert sich eine Managerin, die aufgrund einer privaten Verbindung die Möglichkeit hatte, Einblicke in höhere Regionen der Karriere zu nehmen. Die für sie sehr ernüchternden Einblicke ließen sie weitreichende Konsequenzen für ihr eigenes Fortkommen ziehen: *„Ich war mit einem Mann verheiratet, der im oberen Management gearbeitet hat. Dadurch bin ich in eine Ebene gesprungen, in die ich noch nicht gehörte. Ich habe gesehen was es heißt, wenn jemand 20 Jahre lang so stark nur seine Karriere lebt. Ich habe für mich entschieden, so will ich das für mich nicht. Durch diese Erfahrung bin ich aber nicht mehr so unbedarft im Vergleich zu meinen gleichaltrigen Kollegen: Diese nehmen alle Krönchen, die sie bekommen können ohne zu fragen – ich frage mich heute immer was diese Krönchen kosten"* (IP 12).

Ebenfalls eine Jung-Managerin, die bereits mit Kollegen diverse negative Erlebnisse hatte, entwickelte einen eigenen Stil, um sich vor möglichen Intrigen zu schützen. Dabei schwingt auch die Hoffnung mit, davon nicht getroffen zu werden oder sich zumindest ein gewisses mentales Schutzschild aufzubauen, das sie ,unverwundbar' macht. Die Aussage der Jungmanagerin ist dabei weniger vom Inhalt als von der Wortwahl her sehr eindrucksvoll:

*„Früher bin ich hier in die Firma sehr ernst rein gegangen... das hat nachgelassen, aber es ist auch heute noch so, dass ich versuche mir bildlich tagsüber einen Neoprenanzug anzuziehen, da kann ich dann die Attacken und die „Blutspritzer" wegwischen, die mich treffen.*

*Es ist nur sehr wenig Platz für Spielerisches, vielleicht mit den eigenen Mitarbeitern. Intrigen, wie es sie hier gibt, habe ich so nicht gekannt. Es gelingt mir jedoch ganz gut, mich nicht hineinziehen zu lassen ... eine Intrige ist wie ein Feuer und wenn man keine Luft dazu gibt, dann wird sie kleiner. Daher versuche ich mich absolut rauszuhalten und ich bin auch in keiner Koalition. Ich schweige zu solchen Dingen und ich will auch gar nichts davon wissen"* (IP 30).

Aus ihrer Beschreibung gewinnt man den Eindruck, dass die Befragte ihr Arbeitsumfeld als unterschwellig bedrohlich empfindet und sich daher auch dagegen wappnet. In wie weit ihre Strategie des „Sich-Raushaltens" funktioniert ist fraglich, vor allem wenn sie noch weitere Karriereschritte in der Zukunft plant. Dass mit zunehmender Karriere die Angriffe massiver werden und der Kampf um die immer weniger werdenden Positionen an Härte zunimmt, macht die Aussage eines 60-jährigen Managers deutlich: *„Nachdem mein Chef überraschend gestorben war und ich daher auch von der weiteren Karriereleiter abgekoppelt war"* (IP 13) das Unternehmen gewechselt hat.

*„Gerade in Großkonzernen gibt es ja richtige Todfeindschaften und die Leute sind froh, wenn Mitkonkurrenten der Krebs überfällt. Bei solchen Menschen holt man sich immer blaue Flecken. Ich habe das selbst schon erlebt, dass ich einen ehemaligen Kollegen hatte, der aus sehr einfachen Verhältnissen kam und ohne akademischen Abschluss und auf der gleichen Stufe war wie ich. Der hat mir wirklich die Pestilenz an den Leib gewünscht. Auch musste ich einsehen, dass Karrieren nicht von den Besten gemacht werden, sondern von den verbissenen Underdogs und man wundert sich dann immer wieder, welche provinziellen und klein karierten Personen Unternehmen führen"* (IP 13).

Deutlich wird in der Aussage die offensichtliche Bedeutung von kulturell-institutionalisiertem Kapital (Bildungstitel wie z.B. ein Doktortitel), welche auch oder vor allem im Management Anlass für persönliche Missgunst sein können. Ein möglicher Grund für die Bedeutung solcher Distinktionsmerkmale mag sein, dass in Großkonzernen viele unterschiedlich qualifizierte Mitarbeiter tätig sind und sich auch weit stärker differenziertere Möglichkeiten einer Karriere bieten als in einem mittelständischen Unternehmen. Die verbreitete Annahme, dass Leistungs- und wichtige Entscheidungsträger zugleich einen weltoffenen Blick besitzen, also weniger in kleinbürgerlichen Kategorien denken, wird hier vom Befragten stark in Zweifel gezogen.

Dass in herausgehobenen Führungspositionen sich neben Missgunst und Konkurrenz noch weitere Unsicherheitsbereiche auftun, ist aus den weiteren Aussagen des Befragten zu entnehmen:

*„Das Negativste war, dass ich nach Verlassen einer Firma erfahren musste, dass ich abgehört wurde ... also Wirtschaftsspionage und das hat mich dann sehr misstrauisch gemacht, zumal ich nicht dachte, dass ich so wichtig sei ... Ich stellte mir die Frage: Bin ich zu oberflächlich? Die Folge davon war, dass mein Grundvertrauen in andere Personen gestört wurde. Dadurch wird man dann im Umgang etwas spröder"* (IP 13).

115

Auch wenn der Interviewpartner die Ursache für die Konfrontation mit starker krimineller Energie zunächst bei sich selbst sucht und dies in Zukunft durch größere Vorsicht möglicherweise zu verhindern glaubt, so hat diese eskalierende Erfahrung deutliche Spuren hinterlassen. Die Unsicherheit, die mit dem Erklimmen einer Position einhergeht, ist gewachsen und das Vertrauen im Umgang mit anderen bezeichnet er als gestört. Dagegen wird dem Thema der Wirtschaftsspionage in den Medien kaum Aufmerksamkeit geschenkt, obwohl die Zahlen eine deutliche Sprache sprechen[381].

Daher ist die Antwort eines 53-jährigen Bereichsleiters, der für über 800 Menschen verantwortlich ist, umso verständlicher. Er meinte aus der Kenntnis eines Karriereweges heraus und sicherlich auch mit dem Blick auf die Kollegen:

*„Lebensqualität heißt auch, dass man nicht immer kämpfen muss gegen negative Dinge: Gegen die Konkurrenz, nicht das Gefühl hat daneben zu stehen, etwas nicht zu packen, nicht integriert zu sein oder die Angst zu haben dauernd etwas falsch zu machen ... dieser negative Kampf sich immer wieder beweisen zu müssen. Wenn man das nicht hat, dann ist das für mich auch Lebensqualität. Sich zurückzulehnen und zu sagen es läuft trotzdem"* (IP 20).

Der reflektierte Blick des Befragten auf die Vorgesetztenposition ist zum einen geprägt von einer Selbstsicherheit, zum anderen von der Einstellung „die Dinge auch mal laufen zu lassen", indem man Vertrauen in die Mitarbeiter hat und ihnen Kompetenzen übergibt. Die bereits mehrfach angeklungenen Klagen über den gestiegenen Druck werfen die Frage auf, ob sie nicht auch mit einem falschen Verständnis einer Cheffunktion in unmittelbaren Zusammenhang stehen? Dies wird im folgenden Kapitel ausführlich behandelt.

*3.4. Zusammenfassung*

Auch wenn die Zahl der positiven Erfahrungen der Befragten weitaus geringer ist als die negativen Erlebnisse, so haben sie diesen Führungskräften insgesamt in einer Umgebung der Unsicherheit, wie es vor allem große Firmen oft verbreiten, ein Gefühl der Sicherheit und der Gelassenheit vermittelt. Die Interviewpartner berichten von langjährigen Erfahrungen in einem Betrieb, welche die Einsicht reifen lassen, dass zwar die Führungsmannschaft ausgetauscht werden kann, jedoch es eigentlich die Fachleute sind, die über Jahre hinweg in den einzelnen Abteilungen verbleiben, die dem System Stabilität vermitteln. Sogar Unternehmensberatungen werden als eine wiederkehrende leidige Erscheinung beschrieben, die letztlich im Rückblick ein System weitaus weniger in seiner Stabilität erschüttern als zunächst angenommen. Andere empfanden die sich mit dem Alter einstellende Einsicht, die Dinge aus der Hand geben zu können und laufen zu lassen, als sehr entlastend. Vor

---

[381] Die Süddeutsche Zeitung vom 25.4.2001 (http://www.sueddeutsche.de/computer/artikel/260/1259/) schreibt in dem Artikel „Geheimdienst hört ab - Wirtschaft horcht auf" über das anglo-amerikanische Lauschsystem Echelon, welches vor allem bei deutschen Unternehmen große Bedenken verursacht. Am 26.06.2001 ebenfalls in der Süddeutschen Zeitung (http://www.sueddeutsche.de/computer/artikel/947/1946/) wird aus einem Bericht an das Europäische Parlament zitiert: *„Seit 1992 hat Europa wahrscheinlich merkliche Einbußen an Arbeitsplätzen und Einnahmen hinnehmen müssen ... die Grenzen der Schätzungen liegen zwischen [einem Schaden von] 13 und 145 Milliarden US-Dollar."*

allem Auslandsaufenthalte, die sowohl den Blick auf die eigene Kultur verändern, die eigene beschränkte Definition von Wohlstand und Lebensqualität in Frage stellen als auch eine gewisse Demut vermitteln, wurden bei den Befragten als lehrreich und positiv wahrgenommen. Dass auch eine zunächst starr und träge erscheinende 1500-Mann-Abteilung von der leitenden Person an der Spitze verändert werden kann, indem sie fürsorgliche, die dortige Kultur nachhaltig verändernde Signale setzt, wurde ebenfalls als positiv beschrieben.

Jedoch zeigen die Schilderungen, dass die negativen Erfahrungen der Betroffenen weitaus vielfältiger und zahlreicher sind. Manche davon sind trotz der zurückliegenden Jahre während des Interviews ausgesprochen präsent. Neben der Erkenntnis, dass man auch (oder vor allem) in einer großen Firma, trotz zahlreicher Kontakte und einer Vielzahl von Kollegen letztlich auf sich gestellt ist und das System selbst kaum Loyalität kennt, ja sogar Bauernopfer sucht, sind sehr eindringliche Schilderungen des Berufsalltages von Managern. Menschen die im Laufe ihres Berufslebens einen Firmenkonkurs erleben mussten, berichten von der starken Veränderung der Arbeitsmoral, den Reaktionen der Mitarbeiter wie auch von den involvierten verantwortlichen Personen, wie z.B. Unternehmensberater mit großer Betroffenheit. Ebenso sprechen die Befragten offen über ihre Existenzängste, die sie im Laufe ihres Arbeitslebens in Form von Vorgesetzten, welche über eine vermeintliche Allmacht verfügen, erlebten. Als negative Erfahrungen werden auch beobachtete Folgen bei Kollegen gewertet, wenn diese mit zunehmender Karriere das Privatleben der Firma unterordnen. Menschen, die ihren beruflichen Ehrgeiz und ihr Engagement nicht nur mit der Gesundheit, sondern sogar mit dem Leben bezahlen oder Kollegen, die nach dem Ausscheiden aus dem Beruf in ein völliges Nichts fallen, da sie nur aus dem Beruf Sinn geschöpft haben, sind für die Befragten abschreckende Beispiele. Als sehr negativ empfinden vor allem junge Manager die Undurchsichtigkeit der Rekrutierungen des Führungspersonals und die Closed-Shop-Mentalität von Führungszirkeln, da dort die Bedeutung von Macht eine völlig neue Dimension erhält. Auch die ständige Suche nach Konsens und der Zwang zur Kompromissfindung in den teamorientierten Hierarchiestrukturen werden als stark negativ erlebt. Erfahrungen mit persönlichen Intrigen in Form von Vertrauensbruch bringen oft weitreichende persönliche Verhaltensänderungen mit sich.

Um jedoch in einer Welt der Unvorhersehbarkeit und Willkür zumindest in geringem Maß persönliche Sicherheit zu erfahren werden Netzwerke gebildet. Sie bilden einerseits einen gewissen Schutz- und Loyalitätsraum, andererseits dienen sie auch dem taktischen Ziel Machtpositionen aufzubauen. Vor allem bei anstehenden oder möglichen Beförderungen ist das mikropolitische Spiel (Promotionsbündnisse, Seilschaften) von nicht zu unterschätzender Bedeutung.

Mit dem Phänomen der geschlossenen Machtzirkel und dem Mythos der flachen Hierarchie hat sich auch der amerikanische Soziologe Richard Sennett[382] näher beschäftigt.

Hinsichtlich einer Abgrenzung ist jedoch das Entscheidende, ob die Beschäftigten sich von den positiven Erfahrungen inspirieren lassen (Vorbildfunktion, neue Sichtweisen und Möglichkeiten sehen) und aus den negativen Erfahrungen ihre Konsequenzen ziehen, d.h. sie auf den wahrgenommenen Druck reagieren und ihre persönlichen Grenzen ziehen. Die Reaktionen auf die bisweilen empfundene Unsicherheit, den Leistungsdruck und mögliche Ungerechtigkeiten sind dabei unterschiedlich: Einige der Befragten nehmen dies als Anlass, sich noch stärker auf das System einzulassen und streben danach den Vorgaben Genüge zu leisten, andere wiederum ziehen daraus die Konsequenz sich dem System gegenüber weniger verbindlich zu verhalten. Vor allem ältere Manager ziehen häufig eine klare Grenze zwischen dem System und den darin befindlichen Menschen. Sie treten dem System mit einer sehr pragmatischen und sachlich neutralen Einstellung gegenüber, aber den Menschen innerhalb des Systems, also als Kollegen und Mitarbeitern kommt ihre absolute Loyalität zu. Eine persönliche Schwerpunkt- und Prioritätensetzung wird dabei deutlich.

## 4. Der Chef - das Selbstverständnis von Führungskräften

Neben der Einstellung zur Arbeit und der im Laufe des Berufslebens gemachten Erfahrungen ist auch von Interesse, wie die Führungskräfte ihre eigene Vorgesetztenposition einschätzen, wie sie mit ihrer Verantwortung umgehen und was ihrer Meinung nach eine gute Führungskraft auszeichnet.[383] Auch erschien es dabei bedeutsam, welche Erwartungen die Befragten selbst an einen guten Chef haben, auf welche Erfahrungen mit ihren bisherigen Chefs sie zurückblicken und welche Schlüsse die Befragten für sich selbst daraus ziehen. Dabei muss berücksichtigt werden, dass die Wahrnehmung der Chef-Rolle nicht ausschließlich der Person selbst unterliegt, sondern bereits durch einen formalen Rahmen von Macht- und Organisationsstrukturen und durch die jeweilige Firmenkultur vorbestimmt ist. Daher liegt auch das besondere Augenmerk darauf, wie die jeweiligen Positionsinhaber

---

[382] *„Sehr wenige horizontale Netzwerke in den Unternehmen mit verschlankter Bürokratie sind aber tatsächlich flache Spielfelder. Die derzeitige Revolution in der bürokratischen Struktur zentralisiert die Macht in einer Managerklasse mit Spitzentechnologie. Aufgrund der Art, wie Informationstechnologien derzeit eingesetzt werden, ist es möglich, die Befehle vom Kern dieser inneren Elite schnell und umfassend zu übersenden, mit weniger Vermittlung und Interpretation durch die mittlere Ebene ... die Bewertung der Resultate geschieht ebenfalls sofort, dank der Computerisierung der Unternehmensinformationen. In flexiblen Bürokratien verschwindet die Abhängigkeit dadurch also nicht; in gewisser Weise ist sie nackter und absoluter geworden ... flexible Bürokratien spalten ihre Befehlsfunktion von ihrer Leitungsfunktion. Ein innerer Kern setzt Produktions- oder Profitziele, gibt Befehle für die Reorganisation bestimmter Aktivitäten und überlässt es dann den isolierten Zellen oder Teams im Netzwerk, diese Direktiven ... zu erfüllen. Denen, die außerhalb des Elitecorps stehen wird gesagt, ,was' sie erreichen sollen, aber nicht, ,wie' sie es erreichen können"* (Sennett, R. (2000): Arbeit und soziale Interaktion. In: Kocka, J./Offe, C. (Hrg.) (2000): Geschichte und Zukunft der Arbeit, Frankfurt/M. , New York, S. 431-448 (S.442).*

[383] Eine Umfrage unter 267 deutschen Managern/innen an der Akademie für Führungskräfte in Bad Harzburg ergab, dass die wichtigsten Eigenschaften einer guten Führungskraft „Wahrhaftigkeit und Authentizität " sind. Unter 17 möglichen Antworten stand dies an erster Stelle, erst dahinter folgten Autorität und Kreativität (Frankfurter Rundschau vom 27.09.03, S. 26).

noch nicht (oder nur ungenau) definierte Bereiche besetzten und durch einen persönlichen Stil zu prägen versuchen.

Eine bemerkenswerte Antwort auf den Themenbereich ‚Chef und Führungsverständnis' gab ein ca. 40-jähriger Manager der Luft- und Raumfahrtindustrie. Da seine gewählte Begrifflichkeit im Rahmen der Interviewserie eine Ausnahme darstellte, soll sie am Anfang eines Kapitels stehen, welches interessante Einblicke in das Selbstverständnis von Führungskräften gibt:

*„Mein Vater war Arbeiter, meine Mutter Hausfrau und mein Opa war Hauptmann... als ich in der Firma hier anfing wurde mir ein Bild gezeigt von einem Mann und das war zufällig mein Opa. Ich selbst bin dafür bekannt, Dinge voranzutreiben, auch durch Artikulation und ich glaube, dass es einem im Blut, in den Genen liegt, dass es so eine Art Vorbestimmung gibt, ob man als Führungskraft oder als Ausführender tätig sein wird"* (IP 4).

Die Aussage stellt auch insofern eine Ausnahme dar, da hier der Begriff der Führung durch den Bezug auf den Großvater in einen stark militärischen Kontext gesetzt wird. Wie stark insgesamt auch der Begriff der Führung im Bereich der Managementliteratur variiert, darauf wurde in diesem Abschnitt (3.1.) bereits verwiesen.

### 4.1. Der Chef - Eine Funktion im Betrieb

Bezogen auf die Chef-Funktion zeigen sich deutliche Unterschiede, wie Führungskräfte ihre Situation definieren und mit ihr umgehen. Sehen einige der Befragten ihre Funktion aus der Perspektive der Firma definiert, so hat dies weit reichende Folgen für ihre Mitarbeiter. Sie begreifen sich als Instrument des Arbeitgebers zur Erfüllung vorgegebener Ziele und definieren ihre Rolle ausgesprochen rational.

Ein Geschäftsführer, der während des Interviews mehrfach seine Loyalität zu seinem Arbeitgeber bekundete, auch nur knapp einen Kilometer von seinem Arbeitsplatz entfernt wohnt und sehr oft auch samstags dort tätig ist, macht klar, wie er sich eine neu einzustellende Führungskraft vorstellt: *„Diese Woche hatte ich ein Bewerbungsgespräch für eine zukünftige Führungskraft. Wir fragen auch welche Mobilität der Bewerber mitbringt und ob er bereit ist umzuziehen. Einer sagte dann, er wüsste es nicht, ob er umziehen würde... dies ist dann kein guter Bewerber für uns, denn wenn ich eine gute Stelle in Aussicht hätte, dann würde ich und meine Familie und die Kinder auch umziehen. Da würde ich nicht zögern, nicht nachdenken, damit haben wir dann nicht den Idealbewerber..."* (IP 27).

Die spezifischen Ansprüche an zukünftige Kollegen, nämlich sich ohne zögern für die Firma zu entscheiden, kommen hier deutlich zum Vorschein. Ebenso wird seine Erwartung klar, dass es kaum Gründe geben kann, weshalb ein Manager nicht sofort bereit sein sollte seine ganze Familie umzusiedeln. Diese sehr apodiktische Sichtweise, in der sich sowohl starker persönlicher Ehrgeiz wie auch eine autoritäre Auffassung widerspiegeln, findet sich in ähnlicher Weise in der Aussage eines anderen ehemaligen Geschäftsführers:

*„Die Pflicht eines Vorgesetzten ist es, dass man demjenigen, der aus der Masse heraus-*
*ragt, Sonderaufgaben gibt. Ich verdanke daher meinen Vorgesetzten, dass man mir Aufga-*
*ben gab an denen ich mich beweisen konnte, ganz nach dem Sprichwort: ‚Der Mensch*
*wächst mit seinen Aufgaben'... daher muss man oder soll man jemanden immer bis an*
*seine Grenzen fordern. Sicherlich gibt es das Risiko des Scheiterns, wenn man jemand ü-*
*berfordert. Doch mir selbst ist dies jedoch in ca. 90 Prozent der Fälle immer gelungen,*
*wenn ich es mit Leuten so gemacht habe"* (IP5).

Bei beiden Befragten wurde im weiteren Verlauf des Gespräches deutlich, dass sie ihren
eigenen Karriereweg als Produkt ihres starken Ehrgeizes und des eigenen Willens begreifen. Offensichtlich mussten sie sich im Laufe ihres langen beruflichen Lebens ihren Erfolg
sehr hart erarbeiten, so dass sie die heutigen hohen Anforderungen als gerechtfertigt betrachten. Auffallend war auch, dass Manager, die sich ihren Erfolg nach eigener Darstellung hart erkämpfen mussten, sich einer ehrgeizigen und leistungsorientierten Ausdrucksweise bedienen.

Obwohl man davon ausgehen könnte, dass ein selbständiger Unternehmer noch höhere
Erwartungen an seine Mitarbeiter hat als ein Manager im Angestelltenverhältnis, da es sich
im ersten Fall um das persönliche Kapital handelt, zeichnet ein älterer Unternehmer ein
anderes Bild. Ihm ist deutlich bewusst, dass seine Mitarbeiter sein eigentliches Kapital
darstellen und auch sein eigenes Engagement ist ihm eine Selbstverständlichkeit: *„Ein gu-*
*ter Unternehmer hat auch den Mut zum Risiko in den Betrieb zu investieren, doch auch das*
*nötige Glück gehört dazu. Immer wieder an gute Sachen, gute Aufträge ranzukommen, aber*
*auch schon ein unermüdlicher Einsatz, gehören dazu. Der gute Unternehmer schaut zuerst*
*auf den Betrieb und investiert dort und erst später schaut er auf sich. Mein Eigenheim habe*
*ich erst seit 1989, vorher ist jeder Pfennig in den Betrieb investiert worden und das ist viel-*
*leicht auch eine gute Strategie, dass zuerst der Betrieb alles hat was er braucht. Auch kann*
*man von einem Arbeiter nicht mehr verlangen, als man selbst zu leisten bereit ist. Unmög-*
*liche Dinge darf man nicht erwarten. Man muss mit den Leuten sprechen und jederzeit*
*ansprechbar sein während der Betriebszeit ... nicht zu Hause, das wissen sie auch, nur*
*wenn wirklich was Grobes ansteht. Sicherlich ist auch ein gewisses Vorleben notwendig,*
*die Leute müssen erkennen, dass auch ich die Arbeitszeit ernst nehme ... Und auch die Ar-*
*beiter menschlich behandeln. Ich glaube auch dass meine Mitarbeiter mich als korrekten*
*Arbeitgeber beschreiben würden und dass ich nichts Unmögliches verlange..."* (IP 29).

Der Interviewpartner, der trotz seines florierenden Betriebes mit über 100 Mitarbeitern
einen sehr bescheidenen Eindruck machte, verweist auf die für ihn entscheidende Kontakt-
pflege mit den Mitarbeitern. Nicht Befehl und Gehorsam, sondern das gemeinsame Gespräch und ein gewisses Vorbildverhalten ist der Anspruch an seine eigene Chefposition.
Hier findet sich auch eine Studie der Jenaer Universität bestätigt (vgl. Kapitel II/1.3.2.), in
der die Fürsorgepflicht und das väterliche Verhalten von mittelständischen Unternehmens-
besitzern thematisiert wird.

Neben der Vorgesetztenfunktion verbindet sich je nach Aufgabengebiet auch eine Pflicht
zur Repräsentation der Firma nach außen. Dies kann vor allem dann, wenn die Firma eher
klein ist, bei den betroffenen Führungskräften ein Gefühl von ständiger Beobachtung ver-

mitteln. Obwohl es sich bei dem Befragten nicht um einen Unternehmer, sondern um einen ehemaligen Geschäftsführer handelte, nahm er diese Aufgabe sehr ernst. Er beklagt: *„ Was mich immer gestört hat war, dass die Firma mit 18.000 Mitarbeitern und 3 Mrd. Umsatz eher klein war ... also nicht wie Siemens. Man stand daher immer sehr stark unter Beobachtung. Man musste sich immer klar machen, was man sagte und auch wie und zu wem. Vor allem bei Betriebsversammlungen ... Aufgrund dieses Bewusstseins der Kontrolle, war es mir immer wichtig Fehler zu vermeiden ebenso ungeschickte Formulierungen wenn ich was unterschreiben musste. Auch weil ich immer wollte, dass die Firma nach außen hin einen guten Eindruck macht"* (IP5). Da man jedoch als Geschäftsführer, trotz großer Anstrengung nicht alles alleine Bewältigen kann, spielen vor allem die engsten Mitarbeiter eine sehr bedeutende Rolle. Auch sie sind angehalten das gute Bild, um das der Vorgesetzte bemüht ist, nach außen zu tragen. Aus diesem Grunde schildert der Befragte im weiteren Verlauf seine Bemühungen als Vorgesetzter: *„Die Firma war ein konservatives Unternehmen und es war eine Überraschung, dass auch ich in die Kantine zum Essen ging und mich einfach irgendwo dazu setzte, wenn ich jemanden erkannt habe oder dass ich zu meinen Kollegen ins Zimmer ging, war eine Überraschung. Auch dass ich meine Mitarbeiter zu mir nach Hause einlud, denn das war das erste Mal. Es waren acht nach geordnete Personen, die ich mit der Partnerin zu mir nach Hause eingeladen habe. Ich wollte auch die Partner mal kennen lernen, weil sie ja auch großen Einfluss haben. Sie waren alle sehr darüber überrascht, dass ich das überhaupt tat und ich war bei einigen überrascht, weil sie Partner unter ihrem Niveau hatten. Ich finde es sehr wichtig, dass die Frauen auch studieren. Der Partner ist auch eine Herausforderung und da ist es schon interessant, welche Frau sich der Mann aussucht oder ob er sich ein Muttchen sucht"* (IP5).

Durch die Einladung der Mitarbeiter und ihrer Partnerinnen erhoffte sich der Vorgesetzte noch weitere Rückschlüsse über die Qualität seiner nach geordneten Angestellten zu erhalten. Sowohl die Intention des Vorgesetzten wie auch die kaum gegebene Wahlfreiheit der Eingeladenen sind dabei eher kritisch zu betrachten. Ob der Befragte über das Kennenlernen der Partner tatsächlich Rückschlüsse über die fachliche Qualifikation seiner Mitarbeiter erhalten hat blieb an dieser Stelle seitens des Interviewpartners unbeantwortet.

Eine Trennung von fachlichen und menschlichen Qualitäten findet sich in der Aussage eines älteren Managers, der seinem heutigen Chef zwar Respekt zollt, da er von ihm gewisse Dinge lernen konnte, sich aber über ihr Verhältnis in der Zukunft wenig Illusionen macht:

*„Ich hatte früher einen Vorgesetzen der beeindruckte mich, weil er fachlich absolut top war. Der heutige ist total kontrolliert, würde nie ausflippen und taktiert sehr genau. Man kann von ihm was lernen, doch er hat auch einen Adelsdünkel. Wenn er heute nicht mehr dein Kollege ist, dann kennt er dich auch nicht mehr"* (IP 2).

Die Einschätzung drückt aus, dass berufliche Beziehungen entgegen dem propagierten Teamgedanken in erster Line sehr funktionale Beziehungen sind und daher sehr nüchtern betrachtet werden müssen. Durch strategisches Vermischen von sozialen Bedürfnissen und betrieblichen Erfordernissen (vgl. dazu auch Abschnitt 4.2.- 4.3.) können Menschen jedoch auch zu Höchstleistungen angetrieben werden. Ein Manager, der durch verschiedene Projekttätigkeiten auch mit unterschiedlichsten Vorgesetzten zusammenarbeiten konnte, berichtet:

*„Ich habe auch eine Führungskraft erlebt, die mich unheimlich begeistert hat ... ich aber später aus der Distanz erkannt habe, wo seine Schwächen lagen ... Ich habe in einem Projekt gearbeitet, wo er Projektleiter war. Dort hat er nur die grobe Richtung vorgegeben, er sagte nur: So sieht das Gesamtkonzept aus, da muss Eures dazupassen und jetzt macht mal. Damit schaffte er eine Motivation, eine Atmosphäre und einen Chorgeist nur indem er einem diese Wertschätzung und diese Verantwortung übertragen hat. Auch dass einer an einen geglaubt hat, wo man vielleicht selber an sich zweifelte, das hat unheimlich viel bewirkt. Obwohl er selbst als Projektleiter 60 Stunden gearbeitet hat und er uns nach 50 Stunden nach Hause geschickt hat, sind wir bei der Vordertür raus - abgestempelt wegen der Zeiterfassung - und bei der Hintertür wieder rein und haben gearbeitet. Das ging ca. ein- bis eineinhalb Jahre so. Danach hatte ich einen ganz anderen Chef, einen ganz anderen Schlag, der war unglaublich ehrgeizig, der hat das Letzte aus uns herausgepresst. Aber nicht durch Motivation, sondern sehr brutal. Im Nachhinein muss ich sagen war ich überrascht, auch dort sind wir über uns hinausgewachsen. Die Stimmung war zwar 'ne andere, aber auch dort haben wir Dinge realisiert, die ich mir mit meinem Bauernalphabet und mit Fingern zählen nicht vorstellen konnte. Dass dies auch geklappt hat macht mich nachdenklich, das gebe ich gerne zu. Es war ein Weg, der mir nicht gefällt, der aber auch außerordentlich erfolgreich ist. Im Nachhinein muss ich ihm Respekt zollen. Irgendwann aber kam dann seine rechte Hand mal im Flieger mit nem' Herzinfarkt um. Das waren gute alte Freunde... alles hat seinen Preis und man kann zwar davor die Augen verschließen, aber irgendwann wird er eingeklagt und jemand der einen Widerspruch nicht duldet, hört auch keine Warnsignale. Es ist mir bewusst geworden, auch vorher sind wir ausgenutzt worden, aber das war ein anderer Druck ... "* (IP 24).

Die Erkenntnis, dass es in beiden Fällen um den Erfolg für die Firma und möglicherweise auch um das eigene Fortkommen des Chefs ging, nur die Mittel unterschiedlicher Natur waren, lässt den Befragten ein ernüchterndes Resümee ziehen. Auch dass die sozialen Bedürfnisse der Mitarbeiter nach Anerkennung und Wertschätzung nur bedient wurden, um sie zu Höchstleistungen anzutreiben, ruft bei dem Interviewpartner im Nachhinein eine leichte Verbitterung, aber auch Bewunderung hervor.

Aber auch gegenteilige Sichtweisen, nämlich dass der Chef gar nicht als ein Mitstreiter mit menschlichen Schwächen gesehen werden möchte, davon zeugt die Aussage einer jungen weiblichen Führungskraft: *„Mir gefällt mein jetziger Chef, wir haben einen respektvollen Umgang miteinander und er arbeitet sehr professionell ... und auch mit seinen Schwächen geht er sehr schlau um, das imponiert mir. Mir ist wichtig, dass man ehrlich und offen miteinander umgeht. Auch muss ich das Gefühl haben, dass ich von meinem Chef lernen kann. Ich hatte mal einen Chef, der war ständig unvorbereitet und tat auch noch alles um dies zu verstecken ... ich glaube er hat mich gefürchtet, weil ich sehr fordernd und direkt war. Auf der einen Seite hat er sich verhalten wie ein Chef ... aber in seinen Schwächen, da war er dann wieder Mensch und entweder sind wir zwei Menschen oder er ist mein Chef... meiner Meinung nach muss ein Chef gut vorbereitet sein, er muss Dinge verändern können und auch die richtige Dosis an Vertrauen und Hilfe geben können ... die Mitarbeiter müssen* *dort abgeholt werden, wo sie sind. Sie müssen das Gefühl haben weiterzukommen und nicht klein gehalten werden"* (IP 30).

Der Chef als Funktion der Firma, der dazu beitragen soll, dass der Laden läuft. Dies sind die Ansprüche, die aus dieser Schilderung zu entnehmen sind und ein eher autoritäres Verständnis von einer Cheffunktion, d.h. der Chef als jemand zu dem man aufschauen möchte, kommt dabei zum Ausdruck. Die Mehrzahl der Befragten schätzt es, wenn der Vorgesetzte sich den Mitarbeitern als „Mensch" zeigt und eine Trennung zwischen der Funktion und der Person möglich ist.

Dass jedoch auch das angestrebte Ziel hinsichtlich eines gleichberechtigten Umgangs mit den Mitarbeitern nicht leicht umzusetzen ist, zeigte eine Befragung eines 54-jährigen Managers einer Automobilfirma. Erst durch die Ergebnisse wurde ihm der Unterschied zwischen seiner eigenen Selbsteinschätzung und der tatsächlichen Wirkung auf seine Mitarbeiter deutlich:

*„Ich habe mal eine Mitarbeiterbefragung gemacht und war sehr überrascht wie die Leute über mich denken. Ich habe mich eher locker gesehen und sie haben mich autoritär eingeschätzt. Aber ich glaube das liegt auch daran, weil ich eben der Chef bin und daher natürlich auch eine gewisse Macht habe. Doch was ist Macht: Dass man Befehle erteilen kann und dass diese auch ausgeführt werden? Ich will das aber nicht, denn ich bin eher am Ergebnis orientiert und mir ist es wichtig zu überzeugen. Macht habe ich bei XY[384] wahrgenommen. Der war für mich der ganz Große zu dem ich aufgeschaut habe und auch Angst hatte. Der hat mich sehr geprägt und so will ich nicht sein"* (IP 10).

Die Betroffenheit über die Ergebnisse der Befragung wird in der Aussage spürbar, zumal das Fremdbild den eigenen Erwartungen und Idealen völlig widersprach. Da in der Rückmeldung seinem Wunsch nach einem kollegialen und lockeren Umgang nicht entsprochen wird, versucht er das Ergebnis damit zu entkräften, dass es wohl auch in der Natur der Sache liege, dass man als Chef per se schon eine andere Wirkung hätte. Im weiteren Verlauf zieht er ein sehr nüchternes Resümee über seine Cheffunktion, die möglicherweise eine Erklärung für die Einschätzung seiner Mitarbeiter liefert, aber auch ein gewisses Dilemma widerspiegelt, in dem der Manager sich befindet: *„Ich glaube nicht, dass mich alle meine Mitarbeiter lieben. Ich bin aber nicht nachtragend. Ich glaube eigentlich, dass ich zu meinen Mitarbeitern ein gutes Verhältnis habe, lege aber Wert auf Leistung. Ich selbst bin nicht der väterliche Vorgesetzte wo man sich ausweint, aber ich glaube auch, dass dies eine Art Distanz ist, die ich brauche"* (IP 10).

Diese Distanzwahrung mag eine Art Schutz darstellen, um zum einen nicht zuviel von sich selbst preisgeben zu müssen, zum anderen aber auch um nicht zu sehr in die Rolle eines Freundes zu kommen, worunter dann möglicherweise auch die Autorität des Chefs leiden würde. Auch wenn der Befragte es sich selbst anders wünschen würde, so sind ihm seine eigenen sozialen Fähigkeiten durchaus bewusst. Vor dem Hintergrund der Soft-Skill-Debatte mag der Befragte eher spröde erscheinen, doch muss man auch anerkennen, dass der Interviewte nicht bestrebt ist einen pseudo-freundschaftlichen Umgang zu vermitteln

---

[384] Hier wird ein ehemaliger Chef genannt.

und sich damit auch selbst treu bleibt. Denn vor allem junge Führungskräfte, die sich einem Manager-Nachwuchsprogramm unterzogen haben, in denen sie sehr stark mit dem Teamgedanken vertraut gemacht wurden, verwenden auffallend häufig eine sehr metaphorisch soziale Sprache. Das Beispiel eines 34-jährigen Automobil-Managers zeigt dies deutlich: *„Mir ist wichtig, dass ich und meine Leute auch gerne in die Firma kommen. Für das Unternehmen ist mir wichtig, dass ich unter den extrem harten Bedingungen die hier herrschen, so gut ich kann die Unternehmensziele erfülle, aber auch dass man Freiraum hat unter den Bedingungen der klaren Zielvorgaben. Es müssen jedoch auch möglich sein: Rücksprache, Unterstützung, Kritik, Richtungsvorgaben, d.h. qualitative und quantitative Ziele abstecken ... ich sehe mich mehr als Spielführer einer Mannschaft ... ich bin mit auf dem Feld und nicht nur der Trainer, der außen am Feld steht und von dort rein schreit. Der Trainer ist für mich nicht dabei beim Spiel"* (IP 23).

Bemerkenswert ist dabei die Betonung der harten Arbeitsbedingungen, die von den Beteiligten höchste Leistungen abverlangen, wobei dem Vorgesetzten die Aufgabe zukommt, diese Zielvorgaben den Mitarbeitern zu kommunizieren. Auch wenn die Sprache sehr sportlich-kollegial erscheint, ist die Wahl der Mittel stark leistungsorientiert und funktional. Ähnliches zeigt sich auch in der Aussage eines 41-jährigen Geschäftsführers über seine Vorstellungen von einem ‚guten Chef':

*„Jemand der Ziele vorgeben kann: Da wollen wir hin' und auch dazu stehen und nicht beim kleinsten Wind diese gleich wieder zu verlassen. Am Ende soll er auch ein Stück Coachingfunktion haben. Also das Team dahin führen, diese Ziele zu erreichen. Auch zu schauen, dass jeder dabei bleibt, reicht das Niveau ... schauen, dass jeder das Niveau hält und auch zu gucken: Was kann ich verändern und verbessern? Aber auch die Entscheidung zu treffen, wenn jemand nicht mehr in das Team reinpasst ... also den Status Quo in Frage zu stellen"* (IP 21).

Obwohl in beiden Aussagen zunächst die Metapher eines Teams gewählt wird, erkennt man bei genauerem Blick, dass in beiden Fällen das Wohl und die Ziele der Firma im Mittelpunkt stehen. Für beide scheint es eine reine Frage der Motivation zu sein, dass die Mitarbeiter diese Ziele auch erreichen.

Die Belange der Firma ebenfalls als wichtig erachtet werden, aber dennoch das Wohl der Mitarbeiter im Auge hat eine 53-jährige weibliche Befragte. Da sie selbst bereits viele verschiedene Tätigkeiten bei unterschiedlichen Firmen innehatte, weiß sie um die Veränderung innerhalb einer persönlichen Lebensplanung und den damit verbundenen beruflichen Veränderungen. Sie sieht sich selbst nur als eine Art Durchlaufstation für ihre Mitarbeiter, deren Förderung ihr auch am Herzen liegt:

*„Ein guter Chef wird seine Mitarbeiter immer so beschäftigen, dass sie das Optimum an Arbeitsleistung bringen. Ich schiebe meine Mitarbeiter auch auf Positionen wo sie besser hinpassen, auch sende ich sie während der Dienstzeit auf Fortbildungen. Wenn meine Mitarbeiter Leistung bringen, dann stelle ich sie auch in den Vordergrund, denn sie sollen auch das Lob dafür bekommen. Ich empfinde mich als eine Durchlaufstation, d.h. wenn sie heute zum Studieren wollen, dann lasse ich sie auch gehen."* Und auf die Frage, wie häufig

sie denn auf Dienstreise geht, meint sie: *„eher selten und wenn Reisen ins Ausland anstehen, dann sende ich meist meine Mitarbeiter ... die machen das gerne "* (IP 28).

Trotz der Bewusstheit über die zu erledigenden Aufgaben spiegelt sich ein starkes Wohlwollen für die Belange der Mitarbeiter wider. Aus dem Interview wird darüber hinaus deutlich, dass auch sie selbst oft Wohlwollen im Laufe ihrer beruflichen Karriere erfahren hat und dies eine prägende Erfahrung für sie war. Auch im nächsten Kapitel und noch stärker im Kapitel IV/6.6. („Warum bin ich erfolgreich?") kommen diese manchmal prägenden Erfahrungen zum Ausdruck.

### 4.2. Der Chef - Eine persönliche Aufgabe

Neben denjenigen Führungskräften, welche in ihrem Chefdasein hauptsächlich ein Hilfsinstrumentarium der Firma sehen, finden sich auch einige, welche ihre Position aus der Mitarbeiterperspektive wahrnehmen. Für sie rückt der menschlich-soziale Aspekt der Cheffunktion in den Mittelpunkt und sie verstehen sich als Verantwortliche und Fürsorger der ihnen anvertrauten Menschen.

Ein sehr gutes Beispiel dafür ist ein 58-jähriger Manager, der auch unter seinen Mitarbeitern für seine fürsorgliche Art bekannt und beliebt ist. Vor allem hat er durch sein eigenes Beispiel, dass er einige Jahre vor seinem Ruhestand eine ruhigere und weniger prestigeträchtige Position mit mehr Zeit für die Familie gewählt hat, an Glaubwürdigkeit gewonnen. Durch seine langjährige Tätigkeit in einem Automobilkonzern kann er auf eine Vielzahl von Kollegen-Schicksalen zurückblicken und hat für sich daraus eine Handlungsmaxime formuliert:

*"Mir geht es drum mit Hilfe von gewissen Erfahrungen und auch ein bisschen Gespür für die Menschen und Leute - Mitarbeiter und Kollegen - in dem Umfeld was zu gestalten, auch zusammen mit den Leuten. Auch zu erkennen: Wo liegen Probleme? Wo bahnen sich Probleme an? Was kann man da aus dem Weg räumen? Wo muss man sich einschalten? Wo kann man was in eine positive Richtung bewegen? ... zu meinen jüngeren Mitarbeitern sag ich immer: Passt auf eure Familien auf, schaut, dass ihr die auch entsprechend pflegt! Weil das habe ich auch schon oft mitgemacht, dass sie Probleme zu Hause kriegen, weil sie es hier überzogen haben und dass man dann überhaupt nichts mehr von denen hat ... da geht die Ehe auseinander, sie ziehen hier weg und man verliert sie ganz. Zu denen sage ich auch wenn sie familiär mal ein Problem haben, sie hier mal weg müssen: ,Ja, mach das, kümmere dich darum, das kann arg wichtig sein!' Das sind dann letztlich ein paar Stunden wo derjenige dann weg ist und das kostet die Firma ein paar hundert oder tausend Euros, aber das ist minimal zum Schaden, wenn er ein Problem hat, das ihn aus der Bahn wirft und er geht dann weg ... und es gibt Leute, die sind dann jahrelang gar nicht mehr richtig zu brauchen"* (IP 6).

Auch auf die Gefahr hin, dass der Firma ein finanzieller Nachteil entsteht, hat die Fürsorge für die Mitarbeiter bei diesem Vorgesetzten oberste Priorität. Auch wenn das Interesse der Firma im Hintergrund steht, nämlich den Mitarbeiter auch für die Firma nicht zu verlieren, spiegelt sich darin das persönliche Interesse des Vorgesetzten für das Wohlbefinden der ihm anvertrauten Personen wider. Dass ein auf Fürsorge beruhendes Führungsverständnis nicht nur eine Erscheinung des Alters ist, zeigt sich auch in der Person einer 36-jährigen Managerin. Durch ihre Tätigkeit für auch in der Nacht tätige Mitarbeiter sieht sie ihre Verantwortlichkeit nicht nach Feierabend beendet:

*„Ich habe immer mein Handy dabei und das ist auch am Wochenende nicht ausgeschaltet-nur im Urlaub. Weil ich bin für 33 Menschen zuständig die 24 Stunden rund um die Uhr arbeiten und ich will ihnen nicht das Gefühl geben, dass sie abgesplittet sind und dass der Chef nicht erreichbar ist. Auch will ich nicht, dass sie morgens um vier Uhr Entscheidungen treffen müssen, die sie eigentlich überfordern"* (IP 12).

Das Treffen notwendiger Entscheidungen zum Schutz ihrer Mitarbeiter und auch zu Zeiten in denen sie selbst nicht arbeitet, stellt sich hier als eine logische Konsequenz der Befragten aus ihrem Selbstverständnis dar. In wie weit ihre ausschließlich männlichen Mitarbeiter ihr dafür besondere Akzeptanz und Anerkennung zollen, wurde nicht deutlich.

Auf die Frage, was man sich von einem guten Chef erwartet bzw. wie man sich diesen vorstellt, gab es eine Vielzahl von Antworten. Eine überraschende Antwort findet ein langjähriger Manager, der seine eigenen Erfahrungen mit Vorgesetzten als Negativbeispiel für sich sieht:

*„Für eine gute Führungskraft ist wichtig die Berechenbarkeit, die Einschätzbarkeit. Dass man von einem Chef weiß wie er reagiert, dass er zeigt was er will und was er für Vorstellungen hat und dass man sich darauf einstellen kann als Mitarbeiter. Als Mitarbeiter soll man wissen, wenn man vor Entscheidungen steht und auch der Chef nicht dabei ist, was hätte der Chef gemacht, wie hätte er es gesehen. Man richtet sich ja auch darauf aus. Das ist auch wichtig ... seine Gedanken nachzuvollziehen. Vor allem wenn man diese auch noch akzeptieren kann und man auf dem gleichen Nenner ist ... ja so sollte das sein, zwischen Chef und Mitarbeiter. Schlimm ist, solche Chefs hatte ich auch, dass ich überzeugt war, die Entscheidung muss in eine ganz bestimmte Richtung gehen und ich habe gesehen, dass er das nicht nachvollziehen kann. Oder dass der Chef, der nicht den Überblick hat (auch fachlich) nicht so lange zugehört hatte bis er alles verstanden hat, sondern vorschnell in eine Richtung entschieden hat, wo ich einfach nicht mitmachen konnte. Und da gab es auch Chefs, die, obwohl sie erkannt haben, dass die Entscheidung falsch war, dann nicht zurückgegangen sind und es dann trotzdem versucht haben durchzusetzen. Das finde ich nicht gut. Ich als Chef habe ja Mitarbeiter und die sollen auf ihrem Fachgebiet besser sein als ich, sonst bräuchte ich sie ja nicht, denen muss ich auch vertrauen. Dieses Vertrauen muss man natürlich schon prüfen, das muss man sich erst durch entsprechende Zusammenarbeit erwerben - so dass ich dann sage: ‚Wenn ihr überzeugt seid, dann ok!' Da brauche ich das technisch auch nicht hundertprozentig wissen und wenn ich vertraue, dann entscheiden wir so in die Richtung. Wenn der Chef und der Mitarbeiter, der es am besten kann, gegensätzlicher Meinung sind, dann stimmt irgendwas nicht"* (IP 6).

Vertrauen und Berechenbarkeit als Grundlage für die Zusammenarbeit zwischen Chef und den Mitarbeitern beinhaltet auch ein Verständnis dafür, dass eine Cheffunktion auch eine sehr soziale Funktion ist. Bei einigen Interviews wurde deutlich und eindringlich formuliert, dass ein gewisser Selbstanspruch besteht ein guter Chef für die Mitarbeiter zu sein und nicht nur ein guter Manager für die Firma. Der oben erwähnte Führungsverantwortliche hat sich aus diesem Grunde auch dafür eingesetzt, dass vor einigen Jahren auch für langjährige Manager ein Führungskolleg ins Leben gerufen wurde, welches sich über zwei Jahre erstreckt und insgesamt 15 Tage dauert. Obwohl es der Firma etliche Millionen kostete, ist er davon überzeugt, dass es sinnvoll und notwendig ist: *„Wichtige Dinge waren auch brach gelegen, die man als Führungskraft und im Management braucht, z.B. das Beschäftigen mit der Person, das Eingehen auf die Person, Motivation".* Denn in seinem Konzern, so bemängelt er, *„ist es halt so, dass Technik das wichtigste ist und dass es fast nur um Technik geht. Bis oben zum Vorstand muss man darüber berichten. Und auch wenn man für zwei- bis dreihundert Leute Personalverantwortung hat, muss man wissen wie die letzte Schraube funktioniert und das ist eigentlich was, wo unheimlich Zeit drauf geht"* (IP 6).

Hier wird eine Diskrepanz sichtbar zwischen den Ansprüchen der Firma, welche die technische Problemlösung in den Mittelpunkt der Arbeit stellt und der darüber hinaus reichenden Aufgabe einer Führungskraft. Vor allem in Abteilungen mit sehr naturwissenschaftlichem Personal besteht zudem die Gefahr, dass die soziale Komponente über das technische Interesse völlig in den Hintergrund rückt, solange die Ergebnisse im Sinne der Zielvorgaben erreicht werden. Für junge Manager, die sowohl fach- wie auch personalverantwortlich sind, ist es zunächst schwierig ihre Position zu festigen. In der Hoffnung respektiert zu werden, versuchen sie zunächst auf der fachlichen Ebene zu überzeugen auch um das Fehlen von Souveränität auszugleichen. Ein 32-jähriger Befragter berichtet:

*„Mich stört bei einem Chef der Mangel an Selbstvertrauen und wenn er daher starke Personen klein hält. Aber nicht offensichtlich, sondern durch Ausbremsen in Form von Bürokratie, von Schikane und von einem autoritären Gestus. Das läuft alles verdeckt ab ... sie holen sich zwar gute Leute, können es aber dann nicht ertragen. Wichtig ist, dass ein Chef einem eine Eigenständigkeit lässt, den Glauben in die Menschen hat, Mut macht, ihre Stärken und Schwächen kennt und ihre Stärken fördert. Und nicht, wie es oft der Fall ist, jemand bewusst scheitern lassen. Auch Klarheit ist wichtig, die Karten auf den Tisch zu legen, d.h. zu sagen was man will, wo man hin will und nicht heute so und morgen so. Ich selbst habe ein sehr funktionales Verständnis von Arbeit, also immer auch die Sache in den Mittelpunkt stellen und nicht jemanden persönlich piesacken"* (IP 25).

Zweifellos ist die fachliche Qualifikation eines Vorgesetzten eine notwendige Eigenschaft, doch die flachen Hierarchiestrukturen verlangen ein Weiteres, meint ein 53-jähriger Manager:

*„Teamfähigkeit sollte er haben. Er soll sich in Arbeitsgruppen mit einbringen und zwar nicht als Chef, der dort dominiert, sondern jeder soll sich dort unabhängig von seiner Gehaltsgruppe gleichberechtigt mit einbringen. Der Chef muss in der Lage sein seine Funktion auch zu unterdrücken. Dass er diese Funktion hat weiß sein Team, aber es muss sie unterdrücken. Er muss gezielt auf Leute zugehen, sie fragen, ihre Meinung aufwerten. Alle Mitarbeiter auf ein gleiches Niveau heben. Er muss motivieren können, mit Menschen umgehen können. Soll kein Stinkstiefel sein. Bei Workshoptagen muss es auch mal möglich*

*sein bei einem Bier die Problemchen zu besprechen, die man so hat. Das ist ganz wichtig. Auch sollte er eine Beurteilungskompetenz haben, d.h. er muss die Sachzusammenhänge verstehen und wie was wirkt. Er sollte Menschen und auch deren Aussagen beurteilen können. Auch muss er introvertierte Menschen ermuntern und extrovertierte etwas ausbremsen. Ich selbst wünsche mir, dass meine Mitarbeiter mich nicht für einen Deppen oder einen Oberidioten halten ... ich glaube, ich bin schon auch persönlich darauf angewiesen, dass mich meine Mitarbeiter auch achten und nicht nur beachten"* (IP 20).

Die Anerkennung der Mitarbeiter und ein gutes Verhältnis zu ihnen scheinen für die Mehrzahl der Vorgesetzten sehr wichtig zu sein. Nur aufgrund einer Machtposition eine Autorität innerhalb der Hierarchie darzustellen, wird von den allermeisten Befragten als zu wenig erachtet. Über sein Dasein als Vorgesetzter und sein Bemühen ein positives Klima in seine Gruppe zu tragen, auch wenn es möglicherweise fachliche Verluste mit sich bringt, dazu äußert sich ein 62-jähriger Manager:

*„Ich würde sagen ich wünsche mir die Akzeptanz der „unterstellten" Mitarbeiter. Unterstellt ist aber ein blödes Wort! Ich würde sagen ich habe ein riesiges Harmoniebedürfnis. Man kann sie ja nicht anordnen, aber man kann sehr viel dafür tun, dass ein harmonisches Verhältnis untereinander herrscht. Mancher ist ja der Meinung: Gesunder Wettbewerb fördert die Ergebnisse – das mag auch richtig sein, solange es nicht auf Kosten der Harmonie geht. Ich kann ja auch nicht sagen, egal was da rauskommt für ne' Sülze, Hauptsache die lieben sich alle. Das kann es auch nicht sein. Ich selbst muss den Anderen auch als Mensch akzeptieren und respektieren. Und ich muss ihn auch mögen, was auch heißt er muss fachlich, menschlich und in der Gruppe in Ordnung sein. Es kann sein, dass einer fachlich in Ordnung, aber menschlich ein Arschloch ist, dann passt er da nicht rein"* (IP 14).

Das Einfühlungsvermögen zu besitzen, eine Arbeitsgruppe zusammenzustellen und dadurch ein positives soziales Umfeld zu gewährleisten, scheint eine Kunst zu sein, die nicht jeder Chef beherrscht. Dass auch Vorgesetzte Angst davor haben Verantwortung zu übernehmen und dies mit einer liberalen Einstellung zu verdecken suchen, darauf verweist eine 36-jährige Personalleiterin: *„Ein guter Chef beherrscht die richtige Mischung aus fördern und fordern ... Menschen brauchen auch Lob und jeder hat auch ein Recht darauf seine Grenzen im positiven, wie auch im negativen zu kennen. Ich empfinde es als negativ, wenn es heißt: Mach doch! ... dann später wieder: Wie konntest du das tun? Auch ein Chef muss in der Lage sein zu sagen: Hier ist meine Grenze"* (IP 26). Des Weiteren sollte der Chef eine funktionale Professionalität besitzen ohne jedoch Ängste zu haben durch emotionale Reaktionen an Ansehen zu verlieren: *„Imponiert haben mir solche Chefs, die Mensch geblieben sind und die sich dies auch zu zeigen trauten. Oft haben ja Führungskräfte Angst zu zeigen, dass sie auch Mensch sind, weil sie meinen, dass man dann den Respekt vor ihnen verliert, aber genau das Gegenteil ist der Fall ..."* (IP 26).

Dabei wählen Vorgesetzte zum Teil einen sehr unkonventionellen Zugang zu ihren Mitarbeitern, wie der Leiter eines Firmenmuseums: *„Ich treibe die Mitarbeiter auch bewusst an, dass wir gemeinsam was unternehmen, z.B. Schiausflüge, Sommerausflüge und all so' n Käse. Ich verführe sie auch zum Saufen. Und zwar weil ich den Eindruck hab, dass man in* *einer Firma auch so, ohne dass es einen Anlass gibt, einfach mal zusammen weggehen sollte...* " (IP 14).

In wie weit diese Bemühungen tatsächlich von Erfolg gekrönt sind, kann an dieser Stelle nicht beurteilt werden. Dass die 120-Mann-Abteilung jedoch kaum eine Fluktuation zu verzeichnen hat, mag auch daran liegen, dass sich dort Menschen treffen, die private Interessen mit ihrer Arbeit verbinden können.

Mitarbeiter über rein fachliche Qualifikationen hinaus zu fordern hat sich ein Manager, der aus persönlichem Interesse heraus im Projekt „Seitenwechsel"[385] für vier Wochen bei der Bahnhofsmission München mitgewirkt hat, zur Aufgabe gemacht. Er sendet nun auch Mitarbeiter dorthin und zwar *„schon wegen der Art der Kommunikation dort. Was ich reizvoll fand war, dass man mit dem Klientel dort argumentieren lernen muss und versuchen muss was rüberzubringen. Dort muss man überzeugen und zuhören lernen und kann nicht aufgrund seiner Macht oder seiner Position was erreichen. Sie müssen einfach aus meiner Sicht - vor allem wenn sie eine Führungsposition innehaben - mehrere Tonarten können. Nicht nur der freundliche Zuhörer sein, sondern man muss auch mal auf den Punkt kommen und wenn sie eine schnoddrige Art haben, dann verzeiht man ihnen das solange sie innerhalb der Firma sind ... dort kennt man sie schon, aber man muss auch mal die Klappe halten und zuhören können ... Manchmal kommen die Leute in die Bahnhofsmission, um einfach nur zu quatschen und nicht weil sie ein bestimmtes Problem haben. Nur mit sachlichem Argumentieren kommt man dort nicht weiter"* (IP 17).

Dem Befragten ist es ein Anliegen, die Notwendigkeit der Kommunikationsstärke zu vermitteln, da er selbst von den dortigen Erfahrungen profitieren konnte. Ebenso hat er durch seine sehr vielfältigen Tätigkeiten bereits die Notwendigkeit der Ressource[386] Kommunikationsfähigkeit erkannt.

Ein Vorgesetzter zu sein bzw. zu werden gleicht nicht selten einem schmerzhaften Prozess. Eine persönliche Art der Vorgesetztenrolle zu finden einher und war nach Aussage eines 51-jährigen Managers nicht einfach, denn *„ es gab Zeiten, da hat es mich sehr gestört, dass ich zuwenig Zeit hatte auf den einzelnen Mitarbeiter zuzugehen ... da war dann halt auch Delegation mein Managementprinzip. Ich habe mich dann eben nur um meine engsten Mitarbeiter gekümmert und habe von denen erwartet, dass sie sich um ihre Mitarbeiter kümmern. Das hat mich eine Zeitlang sehr bedrückt, aber jetzt nicht mehr so sehr, denn ich habe auch eingesehen, ich kann mich nicht zerreißen. Man muss auch den Mitarbeitern was zumuten, was zutrauen ... Delegation ... den Dingen auch freien Lauf lassen, damit sie ihre Fähigkeiten optimal einbringen können ... Zielvereinbarung machen..."* (IP 18).

---

[385] Bei diesem Projekt, das sowohl die katholische wie auch die evangelische Kirche anbietet, können Manager in sozialen Einrichtungen mehrere Wochen arbeiten. Angeboten werden u.a. Tätigkeiten in der Bahnhofsmission, als Street-Worker oder in Drogenberatungsstellen.

[386] Die Bedeutung der Ressourcenerweiterung und ihr Ausdruck im Handeln, werden beim englischen Soziologen Giddens thematisiert (vgl. Kapitel II/5.6.).

Eher überraschend zeigte sich eine 47-jährige Geschäftsführerin, die sehr unerwartet in diese Rolle kam. Sie beschreibt ihre ersten Gedanken:

*„Als ich damals 1993 das erste Mal die Treppen hier im Haus hochging, da schoss es mir in den Kopf: Jetzt bist du auch verantwortlich für die Beschäftigten hier. Dazu muss man wissen, wir sind ja hier nicht ausgebildet in Personalführung ... Ich bemühe mich darum, die Belange der Beschäftigten sehr ernst zu nehmen. Darauf haben sie auch ein Recht. Dies beinhaltet auch ein Abwägen zwischen zeitlichen und materiellen Aufgaben, welche in der Organisation existieren. Auch dass man zum Übertragen von Aufgaben gewillt ist ... im Gegenteil, ich kann es überhaupt nicht leiden, wenn die Mitarbeiter nur auf Anweisung arbeiten, ich mag es eher, wenn die Mitarbeiter mitdenken, das erwarte ich auch. Außerdem haben die Mitarbeiter auch ein Recht auf Verbindlichkeit und auch – soweit das bei uns möglich ist – auf geregelte Arbeitszeiten und auch auf Senkung der Personalkosten ohne gravierende Einschnitte. Dies kann man durch kooperative Zusammenarbeit mit dem Betriebsrat erreichen, indem man rechtzeitig reagiert ... Dass der Laden hier läuft, das ist meine Aufgabe und die Beschäftigten sind dazu da, dass mitzutragen. Es geht auch darum, dass hier im Innenverhältnis ein gutes Klima herrscht und ich erwarte, dass sie hoch motiviert und engagiert arbeiten. Dann muss ich auch ganz klar akzeptieren und respektieren, dass sie auch Arbeitnehmerrechte haben ... ich möchte, dass wir hier auch ein gutes Klima haben - auch wenn Einsparungen anstehen. Es ist mir wichtig, dass es nicht an irgendeiner Stelle knirscht ... mir geht es darum die Probleme gelöst zu bekommen und auch gut gelöst zu bekommen. Da haben wir hier nur eingeschränkte Möglichkeiten, weil wir kein großes Unternehmen sind, wo man die Leute, wenn es besser ist, weil sie nicht miteinander zurechtkommen, auseinander reißen kann und umsetzen“* (IP 22).

Und ein 38-jähriger Manager, der sich erst langsam mit seinem Chefdasein anfreundet und noch auf der Suche nach der für ihn passenden Art und Weise ist diese Position auszufüllen, meinte: *„Ich wünsche mir, dass sie mich als Chef respektieren und dass sie glauben, dass ich mich für sie einsetzte. Doch es gibt nicht nur immer Gewinner, das ist etwas was mich die letzte Zeit verfolgt. Ich hadere zur Zeit selbst an diesen machtpolitischen Geschichten. Ich dachte immer ich komme so mit meinem Schlingerkurs durch, doch der Schmusekurs funktioniert nicht. Das ist die Erkenntnis, die ich das letzte halbe Jahr machen musste“* (IP 9).

Der Befragte war früher selbst Sachbearbeiter und erfährt nun durch sein Aufrücken in die Managerebene einen Zwiespalt. Sein idealisiertes Bild über das Ausfüllen einer Cheffunktion und seine eigenen Erwartungen halten der Realität nicht stand. Die vermehrten Handlungszwänge, welche er als Sachbearbeiter nicht überblicken konnte, bringen ihn in ein gewisses Dilemma (vgl. dazu auch die Aussage in Kapitel IV/ 2.3. von IP 19).

*4.3. Zusammenfassung*

Die Aussagen der Führungskräfte zeigen, dass sowohl die Ausübung wie auch das Selbstverständnis und die damit verbundenen Rollenerwartungen sehr unterschiedlich sein können. Es lässt sich eine grobe Unterscheidung vornehmen in einen sehr funktional-betrieblichen und einen sozial-kollegialen Blickwinkel unter dem Vorgesetzte ihre Leitungsfunktion erfüllen. Je nach Alter der Führungsperson, der Dauer der Vorgesetztenfunktion und des beruflichen Werdeganges sind Unterschiede erkennbar. Vor allem jüngere männliche Personen neigen bei ihrer ersten Chefposition dazu eher diffus zu agieren, d.h. ein Wechsel von kameradschaftlichem zu eher autoritärem und umgekehrtem Führungsstil ist erkennbar. Weit eindeutiger ist der Führungsstil von langjährigen, in einer Cheffunktion tätigen Personen, was die Folgerung zulässt, dass ein junges Lebensalter in einer Vorgesetztenfunktion auch eine Bürde darstellen kann. Sie haben noch keine klare Rollendefinition gefunden und suchen eher Halt an Stereotypen bzw. an Vorbildern. Besonders dann, wenn sie sich von älteren und fachlich qualifizierten Mitarbeitern beobachtet fühlen, sind sie darum bemüht den ideal-typischen Rollenerwartungen zu entsprechen, d.h. in diesem Falle vor allem den Eindruck fachlicher Kompetenz zu vermitteln. Ein persönlicher Führungsstil ist nur spärlich zu erkennen und die Orientierung an den Zielvorgaben des Betriebes ist stark ausgeprägt. Erst mit zunehmender Erfahrung als Vorgesetzter, wachsender Souveränität und auch steigender Anerkennung des Umfeldes scheint eine persönliche Definition der Rolle vollzogen zu werden. Dies beinhaltet auch die Chance, Rollenabweichungen zu akzeptieren oder sie sogar zu forcieren. Jedoch kann dies auch dazu führen, wie es sich in Interviews mit älteren Managern zeigte, dass eine Manifestation von Erwartungen hinsichtlich der Loyalität zur Firma damit einhergeht. Besonders dann, wenn diese Personen den Eindruck haben, sich ihre eigene berufliche Karriere hart erkämpft zu haben und damit diese einzig das Produkt ihrer harten Arbeit ist, wird von den eigenen Mitarbeitern ein ebenso ehrgeiziges Engagement erwartet.

Die Auswirkungen von Managementschulen sind in der sehr euphemistischen Ausdrucksweise hinsichtlich Mitarbeiterführung (Team, Spieler usw.) bei jungen Managern zu erkennen. Eine weniger funktionale Sichtweise, d.h. dass Zielvorgaben der Firma gegenüber der Fürsorge der Mitarbeiter eher in den Hintergrund treten, findet sich auch trotz der oben ausgeführten Loyalität ebenfalls eher bei langjährigen Managern und auch bei selbständigen Unternehmern wieder. Ihnen scheinen die Bedeutung eines guten Arbeitsklimas und der Wert der Mitarbeiter bewusster zu sein. Ebenso ist es ihnen ein persönliches Anliegen, ihren anvertrauten Mitarbeitern ein berechenbares, verlässliches und angenehmes Umfeld zu bieten, in dem sie sich wohl fühlen. Um einen privaten Zugang zu den Mitarbeitern zu erhalten, präferieren vor allem männliche Befragte abseits der Arbeit oder nutzen halboffizielle Gelegenheiten wie Workshoptage, um mit ihren Mitarbeitern ins Gespräch zu kommen. Weibliche Befragte neigen insgesamt eher zu einem kommunikativen Führungsstil, zeigen sich in den Interviews eher fürsorglich und versuchen stärker während der Arbeitszeit einen persönlichen Zugang zu ihren Mitarbeitern zu finden.

Vor dem Hintergrund einer Distanzfindung lässt sich konstatieren, dass je höher das Bestreben einer Person ist, Verhaltenserwartungen zu erfüllen, desto schwieriger gestaltet sich eine Distanzierung. Je heterogener Verhaltensweisen einer Person innerhalb einer Rolle sind (z.B. in Form von Wechseln zwischen der Rolle des Chef, der die Verantwortung trägt und der des freundschaftlichen Kollegen, der auch ein fürsorgender Freund ist) und je unterschiedlicher ehemalige Chefs eine Abteilung geprägt haben, desto weniger wird auch die Umwelt in die Lage versetzt, definierte Rollenerwartungen mit einer Person zu verbinden. Beides räumt dem Handelnden ein hohes Maß an Freiheit in der Ausgestaltung seiner Rolle ein.

## 5. Das Verständnis der Berufsrolle

Bei den Interviewpartnern handelt es sich nach neuerem Sprachgebrauch um Leistungsträger oder High-Potentials und ihre Position wird ihnen seitens der Firma durch ein überdurchschnittliches Gehalt und einer privilegierten Verfügung über Ressourcen vor Augen geführt. Die Organisation ihrerseits erwartet dafür von ihnen eine weitreichende Identifikation mit dieser Rolle, die eine Vielzahl von Erwartungen umfasst: Eine hohe Leitungsbereitschaft, die Umsetzung der Umsatz- und Renditeziele, das Vertreten und zum Ausdruck bringen der Firmenphilosophie nach innen und außen und die ständige Verfügbarkeit sowohl zeitlich wie auch örtlich. Ebenso ist das Erfüllen oder die Verkörperung von einem bestimmten Image und einer bestimmen Identität die Voraussetzung dafür, die Anerkennung und den Respekt der Kollegen, Mitarbeiter und Vorgesetzten zu erhalten. Daneben herrscht neben der hohen Arbeitsbelastung ein ständiger Termindruck. Auch die Existenz und Kodifizierung einer Firmenkultur als Organisationsphilosophie - wie sie überwiegend in großen Firmen anzutreffen ist - ist dabei ein stark konstitutives, Sinn- und Wirklichkeit stiftendes Element.[387] Der emotionalen Komponente der Mitgliedsrolle, welche auf die Führungskräfte anspornend und motivierend wirkend soll, kommt dabei eine wichtige Bedeutung zu[388]. Darüber hinaus sollen wirkungsmächtige Organisationsrituale das Gemeinschaftsleben strukturieren und Ordnung stiftend wirken. Rituale des Organisationseintrittes, ritualisierte Zusammenkünfte der Organisationsmitglieder bei öffentlichen Ansprachen des Top-Managements, Trainings und Workshops, regelmäßige Zusammenkünfte und Versammlungen (auf Arbeitsebene), offizielle Feiern der Organisation sowie ritualisierte Formen von Sport und Freizeit lassen sich in allen Betrieben beobachten und zwingen die Mitglieder, sich dieser Form von Machtausübung seitens der Organisation zu stellen. Diese Rituale sind dabei mit bestimmen Verhaltensweisen[389] verbunden: Gibt man sich bei Managementzusammenkünften oder zu Versammlungen „authentisch und festlich", im Rahmen von Trainings- und Workshops eher „reserviert und distanziert", so zeigt man sich bei regulären Meetings eher „pragmatisch und konflikthaltig."

Will sich nun eine Person nicht völlig von diesen Ansprüchen vereinnahmen lassen, muss sie durch unterschiedliche Rollenstrategien zwischen der Organisation und den damit einhergehenden Erwartungen eine Distanz schaffen.

---

[387] Vgl. Franzpötter, R. (1997): Organisationskultur: Begriffsverständnis und Analyse aus interpretativ-soziologischer Sicht, Baden-Baden, S. 140.

[388] Eine hohe Motivation wird darüber vermittelt, dass das Arbeiten mit Technologie auch Spaß macht. Die Firmen stellen somit auch eine Art von „Spielwiese", eine „Welt der großen Jungen" und ein Experimentierfeld und „Spielplatz für Ingenieure" dar (vgl. Eckert, R. u.a. (1991): Auf digitalen Pfaden. Die Kulturen von Hackern, Programmierern, Crackern und Spielern, Opladen. In: Franzpötter, R. (1997): a.a.O., S.141).

[389] Eine sehr ausführliche Darstellung darüber findet sich bei: Franzpötter, R. (1997): a.a.O., S. 158 ff.

Gelingen kann dies indem sowohl zeitliche, sachliche wie auch soziale Grenzen[390] zwischen der eigenen Person und dem Rollenengagement als Organisationsmitglied gezogen werden.[391]

Von Interesse war daher auch in wie weit die Berufsrolle in das Privatleben durch die Bereitschaft zu dauernder Verfügbarkeit für die Firma hineingetragen wird, wie der Übergang von der Arbeitswelt in die Privatwelt vollzogen wird, aber auch ob Strategien existieren, um am Arbeitsplatz eine Art Auszeit von der Berufswelt zu nehmen. Eine Spiegelfrage - nämlich in wie weit die Befragten das Verhalten von Kollegen beurteilen, die sich völlig dem Arbeitsleben verschrieben haben - gab noch weitere Einblicke über das Verständnis der Berufsrolle.

## 5.1. Distanz zum Beruf im Privatleben

Dem überwiegenden Teil der Befragten gelingt es eine Distanz zur Berufsrolle nur dadurch zu schaffen, dass die „Bühnen", d.h. privater und beruflicher Raum, gewechselt werden. Ähnlich der Beschreibung eines 55-jährigen Managers, der zudem schon die Erfahrung machte, dass er während seines Urlaubs bei Haus-Renovierungsarbeiten in die Firma bestellt wurde und daraus inzwischen die Konsequenzen gezogen hat:

*„Ich trenne privat und beruflich sehr stark. Wenn ich zu Hause bin, dann bin ich privat. Ich erzähle über die Arbeit zu Hause nichts, außer etwas Lustiges. Anrufe im Urlaub, die gibt es nicht, weil ich nicht mehr zu Hause bin. Nur direkte Kollegen und Mitarbeiter wissen noch, dass ich zu Hause bin. Die rufen aber sehr selten an"* (IP 2).

Bei dem Befragten vollzieht sich die Trennung nahezu vollständig, da er es auch vermeidet, zu Hause über den Berufsalltag zu berichten. Dies scheint vor allem eine von älteren Managern mit Familie praktizierte Verhaltensweise zu sein, die dadurch nach Feierabend in eine völlig andere Welt eintauchen. Zumindest im Urlaub unerreichbar zu sein ist jedoch eine Freiheit, die sich auch junge verheiratete Führungskräfte ohne Kinder nehmen. Ein 40-jähriger Ingenieur berichtet leicht ironisch: *„Anrufe im Urlaub gibt es nicht, oder es kommt nur sehr selten vor. Denn die Friedhöfe sind voll von Menschen, die nicht zu ersetzen sind. Und ein guter Manager beweist sich auch dadurch, dass er seinen Bereich so führt, dass er auch läuft wenn er weg ist"* (IP 4).

Karriere und das Innehaben einer bedeutsamen Entscheidungsposition stehen dem „Abtauchen" in eine ausschließlich private Welt stark entgegen. Daher haben erfahrene Führungs-

---

[390] Zeitliche und auch sachliche Grenzen werden durch eine Bestimmung von arbeitsbezogenen Zeitsegmenten errichtet, welche aus Sicht der Organisation der Erfüllung von Rollenverpflichtung vorbehalten sind. Andere Zeitsegmente hingegen sind als willkommene Abwechslung zu betrachten. Die Organisation unterscheidet demnach zwischen einer "Zeit der Arbeit" und einer „Zeit der Nicht-Arbeit" (Kunda, G. (1992): Engineering Culture. Control and Commitment in a High-Tech Corporation, Philadelphia).

[391] In Anlehnung an Goffman spricht Schimank dabei auch von Identitätsbehauptung bzw. Identitätsbehauptungsstrategien (vgl. Schimank, U. (1981): Identitätsbehauptung in Arbeitsorganisationen – Individualität in Formalstruktur, Frankfurt/M., New York).

kräfte gewisse Strategien entwickelt, um dennoch für längere Zeit Urlaub zu nehmen. Ein Geschäftszweigleiter schildert seine Taktik:

*„Es gibt eindeutige Grenzen. Wenn sie E-Mail und Handy 100 Prozent frei schalten, dann haben sie weder Urlaub noch je Freizeit. Wenn ich im Urlaub bin, hat meine Sekretärin, die ist da mein Filter, die zweite Handynummer, die sonst niemand kennt und dann kann ich auch zurückrufen. So wird das stark gefiltert. Aber ich gehöre auch zu denjenigen, die am Sonntag ihr Handy ausschalten. Auch mache ich schon 14 Tage Urlaub zusammenhängend, aber das muss man bereits erzwingen und da muss man dann auch wegfahren. Mir wurde, weil ich das Handy ausgeschaltet hatte, schon mal ins Hotel auf den Kanaren hinterher telefoniert ...Man muss den Spagat beherrschen und der Witz ist ja, wenn man eine gute, eingefahrene Mannschaft hat, die läuft ja dann von alleine. Ich könnte eigentlich nach Hause gehen. Ich halte es auch für nicht richtig, wenn man sich den Anschein gibt: Ich bin unentbehrlich. Ich habe soviel Anerkennung, ich brauche das nicht"* (IP 20).

Hier wird der geheime Wunsch angesprochen, der sich bei einigen Interviewpartnern zeigte, nämlich nicht völlig entbehrlich zu sein und daher eine strikte Trennung zwischen Privatzeit und Arbeitszeit gar nicht für erstrebenswert zu halten. Dies mag auch der Grund dafür sein, dass Manager nur sehr kurze Urlaubsspannen nehmen zumal ein Entspannen und Abschalten in wenigen Tagen bei durchschnittlicher Wochenarbeitszeit von 45 Stunden nicht möglich sein dürfte:

*„Urlaub mache ich immer so 'ne Woche... das maximale was ich mal geschafft habe waren zwei Wochen einmal im Jahr. Ich habe mir auch schon mal die Frage gestellt ob ich auch drei Wochen hinkriege... aber wir haben das auch nie bisher anders geplant. Aber meist sind es so ein bis zwei Wochen"* (IP 21).

*„Also Urlaub habe ich schon lange nicht mehr gehabt, mal an Weihnachten ... oder im August 'ne Woche ... zwei Wochen habe ich schon lange nicht mehr gehabt ... man müsste es halt mal machen, dann ginge es wohl auch, wenn man sich aufrafft"* (IP 29).

In beiden Äußerungen kommt einerseits das Bewusstsein über die „Unnormalität" der kurzen Urlaubszyklen zum Ausdruck, andererseits aber auch eine gewisse Rechtfertigung. In wie weit es sich dabei nur um eine Planungsangelegenheit handelt den Urlaub auszudehnen, darf bezweifelt werden. Ein Grund dafür mag auch darin liegen, dass Führungskräfte nicht mehr tariflich gebunden sind (außer Tarif AT) und daher keine festen Arbeitszeiten mehr haben, sondern ihre Abkömmlichkeit selbst einzuschätzen haben. Für manche Manager bringt dies große Probleme und Gewissensnöte mit sich, wie die Aussage eines 54-jährigen Managers der Automobilbranche verdeutlicht:

*„Im Urlaub versuche ich schon immer entweder einmal drei Wochen am Stück oder zumindest zwei Wochen und dann nochmals ne Woche irgendwie zu nehmen. Letztes Jahr war es das erste Mal, dass ich meinen Urlaubsanspruch nicht ausgeschöpft habe. Meine Frau meinte nur, dass ich wohl schon dumm wäre. Doch so als AT hat man ja keinen Urlaub mehr in Form von Tagen. Man kann dann frei nehmen, wenn man meint sich das leisten zu können. Es schreibt einem niemand vor wann man wie lange Urlaub nehmen soll"* (IP 10).

Bei dem Betroffenen bringen das Bedürfnis nach Ordnung und Planbarkeit, das aber in seiner Tätigkeit kaum existiert, große Unsicherheiten und Rollenkonflikte mit sich. Aufgrund seiner Tätigkeit hat er eine hohe Entscheidungsautonomie, die nur von den Erwartungen an seine Rolle als Vorgesetzter bestimmt wird. Der Konflikt zwischen den Bedürfnissen der Organisation und seinen eigenen Bedürfnissen wird für ihn zu einem Intra-Rollenkonflikt, den er zugunsten der Firma entschieden hat, indem er nur sehr wenig Urlaub nimmt. Dies ist nur ein Beispiel dafür, wie eine Organisation mit der Übertragung von scheinbarer Freiheit, die Mitarbeiter auch überfordert[392].

Sehr rational orientierten Personen fällt es offenbar einfacher ein klares Zeitmuster zu befolgen, um sich eine Distanz aufzubauen. Diese Zeitmuster sind entweder selbst auferlegt, weil man um diese Problematik des „Nicht-Abschalten-Könnens" weiß oder von dritter Seite (Partner, Kinder) gewollt. Ein 48-jähriger Geschäftsführer ärgert sich selbst über seine geringe Disziplin und Unfähigkeit, sich selbst gesunde Grenzen zu setzten und auch seine Energie nicht zu verschwenden:

*„Ich kämpfe immer damit, dass die Arbeit mich nicht auffrisst und Änderungen passieren erst durch relativ massive Anstöße von außen, also eher durch negative Impulse. Also, wenn jemand mir die Pistole auf die Brust setzt und sagt: ‚Entweder du setzt jetzt deine Schwerpunkte anders oder wir gehen getrennte Wege'. Das passiert nicht täglich oder wöchentlich, sondern eher in periodischen Abständen alle paar Jahre. Das ist ein Punkt der mich auch ärgert, weil ich mir denke, das ist dann eigentlich viel zu spät, wenn man es dann erst merkt. Der zweite Punkt ist, dass ich es erst jetzt wieder in einer eher sensibleren Phase merke und zwar an Krankheiten, meistens im Urlaub. Eine leicht Lungenentzündung hier oder eine Virusgrippe wie im letzten Sommer, das sind so die Warnzeichen. Ich glaube aber inzwischen, dass ich mein Zeitbudget ganz gut im Griff habe und dass ich auch mal für meine Familie, für meine Beziehung und für mich Zeit freihalte, also Wochenenden plane. So wie gestern, da hatte mein Sohn Geburtstag und inzwischen trage ich mir so etwas als Geschäftstermin ein und nehme mir den Nachmittag frei. Aber ich habe jetzt den Job gewechselt und das hat wahnsinnig viel Energie gekostet. Zwar hatte ich vergangenes Weihnachten drei Wochen Urlaub, aber da habe ich gemerkt wie ausgelaugt, wie ausgesaugt ich war. Die Energiebilanz richtig zu verteilen ist eine Aufgabe, die ich nicht so im Griff habe. Die Oberfläche - die Zeit - ja, aber eben nicht die Energie und ich habe jetzt auch gelernt, dass man da sein kann und doch nicht da sein"* (IP 16).

In der Aussage wird die Grundproblematik einer Distanzfindung deutlich, nämlich dass diese weniger mit einer der zeitlich-körperlichen Anwesenheit am Arbeitsplatz zu tun hat als vielmehr mit einer ständigen mentalen Gebundenheit an die Arbeit. Dass dies auch einigen am Arbeitsplatz selbst gut gelingt, dazu finden sich einige Aussagen im nächsten Abschnitt.

Eine häufig praktizierte Technik, um sich aus der Arbeitswelt zu lösen und in die private Welt einzutauchen, ist das Wechseln der Kleidung nach Feierabend. *„Privat ist auch, dass*

---

[392] Nähere Ausführungen dazu in Kapitel II (4.1. „Vertrauensarbeitszeit" und 2.5. „Simulation von Unternehmerverhalten").

*man die Uniform auszieht und eine andere Kleidung trägt"* (IP 1). Einige der Befragten verwiesen darauf, dass die Uniform[393] (Schlips, Anzug) auszuziehen einer Art Befreiung gleichkommt. Ähnliches Umschalten ermöglicht der Zeitraum zwischen Arbeitsende und dem Eintauchen in das private Umfeld. Dieser Zeitraum wird als ein Puffer verstanden, der es den Betroffnen er-möglicht sich mental auf die Welt zu Hause einzustellen, aber auch um die letzten Dinge aus dem Büro gedanklich zu ordnen. Der Weg gleicht einer Übergangsphase, der auch eine sehr deutliche Grenze markiert:

*„Ich nehme nie Arbeit mit nach Hause, auch nicht übers Wochenende. Arbeit ist für mich klar mit dem Büro verbunden ... auch gehe ich sehr gerne zu Fuß vom Büro nach Hause, das sind ca. 30 Minuten Fußweg"* (IP 28).

Vor allem bei Frauen mit Kindern, die nach der Arbeit zu Hause nicht Ruhe und Entspannung erwartet, sondern eine neue Aufgabe, kann dieser Nachhauseweg eine geradezu rituelle Bedeutung bekommen. Die Zeit erscheint unter der Doppelbelastung als besonders wertvoll, da man sie bisweilen als die einzige Zeit des Tages empfindet, in der man ganz sich selbst sein kann. Andere Zeiträume des „Bei-Sich-Seins" sind nur unter großer Disziplin möglich und gehen nicht zuletzt zu Lasten einer persönlichen Ruhephase:

*„Die Fahrt nach Hause, diese fünfundzwanzig Minuten gehören mir. Da höre ich die Musik ... ziemlich laut, die ich mag. Und wenn ich dann das Auto in der Garage abstelle bin ich wieder Mutter, Partnerin und Hausfrau. Auch das Drei-Stufen-Modell gehört dazu: Um 5 Uhr aufstehen und von 5-7 Uhr ist dann meine Zeit bzw. wenn mein Mann dann aus dem Haus geht und unser großer Junge dann in die Schule geht. Dann kommt um 8 Uhr die Kinderfrau und dann weiß ich, wenn ich ins Auto steige, dass alles in Ordnung ist. Was für mich auch noch eine Sache ist, die ich genieße, ist auf dem Nachhauseweg kurz einzukaufen auch wenn ich nur durch den Supermarkt hechle, aber das gefällt mir"* (IP 11).

Im Leben dieser Managerin ist so gut wie keine autonome Verfügung über die Zeit möglich. Das ganze System von Berufs- und Privatleben funktioniert nur solange sie sich dem strikten Zeitmuster unterwirft, das zu einem großen Teil von der Firma und von den Kindern bestimmt wird. In wie weit eine solch strikte Organisation über sehr lange Zeiträume durchgehalten werden kann, ohne dass man gesundheitliche Folgen (Burn-Out-Syndrom) davonträgt, muss gefragt werden. Zwar wird eine gewisse Distanz zum Beruf und zur Arbeitswelt hier bereits durch das Lebensarrangement der Befragten erzwungen, die Privatsphäre ist jedoch nur bedingt ein Bereich der Regeneration[394] und der anderweitigen Bedürfnisbefriedigungen wie dies vor allem bei Männern anzutreffen ist. Das private Heim stellt für die Managerin einen zweiten Arbeitsplatz dar und der Anspruch, diesen Anforderungen auch gerecht zu werden, drückt sie folgendermaßen aus:

*„Für mich ist Organisation das halbe Leben und das prägt mich sehr. Meine Termine sind schon auf Tage von vornherein klar und ich lebe nicht in den Tag hinein. Die fünfundzwan-*

---

[393] Goffman, E. (1973a): Asyle. Über die soziale Situation von psychiatrischen Patienten und anderer Insassen. Hier vor allem Kapitel: Totale Institutionen, S. 15-42, Franfurt/M.
[394] Vgl. Becker-Schmidt, R. (1983): Einleitende Überlegungen. In: Krekel, R: (Hrg.) (1983): Soziale Ungleichheiten, Soziale Welt, Sonderband 2, Göttingen.

*zig Minuten Fahrzeit die ich habe, das ist meine Zeit um den Hebel umzulegen. Das gelingt mir sehr gut. Mein Leben ist mit einem hohen Planungsaufwand verbunden. Ich muss hier nicht bis abends um 20 Uhr sitzen damit mich alle sehen. Es gibt es auch schon mal, dass ich mir sage: Heute kommst du nicht weiter und ich gehe nach Hause. Ich sage dann immer: Vielleicht fällt es mir ja zu Hause beim Bügeln ein"* (IP 11).

Eine völlig andere Kombination wählte eine Personalleiterin, die sich ihren Arbeitsalltag seit ihrer Mutterschaft zwischen ihrem Zuhause und ihrem Büro in der Firma aufteilt. Die damit gestiegenen Anforderungen stellte sie zunächst jedoch vor große Herausforderungen, so dass sie ihr heutiges Konzept erst nach einer gewissen Gewöhnungsphase als Bereicherung empfinden konnte:

*„Da ich auch zu Hause viel arbeite, ist bei mir in einer ganz normalen Arbeitwoche zwischen Arbeit und Freizeit auch nicht zu trennen. Das ermöglicht mir aber auch Freiheiten, wie z.B. mal nachmittags mit meiner Tochter auf den Spielplatz zu gehen. Als ich noch Vollzeit in der Firma arbeitete hatte ich das Gefühl, die Arbeit frisst mich auf, obwohl ich damals eine strikte Trennung hatte zwischen Arbeit und Privatleben. Mein Tag ist zwar jetzt durchzogen von Arbeit, aber wenn ich hier in der Firma bin kann ich auch völlig abschalten, weil ich weiß, dass mein Kind in guten Händen ist. Andersrum ist es aber genauso. Wenn ich mit meinem Kind was mache, dann ist auch die Arbeit sehr weit weg. Ich gebe zu das war auch ein Lernprozess. Ich habe gelernt durch den Schreibtisch, der mit Arbeit voll ist, hindurchzuschauen, sonst gehe ich kaputt. Früher, als ich noch Vollzeit in der Firma arbeitete, habe ich dreißig bis vierzig Prozent meiner Zeit auch vertan, aber mit dem Wissen, dass heute mein Kind in einer Stunde aufwacht oder dass in einer Stunde der Babysitter das Kind bringt, arbeite ich ganz anders und viel konzentrierter. Jetzt achte ich auch ich viel mehr darauf, wie ich Zeit habe und ich kann auch heute mal nicht an die Arbeit denken. Ich rufe jetzt auch konsequent nicht mehr im Urlaub an, wie es denn so läuft, wenn ich mal zwei Wochen nicht da bin"* (IP 26).

Dieser fließende Übergang zwischen Berufs- und Privatsphäre stellt sehr hohe Anforderungen hinsichtlich Disziplin und Konzentration an die Befragte. Das Funktionieren dieses eher un-konventionellen Konzeptes der Vereinbarkeit von Beruf und Familie in einer Managerposition ist dabei stark firmen- und personenabhängig. Bei der Befragten hat dieser notwendige Lernprozess dazu geführt, dass sie sich inzwischen auch im Urlaub für entbehrlich hält und während dieser Zeit nicht über etwaige Vorkommnisse und Veränderungen am Arbeitsplatz informiert werden möchte.

Dass jedoch die Trennung dieser privaten und beruflichen Welt nicht immer gewünscht ist, zeigt sich in der Aussage eines angestellten Geschäftsführers, der sich zur nahen örtlichen Bindung zwischen seiner Privatwohnung und der Firma sehr positiv äußert: *„Samstag bin ich oft da, auch weil ich ja nur ein 1,2 Kilometer von mir zu Hause hierher habe, aber schon auch aus Interesse. Ich habe dies auch noch nie als Nachteil empfunden."* In weiteren Verlauf des Interviews verweist er jedoch darauf, dass diese räumliche Nähe auch Nachteile mit sich bringt, denn *„ich habe kein solch unbeschwertes Leben mehr. Wenn ich nachts eine Sirene höre, gehe ich zuerst auf die Ostseite meines Hauses und schaue ob es in der Firma brennt"* (IP 27).

Das Innehaben einer solch exponierten Stellung wie die eines Geschäftsführers bringt vor allem in einem ländlichen Umfeld einen hohen Bekanntheitsgrad mit sich. In der Freizeit gelingt es dem Manager kaum eine Distanz aufzubauen, da er im Privatleben bei öffentlichen Veranstaltungen im Ort oder auch in den Vereinen häufig auf seine Funktion angesprochen wird oder nach möglichen Arbeitsstellen in der Firma gefragt wird. Da der Befragte jedoch nie einen Wohnortwechsel in Betracht gezogen hat, um mehr Privatsphäre zu haben, kann man davon ausgehen, dass er eine Distanz zur Berufswelt weder vermisst, noch den hohen Bekanntheitsgrad tatsächlich als störend empfindet.

Ähnlich dem Nachhauseweg, der ein Zurücklassen der Arbeit zur Folge hat, wird es als hilfreich empfunden, den Schreibtisch geordnet zu verlassen, um einen Arbeitstag persönlich „abzuschließen". Die Arbeit selbst ist damit zwar nicht erledigt, da sie in gewisser Weise auch endlos ist, aber durch das Ordnen und Strukturieren der Unterlagen vollzieht sich zugleich eine mentale Pause. Durch die Ordnung am zurückgelassenen Arbeitsplatz und der Sicherheit, nach der Rückkehr an der gleichen Stelle weiterarbeiten zu können, beginnt ein beruhigender Eintritt in die arbeitsfreie Zeit, wie ein 54-jähriger Vorgesetzter berichtet: *„Ich räume abends immer meinen Schreibtisch auf und lass ihn nicht chaotisch zurück. Ich bereite mich konkret auf den nächsten Tag vor und bin bereits wohl strukturiert. Ich nehme keine Arbeit mit nach Hause und wenn ich das alles geordnet hinterlasse, dann reichen mir auch die fünfzehn Minuten nach Hause um abzuschalten. Auch am Freitag bereite ich bereits alles für Montag vor, damit ich in Ruhe ins Wochenende gehen kann. Lieber bleibe ich dann mal länger, um dies noch zu erledigen, weil man ja sonst auch abends zu Hause noch ins Grübeln kommt"* (IP 10).

In wie weit das beschriebene Verhalten jedoch eine Distanz verschafft ist, fraglich. Eher scheint es sich hierbei um längere Verschnaufpausen zu handeln, die man sich nur deshalb leisten kann, weil man durch sein Ordnungssystem sicherstellt, dass keine wichtigen Informationen verloren gehen.

Anders als bei obigem Manager ist für viele eine örtliche Trennung zwischen Arbeitsort und Wohnort sehr wichtig. Dies scheint in der Mehrzahl der Fälle die effektivste Variante zu sein, eine Distanz zum Arbeitsfeld aufzubauen. Ein 52-jähriger Manager, der in seiner Firma für 95 Mitarbeiter verantwortlich ist, wohnt ca. zwanzig Autominuten vom Firmenort entfernt. Darüber hinaus trennt er auch seine sozialen Kreise sehr strikt:

*„Ich selbst gehe hier in der Stadt - außer beruflich - nie weg. Auch Freunde aus der Firma gibt es nicht. Ich nehme meine Frau, wenn ich mal weiter weg auf Dienstreise bin, schon mal über ein verlängertes Wochenende mit, aber ansonsten besteht eine strikte Trennung. Diese starke Trennung ist natürlich ein Schutzschild. Auch die Nachhausefahrt ist eine Trennung"* (IP 3).

Auch jene Gruppe, die aufgrund der Entfernung zum Arbeitsplatz Wochenendpendler ist, zeigt sich eher froh darüber, dass ihnen eine Trennung von Beruf und Privatleben von außen auferlegt wird. Eine 47-jährige Managerin, die in Frankfurt wohnt und deren Familie in Dresden lebt, berichtet:

*„Mein Wohnort ist nicht mein Arbeitsort, ich trenne das hier ganz klar. Ich bin sechs Tage in der Woche hier und ich bin froh, dass meine Familie nicht hier wohnt, sonst wäre das schwieriger. Es ist klar, wenn ich hier wohnen würde, dann nimmt man auch die Arbeit mit nach Hause, in Papierform oder im Kopf, spricht zu Hause darüber. Man hat auch immer noch im Nacken was man nicht geschafft hat. Wir sind alle froh, dass wir nicht gemeinsam hierher gezogen sind. Unser Freundeskreis, die Arbeit meines Mannes und die Kinder, die haben ihr Leben dort und ich hätte immer ein schlechtes Gewissen gehabt, weil ich mich nicht genügend drum kümmern kann"* (IP 22).

Da diesen Wochenendpendlern ein sehr hohes Zeitbudget zur Verfügung steht, sie also nicht von äußerlichen Umständen (Familie, Kinder, Freunde) dazu gedrängt werden können, bestimmte Tagesarbeitszeiten einzuhalten, arbeiten sie nicht selten mehr als 12 Stunden am Tag. In wie weit es ihnen gelingen würde bei plötzlicher Zusammenlegung von Arbeitsplatz und Wohnort eine tägliche Normalarbeitszeit von ca. acht Stunden zu pflegen, ist fraglich. Im weiteren Verlauf erzählt die Interviewpartnerin, wie sie ihren Tagesablauf strukturiert: *„Ich stehe während der Woche um 4.30 Uhr auf und bin um 5.30 Uhr im Büro, das ist so eine feste Stunde morgens, die ich brauche, da frühstücke ich, lese was… In der Früh, das ist so meine Zeit, da habe ich die Ruhe hier Dinge abzuarbeiten und um 8 Uhr, wenn die anderen kommen, habe ich das Gefühl schon was geschafft zu haben. Da habe ich meine Mails und meine Post schon erledigt, weil während des Tages dauernd Sitzungen anstehen bis siebzehn Uhr und ich schlepp das nicht den ganzen Tag mit mir rum"* (IP 22).

Eine eskalierende Arbeitszeit von bis 70 Stunden in der Woche, scheint für sie völlige Normalität zu sein, zumal sie aufgrund ihrer Tätigkeit auch viele Samstage arbeitet, bleibt letztlich nur der Sonntag als freier Tag, den sie dann mit ihrer Familie verbringt. Ob diese kurzen Unterbrechungen der Arbeitswoche überhaupt die Möglichkeit bieten abzuschalten oder irgendeine Art von Distanz aufzubauen ist zweifelhaft. Während der Woche ist das Privatleben zumeist auf Telefonkontakte beschränkt und da Wochenendpendler ihre Tätigkeit vor Ort selten auf Dauer ansehen, besteht auch kaum der Wunsch am Arbeitsort noch soziale Kontakte aufzubauen. Ein 32-jähriger Befragter, der von seiner Frau und den beiden Kindern während der Woche einige hundert Kilometer getrennt lebt, beschreibt einen ähnlichen Tagesablauf: *„Ich beginne um sechs Uhr zu arbeiten, weil ich dann bis neun Uhr in der Regel ungestört bin. Abends gehe ich dann noch mal Joggen oder in die Muckibude, einfach den Kopf leer machen. Zwischen 17-19 Uhr ruft dann meine Tochter an und will ihre Gute-Nacht-Geschichte hören"* (IP 25). Diese Gute-Nacht-Geschichte, so der Befragte, wird ihr dabei auch oft vom Büro aus erzählt.

Zum Abschalten und der Schaffung eines Abstandes zur Arbeitswelt werden vereinzelt auch religiöse Bindungen angeführt. Durch den Glauben wird eine gewisse Wertigkeit und Hilfestellung vermittelt, die im Alltag der Berufswelt oft verloren geht. Ein 41-jähriger Manager, der mit seiner Familie auf dem Lande lebt und dort in die Kirchengemeinde eingebunden ist, verweist auf die Bedeutung des wöchentlichen Kirchgangs:

*„Die Religion gibt mir Ruhe und schafft Einstellung, diese relativieren manches. Ich gehe fast jede Woche einmal in die Messe und die Stunde in der Kirche zeigt auf etwas, was nichts mit der realen Welt zu tun hat und man stellt Fragen, die so im Berufsleben nicht gefragt werden"* (IP 1).

Auch ein selbständiger Unternehmer, der neben der Leitung der Firma auch noch in eine Vielzahl anderer Tätigkeiten und Engagements eingebunden ist, bekennt sich zu seiner stark religiösen Verankerung: *„Der Glaube ist für mich wie das Geländer um sicherer die Treppe hinaufzukommen. Es gibt Menschen, die brauchen dieses nicht, aber mit Geländer ist es angenehmer"* (IP 15).

Eine religiöse Einstellung und der praktizierte wöchentliche Kirchgang bieten Hilfestellungen bei der Distanzfindung, indem sie zumindest kurze Momente des Innehaltens ermöglichen oder persönliche Handlungsmaximen, nach denen man sein Leben ausrichten kann, anbieten. Auch wenn dies ein Weg ist, der nur von wenigen beschritten wird, so kann er dennoch helfen, die Arbeitswelt nicht übermächtig werden zu lassen. Durch das Vorhandensein von eigenen Zielen, Werten und Überzeugungen sind weit weniger Möglichkeiten gegeben, einer Unternehmensideologie zu unterliegen.

Von starker Bedeutung beim Aufbau einer Rollendistanz scheint vor allem bei den jüngeren Führungskräften der Sport zu sein. Dieser ist bisweilen nicht nur ein sehr wichtiges Instrument - möglicherweise sogar das wichtigste - , um überhaupt abschalten zu können. Die sportliche Betätigung und die damit verbundene physische Erschöpfung werden als Befreiung vom Arbeitsstress empfunden, der sich im Laufe des Tages aufgebaut hat[395]. Ein Manager in den Dreißigern, der sehr viel Zeit seinem Sport, dem Karate, widmet und auch als Trainer tätig ist, berichtet:

*„Zur Zeit ist die Arbeit sehr mächtig, da finde ich kaum Abstand. Abschalten kann ich am besten durch Sport, das ist für mich sofortiges Abschalten. Wenn ich hier bis neunzehn Uhr arbeite und habe von zwanzig bis einundzwanzig Uhr dreißig eine Trainerstunde und dort warten zwanzig Leute auch mich, die sich quälen wollen, dann ist das sofortiges Umschalten"* (IP 23). Wie wichtig die Herausforderung auch in seiner Freizeit ist, kann man einer weiteren Aussage von ihm entnehmen: *„Ich spiele sehr gerne, also das kleine Abenteuer, das Risiko. Damit meine ich nicht Computerspiele, sondern ich tauche und ich zocke an der Börse. Gewinnen und verlieren ... und mich mit Leuten, die das gleiche machen, darüber auszutauschen, das gefällt mir"* (IP 23).

*Nach Feierabend nicht einfach auszuspannen, sondern sich neben der mentalen Erschöpfung auch noch körperlich zu verausgaben, ist ebenso für eine weibliche 30-jährige Führungskraft, die nach eigener Auskunft fast jeden Feierabend mit einer Runde Sport ab-*

---

[395] Wird die Freizeit, die ja auch der Regeneration dienen sollte, vor allem mit Sportarten, die sehr konkurrenz- und leistungsbezogen sind, verbracht, dient dies auch dem Bedürfnis nach einem Abbau von inneren Spannungszuständen. Der andauernde Stress und die Hyperaktivität werden dabei jedoch weniger abgebaut als vielmehr nur ausgewichen (Diem-Wille, G. (1996): Karrierefrauen und Karrieremänner. Eine psychoanalytisch orientierte Untersuchung ihrer Lebensgeschichte und Familiendynamik, Opladen, S. 81. In: Ziegler, J. (2002): Zwischen Karriere und Familie. Eine Untersuchung über österreichische Führungskräfte, Wien, S. 134).

*schließt, sehr bedeutsam. Dabei ist die Verbesserung der beruflichen wie auch der sportlichen Leistungen wichtige Ziele:* „Auch habe ich den Ansporn im privaten Bereich eine noch bessere Sportlerin zu werden. Ich mache Ausdauersport, aber auch Wandern und Klettern" *(IP 30). Und auf die Frage, ob es denn auch noch Faulheit in ihrem Leben geben würde:* „Faulenzen, das gibt es sicher nicht. Wenn, dann dient die Ruhe der Regeneration".

Sport scheint durch seine physische Belastung immer noch die erfolgreichste Art zu sein, den Stress abzubauen und den Kopf wieder leer zu bekommen. In wie weit der Sport jedoch wirklich eine Entspannung herbeiführt oder nicht nur ein Weiterarbeiten und ein sich Bewähren müssen in einem anderen Umfeld darstellt, diese Frage muss gestellt werden. Häufig ist die sportliche Betätigung die Umsetzung des Leistungsprinzips mit anderen Mitteln in einer nicht-beruflichen Umgebung. Wie internalisiert der Leistungsgedanke bereits ist, wird daran erkennbar, wie negativ der Begriff des Faulenzens besetzt ist.

## 5.2. Distanz zum Beruf im Berufsleben

Neben einer notwendigen echten zeitlichen oder örtlichen Trennung zum Arbeitsort besitzen einige der Befragten die Fähigkeit sich, im Alltag der Arbeit immer wieder eine vorübergehende Distanz zur Arbeitswelt zu schaffen. Die Methoden, durch die dieses möglich wird, sind unterschiedlichster Art, d.h. im Sinne von Goffman einen Zeitweisen Rückzug auf die Hinterbühne zu vollziehen. Gelegenheiten für Auszeiten während des Berufsalltages scheint es viele zu geben, wenn man sich einige Aussagen der Befragten näher betrachtet. Ein erster Schritt dazu ist, sich bewusst Freiheiten zu nehmen und damit auch als Chef nicht immer verfügbar sein zu wollen. Ein 41-jähriger Bereichsleiter der Computerindustrie, in dessen Unternehmen stark amerikanisierte Umgangformen vorherrschen, meint: *„Mittags mache ich immer die Tür zu im Büro – wir haben eine „Open-Door-Policy", wo jeder reinkommen kann - da habe ich von 13-14 Uhr meine stille Stunde. Da überlege ich mir auch ganz klar, was liegt hinter mir, was vor mir, da sortiere ich mich. Das musste ich auch lernen. Ich habe schon vor 8-10 Jahren gemerkt: Die erschlagen mich sonst mit Müll. Es gibt immer Leute, die sich immer sichtbar machen wollen. Es gibt Chefs, die wollen dass man immer erreichbar ist und Kunden die einen immer verfügbar haben wollen. Aber denen allen kann man nur nützen, wenn man selbst konzentriert nachdenkt und arbeitet und das vergessen die meisten. Dies war nicht ganz einfach, doch irgendwann habe ich mir gesagt: Ich setze meine Grenzen, weil der Raubbau durch Menschen, die nicht selbst nachdenken wollen, gigantisch ist. Und wenn man das durchzieht, dann gewöhnen die sich auch dran. Zeitmanagement ist das A und O. Aber es gibt natürlich auch den Umkehrschluss: Ich bin so wichtig, ich muss immer erreichbar sein"* (IP 8).

Der Befragte verweist auf den für ihn wichtigen Lernprozess, nämlich sowohl anderen, als auch sich selbst Grenzen zu setzen. Doch nicht jeder Manager ist dazu in der Lage oder nicht dazu bereit. Ein 38-jähriger Manager hat sich damit auseinandergesetzt und für sich selbst inzwischen seinen Weg gefunden, sich nicht völlig von Arbeit vereinnahmen zu lassen und dabei in gleicher Weise einer Firmenkultur genüge zu tun:

*„Ich glaube man hat sehr große Handlungsfreiräume, die Frage ist nur ob man sich diese Freiräume nimmt oder nicht. Wenn nicht, dann ist man selbst schuld. Ich hatte früher mal einen Chef, der war immer total eingespannt. Doch ich glaube das waren auch 85 Prozent hausgemachter Stress, weil er glaubte immer alles selber machen zu müssen. Ich lass das eher ruhiger angehen. Bereits wenn ich zur Arbeit gehe gilt dies ... gut, man sollte morgens nicht der Letzte sein und Abends nicht der Erste der geht und man soll manche Dinge auch selber leisten, die man von den anderen Mitarbeitern verlangt, aber ich glaube auch nicht, dass es noch Sinn macht wenn man bis abends um 20 Uhr sitzt"* (IP 9).

Und ein Kollege der gleichen Firma meint: *„Die Firma selbst setzt nur den groben Rahmen und die Prioritäten. Ich selbst mach' dann einfach mal ein Spiel und nehme mir eine Auszeit: ich teste die Reaktionen, wenn ich weniger arbeite und dann kann man für sich das Tempo so verlangsamt fortführen, wenn weiterhin alles ok läuft"* (IP 1). Hilfreich bei der Idee zu diesem Experiment war ihm dabei möglicherweise auch seine frühere Erfahrung mit Führungskräften, die ihre völlig eigene Arbeitsauffassung zelebrierten:

*„Bei einer früheren Firma hatte ich einen Vorgesetzten, der hat mich doch sehr beeindruckt. Er hatte sein Büro mit Perserteppichen ausgelegt, war sehr locker und oft 5 Stunden am Tag nicht da ... der war wirklich sehr lustig"* (IP 1).

Auch wenn dieser Vorgesetzte eher eine Ausnahme darstellt, so zeigt sein Verhalten doch deutlich die Möglichkeiten und Freiheiten in einem Großbetrieb auf. Im allernächsten Umfeld einmal die Erfahrung zu machen, wie flexibel ein System doch ist und welche Nischen es für Sonderlinge und bunte Vögel bietet, lässt einen die vorherrschenden Strukturen mit Abstand betrachten.

Wohl eher auch den bunten Vögeln zuzurechnen ist ein Vorstandvorsitzender einer Bank, der nicht davor zurückgeschreckt ist, sich selbst bei schwierigen Kunden einzuladen. Dies geschieht zum einen aus Lust an der Herausforderung, aber auch aus Spaß am Spiel:

*„Ich habe mir 6-10 schwierige Kunden genommen und mich aktiv einfach bei den Personen eingeladen und versucht diese für unsere Firma zu gewinnen. Auch als Vorstand habe ich mich einfach bei den Leuten eingeladen. Ein Prälat der Katholischen Kirche in München ließ mich total abfahren und nach einem solchen Erlebnis denke ich mir dann immer: Lass es bleiben, aber nach 2 Wochen habe ich wieder Lust dazu. Auch früher schon habe ich einfach spontan Leute angesprochen z.B. im Zug, um auszutesten ob ich sie für unsere Firma gewinnen kann. Ich gehe ganz bewusst auch auf schwierige Menschen zu und wenn es nicht klappt, dann denke ich mir: Jetzt erst recht"* (IP 7).

Dieses spielerische Moment, das sich im Verhalten des 56-jährigen Befragten zeigt, lässt auf einen distanzierten Blick hinsichtlich der Stellung innerhalb der Hierarchiestrukturen schließen, da er ohne sich Gedanken über ein positionsadäquates Verhalten zu machen, Rollennormen hinten anstellt und seine persönliche Wirkung austestet. Auch wenn davon auszugehen ist, dass dieses Verhalten in erster Linie seiner eigenen Unterhaltung dient und nicht in erster Linie mit dem Ziel eines erfolgreichen Geschäftsabschlusses verbunden ist, so vermittelt es dennoch ein Selbstdefiniertes Verständnis seiner Rollenauffassung.

Von wenig Spielerischem zeugt dagegen die kaum idealisierte Perspektive eines 39-jährigen Diplom-Kaufmannes, der für mehr als 170 Personen verantwortlich ist und sowohl seine Tätigkeit wie auch sein Arbeitsumfeld sehr ernüchternd beschreibt:

*„Also, ich bin nicht besonders stolz hier. Vor ein paar Jahren war das noch anders, als die Leute sagten sie seien stolz hier zu arbeiten, das hat sich geändert. Es hat sich auch vieles zum Nachteil geändert. Hier gab es früher noch eine große Hängematte. Ich bin nicht so, dass ich mich mit dieser Firma hier hochgradig identifiziere. Das hängt aber auch an den Problemen, die ich mit dem oberen Management hier habe, wo ich nicht 100 Prozent dahinter stehe. Aber auch da gilt: Loyalität hin oder her, aber wenn ich gar nicht dahinter stehen könnte, dann würde ich meine Konsequenzen ziehen. Weil für jemanden zu arbeiten, den ich nicht erst nehme, den ich nicht akzeptieren kann, das hat keinen Sinn"* (IP 17).

Aufgrund seiner nächsten Pläne, nämlich einen Wechsel so bald wie möglich in Betracht zu ziehen, wird eine geringe Verbundenheit zu seiner Firma erkennbar: *„Für mich ist der nächste Schritt in einer ähnlich großen oder etwas kleineren Firma in der Geschäftsführung verantwortlich zu sein und selber an Entscheidungen mitzuwirken ... und wenn dann noch die Firma passt, dann kann ich mir auch vorstellen das länger zu machen"* (IP 17).

Dass auch die Arbeitswelt nicht nur im übertragenen Sinn eine Art von Theaterbühne sein kann, sondern ganz absichtlich für Auftritte und Effekte genutzt wird, weil es einfach mal interessant ist aus dem Rahmen zu fallen, darüber gibt ein 38-jähriger Ingenieur Auskunft:

*„Ich kann in Sitzungen auch aus dem Rahmen fallen, die Tür zuhauen, rumschreien usw. und ich setzte das auch mal gezielt ein. Wenn die Leute dann wissen, er kann auch anders, d.h. er mag es zwar nicht, aber er kann auch so, dann muss man das auch nicht so häufig tun. Zwar hat man dann den Ruf weg mit dem muss man so und so umgehen, aber ich habe mir im Laufe der Zeit auch ein dickes Fell zugelegt. Ich hab Mobbing schon erlebt und ich habe auch gemerkt, es lohnt sich nicht als Sensibelchen durch die Welt zu laufen, alle Antennen auszufahren. Sondern es reicht auch, wenn ich die Hälfte meiner Antennen einfahre. Ich bekomme dennoch genügend mit. Es ist auch ein großer Unterschied der Zusammenarbeit zwischen Männern und Frauen zu beachten. Wenn ich mit Frauen zusammenarbeite, gehe ich auch anders mit dem Gegenüber um, denn die sind sensibler und daran muss ich mich halt auch mal adaptieren"* (IP 24).

Sich auf das Gegenüber einstellen und seine Strategie danach ausrichten ist jene Möglichkeit des Rollenspiels, wie es Goffman in seiner Bühnenmetapher beschreibt. Durch das 'Sich in Szene setzen' wird eine Art von Mystifizierung erreicht, welche wiederum eine Art von Autorität erzeugt. Hier wird die Fähigkeit des Schauspielers deutlich, seine Rolle so zu beherrschen, dass er diese je nach Publikum auch umgestalten kann. Dies sind Freiheiten und neue Möglichkeiten, die sich nur bieten, wenn der Betroffene sich zum einen von der eigenen Rolle distanzieren kann und zum anderen auch einen genauen Blick für die Bedürfnisse der anderen hat.

Nicht wenige der Befragten haben sich im Laufe des Berufslebens gewisse Rituale angeeignet, die ihnen helfen einen Arbeitstag zu unterteilen. Sie haben damit den betrieblichen
Arbeitszeitvorgaben ihren individuellen Zeitrhythmus übergestülpt. Diese Ritualisierungen
bilden je nach Art und Ort Ruhe- und Entschleunigungsphasen und haben Entspannungs-
und Abschaltfunktionen:

*„Der Tag ist wie ein Pfadablauf: In der Arbeit gibt es immer ein Morgengespräch mit mei-
nen Mitarbeitern um den Tag zu besprechen, sich zu begegnen, sich zu sehen. Dann gibt es
mit meinen direkten drei Kollegen einmal am Tag ein gemeinsames Kaffeetrinken und auch
jeden Mittag nehme ich mir 30 Minuten Zeit zum Essen und um eine Pause zu machen. Ich
kenne viele Kollegen die so was nicht machen, die gehen mir auch auf die Nerven. Dann
versuche ich auch so einmal am Tag vor Ort zu sein, also einmal am Tag an allen Mess-
Ständen vorbeizugehen. Da halt ich 'nen Plausch, das kann was Fachliches sein oder auch
einfach nur dummes Zeug. Wichtig ist auch, dass ich immer eine Krawatte anziehe, ich
mag das auch und das hilft mir auch zu differenzieren. Also, zu entscheiden zwischen Freizeit und Arbeitszeit. Auch tue ich fünfmal während der Woche kalt duschen, damit kasteie
ich mich, um mich für den Tag zu stählen, das würde mir am Wochenende nie einfallen"*
(IP 19).

Das An- oder Ablegen der Krawatte stellt dabei ein sichtbares Symbol dar, das mit einem
klar definierten Ort einhergeht. Sobald die Krawatte abgenommen wird, ist damit auch ein
Verlassen der Bühne ‚Arbeitswelt' verbunden. Andere Rituale, um den Arbeitstag den eigenen Bedürfnissen anzupassen sind für einen älteren Manager: *„Ich rufe jeden Tag 1-
2mal zu Hause an. Das sind für mich Arbeitspausen. Es gibt ein Morgenritual: Ich stehe
um 5.30 Uhr auf, mache das Frühstück und wecke die anderen. Wenn ich auf Dienstreise
bin, dann rufe ich um diese Zeit an. Auch schau ich mir meine E-Mails immer nur morgens
an"* (IP 3).

Nur wenige vollziehen auch während des Tages einen tatsächlichen Schnitt zwischen Ar-
beits- und Privatwelt, indem sie zum Mittagessen nach Hause fahren. Doch es ist auch davon auszugehen, dass allein die örtliche Nähe nur wenige auf die Idee bringen würde, dem
Beispiel eines älteren Managers zu folgen:

*„Ich fahre mittags immer heim, ich habe es nicht weit. Ich esse zu Hause mit der Frau zu-
sammen und das mache ich ganz konsequent schon seit langem. Das verschiebe ich auch
nur sehr ungern und halte mich da ganz konsequent dran. Mir macht es Spaß den Tag mal
zu teilen, Vormittag und Nachmittag. Wenn ich hier in die Kantine gehe, dann trifft man
sich da unten und sofort setzten sich fünf Leute dazu die ich kenne und belatschen einen mit
irgendwas und erstmal muss ich dann reden und das mag ich nicht. Ich mag beim Essen
nicht reden - wenn ich daheim bin rede ich nicht viel, aber das ist so akzeptiert. Ich esse
halt dann in Ruhe und meine Frau redet zwar dann, aber sie weiß dass ich da gar nicht
richtig zuhöre. Das ist aber alles akzeptiert und das macht mir Spaß und dann leg ich mich
zehn Minuten hin und komm' ich wieder rein. Ich brauch da genau eine Stunde, das
habe ich mir ausgerechnet, vielleicht dauert es auch mal 10 Minuten länger, es kommt
darauf an wie ich gleich Termine habe. Das bringt mir unheimlich viel, das ist ein Ritual
und besonders schön ist seit einiger Zeit, dass meine Tochter mit den zwei Enkeln dann*

auch da ist, ungefähr zweimal in der Woche und dass man die dann auch nochmals sieht, das macht richtig Spaß. Da freue ich mich schon immer drauf wenn ich heim komm und das genießen kann" (IP 6).

Ein selbständiger Unternehmer, bei dem man am ehesten vermuten könnte, dass es nur sehr späte Feierabende gibt, hat sich geschworen, „ dass ich um 18.30 Uhr nach Hause gehe, egal wie viel Arbeit hier noch ist. Auch fahre ich jeden Mittag nach Hause zum Essen. Eineinhalb Stunden, das gönne ich mir schon, das tut mir auch gut. So im Garten sitzen auch mit den Enkeln. Ich fange auch morgens um 7 Uhr an" (IP 29).

Trotz seiner eigenen Firma ist er zudem noch ein begeisterter Musiker, der sich die Zeit nimmt im Ausland Workshops für sein Instrument zu besuchen, und darüber hinaus noch in zwei Bands mitspielt. Die Übungseinheiten sind dabei für ihn wie das Eintauchen in eine andere Welt:

„Ich muss sagen, diese Zeit fürs Üben muss ich mir schon sehr gut einteilen und samstags da mache ich auch mal zwei Übungseinheiten. Ich übe jeden Tag nach der Arbeit eine Stunde im Dachgeschoss. Mir gibt das sehr viel und wenn ich auch hier im Geschäft den größten Ärger habe und mit einem solchen Schädel nach Hause komme, dass mich niemand ansprechen darf, aber dann nach meiner Übungsstunde geht es mir wieder besser" (IP 29).

Gegenüber dem quasi endlosen Arbeiten bietet das außerberufliche, zur Entspannung ausgeübte Ritual des Musizierens dem Befragten die Möglichkeit in eine andere Welt einzutauchen. Dass solche Rituale auch einen gewissen Schutz bieten können, wird dann sehr deutlich, wenn Menschen sich solche Rituale nicht erlauben:

„Tägliche Rituale gibt es so nicht. Ich krieg das irgendwie nicht hin oder ich will das auch nicht hinkriegen, sonst würde ich das sicherlich schaffen. Dazu bin ich vielleicht auch zu unruhig. In der Arbeitzeit nehme ich mir die Zeit auch nicht wie es ein Kollege tut, der nach dem Mittag noch mal einmal um den Block geht. Bei mir ist die Zeit hier Job und ich gehe auch kein Mittagessen. Da habe ich ein schlechtes Gewissen und denke mir: Ich könnte das oder jenes noch machen und mache lieber noch was fertig" (IP 21).

Der Befragte äußert sich unsicher über die Notwendigkeit und die Sinnhaftigkeit von Ritualen und erklärt es mit seiner persönlichen Unruhe. Obwohl er bei Kollegen sieht, dass diese sich zumindest zur Mittagszeit eine Pause gönnen, versucht er seinen Arbeitseinsatz zu rechtfertigen. Für ihn kommt Mittagspause einer Art von Zeitverschwendung gleich und sein Durcharbeiten, das mit dem Motto „Anwesenheit ist Job" gerechtfertigt, zeugt von einer starken Verinnerlichung der Systemerwartungen. Auch das Bedürfnis Dinge abzuschließen und zu erledigen, bevor man sich gestattet in den privaten Teil des Tages einzutauchen, lässt eine geringe Distanzierung zu den Rollenwartungen vermuten.

Dass ein Heraustreten und Zurücklassen der Arbeitwelt nicht positionsabhängig ist, macht ein Vorstandsvorsitzender deutlich. Er hat sich zum Ziel gesetzt die beruflichen Erfordernisse mit seinen privaten Wünschen möglichst zu verbinden und entschied sich daher an seinem 50.Geburtstag sich ein Feriendomizil in bayerischen Reit im Winkl einzurichten:

*„Dort bin ich oft von Mittwoch oder Donnerstag bis Sonntag, ich mache mich etwa alle 14 Tage davon, aber mindestens alle drei Wochen. Darauf verzichten möchte ich nicht. Diese Wochenenden sind bereits das ganze Jahr über durchgeplant und es sind auch für Sekretärinnen unantastbare Tage. Diese Zeit nutze ich aber auch, um über Strategien und auch über Probleme nachzudenken. Damit dies klappt, ist ein Zusammenspiel von mehreren Punkten notwendig: Meine Sekretärinnen stellen mir keine Anrufe durch, bei möglichen Problemen schicken sie mir ein Fax und wenn ich glaube, dass dies auch ein Problem ist, dann melde ich mich. Wenn nicht, dann melde ich mich erst gar nicht. Sicher habe ich auch einen Komfort. Ein Fahrer bringt mich immer nach Reit im Winkl, d.h. ich lass mich fahren und in der Zeit kann ich bereits meine Post durcharbeiten. So bin ich durch meine Zeiteinteilung auch selbst schon Vorbild geworden für Kollegen, denn viele Kollegen kaufen sich ein Haus auf Mallorca und kommen dort aber nie hin, weil es einfach zu weit weg ist"* (IP 7).

Zwar hat der Befragte nach eigener Auskunft aufgrund seiner Position gewisse Annehmlichkeiten (Sekretärinnen, eigener Chauffeur), diese sind jedoch nur gewisse Hilfen, welche die regelmäßigen verlängerten Wochenenden zwar erleichtern, aber nicht grundsätzlich ermöglichen. Dass ein Vorstandvorsitzender sich diese Freiheiten nimmt und sich aus der vermeintlichen Anwesenheitspflicht einfach herauslöst liegt in der persönlichen Rollenausgestaltung begründet. Ein Wochenenddomizil nur wenig hunderte und nicht tausende Kilometer entfernt zu wählen, zeugt von der pragmatischen Einstellung sich in regelmäßigen Abständen Auszeit vom Geschäftsleben zu nehmen. Ebenso die Planung und das Abkommen mit den Sekretärinnen sind Ausdruck dafür, dass sich hier jemand ganz bewusst entschieden hat, sich im Rahmen des Möglichen einem dauerhaften Zugriff auf seine Person zu entziehen. Vor dem Hintergrund der Manageraussagen, sich weder eine Mittagspause noch kaum freie Samstage zu gönnen, ist diese Einstellung des Vorstandvorsitzenden durchaus bemerkenswert.

Ein Bewusstsein für die eigenen Fähigkeiten und ein kritischer Blick auf die persönliche Situation und Position relativieren viele vermeintliche Zwänge. Ein 39-jähriger Diplom-Kaufmann der oberen Führungsebene ist davon überzeugt, dass er aufgrund seiner Kompetenz auch andere Arbeitgeber finden könnte. Unterstützt wird diese Sichtweise durch mehrere berufliche Wechsel in der Vergangenheit, die jeweils mit einer Positionsverbesserung einhergingen:

*„Ich hatte auch das Glück immer einen Job zu haben, der mir gefiel und nie einen ätzenden Job bei dem ich mich quälen musste. Auch aus der Erfahrung oft den Job und den Arbeitgeber gewechselt zu haben, habe ich auch eine relativ große innere Unabhängigkeit. Auch weil ich weiß, dass ich auch einen adäquaten Job woanders finden kann. Was ich bisher gemacht habe, sowohl die Karriere wie auch der Lebenslauf, ist transparent. Von daher macht es mir auch keine Angst, wenn sich hier was ändert. Hinzu kommt, dass ich auf dem Level wo ich jetzt bin eine Absicherung finanzieller Art habe und auch eine gewisse Übergangszeit mal überbrücken kann. Außerdem weiß ich auch, dass wenn ich mich als nächs-*

*tes bewerben werde, dies auch so meine Themen sind, wo ich im Detail drin stehe. Da brauch ich nicht so die Konkurrenz zu fürchten und mir von jemandem aus einem anderen Bereich sagen zu lassen, wie man meine Arbeit besser machen kann. Da geht es dann mehr um das Verhandeln und um das Durchsetzen meiner Interessen. Auch geht es dann mehr um Machtspielchen, wo man jemandem eine Niederlage zufügen will"* (IP 17).

Der Befragte strahlt durch eine distanzierte Sichtweise auf seine jetzige Tätigkeit gepaart mit dem Bewusstsein über seine eigenen Fähigkeiten, aber auch mit dem Hinweis auf seine finanzielle Unabhängigkeit, eine gewisse Unverbindlichkeit aus. Dass es sich dabei nicht nur um eine rationale und theoretische Sicht handelt, sondern als authentisch einzustufen ist, zeigt sich aus dem gesamten Lebenslauf des Befragten. Durch die Vielzahl der Wechsel und auch verschiedener Förderer konnte er sich ein Netzwerk aufbauen, das ihm eine große Sicherheit und eine ständige Verbesserung seiner beruflichen Situation bot. Eine realistische Einschätzung der eigenen Fähigkeiten hinsichtlich seines beruflichen Schwerpunktes, und dass er diesem immer treu geblieben ist, gibt ihm weiteres Selbstbewusstsein. Die Betonung, dass es sich in seinem Positionsbereich eher um Machtspielchen handelt, macht sein Wissen um die Regeln der Inszenierung innerhalb der Arbeitswelt deutlich.

Eine sehr eigenwillige Aussage, die zum einen durch ihre Offenheit überrascht, zum anderen aber auch auf eine gewisse Distanz und sehr individuelle Sichtweise auf die Berufsrolle schließen lässt, wurde von einem 40-jährigen Ingenieur in einer Automobilfirma getätigt. Er meinte zum Thema Faulheit: *„Also, ich bin auch in der Firma faul und ich muss sagen, da gehe ich mir ziemlich auf die Nerven. Es gibt so Tage da bekomme ich nichts gebacken und wo ich Zeit am Schreibtisch vertrödle. Das weiß ich auch und das sehe ich auch deutlich als meine Schwäche. Aber die Energie, die ich da aufbringen müsste um dies zu überwinden, ist so riesig und so immens, dass ich mir sage, dann ist das halt so"* (IP 19).

Auch wenn der Befragte zugibt, dass er nicht sonderlich stolz darauf ist, auch faule Tage am Arbeitsplatz zu haben, so gesteht er sie sich dennoch zu und akzeptiert sie. Überraschend ist vor allem, dass hier - nicht wie in anderen Interviewaussagen - der Begriff der Faulheit auch in Zusammenhang mit dem Arbeitsplatz thematisiert wird, zumal aus vorausgegangen Interviewauszügen deutlich wird, dass die Mehrheit der Manager bestrebt ist, ein Bild zu vermitteln, dass die Arbeit einen ständig bis an die Höchstgrenzen fordert. In wie weit der Eindruck vermittelt werden soll, dass am Arbeitsplatz ständig Höchstleistungen verlangt werden und es sich bei Managern um ständig leistungsfähige und leistungswillige Menschen handelt, muss an dieser Stelle unbeantwortet bleiben.

## 5.3. Ein distanzierter Blick auf die Kollegen

Neben der Einschätzung über das eigene Verhalten am Arbeitsplatz und möglicher Distanzierungsstrategien sollte auch eine Einschätzung der Kollegen vorgenommen werden. Von Interesse war dabei, welche Ursachen und Gründe vermutet werden, dass Kollegen zu extrem hohen Arbeitsleistung bereit sind. Dadurch wurde eine Rückkoppelung auf die Stimmigkeit der Aussagen der jeweiligen Personen möglich.

Eine Managerin, die zugleich die Mutterrolle ausübt und als Personalleitern beruflich sehr gefordert ist, daher auch ihre Arbeit teils in der Firma teils vom häuslichen Schreibtisch aus erledigt, betont während des Gespräches den hohen Stellenwert, den ein erfülltes Privatleben für sie hat. Arbeitsbesessene Kollegen betrachtet sie mit gemischten Gefühlen:

*„Ich glaube Kollegen, die nur noch arbeiten, haben kein erfülltes Privatleben. Denn der Hauptgrund, warum man soviel arbeitet ist nicht ein finanzieller. Ich glaube für diese Menschen ist Arbeit wie ein Gerüst, das sie aufrechterhält. Sie haben dies aber auch so zugelassen und bewusst gewollt. Die Arbeit ist für solche Menschen Inhalt und Daseinszweck zugleich. Sicherlich können solche Menschen die ersten Jahre viel bewegen und sind auch erfolgreich, aber sie sind dann auch schnell ausgebrannt und verlieren den Focus. Jeder Mensch hat seine Leistungsgrenzen und ich glaube ein Mensch kann nicht mehr als 10 Stunden intensiv und strukturiert arbeiten, also 16 Stunden geht das nicht. Man muss den Akku auch wieder aufladen"* (IP 26).

Das Phänomen, dass Menschen täglich mehr als 12 Stunden arbeiten und auch noch Samstage in der Firma verbringen, wird von den Betroffenen zumeist als gewollt dargestellt und sogar noch mit „Spaß an der Arbeit" gerechtfertigt. Dass die Arbeit auch einziger Inhalts des Lebens sein kann findet sich auch in der Äußerung eines 54-jährigen Managers der Automobilindustrie wieder. Er kennt aus eigener Erfahrung ein Übermächtigwerden der Arbeit und aufgrund verschiedener Ereignisse haben sich die Prioritäten in seinem Leben verschoben. Seine Beobachtungen an den wenigen Samstagen, an denen er selbst in die Firma kommt, beschreibt er folgendermaßen:

*„Am Samstag da komm ich ganz selten mal rein, vielleicht mal um den Schreibtisch aufzuräumen und dann sehe ich bestimmte Mitarbeiter von mir. Von denen weiß ich auch, dass die jeden Samstag in der Firma sind. Irgendwie empfinde ich Mitleid für diese Menschen. Sicher sagen diese: Das macht mir nix aus oder ich mache das gerne. Aber irgendwie haben sie wohl keinen Platz und gehen dann lieber in die Firma. Bei Leuten, die noch einen Angestelltenvertrag haben, habe ich oft das Gefühl, dass sie diese Mehrarbeit auch wegen dem Geld machen"* (IP 10).

Vor allem für Angestellte am Beginn ihrer beruflichen und privaten Lebensplanung mögen die Gründe für den massiven Arbeitseinsatz in der finanziellen Belastung liegen. Andere Ursachen dafür, dass sich die Firma als ein Zuhause darstellt, sind: Es bieten sich keine anderen privaten Kontakte, weil die Betreffenden neu in einer Stadt sind. Der Arbeitsplatz ist die einzige Alternative zum Zuhause, wo man sich nicht wohl fühlt. Vor allem letzteres scheint ein unterschätztes Phänomen[396] zu sein.

---

[396] Hier sei verwiesen auf die in Kapitel II/4.2. erwähnte Untersuchung von A. R. Hochschild. Darin werden ausführlich die Gründe und Systematiken aufgezeigt, die dazu führen, dass Menschen ihre Arbeitsstelle dem Zuhause vorziehen.

Auch die Aussage, dass man es gerne macht, spiegelt neue Selbstdarstellungszwänge in der heutigen Arbeitswelt wider, die faktisch auf eine neue Form der Selbstverleugnung hinaus-laufen.[397]

Die Befragten vermuten die Gründe, warum Menschen dies machen, zumeist im privaten und persönlichen Bereich:

*„Mir scheint das ist wie ein Druck – wie ein Hammer von oben. Auch spielt Angst und Drill 'ne Rolle. Viele glauben je länger sie hier sind und je mehr Unterlagen sie erstellt haben, desto besser ist es. Manche haben vielleicht aber auch keine andere Bühne mehr um zu existieren, das ist mein Verdacht"* (IP 11).

*„Ich glaube diese Kollegen stehen unter einem enormen privaten Druck vom Elternhaus oder von der Familie her. Das sind auch Menschen, die dann meist im letzten Drittel der Karriere hängen bleiben, auch weil sie nur einen Weg zum Ziel kennen, nicht die anderen Chancen sehen ... und nicht loslassen können"* (IP 28).

Hohe Arbeitszeit garantiert nicht immer auch gute Ergebnisse. Daher werden diese Vielarbeiter oft auch sehr kritisch beurteilt, wie die Aussage eines 55-jährigen Managers, der für sich Berufs- und Privatleben sehr stark trennt, deutlich macht: *„Oft sind das Blender und es ist purer Aktionismus. Zeitmanagement ist das Entscheidende. Von 7-17 Uhr zu arbeiten reicht als Chef!"* (IP 2).

In gewisser Weise Verständnis für die Situation der Kollegen hat ein inzwischen 58-jähriger Manager, der aufgrund seiner langjährigen Tätigkeit in einer Firma beobachten konnte, wie Kollegen immer mehr vereinnahmt wurden. Hier zeigt sich, dass Arbeit nicht unbedingt nur Fluchtpunkt ist, sondern dass man sich ab einer gewissen Verantwortungs-stufe ein echtes Abschalten nicht mehr zugestehen kann, weil man mit den konfrontierten Erwartungen nicht mehr umzugehen weiß:

*„Ich habe Beispiele in der Firma gesehen, wie Kollegen langsam in eine Eskalation der Arbeit reinstolpern. Man kann auch sagen, da kommen die auch nicht mehr so schnell raus, wenn das sich einmal festgesetzt hat. Kollegen, die abends immer länger dableiben, die am Wochenende auch noch arbeiten. Das beste Beispiel ist ein Vorstand, der mir erzählte, dass er am Samstag immer in der Arbeit ist und nur der Sonntagmorgen für sich und seine Frau reserviert ist. Am Sonntagnachmittag drückte es ihn schon wieder zur Arbeit und er machte sein Zeug, seine Post. Ich glaube, dass eine Person sehr große Gefahr läuft die Außensicht zu verlieren, wenn sie nur noch im Beruf und in der Arbeit eingebunden ist,*

---

[397] Auf die überhöhte Darstellung der Selbstverwirklichung durch Arbeit verweist Kocyba. Vor allem parti-ziptive Managementstrategien führen in zunehmendem Maße schon fast zu dem Zwang - vor allem für Per-sonen in Führungsfunktionen - die Arbeit/den Beruf als Berufung gegenüber der Umwelt zu kommunizie-ren und nicht nur als Job, was ja bereits eine innere Kündigung schießen lässt. Es entsteht eine *„neue Phänomenologie von Entfremdung, eine Gestalt der Inauthentitzität, die aus dem Druck resultiert, sich stets authentisch darstellen zu müssen"* und es wird für den Einzelnen immer schwieriger die Reservate von Freizeit, Privat- und Familienleben vor dem Zugriff der Arbeit (als Berufung) zu schützen (Kocyba, H. (2000): Der Preis der Anerkennung, In: Holtgrewe, U./Voswinkel, S./Wagner, G. (Hrg.) (2000): a.a.O., S. 127-140, (S. 132).

*also eigentlich in einem künstlichen Umfeld. Wenn man da nicht rauskommt, verliert man auch den Sinn für die Realität, auch was den Beruf betrifft. Das habe ich stark beobachtet"* (IP 6).

Weniger eine verständnisvolle Sichtweise für die Vielarbeiter, sondern eher als eine Sache der persönlichen Taktik oder auch Fähigkeiten beurteilt eine 30-jährige weibliche Führungskraft den Umgang mit der Arbeit: *„Es gibt solche, die senken den Kopf und Buckeln, arbeiten meist sehr gewissenhaft, sie sehen aber das größere Bild nicht. Sie sind nicht schlau, sie arbeiten zwar sehr effizient, aber nicht effektiv. Es ist, wie wenn sie brav ihre Hausaufgaben machen, weil man es von ihnen erwartet. Dann gibt es solche, die sind sehr effektiv, aber wenig effizient. Die sind schlauer, machen die bessere Figur, aber arbeiten wenig"* (IP 30).

Auch wenn bei der Befragten eine gewisse Bewunderung für jene spürbar wird, denen eine ‚schlaue Einteilung' gelingt, so handelt es sich weniger um eine Frage der Intelligenz, sondern vielmehr um eine Frage der Abgrenzung. Vielarbeiter, welche eine hohe Arbeitsbelastung nicht aus „Fluchtgründen" praktizieren, sondern aus dem Bestreben heraus, Erwartungen möglichst zu erfüllen, bilden ein Beispiel für einen Intra-Rollenkonflikt. Sie können die an ihre Berufsrolle quasi unendlich gerichteten Erwartungen nicht aus eigener Kraft relativieren und auf einen persönlichen Maßstab reduzieren, sondern versuchen oft auch um den Preis der persönlichen Überlastung so gut als möglich die Erwartungen zu erfüllen.

## 5.4. Zusammenfassung

Alle befragen Personen sind bedingt durch ihre Arbeitssituation Mitglieder einer Organisation und somit angehalten, ihre Mitgliedsrolle, welche seitens der Organisation bereits vorformuliert wird, zu erfüllen. Damit verbunden ist ein gewisses Dilemma, nämlich einerseits die Bereitschaft mit einer Funktion verbundenen Rolle gerecht zu werden, aber auch dem darüber hinausgehenden Erwartungs- und Beziehungsgeflecht genüge zu tun. Denn die Zugehörigkeit zu einer Organisation impliziert nicht nur die Erfüllung der formellen Rollenanforderungen, sondern der Einzelne ist auch Mitglied einer Habitusgruppe, deren Wertehaltungen und Symbole zu konstitutiven Elementen der persönlichen Selbstdarstellung werden. Damit hat diese Mitgliedschaft auch einen sehr weitreichenden Einfluss auf die soziale Existenz und die persönlichen Erfahrungen. Obwohl das vom Management geforderte Verhalten zwar formuliert wird, enthält es meist nur Grundvorgaben und orientiert sich eher an abstrakten Prinzipien wie Kreativität, harte Arbeit oder Selbstverantwortung. Für die Betroffenen ist es umso schwieriger, sich aus diesem Organisationskontext, der einerseits unverbindlich, andererseits auch sehr auf die Person bezogen ist, zu lösen. Nur durch eine bewusst herbeigeführte Abgrenzung, durch das Austragen des Konfliktes mit einer klaren Entscheidung für oder wider die Erwartungen, gelingt es, sich dieser Beeinflussung zu entledigen. Die Problematik dieser doch sehr undefinierten Rollenerwartung kam in einzelnen Aussagen auch deutlich zum Ausdruck.

Für den überwiegenden Teil geht das Gelingen eines Rollenwechsels mit einer strikten Trennung zwischen Berufs- und Privatwelt einher. Je nach Lebensarrangement der Befragten handelt es sich dabei eher um eine freiwillige oder auch um eine geforderte Trennung. Hobbies oder Familie helfen dabei, dass eine völlige Abgrenzung, d.h. zeitlich und mental, gelingt, man in ein geschütztes Privatfeld eintauchen und so die Berufsrolle hinter sich lassen kann. Äußere Zeichen dafür sind: Das Wechseln der Kleidung nach Dienstschluss, der bewusst wahrgenommene und teilweise auch zelebrierte Weg zwischen Wohnung und Arbeitsstätte, die Nicht-Erreichbarkeit am Wochenende und im Urlaub und die strikte Trennung von beruflichen und privaten Kontakten. Vor allem bei jungen Führungskräften, welche sich selbst als ehrgeizig und erfolgsorientiert beschreiben, kommt dem Sport eine starke Bedeutung zu, denn er bildet nicht selten das einzige Hilfsmittel einen Rollenwechsel durch eine körperliche Verausgabung zu vollziehen. Ob es sich dabei jedoch um eine tatsächliche Form der Abgrenzung handelt erscheint zweifelhaft, eher ist der Sport (vor allem wenn er sich ebenfalls mit Leistungszielen verbindet) dabei die Transformation der beruflichen Leistungsnorm in das private Umfeld.

Neben den Strategien, dass man örtliche oder äußerliche Zeichen für einen innerlichen Rollenwechsel setzt, finden sich auch Strategien, sich während der Arbeitszeit immer wieder kurze Auszeiten von der Arbeitswelt zu nehmen. Dazu zählen das „Faulenzen" am Arbeitsplatz, die „stille Stunde am Mittag" oder das Arbeiten auf „50-Prozent-Niveau". Bedeutend dabei sind Rituale, welche den Personen helfen ihren Tag zu strukturieren und einzuteilen. Das Wissen um eine Abfolge bestimmter Tätigkeiten vermittelt Erwartungssicherheit und Berechenbarkeit und stellt damit gewissermaßen einen Gegenentwurf dar zu dem unplanbaren und von aktuellen Ereignissen stark beeinflussten Manageralltag. Es zeigt sich weiterhin, dass bei einer Abgrenzung zur Berufsrolle auch eine sehr pragmatische Einstellung in Bezug auf das Arbeitsleben dienlich ist. Führungskräfte, welche die Überzeugung haben, dass eine bestimmte Anzahl von Stunden, die man am Arbeitsplatz verbringt, völlig ausreichend ist, haben zumeist weniger Schwierigkeiten für sich persönliche Grenzen zu ziehen. Ein anderer Weg sich nicht völlig vereinnahmen zu lassen ist eine sehr abgeklärte Sichtweise über das eigene berufliche Fortkommen und eine nur gering ausgeprägte Loyalität[398] zum Arbeitgeber.

Beim Blick auf Kollegen, welche sich völlig von der Arbeitswelt vereinnahmen lassen und einen massiven Arbeitseinsatz an den Tag legen, lassen sich Wahrnehmungswinkel unterscheiden. Finden sich vor allem unter älteren Managern eine Mischung aus Verständnis und Mitleid, das möglicherweise aus der eigenen Erfahrung herrührt, so fällt das Urteil unter jüngeren Befragten eher strikt aus. Sie sehen den Grund entweder in der Unfähigkeit der Person das Wichtige vom Unwichtigen zu unterscheiden oder dass diesem Arbeitseinsatz ein übersteigerter Drang des Auffallens zugrunde liegt.

Zusammenfassend ist hier nochmals die positive Funktion einer Rollendistanz hervorzuheben, denn *„insbesondere in einem teamartig-professionellen Kontext und bei Innovationen ... (kann) die effektive Leistung eines Organisationsmitgliedes, das sich von seiner Rolle distanziert (insbesondere in kritisch-reflexiver Art) durchaus größer sein als die des voll angepassten Rollenspielers: ja, mitunter ist die Distanzierung einfach Voraussetzung des*

---

[398] Rollendistanz kann zum einen ein Ausdruck mangelnder oder geringer Identifikation mit der Rolle sein, zum anderen Ausdruck einer kritisch-reflexiven Haltung zur Rolle (vgl. Wiswede, G. (1977): a.a.O., S. 168ff).

*Erfolges, ebenso wie sie als Entlastungsmechanismus zu sehen ist, der das Verbleiben in einer Organisation erst ermöglicht.* "[399]

Auch Dreitzel[400] betont die positive, weil ebenso integrative Funktion einer Rollendistanz, wenn er darauf verweist, dass zwei Menschen, die zugleich in einer formellen (Arbeitskollege) und informellen (Freund) Rollenbeziehung zueinander stehen, zwischen diesen Rollen springen, um im Rahmen der Rollenbeziehungen mehr zu erreichen.[401] Ebenso verhält es sich mit einer Distanzierung durch Überbetonung eines Rollenverhaltens[402], welches dann zur leichteren Bewältigung ambivalenter oder offener Situationen beiträgt.

## 6. Der Karriereweg

Der Nachzeichnung des Berufs- und Karriereweges war ein ausführlicher Teil der Interviews gewidmet. Ziel dabei war zu erörtern, in wie weit der heutige Berufsverlauf geplant war, welche Brüche es gab oder bis zu welchem Grad man auch von Zufall sprechen kann. Rückblickend auf die Studienzeit bzw. Ausbildungszeit war von Interesse, in wie weit der damals eingeschlagene Weg im Rückblick als richtig empfunden wird und welche möglichen Studien- oder Ausbildungsträume die Interviewpartner heute verwirklicht sehen.

Ebenso erschien es bedeutsam, ob die Befragten Beförderungen[403] – also die Aufwertung der beruflichen Position – bereits abgelehnt haben, welche Gründe es dafür gab und auch unter welchen Bedingungen eine Ablehnung in Zukunft vorstellbar ist. Auch die Erfahrungen, die durch die Teilnahme an Coaching oder anderweitigen Führungsseminaren gemacht wurden, hatten teils sehr eigenwillige Eindrücke hinterlassen. Dabei muss ein Unterschied gemacht werden zwischen den Seminaren, die im Rahmen von Personalentwicklungsprogrammen angeboten werden und daher besucht werden müssen und dem freiwilligen Besuch solcher Seminare. Es wurde in den Schilderungen sehr deutlich, dass Fleiß, Kompetenz, Engagement und Treue zum Unternehmen heutzutage keineswegs mehr ausreichen, um Karriere zu machen. Da auch die Kurve der Lebens- und Karrie-

---

[399] Bosetzky, H./Heinrich, P. (1985): Mensch und Organisation – Aspekte bürokratischer Sozialisation, Köln, S. 224.

[400] Vgl. Dreizel, H.P. (1980): Die gesellschaftlichen Leiden und das Leiden an der Gesellschaft – Vorstudien zu einer Pathologie des Rollenverhaltens, Stuttgart, 3. Aufl., S. 137f.

[401] Dies zeigt sich z.B. wenn ein Arbeitskollege zum anderen sagt: „Das sage ich dir jetzt als Freund".

[402] Eine Überbetonung kann sich darin ausdrücken, dass eine Person mit einem Vorurteil kokettiert: „Wir arbeiten hier ja sowieso den ganzen Tag nichts und trinken nur Kaffee. Deshalb setz dich gleich mal her und lass uns eine Tasse trinken."

[403] Nach March/Simon existieren verschiedenste Faktoren, welche den Wunsch aus Organisationen auszuscheiden beeinflussen können. Diese Faktoren lassen sich auch in abgewandelter Form auf das Ablehnen bzw. Annehmen einer Beförderung übertragen, z.B. Grad der Gewöhnung an das bisherige Umfeld, Prognostizierbarkeit der Konsequenzen eines Wechsels, Kompatibilität der formalen Rollenerfordernisse mit den Erfordernissen anderer Rollen der Person, Summe der Belohnung, Grad der Einflussnahme des Individuums, Selbstimage einer Person, Grad der Veränderung hinsichtlich Status/Einkommen, zeitliche Kompatibilität der formalen und der individuellen Rollenerfordernissen, Zahl der außerorganisatorischen Beschäftigungsalternativen, Geschlecht und Alter der Person, Dauer des Arbeitsverhältnisses und Spezialisierungsgrad (vgl. March, J.G./Simon, H.A. (1976): Organisation und Individuum. Menschliches Verhalten in Organisationen, Wiesbaden, S. 89-100).

replanung nicht selbstverständlich dauerhaft ansteigend ist, wird bisweilen Hilfe bei persönlichen Coaches[404] oder Karriereberatern gesucht, um sich neue berufliche Ziele zu setzen.

In den Erzählungen der weiblichen Befragten zeigte sich zudem, dass sie bereits während des Studiums, aber auch auf ihrem Karriereweg sehr eigene Erfahrungen machten. Diese gewonnenen Eindrücke im Umgang mit Kollegen und Mitarbeitern, aber auch mit anderen Frauen, mögen Gründe dafür sein, dass sie einen weitaus reflektierteren Blick auf ihre berufliche Position haben als viele männliche Befragte. Ein Beispiel dafür ist das Bewusstsein der weiblichen Führungskräfte, auch einen Preis für ihren beruflichen Erfolg bezahlt zu haben.

### 6.1. Die Karriere - Anvisierte Meilensteine

Es ist davon auszugehen, dass bei einer nicht geringen Anzahl der Befragten die Karriereplanung eher ehrgeizig angegangen wurde, aber nur wenige waren bereit so offen und auch nicht ohne Stolz darüber zu berichten wie ein 40-jähriger Ingenieur:

*„Ich mache mir jedes Jahr einen Plan mit meinen Zielen: Beruflich, Privat, Freizeit. Ich habe diszipliniert geplant und mir Ziele gesetzt und man muss an seine Ziele glauben, dann wird man auch seine Ziele erreichen. Aber man kann auch nicht alles beeinflussen. Man kann nur seine Leistung beeinflussen. Glück gehört auch dazu und das ist auch den richtigen Mentor zu haben, zum richtigen Zeitpunkt aufzufallen und keine Fehler zu machen"* (IP 4).

Über seine Studienträume befragt gibt er für einen Ingenieur eher untypisch, ein sehr pragmatisches Bild wieder:

*"Das Studium war für mich reines Mittel zum Zweck und es hat auch keinen Spaß gemacht. Ziel war der Titel, weil man den braucht, um in der deutschen Industrie was zu werden. Nur die Beurteilungen sind wichtig. Die Noten sind der Maßstab für den Menschen. Das finde ich vollkommen falsch, aber bereits in der Kindheit wird heute der Wert des Menschen daran gemessen"* (IP 4).

Nur wenige Befragte geben derart offen zu, dass der Berufsweg und damit auch die Karriere geplant waren. Neben seiner Aussage, dass er sich mit seinem Studium die notwendigen Referenzen erworben hat, kommt auch ein wenig Bedauern darüber zum Ausdruck, dass dies auf einer Notwendigkeit basiert hat. Auch wenn sich der Befragte mit dem System vermeintlich nicht zufrieden zeigt, so ist er dennoch pragmatisch genug, die Spielregeln des

---

[404] Diese Berater sollen helfen, die persönlichen Fähigkeiten und Berufswünsche zu erkennen und auch den Suchenden bzw. den Interessierten in ein neues Arbeitsfeld hinein zu begleiten. In der Regel wird von den Karriereplanern dabei das Berufliche nicht isoliert gesehen, sondern auch das private Umfeld und die gesamte Lebensplanung mit in Betracht gezogen. Ein Karriereplaner wird letztlich mit dem Klienten sein ganzes Lebensumfeld analysieren, ihn versuchen auf die Spur zu bringen und seinen Blick auch für andere Möglichkeiten zu erweitern versuchen.

Systems zu internalisieren, um beruflich aufzusteigen. Um sich ihre Karrierewünsche zu verwirklichen, sah sich auch eine junge Managerin gezwungen, zunächst ein Studium zu absolvieren. Das Themengebiet war dabei von nach geordneter Bedeutung:

*„Ich habe das Studium mal angefangen und danach habe ich angefangen zu arbeiten. Es war reiner Zufall, dass ich im Personalbereich gelandet bin, aber ich habe mich schon sehr früh in einer führenden Position gesehen. Ich hatte schon in jungen Jahren einen Drang und eine Lust nach Unabhängigkeit in mir gespürt. Ich glaube, ich habe diesen Drang schon immer in mir getragen. Nicht jeder spürt das"* (IP 30).

Nicht nur zu Beginn, sondern während des gesamten Berufslebens ergeben sich Möglichkeiten die Karriere voranzutreiben, wie dies ein 41-jähriger Ingenieur, der sich über den zweiten Bildungsweg zum Studium gearbeitet hat und im Anschluss daran auch noch einen MBA angehängt hat, darstellt. Die Sichtweise, dass eine Karriere planbar ist und nur nach einer Art Baukastenprinzip bestimmte Kriterien erfüllt werden müssen, führte beim Befragten zu einer verfahrenen Situation:

*„Ich bin hier hängen geblieben, weil sich für mich hier eine wahnsinnige Perspektive entwickelt hat. Ich war vorher Produktentwickler, aber ohne Personalverantwortung. Dann habe ich mir gesagt, wenn du richtig Karriere machen willst, dann brauchst du Personalverantwortung. Das hatte für mich auch was mit Abteilungsleiter zu tun. Mich rief dann ein Head Hunter an und fragte mich, ob ich mir eine Abteilungsleiterstelle vorstellen könnte für Produkte und Systeme. Ich habe dann nur Abteilungsleiter gehört und dachte mir: Bingo, das ist was für mich! Ohne dabei zuzuhören „Produkte und Systeme" und welche Branche. Ich war da sehr auf mein Ziel fixiert: Abteilungsleiter. So bin ich hier gelandet. Ich wurde aber dann relativ schnell wach als ich merkte, dass ich sehr wenig Ahnung hatte, auch von der Branche und daher auch wenig dazu beitragen konnte. Dass ich hier falsch war, war bereits nach zwei Wochen klar und nach sieben Monaten war es hier allen klar. Ich bin dann vor die Entscheidung gestellt worden das Unternehmen wieder zu verlassen oder hierher in diese Niederlassung zu gehen, weil hier eine Stelle im Verkauf vakant war. So bin ich dann hier gelandet und habe dann hier auch erfolgreich gearbeitet und nach drei Jahren hat man mir dann die Bereichsleitung angeboten und so wurde ich Chef für den Vertrieb in Deutschland"* (IP 21).

Obwohl im Nachhinein gesehen, die Konzentration auf das notwendige Teilziel, nämlich Personalverantwortung zu übernehmen, zunächst schief gegangen ist, scheint der Manager doch auf einem viel versprechenden Karrierepfad zu sein. Dass er ohne genauere Betrachtung des zukünftigen Aufgabengebietes die Stelle angetreten hat, zeugt von einem starken Antrieb sich beruflich schnellstmöglich zu verbessern. Welch hohen Stellenwert das berufliche Fortkommen für den befragten Manager hat, zeigt sich auch in seinen zunächst privaten Aktivitäten: *„Es gibt noch den Lions Club als regelmäßiges Gremium wo ich aktiv bin, das ist schon manchmal nicht ganz einfach, weil es da regelmäßige Treffen gibt. Jetzt habe ich mir auch noch die Präsidentschaft aufs Auge drücken lassen. Da mache ich mir auch schon Gedanken, wie ich meine Programme gestalten will ... Viel mehr Zeit für andere Dinge möchte ich mir auch nicht nehmen, habe auch kaum Hobbies. Allen voran natürlich die Familie, mit der ich gerne noch mehr Zeit verbringen möchte .... und bei LIONS geht* *das gut weil da auch meine Frau und Tochter mitmachen kann, da können wir alle einladen, so wie letztes Wochenende, da haben wir ein österliches Treffen bei uns gemacht"* (IP 21).

Eine Mitgliedschaft im Lions-Club kann nicht als völliger Privatkontakt gewertet werden, da Mitgliedschaften in solch karitativen und mit hohem Prestige verbundenen Gremien das soziale Kapital um ein Wesentliches erhöhen. Auch dienen sie, da das Mitgliedszeichen öffentlich getragen wird und nur eine elitäre Schicht Zugang zu diesen Gremien hat, einer gewissen Imagepflege. Damit verschwimmen die Grenzen zwischen Privat- und Berufswelt, weil die informellen Kontakte, welche im „privaten Umfeld" geschlossen werden, auch dem beruflichen Fortkommen dienen.

Dass der Befragte die Frage der Karriere sehr rational angeht, wird auch aus seiner Schilderung erkennbar, welche Erfahrungen er mit Coachingseminaren gemacht hat: *„ Wir haben mal so was von der Firma hier gemacht. Auch habe ich schon mal ein Individualcoaching gemacht. An sich mache ich so was gerne, denn ich selbst sehe Dinge wie ein Sportler, der dauernd trainieren muss, um die Leistung zu halten oder besser zu werden. Ich gehe auch gerne auf Seminare und Trainings, weil ich versuche mir auch Dinge von anderen abzuschauen, zu testen, auszuprobieren und zu adaptieren, um zu sagen, passt für mich, passt nicht für mich. Die Einzelcoachings finde ich insofern spannend, weil man die Chance hat mal 'nen Spiegel vorgehalten zu bekommen und man erkennt wie man auf andere wirkt. Das ist ja sonst eher ungewöhnlich. Auch habe ich etwas aus meinem letzten Einzelcoaching übernommen für die Jahresgespräche mit meinen Mitarbeitern: Da frage ich jetzt auch mal, wie ist denn die Zusammenarbeit mit mir, was kann ich verbessern? Das habe ich vorher nie gemacht. Also, mal nicht nur als Chef generös zu sagen, wie man die Mitarbeiter findet, sondern auch von den Mitarbeitern einzufordern, wie sie den Chef finden. Da kamen ganz spannende Dinge heraus, die ich so nicht erwartet habe"* (IP 21).

Die für jüngere Befragte wiederkehrende Ausdrucksweise, nämlich der Vergleich Arbeitswelt-Sport, macht deutlich, dass auch die berufliche Tätigkeit als eine Art Wettkampf verstanden wird, bei der es gilt sich ständig zu messen, zu vergleichen und sich auch zu verbessern. Bei dem Befragten scheint damit auch der Wunsch verbunden zu sein ein noch besserer Vorgesetzter zu werden und die Mitarbeiter noch stärker mit einzubeziehen.

Diese eher pragmatische Einstellung aus Coachingseminaren für die eigene Persönlichkeitsentwicklung zu profitieren, findet sich in mehr oder weniger abgeschwächter Form bei vielen der Befragten, vor allem wenn sie sich selbst darin bestätigt fanden und nicht das Gefühl hatten, nur zum Vorteil der Firma „optimiert" zu werden: *„Das habe ich für mich selbst schon mal gemacht, das war phantastisch. Ich habe das ca. 3-4 Mal bei einem Jesuitenpater gemacht, der im Rahmen von solch anderen Seminaren bei uns war und sich mit Rhetorik beschäftigte. Es ging darum etwas glaubhaft zu vermitteln und zwar nur mit Mitteln des Redens. Das gab mir sehr, sehr viel für das eigene Ich, was das Selbstwertgefühl anbelangt. Zu erkennen: Spiel nicht eine Rolle, versuch nicht jemanden nachzueifern, der du nicht bist und auch nicht werden kannst! Dies bedeutet für mich auch: Versuch nicht schwäbisch zu reden! Ich bin hier seit 25 Jahren und ,Stolpere immer noch über einen spit-*

*zen Stein' und es wäre Blödsinn es anders zu versuchen, denn es würde mir sowieso keiner glauben"* (IP 14).

Nur sehr wenige äußern so deutlich ihre Ablehnung, wie ein 52-jähriger Manager der Luftfahrtindustrie, der auch bereits in diesem Kapitel (5.1.) dezidiert die Einstellung vertrat, dass Beruf und Privatleben für ihn völlig getrennte Welten sind.

*„Diese ganzen Schulungen, die sind immer auf Persönlichkeitsveränderung abgestellt und diese kann man alle vergessen. Ich würde mich nie einem Coaching unterziehen, denn das bekommt man schon durch das Leben"* (IP 3).

Bei diesem Manager wird deutlich, dass er trotz oder vielleicht auch wegen einer überraschenden steilen Karriere nicht bereit ist, sich einem vermeintlich, die Persönlichkeit beeinflussenden Procedere zu unterziehen. Er trennt sehr stark zwischen seiner Person als Privatmann und als Industriemanager. Insgesamt sind die Erfahrungen bezüglich Coaching unter den Befragten sehr heterogen und scheinen je nach Persönlichkeit als Chance oder als Bedrohung wahrgenommen zu werden.

Ebenfalls über Umwege, unter anderem nach Abschluss einer Metzgerlehre im elterlichen Betrieb, und dank starkem Leistungswillen, kam ein heute 57-jähriger Manager zu seiner Position in einem mittelständischen Betrieb mit über 250 Beschäftigten. Über eine zweite Ausbildung zum Industriekaufmann, einem anschließenden Studium an einer Handelsakademie und einem Berufseinstieg bei einem Familienunternehmen, der sehr enttäuschend verlief, kam der Einstieg in die jetzige Firma, in der es stetig bergauf ging:

*„Nach einer sehr schlechten Erfahrung in einer anderen Firma sah ich eine Stellenanzeige in der Süddeutschen Zeitung. Die Stellenbeschreibung entsprach genau der Beschreibung was mein Lebenstraum war, Zahlen und Menschen, das was ich immer machen wollte und ich habe nur 800 Meter entfernt von dort gewohnt ... ich wusste, das muss meine Stelle sein und mir war klar, da können noch so viele Bewerbungen von der ganzen Welt eingehen, das muss deine Stelle sein, das muss klappen, es gibt keinen Besseren wie dich. Ich habe diese Anzeige, als ich diese Bewerbung geschrieben habe, immer wieder hypnotisiert, ja gescannt. Das war diese schwierige Erkenntnis nach drei Jahren in der anderen Firma, dass wenn sich nicht irgendwann etwas ändert, dann werde ich wie die Leute dort und das war meine große Befürchtung. Und wenn ich noch zwei Jahre geblieben wäre, dann wäre ich einer von ihnen geworden, mit allen Haken und Ösen und mit Unlauterkeit und Unehrlichkeit, weil man sich auf Dauer menschlich diesem nicht entziehen kann. Ich habe dann auch immer, als ich zwei mal täglich an dieser Firma hier vorbeigefahren bin, dieses Einfahrtschild anhypnotisiert und mir gesagt, das muss klappen, das will ich, egal wo die anderen Bewerber herkommen. Ich habe das auch oft vor mich hin gesprochen: Es gibt keinen Besseren wie dich, obwohl ich nicht wusste was wird an anderen Bewerbungen eingehen, aber ich wollte mir diese innere Stärke geben daran zu glauben. Mit dieser Stärke wollte ich dann in ein mögliches Bewerbungsgespräch reingehen. Es klappte dann auch und für mich war das wie der siebte Himmel, es war nicht nur eine neue Chance. Mir war klar, die Dinge, die mir so negativ aufgefallen sind bei der anderen Firma, die werde ich hier nicht mehr erleben. Das Umfeld von mir, ich war ja in Vereinen usw. wurde dann*

*von dieser jetzigen Firma erkundet und sie fanden es positiv und sie sagten mir dann auch, dass sie mich genommen haben, weil sie einen Menschen in mir fanden für den Personalbereich, der auch wie ein Mensch denkt und handelt"* (IP 27).

In dieser Schilderung wird der außerordentliche Wille erkennbar, eine bestimmte Stelle zu erhalten. Ebenso verbunden war damit die Hoffnung, auf die Verwirklichung eines beruflichen Traums. Im Verlauf des Interviews machte der Befragte auch seine starke Verbundenheit und seine hohe Loyalität mit der Firma deutlich, die sich in solcher Ausprägung bei jungen Befragten kaum findet. Seine Loyalität und auch Dankbarkeit gegenüber der Firma spiegelt sich auch in den Erwartungen an Mitarbeiter, indem er eine ähnliche Hingabe an den Beruf und einen ähnlich hohen Stellenwert der Firma in deren Leben als selbstverständlich erachtet.

Zusammenfassend fällt auf, dass sich vor allem Personen, die sich mit ihrer Tätigkeit nur wenig oder gar nicht identifizieren können (aufgrund eines ungeliebten Studiums, das aus Nützlichkeitserwägungen oder aus Sachzwängen heraus absolviert wurde) bereits in jungen Jahren eine Orientierung auf eine Karriere hin vollziehen. Der Karriereweg bietet damit zugleich eine Möglichkeit, weg von der sowieso ungeliebten Tätigkeit zu kommen.

*6.2. Die Karriere - Eine Folgeerscheinung*

Waren im vorangegangenen Kapitel Personen dargestellt, welche ihre Karriere geplant angingen, so finden sich vor allem in technischen Berufen erfolgreiche Führungskräfte, bei denen nicht so stark die Karriere das Ziel der beruflichen Tätigkeit ist, sondern das Interesse an der Technik. Die beiden nachfolgenden Aussagen von einem Ingenieur und einer Ingenieurin der Automobilindustrie spiegeln die Begeisterung für die technische Materie wider:

*„Es war klar, dass ich was Technisches machen wollte. Ich war auch auf einem Technischen Gymnasium, ich war mit Leib und Seele Techniker. Wichtig ist, dass ich mir alles halbwegs vorstellen kann, daher auch Maschinenbau und nicht Elektrotechnik, denn wenn es in die x-te Dimension geht, dann kann ich mir das nicht mehr vorstellen und dann wird es mir zu abstrakt. Das war auch ein Grund warum ich vorher eine Maschinenschlosserausbildung gemacht habe. Dieser Praxisbezug bringt mir auch heute noch was"* (IP 9).

*„Ich habe mir während des Studiums überhaupt keine Gedanken über Karriere gemacht. Ich habe das studiert was mir Spaß machte und das war Maschinenbau. Dann habe ich jedoch beim ersten Praktikum schon festgestellt, dass ich als Frau mit 45 Kilogramm in dieser Welt gegen eine Wand laufe. Und dann entschied ich mich für die Kombination Wirtschafts-Ingenieurwesen mit Schwerpunkt Maschinenbau. Dieses Klammerstudium hat mir gefallen, weil man dort über den Tellerrand hinausgeschaut hat und nicht nur in einem Schwerpunkt verhaftet war. Das habe ich dann auch hier gemacht, habe immer wieder in den Abteilungen gewechselt und das hat mir Spaß gemacht. Ich habe nur einmal aktiv betrieben zu wechseln, sonst habe ich immer die Jobs angeboten bekommen"* (IP 12).

Eine Entscheidung für ein technisches Studium scheint bei beiden Befragten aus einem Interesse an der Materie gewählt worden zu sein. Auch wenn die Zugangsweisen zum Fach und auch die Erfahrungen während des Studiums unterschiedlich und auch teilweise ernüchternd waren, zeigte sich die Studienwahl selbst in erster Linie von den Vorlieben des Einzelnen geprägt und wurde nicht aus rein strategischen Überlegungen getätigt. Auch wenn sich zum Ende des Studiums unweigerlich auch die Frage nach einem Berufseinstieg stellt und daher eine Ausrichtung auf ein chancenreiches Arbeitsgebiet gewählt wurde, so gilt für alle Befragten, dass nicht der ausschließliche Karrierewunsch die treibende Kraft war sich für das heutige Berufsfeld zu entscheiden.

Vor dem Hintergrund des eigenen Berufsweges stößt eine allzu Karriere orientierte Einstellung von Nachwuchsmanagern ähnlich den Aussagen eines 50-jährigen Managers in einem Großkonzern auf offene Kritik. Der befragte Geschäftsbereichsleiter gesteht aber auch zu, dass in seiner Generation auch noch andere Karrieren möglich waren als heute:

„... *die Karriere, die ich gemacht habe war für hier und für heute eher untypisch, weil die erwarten heut ja, dass man Bäumchen wechsle dich macht, d.h. verschiedene Bereiche und Geschäftgebiete durchläuft, Auslandsaufenthalte bla bla bla. Das habe ich alles nicht gemacht. Ich bin hier in dem Bereich groß geworden, wo ich heute noch bin. Ich habe hier alles schon gemacht und beherrsche dort auch alles und ich glaube das ist auch heute einer der großen Vorteile, die meine Person zu bieten hat. Viele um mich herum haben gewechselt und stehen heute dann teilweise neben sich. Zu dem Job hier bin ich gekommen, weil ich mit dem damaligen Werkleiter in einem Biergarten saß und wir - ich war damals Vertreter des Betriebsleiters - auf einem Bierdeckel Konzepte entworfen haben und diese dann in einer Power-Point-Präsentation am anderen Tag den Kollegen vorgestellt haben. Weil keiner eine bessere Idee hatte haben wir das so gemacht wie es auf dem Bierdeckel stand. Der Eintritt hier, also dass es eine größere Firma sein sollte, war 100 Prozent geplant. Aber innerhalb der Firma selbst habe ich keine eigene Karriereplanung gemacht. Ich hasse auch die Leute, die in jedem dritten Satz nach der Karriere fragen, auch weil ich der Meinung bin, dass man zuerst Leistung bringen muss und wenn man die bringt, dann kommt der Rest auch ein Stückchen auf einen zu. Natürlich muss man das auch puschen und sich dafür einsetzen, aber die Leistung muss im Vordergrund stehen und das ist auch das was Spaß macht. Heute gibt es viele Leute, die Karriere machen über Power-Point, d.h. die machen wunderbare Präsentationen, verschwinden aber nach zwei Jahren. Die sind wie Heizlüfter oder Durchlauferhitzer. Das ist meines Erachtens heute eine absolute Fehlentwicklung. Wenn man Leistung bringt, dann kommt die Karriere von selbst*" (IP 20).

Der Befragte, der über den zweiten Bildungsweg noch ein Ingenieurstudium absolvierte betont, dass ihm die Möglichkeiten eines Großkonzerns zwar wichtig waren doch die heutige alltägliche Praxis der Job-Rotation - verbunden mit Wechsel zwischen verschiedenen Standorten im In- und Ausland - beurteilt er eher kritisch. Auch der undefinierte Typ des „Power-Point-Ingenieurs" fand in abfälliger Weise immer wieder Erwähnung. Dass sich jedoch in den Aussagen der älteren Manager hinsichtlich gewisser Kompetenzen (Umgang mit anderen Kulturen, Sprachen, Erfahrungen eines Auslandsaufenthaltes usw.) ein gewisses Unterlegenheitsgefühl gegenüber „den Jungen" widerspiegelt, kann nicht völlig ausgeschlossen werden.

Für eine inzwischen 53-jährige Managerin, welche mit sehr klassisch-traditionellen Vorstellungen in sehr jungen Jahren in eine Ehe startete - *„meine Vorstellung war, als ich nach dem Abitur meinen Mann kennen lernte, sechs Kinder zu haben, Brot zu backen und Marmelade einzukochen"* (IP 28) - war das Gefühl der Unterlegenheit zugleich der Antrieb ihrem Leben nochmals eine neue Richtung zu geben:

*„Ich habe dann doch noch studiert, weil ich immer das Gefühl hatte irgendwie nicht gut genug zu sein. Mein Mann war Arzt. Ich studierte dann Journalismus, weil ich was Intellektuelles machen wollte und das Studium – wir hatten damals wenig Geld – nichts kostete. Ich studierte dann ziemlich zügig"* (IP 28).

Auf die Frage, was denn an ihrem beruflichen Werdegang geplant war, erinnert sie sich noch sehr gut an den Augenblick, der für ihr weiteres Leben bestimmend war: *„Als mein Mann seine Doktorrolle entgegen nahm und da vorne stand, da wusste ich da stehe ich auch einmal. Das war wahrscheinlich mein einziges wirklich geplantes Ziel"* (IP 28). Nachdem sie dann in kurzer Zeit ein Studium der Journalistik und Ethnologie abschloss, begann ihr berufliche Karriere, die eine Vielzahl von Stationen in verschiedensten Betrieben beinhaltete. Aus einer dann sicheren Managementstelle bei einem staatlichen Unternehmen startete sie im Alter von Mitte Vierzig nochmals einen Neubeginn:

*„Ich war damals Marketingchefin, hatte also einen sicheren Job. Dann rief mich ein Head Hunter an. Ich habe mich damals aus einem Instinkt heraus entschieden zu wechseln, obwohl ich ja einen sicheren Job hatte. Aber mir war klar, so eine Chance hat man nur einmal im Leben und mir war bereits in der ersten Sekunde klar: Das mache ich. Es war das grenzen-lose Spektrum das sich dort auftat. Ich war dann vier Jahre Kommunikationschefin in einem Staatsbetrieb, danach wiederum Kommunikationschefin in einem anderen Staatsbetrieb. Das war politisch ein sehr brisanter Job"* (IP 28).

Aus dieser Schilderung wird erkennbar, dass es bei der Befragten den Berufswunsch und auch das berufliche Ziel als solches nicht gab. Ihre Patchwork-Karriere begann als junge Mutter, die sich im Laufe ihres Lebens von einem traditionellen Rollenverhalten verabschiedet hat und ihren persönlichen Weg gegangen ist. Dass ihre Ehe inzwischen geschieden ist, ist nicht zuletzt ein Preis den sie dafür bezahlte.

Ähnlich ungeplant dürfte der Berufsweg bei einem 58-jährigen Ingenieur verlaufen sein, der von sich selbst sagt: *„Ich habe mich mehr mitreißen lassen, hatte nie ein Ziel im Leben von dem ich sagen kann: Das möchte ich unbedingt erreichen. Sondern ich habe geschaut und wenn sich Gelegenheiten ergeben haben, habe ich diese genutzt. Aber ich habe immer versucht, dass ich das was ich momentan mache auch gut mache. Ich habe also nicht auf das Nächste geschaut, sondern den momentanen Job ganz gut machen wollen"* (IP 6).

Auch wenn man davon ausgehen kann, dass es eine völlig ungeplante, rein zufällige Karriere als solches nicht gibt, so lassen sich dennoch zwei Gruppen innerhalb der Befragten ausmachen: Jene, die ihre Karriere kaum oder nur gering geplant haben - damit auch das Arbeiten und Verweilen an der jeweils aktuellen Tätigkeit eine große Befriedigung verschafft - und jene, deren Arbeitsintention der Verwirklichung des großen Traumes vom beruflichen Erfolg gilt.

Kaum planbar waren sicherlich die beruflichen Entwicklungen der nachfolgenden Befragten. Dass es einem jungen Maschinenschlosser mit einer guten Idee gelingt innerhalb von 30 Jahren zum Geschäftsführer seiner inzwischen international tätigen Firma zu werden, ist ohne Zweifel eine Erfolgsgeschichte, die jedoch nicht frei von Rückschlägen war:

*„Wir – mein Kollege und ich – haben es uns nicht träumen lassen, als wir damals in den 70er Jahren hier anfingen, dass dies irgendwann so eine Firma wird. Wir haben hier eine Lücke erkannt. Es war ein Manko, dass es so etwas hier noch nicht gab. Dann nach zwei Jahren, als wir uns selbständig gemacht hatten, wurde ein Brand gelegt. Vielleicht auch aus Neid, weil die Leute erkannten, dass wir hier eine Idee hatten, die Zukunft hat. Da hatten wir gerade zwei Maschinen neu gekauft, die noch gar nicht abbezahlt waren. Es war nur gut, dass die in einem geschützten Raum standen und so nicht beschädigt wurden. Ich habe aber damals nie dran gedacht aufzuhören, sondern eher: Jetzt erst recht!"* (IP 29).

Auch wenn sich in der Vergangenheit qualifizierten Mitarbeitern ohne Hochschulabschluss eher Aufstiegschancen boten als heute, so scheint ein 55-jähriger Industriekaufmann der Luftfahrtindustrie im Rückblick selbst über seine Karriere überrascht:

*„Es war eher Zufall, dass ich die Position mit meiner Ausbildung erreicht habe. Und es war auch Zufall, dass ich in diesem Beruf gelandet bin. Unser Nachbar war damals Leiter des Rechnungswesens und er machte mich damals auf die Möglichkeit der Ausbildung in diesem Betrieb aufmerksam. Ich wollte eigentlich was mit Elektrik/Elektronik machen. Ich habe diese Position durch Leistung erreicht und es war in keinster Weise eine solche Entwicklung absehbar, weder die Position noch der damit verbundene Wohlstand"* (IP 2).

Durch die über 40-jährige Firmenzugehörigkeit, aber auch durch den Aufstieg von unten, konnte der Befragte eine Vielzahl von Karrieren verfolgen, die teilweise mit ernüchternden Erfahrungen einhergehen, wenn er berichtet: *„...Es gibt welche, die, wenn Sie aufsteigen und Karriere machen, wieder zum ‚Sie' zurückkehren. Das sind für mich Spinner. Auch ist mir klar, dass die oberste Hierarchieebene ein geschlossener Zirkel ist in den wir nie hineinkommen werden"* (IP 2).

Sein Kollege, der nach eigener Aussage nie um eine Stelle kämpfen musste und somit einen Karriere- bzw. Aufstiegskampf selbst nicht kennt, betont die mögliche Bedeutung eines Berufsweges auf spätere Einstellungen zum Beruf:

*„Ich glaube die Auswirkungen davon, dass ich mich nie um eine Stelle beworben habe, sind dass ich mit dem Druck anders umgehe. Aber man merkt auch oft nicht, wenn man unter Druck steht. Ich lebe auch viel mit Humor und ärgere mich relativ selten. Man kann mit Humor mit sehr viel mehr umgehen und ich bin wohl eher eine humorvolle Natur. Die*

*Frage ist immer: Was kann ich verändern mit Humor und Offenheit oder aber wenn ich es tierisch ernst nehme. Das Problem bleibt mir, so oder so"* (IP 3).

In wie weit dieses sich „Nicht-Beworben-Haben" einen signifikanten Einfluss auf die Sicht- und Herangehensweise der eigenen Karriere hat, kann nicht abschließend festgestellt werden. Auffallend ist jedoch, dass Befragte nach eigener Auskunft durch verschiedene Angebote die an sie herangetragen wurden, selbstsicherer und auch selbstbewusster wurden. Hinzu kommt, dass sie dadurch an einen optimistischen Verlauf ihrer beruflichen Tätigkeit glauben und besonders dann, wenn eine ausgeübte Tätigkeit noch mit einer hohen Akzeptanz seitens der Mitarbeiter verbunden war, dies eine stark entspannte Erwartungshaltung sich selbst gegenüber zur Folge hatte. Doch letztlich bleibt die Frage, in wie weit bei scheinbar eher ungeplanten Karrieren nur im Rückblick eine gewisse Planung negiert wird oder nicht als solche wahrgenommen wurde. Denn so ungeplant eine Karriere auch erscheinen mag, so ist jeder Berufsweg immer auch das Resultat vieler kleiner Einzelentscheidungen.

## 6.3. Die Karriere - Ein Kompromiss

Ein Geschäftsführer, der in eine Unternehmerfamilie hineingeboren wurde und auch im Bewusstsein der Nachfolge, aber auch im Bewusstsein der Verantwortung gegenüber den Mitarbeitern und den Kunden sozialisiert wurde, äußert sich sehr abgeklärt über seinen Karriereweg. Auch wenn seine eigenen Planungen in jungen Jahren völlig andere waren als die Familie es vorgesehen hatte, so beugte er sich dennoch den Erwartungen:

*„Ich hatte als junger Mensch schon ganz andere Berufsideen gehabt und das ist auch gut so. Aber ich wurde sozusagen als Kronprinz geboren und bin auf die Aufgabe hin erzogen worden. Das halte ich auch für sehr gut, denn gerade in Inhabergeführten Unternehmen kann man auch manche Eigenschaften schon sehr früh bei Kindern entwickeln und auch verstärken, die nötig sind: Wertebewusstsein, das ist sehr bedeutend für eine Firma. Und in der normalen Ausbildung ist nur der wirtschaftliche Erfolg im Vordergrund. Auch ein positives Denken über Traditionen ist wichtig"* (IP 15).

Sich den Erwartungen der Familie zu beugen und nicht eine „eigene" Karriere anzustreben wird vom Befragten im nachhinein als richtige Entscheidung gewertet und damit begründet, dass er bereits den Vorteil einer Sozialisation daraufhin erfahren hat. Die geschilderte Erziehung, die stark von Verantwortung und Wertebewusstsein geprägt war, wird sowohl als notwendig, wie auch als gerechtfertigt erachtet. Dennoch stellt sich die Schilderung des beruflichen Werdeganges weniger als ein Weg der Freude und der eigenen Leistung dar, sondern das der einer Pflichterfüllung, dem man nicht entfliehen kann.

Ebenso als ein Kompromiss stellt sich die Karriere eines 32-jährigen Managers dar, der heute eine herausgehobene Stellung in einem Verlag innehat. Immer noch blickt er mit Wehmut auf sein eigentliches berufliches Ziel zurück, nämlich zunächst Jurist zu werden. Nach dem Scheitern dieses Studium entschied er sich später dann für das Studium der Politikwissenschaft: *„Dann kam so die alternative Phase wo ich das studierte was mich wirklich interessierte. Das war so die Zeit mit dem Ziel der Selbstverwirklichung und es wäre die Wissenschaft, das Schreiben gewesen. Etwas zu produzieren, das war mein Streben gewesen und damals war eigentlich auch klar, dass dann, wenn wir mal Kinder haben, ich zu Hause bleiben werde. Doch dann im weiteren Verlauf, als ich dann die Stelle bei der Adenauer-Stiftung angeboten bekam, da war das finanziell so attraktiv, dass ich nicht nein sagen konnte. Auch dass ich selbst was neu gestalten konnte und die Möglichkeit der vielen Reisen, das war sehr verlockend. Auch die Wissenschaft habe ich dann verlassen, weil ich eingesehen habe, dass das nichts bringt. Ich hatte mit 27 Jahren bereits 5 Bücher und 50 Aufsätze veröffentlicht und nirgends las ich auch nur etwas darüber, weder Lob noch Verriss, einfach nichts. Auch habe ich da gelernt, dass dort wo man Kopfgeburten schafft, auch alles sehr schnell in Vergessenheit gerät"* (IP 25).

Der Befragte schildert den zweimaligen Versuch eine berufliche Karriere zu starten, der beide Male scheiterte. Auch wenn er heute beruflich etabliert ist, so stellt sich im Rückblick dennoch eine gewisse Wehmut ein. Durch die Tätigkeit bei der Adenauer-Stiftung schien zumindest die zweite Chance der wissenschaftlichen Karriere greifbar zu sein, die sich aber trotz des hohen Arbeitseinsatzes ebenfalls nicht verwirklichen ließ. Diese Erfahrung des zweimaligen Misslingens einer beruflichen Idee, hinterlässt beim Interviewten auch eine Umdeutung seiner ehemaligen Überzeugungen, was gegen Ende des Zitates deutlich wird.

Der Berufseinstieg bringt für einen 41-jährigen Managers der Automobilindustrie eine starke Ernüchterung hinsichtlich seiner Studienträume mit sich. Nachdem er über den zweiten Bildungsweg ein Mathematikstudium absolvierte, gelang es ihm innerhalb kurzer Zeit eine steile Karriere zu machen:

*„Ich habe erst später ein Studium gemacht und mich dann für die Industrie entschieden, weil dort die interessanteste Arbeit ist. Sicherlich hatte ich auch den Ehrgeiz und mir auch das Ziel gesetzt in der Hierarchie aufzusteigen. Mir ist das Studium sehr leicht gefallen, aber das Arbeitsleben hat mich dann etwas desillusioniert. Es gab eine Euphorie während des Studiums, doch im Arbeitsleben konnte man das nicht anwenden"* (IP1).

Durch den steinigen Aufstieg über den zweiten Bildungsweg scheint die Gefahr gegeben zu sein, dass eine universitäre Ausbildung und die damit anschließende berufliche Tätigkeit zunächst verklärt gesehen wird, vor allem dann wenn das Studium nach den eigenen Interessen ausgewählt wurde. Die Einsicht, dass die Tätigkeit nur wenig mit dem Studium zu tun hat und auch die Kollegen selbst überwiegend nur durchschnittliche Leistung bringen, relativiert zum einen den eigenen Weg und die eigene Leistung, zum anderen führt sie auch zu einer gewissen Ernüchterung.

Dass sich auch nach zunächst viel versprechendem Anlauf der Karriereweg noch ändern kann, darüber berichtet ein 62-jähriger Ingenieur der heute Museumsleiter eines Automobilkonzerns ist: *„Ich wusste schon beim Studium was ich machen wollte. Es war klar, ich wollte in die Automobilindustrie und ging dann zu XY nach Z-Stadt und dann hierher in die Vertriebsorganisation. Ich war dort Betriebsleiter, d.h. technischer Leiter einer Niederlas-*

*sung. Das war im Grunde immer das was ich werden wollte. Das ist zum einen die Faszination Technik aber auch der Servicegedanke, dass ich Leuten, die mit ihrem Auto Probleme haben helfen kann und das ist was unheimlich Schönes. Wenn z.B. Leute in den Urlaub fahren, liegen bleiben und dann in die Werkstatt kommen und man kann denen helfen… und sie auf der Rückfahrt von Italien nochmals vorbeikommen und sich bedanken, weil das Auto immer noch läuft, dann ist das toll. Ich wollte nie das werden was ich jetzt bin, nie, nie, nie! Als ich das Angebot damals bekam habe ich nicht im Leisesten daran gedacht, dass ich mal sagen könnte, es ist der schönste Job im ganzen Unternehmen. Das hat aber viele Jahre gedauert und war unterbrochen durch eine Projektleitung. Diese war so gigantisch und toll und faszinierend, da man mit so vielen Dingen zu tun hatte, die man vorher noch nie machte. Und nach dem Erfolg kam mir auch das Unternehmen in meinen Forderungen besser entgegen, weil ich wollte ja eigentlich immer Leiter einer der großen Niederlassungen werden. Ich habe mir diesen Job hier nicht ausgesucht, sondern wurde für diesen Job empfohlen und man hat ihn mir angeboten. Und weil dieser Job soweit neben dem lag was mein Berufsziel war, konnte ich mich damals mit dem Job, so wie er war, nicht identifizieren. Und dann habe ich Forderungen gestellt und das hat das Unternehmen auch akzeptiert, doch in einem so großen Unternehmen dauern manche Dinge sehr lang und es war schwierig für mich zu begreifen, dass viele Dinge eben Zeit brauchen. Gemacht habe ich das letztlich, weil es eine große Herausforderung für mich war, gerade weil ich davon nichts verstand. Ich würde sagen ich habe alles geplant, bis zu dem Moment, wo man mir diesen Job hier eingebrockt hat. Bis dahin war alles ganz exakt"* (IP 14).

Dass der Befragte sich inzwischen mit seiner jetzigen Funktion ‚ausgesöhnt' hat wird nicht nur in seiner Schilderung deutlich, sondern zeigt sich auch in der Ausstattung seines Büros. Es ist bis oben hin voll gepackt mit Accessoires, welche sein jetziges Berufsfeld widerspiegeln.

Die Ursachen für eine Wegentwicklung des ehemaligen Berufs- und Karriereziels sind so vielfältig wie die Lebensläufe der Manager. Obwohl es bei manchen Befragten schon Jahrzehnte zurückliegt, dass ihre Träume von der Realität eingeholt wurden, bringen sie ihr Bedauern darüber zum Ausdruck. Einige zeigen sich von dem ungeplanten Verlauf dabei eher realistisch und finden sich mit ihrer Situation ab, indem sie rationale Begründungen dafür finden, andere wiederum sprechen die damit einhergehende Enttäuschung (trotz der erreichten beruflichen Position) offen an.

## 6.4. Ein freiwilliges Innehalten auf dem Karriereweg

Vereinzelte Male berichteten Interviewpartner, dass sie freiwillig ein Verharren auf einer Stufe oder sogar ein Rückschritt der Karriere in Kauf genommen haben. Die darin aufgeführten Gründe zeigen jedoch in sehr unterschiedliche Richtungen bzw. lassen sehr unterschiedliche Interpretationen zu. Vor allem weibliche Führungskräfte setzen ihre Prioritäten wesentlich deutlicher und haben eine klarere Vorstellung davon, welche Opfer und welche Kompromisse sie für eine Karriere zu bringen bereit wären. Auch zeigt sich, dass für erfolgreiche Frauen ein funktionierendes Privatleben einen sehr hohen Stellenwert einnimmt, das auch durch berufliches Fortkommen nur schwerlich ausgleichen werden kann. Ebenfalls findet sich unter den weiblichen Befragten eine klarere und eindeutigere Meinung zu Karriere, Erfolg und zu einem möglichen Verzicht. Dies mag darin begründet liegen, dass sie sich[405] stärker mit dem Thema der Karriere und möglichen Begleiterscheinungen auseinandersetzen:

*„Ich habe andere Angebote bekommen, aber diese abgelehnt, weil ich zu viel unterwegs gewesen wäre und für mich die Grundlage für ein erfülltes Privatleben auch ist, dass man sich in regelmäßigen Abständen sieht und auch den wesentlichen Teil der Zeit miteinander verbringt. Mehr als ein bis zwei Tage die Woche unterwegs zu sein werde ich immer ablehnen, egal welcher Verdienst und welche Position damit verbunden ist"* (IP 26).

Für eine andere Managerin stellt ihr idealler Antrieb und ihre Auffasung von beruflicher Tätigkeit zugleich den Grund für die (zeitweise) Ablehnung anderer Stellenagebote dar: *„Ich hatte drei bis vier Angebote, aber ich hätte das was ich damals tat nie gegen etwas eingetauscht. Ich gehe erst immer, wenn ich das Gefühl habe, es ist vollbracht"* (IP 28).

Und eine zwar noch junge, aber aufgrund verschiedener Erfahrungen bereits vorsichtig gewordene Ingenieurin, äußerte sich zu einem möglichen Wechsel sehr bedacht: *„Ich frage mich heute immer: Kann ich mit dem neuen Chef und mit den Kollegen zusammenarbeiten? Wenn ich heute wechsle, dann rede ich immer mindestens dreimal mit dem Chef und will auch die ganze Abteilung kennen lernen. Ich wechsle demnächst wieder und es ist eigentlich eher ein horizontaler Wechsel als ein vertikaler. Manche Kollegen können das nicht verstehen"* (IP 12).

Mit dem ‚Abtasten' des möglichen neuen beruflichen Umfeldes erhofft sich die Befragte Aufschluss über die für sie wichtigen Entscheidungskriterien zu erhalten. Auch wenn es für einige ihrer Kollegen und auch für einige Interviewpartner[406] wenig begreiflich ist, sich beruflich zu verändern, ohne dass ein weiterer Aufstieg damit verbunden ist, scheint dies für die Interviewte zweitrangig zu sein. Sie trifft ihre Entscheidung in dem Bewusstsein, dass ein beruflicher Aufstieg (in einem negativen sozialen Umfeld) ihre Lebensqualität stärker einschränken würde, als es ein damit einhergehendes höheres Prestige ausgleichen könnte.

Ein Vertreter der obigen eher ‚männlichen' Sichtweise findet sich im nachfolgenden Zitat wieder. Für ihn scheint die Ablehnung einer Beförderung aus sehr praktikablen Gründen möglich, nämlich wenn das Stellenangebot der persönlichen strategischen Planung des Karriereweges nicht entspricht: *„Ich habe schon zweimal eine Beförderung ausgeschlagen, weil die Arbeit kein persönlicher Zuwachs gewesen wäre. Sie hätte kein berufliches Fortkommen bedeutet. Man muss auf die wirkliche Beförderung warten"* (IP 4).

Neben familiären Gründen spielten für einen 52-jährigen Manager auch Gründe wie Loyalität und Wertschätzung eine wichtige Rolle, eine Stelle abzulehnen: *„Ich habe zweimal eine Beförderung abgelehnt. Einmal, weil meine Familie damals mit nach Südfrankreich*

---

[405] Vgl. dazu vorherige Aussagen und besonders Kapitel IV/6.5.
[406] Vgl. dazu nachfolgende Aussagen und Kapital IV/6.1.

164

*hätte gehen sollen und das war nicht möglich. Das zweite Mal habe ich eine Beförderung abgelehnt, weil ich meinen eigenen Chef verdrängt hätte, der 10 Jahre älter war als ich. Für mich ist Loyalität wichtig und so was macht man in meinen Augen auch nicht. Einige Jahre später hat es sich dann sogar noch ausgezahlt, weil ich anderweitig noch höher befördert wurde. Aber ja, Grenzen gibt es für mich"* (IP 3).

Dass sich auch mit zunehmendem Alter eine gewisse Distanz zu Karrieremöglichkeiten einstellt und man auch die Schattenseiten einer Beförderung besser beurteilen kann, führt im Einzelfall auch zur Entscheidung nicht mehr alle Möglichkeiten auszuschöpfen. Ein 55-jähriger Manager berichtet:

*„Ich habe bisher noch keine Beförderung abgelehnt, doch heute würde ich eine Beförderung gar nicht mehr wollen, weil ich in drei bis vier Jahre in Rente gehe und ich nicht mehr das Engagement aufbringen will und auch nicht mehr den Druck ausüben will. Denn heute heißt ,Beförderung' immer auch Stellenabbau. Das tue ich mir nicht mehr an. Wenn man mal 50, 55 Jahre ist, dann denkt man eher ans Aufhören und nicht mehr an noch mehr Engagement"* (IP 2).

Vor allem Stellenangebote von Head Huntern werden von Managern, die in großindustriellen Strukturen arbeiten, sehr skeptisch beurteilt. Ein 39jähriger Diplomkaufmann, der bereits verschiedenste Stationen in seinem Konzern hinter sich gebracht hat, meint:

*„Ich habe mir schon das ein oder andere Mal Jobs angeguckt, die ich über Head Hunter angeboten bekam, aber das waren entweder zu kleine oder zu mittelständische Strukturen. Man muss sich dann in der Position auch fragen, welche Freiheitsgrade man so hat oder auch nicht hat und als Kaufmann muss es auch eine gewisse Seriosität geben, für die man den Kopf hinhält. Es war nicht das größere Auto oder der größere Monatsscheck, der mich da entscheiden ließ. Ich habe in meinem ganzen beruflichen Fortkommen nie nach diesem gesucht, sondern es hat sich dann einfach so ergeben. Aber wahrscheinlich tut man da auch selber was dafür. Es gab bei mir immer Personen, die mir so als Mentor zur Verfügung standen, mit denen ich Dinge besprochen habe und die mir dann auch das ein oder andere Mal einfach geholfen haben, auch die Kontakte herzustellen"* (IP 17).

Ebenfalls mit großer Skepsis äußert sich ein 53-jähriger Ingenieur zum Thema Head Hunter, der als Niederlassungsleiter in einem Industriekonzern auf verschiedene Angebote zurückblicken kann:

*„Ich hatte mehrere Angebote von Head Huntern, aber - das hört sich jetzt blöd an - ich habe den Job hier vorgezogen, weil ich konnte diese Angebote immer recht gut einschätzen, auch dass sich das am Anfang immer ganz toll anhört. Mir war das hier aber sicherer und auch das kollegiale Umfeld hat mir immer sehr viel bedeutet. Intern habe ich solche Angebote nicht bekommen, das liegt auch daran, dass wir hier ein Spezialistentum haben. Sicherlich kann man die Leute auf Managementebene verschieben, aber dafür stand ich auch nicht zur Verfügung. Das habe ich auch so immer klar geäußert. Wir haben hier sehr viel Expertenwissen und das gefällt mir"* (IP 20).

Eine (aktuelle) noch weitere Beförderung wurde von ihm ebenfalls abgelehnt, da diese für ihn eine Abwendung von seinem eigentlichen Interessensgebiet hin zur nicht-operativen reinen Berichtsebene bedeutet hätte:

*„Ich habe aber vor kurzem von meinem Chef noch einen Job angeboten bekommen, der noch eine Stufe höher gewesen wäre. Das habe ich abgelehnt, weil ich meine Stärken klar im operativen Geschäft sehe. Und eine Etage höher, da erreichen sie dann einen Level wo es das Wichtigste ist, dem Vorstand Bericht zu erstatten, was dann so diese Power-Point-Geschichte ist. Da muss man dann nur Zahlen darstellen. Aber das operative Geschäft, so sehe ich das, ist das was Spaß macht und auch Zufriedenheit bringt. Auch nach Rücksprache mit meiner Frau und den Fragen die wir uns stellten: Was bedeutet das noch mehr an Zeit? Denn Geld haben wir genügend und der Job den ich jetzt mache bringt die Zufriedenheit. Man muss auch ‚Nein' sagen können, das können wohl nur wenige. Dies sind meine persönlichen Grenzen, die muss man akzeptieren und sagen ich will das so und ich will nicht mehr. Ob das dann richtig ist, wird man erst in ein paar Jahren sehen"* (IP 20).

Der Befragte macht deutlich, dass er heute in erster Linie danach entscheidet, ob ein Stellenwechsel ihm auch einen persönlichen Zuwachs an Zufriedenheit bringt, da aufgrund seiner Position der finanzielle Anreiz nur noch begrenzt ist. Aus der Schilderung ist zu entnehmen, dass eine Beförderung in eine nächst höhere Hierarchiestufe eine neue Arbeitsweise beinhaltet, nämlich der Geschäftsführung und möglichen Shareholdern Rechenschaft abzulegen. Dies bringt auch eine völlig neue Dimension hinsichtlich Art und Zweck der Arbeit mit sich, die für den Befragten nicht erstrebenswert ist. Kann man sich im mittleren und oberen Management noch hinter den Mauern eines Konzerns „verstecken", so befindet sich das oberste Management im Blickpunkt der öffentlichen Wahrnehmung, was Personen auch dazu veranlassen kann, den letzten Karriereschritt nicht zu tun.

Die Gründe eine Beförderung abzulehnen oder in einer Position inne zu halten sind sehr vielfältig. Sind es bei Frauen häufig familiäre oder emotionale Gründe, so sind es bei jungen Männern eher rational strategische Gründe. Das Alter bringt noch eine weitere, auch kritischere Sichtweise auf Karrieremöglichkeiten mit sich und der Stellenwert der eigenen Bedürfnisse und Vorlieben steht im Vordergrund. Dass der Verlauf einer Karriere bisweilen auch von Zufällen abhängt und letztlich doch kaum planbar ist, sondern dass auch das Ge-schlecht einen starken Einfluss auf die Art und Weise der Karriere hat, zeigt sich im folgenden Kapitel.

*6.5. Machen Frauen eine andere Karriere?*

Wie bereits zu Beginn dargestellt ist die Zahl der Frauen, die einen beruflichen Aufstieg machen, weitaus geringer als die von Männern. Neben unterschiedlichen emanzipatorischen Ursachen wird auch eine spezifische Binnenstruktur in den Organisationen dafür verantwortlich gemacht. Untersuchung der Männerforscher Stefan Höyng und Ralph Purchert über die Mechanismen empirischer Macht zeigen Parallelen auf zwischen einer Organisation und den in der Literatur beschriebenen Männerbünden.[407]

Aus den Schilderungen der Interviewpartnerinnen wird insgesamt deutlich, dass sie aufgrund dieser Nicht-Zugehörigkeit zur Männerwelt häufig andere Karrierewege und Karrieremöglichkeiten suchen, aber auch haben. Doch trotz ihres beruflichen Aufstieges wird ihnen weniger Anerkennung entgegengebracht als ihren männlichen Kollegen oder sie werden gerade wegen ihres beruflichen Erfolges stärker mit Neid und Missgunst konfrontiert. Beides kann belastend wirken und trübt auch bisweilen die Freude über den eigenen Erfolg. In stark männlich dominierten Wirtschaftszweigen wie der Industrie sind Frauen zwangsläufig oft zum Einzelkämpfer, weil sie weder auf ein weibliches Netzwerk zurückgreifen können, noch in den männlichen Seilschaften willkommen sind. Diese zwar herausgehobene, aber auch „einsame Position" mag ein Grund dafür sein, dass Frauen den beruflichen Erfolg kritischer beleuchten und gegenüber Begleiterscheinungen sensibler reagieren.

Eine junge, in der Automobilindustrie tätige Managerin, berichtet von ihren Erfahrungen:

*„Ich würde sagen Frauen brauchen mehr Eigenreflexion um diesen Weg zu gehen als Männer. Wenn Männer einen Karriereweg einschlagen, dann deckt sich dieser mit der gesellschaftlichen Erwartungshaltung an sie und daher ist es auch einfacher. Auch habe ich in vielen Management Trainings und Psychologieseminaren, die ich ja zumeist mit Männern hinter mich gebracht habe, festgestellt, dass Männer eher diesen Autobahnweg wählen, also den Weg den die Mehrheit geht. Ich habe mir dann schon öfter die Frage gestellt: Bin ich hier verkehrt? Ältere Männer tun sich sogar leichter mit Frauen als gleichaltrige Männer. Die Älteren gefallen sich in der ‚Frauen-Förderer-Rolle'"* (IP 12).

Die Befragte verweist auf eine doppelte Schwierigkeit, nämlich dass Frauen neben den inner-betrieblichen, überwiegend männerdominierten Strukturen auch noch stärker mit den gesellschaftlich entgegen gesetzten Erwartungen konfrontiert sind.[408]

Demgegenüber scheinen vor allem ältere männliche Kollegen der Situation weitaus aufgeschlossener gegenüber zu stehen. Sie fühlen sie von ihnen nur selten beruflich bedroht – wie dies bei jungen Kollegen der Fall sein kann, da sie möglicherweise um die gleichen Stellen kämpfen – und zudem genießen sie auch den sozialen Umgang mit den weiblichen

---

[407] Hierarchie und Ancienitätsprizip (Vorrücken nach Dienstalter nicht nach Leistung), Verfügbarkeit und Loyalitätsbeweise, Männergemeinschaft und Männerfreundschaft, die Absonderung von Männern durch Zugangsbeschränkungen von Frauen (Männer-Witze, männliche Verhaltensmuster) aber auch Konkurrenzkämpfe sind parallele Erscheinungen in organisationalen und männerbündischen Strukturen (vgl. Höyng, R./Purchert, R. (1996): Die Verhinderung der beruflichen Gleichstellung. Männliche Verhaltensweisen und männerbündische Kultur, Bielefeld, S. 165-175).

[408] Erfolgreiche Frauen erfüllen mit einer beruflichen Karriere nicht die immer noch geltenden klassischen weiblichen Schemata. Dadurch gehen mit zunehmender Karriere für Frauen oft spezifische innere Konflikte einher. Ein psychoanalytischer Erklärungsansatz findet sich bei: Kraus, H./Kraus, K. (2002): Frauen und Macht. In: Wolf, M. (Hrg.) (2002): Frauen und Männer in Organisationen und Leitungsfunktionen, Frankfurt/M., S. 37-54.

Kollegen, was auch dazu führen kann, dass ältere Manager ganz bewusst weibliche Nachwuchskräfte unterstützen.

Obwohl Frauen inzwischen als berufstätige Mitarbeiterinnen eine Normalität darstellen, so sind beruflich erfolgreiche Frauen, wenn auch nicht mehr die Ausnahme, aber immer noch „bemerkenswert".[409] Denn findet eine Frau ihren Platz in der Männerwelt ‚Management', zeigt sich die Besonderheit der Position zum einen an dem nicht selbstverständlichen Umgang mit dieser Frau, zum anderen aber auch an den immer noch vorherrschenden klassischen Vorurteilen, wie eine Managerin zu berichten weiß:

*„Mit was man als Frau konfrontiert wird ist diese Behauptung: Der oder der ist dir gewogen oder dem gefällst du halt. Aber ich denke man muss das einerseits ignorieren und andererseits aber auch sachlich ausräumen, indem man auf seine Leistungen und die Ergebnisse verweist. Aber es ist nichts, was mich besonders berührt oder mich getroffen hätte. Manchmal tue ich mich mit diesem Spagat schwer: Ich habe vor dreieinhalb Jahren einen Unternehmenspreis bekommen, der an Menschen vergeben wird, die sich durch besondere Leistungen hervortun und dann bei diesen Managementmeetings, wo eigentlich nur Männer sind, da bin ich dann auch ein bisschen das Aushängeschild, die Vorzeigefrau. Damit tue ich mich eigentlich ein bisschen schwer. Mein Kollege sagt dann noch manchmal ‚Meine First Lady'. Er macht das wahrscheinlich ganz unbewusst und meint das auch nicht negativ. Letztlich macht es mir eigentlich nicht viel aus, dazu ruhe ich doch viel zu sehr in mir selbst und weiß auch was ich kann"* (IP 26).

Die besondere Hervorhebung der Position wie auch die Betonung der Leistungen dieser Befragten zeigen, dass Frauen in Führungspositionen von Männern immer noch nicht als Selbstverständlichkeit betrachtet werden, was auch in der Befragten selbst diffuse Gefühle hervorruft. Die manchmal gönnerhafte Betonung der fachlichen Kompetenz einer Frau findet sich bei Männern kaum, da ihnen aufgrund ihrer Ausbildung und der erreichten Position eine ausreichende Kompetenz zugebilligt bzw. unterstellt wird.

Mag für eine technisch interessierte junge Frau die Entscheidung für ein Ingenieurstudium ein logische Folge sein, kommt es dennoch zu Beobachtungen, die zeigen, dass ein solches Studium keine Selbstverständlichkeit darstellt, wie eine Wirtschaftsingenieurin zu berichten weiß:

*„Ich selbst habe mich schon während meines Studiums nie mit der Frage der Emanzipation auseinandergesetzt. Für mich war immer alles einfach nach dem Motto: Ich kann alles immer machen. Das Gefühl der Unterlegenheit hatte ich so noch nie. Aber mein Weltbild hat sich während des Studiums - wir waren zwei Frauen - sehr gewandelt. Die andere hat sich im dritten Semester einen drei Zentimeter Kurzhaarschnitt verpassen lassen und sagte: So, jetzt mach' ich Karriere. Ich selbst bin jedoch das Mädchen geblieben und auch mit mädchenhaften Vorstellungen"* (IP 12).

---

[409] Vgl. dazu Bernadoni, C./Werner, V. (1987): Ohne Seil und Haken. Frauen auf dem Weg nach oben. Deutsche UNESCO-Kommission, Bonn.

Die Befragte beschreibt eine auch in der öffentlichen Diskussion wahrgenommene Veränderung der Frau hin zum ‚Mann', wenn sie sich entscheidet Karriere zu machen. Neben den dann an Frauen kritisierten männlichen Attributen wie Durchsetzungsfähigkeit, Ausdauer und Ehrgeiz, mit dem Vorwurf der Nicht-Weiblichkeit finden sich vereinzelt auch äußerliche Veränderungen[410]. Diese Art der Rollenumkehr zeigt sich am ausschließlichen Tragen von Hosenanzügen oder zumindest strengen Business-Kostümen, bisweilen auch mit einer Krawatte kombiniert oder auch das Übernehmen eines männlichen Habitus.

Dass die Befragte selbst nun auch noch in der Produktion, also in dem männlichsten Bereich überhaupt, gelandet ist, sieht sie dagegen positiv:

*„Was mir aber dann hier in der Produktion sehr gut gefallen hat war, dass hier sehr direkt alles abläuft und auch alles sehr geerdet ist. Jedoch bin ich weder eine geborene Qualitätssicherin noch ein Blechmann und hier herrschen noch sehr alte Herrengesetze. Für mich als Frau ist es schwer sich hier erstmal durchzusetzen, weil die sich zuerst nichts sagen lassen wollen. Jedoch wenn die merken, dass man dabei ist und sich engagiert dann klappt das ganz gut und wenn es brennt, dann wird auch richtig zusammengehalten und da gibt es auch kein politisches Gerangel mehr wie z.B. im Marketing, wo es in erster Linie nur um Argumentation und Politik geht"* (IP 12).

Die Befragte schildert ihre zunächst anfänglichen Schwierigkeiten, die sie beim Eindringen in einen vermeintlich fremden, eher männlichen Bereich hat. Als ein Konfliktpunkt zeigte sich, dass ihre fachliche Kompetenz zumindest am Anfang angezweifelt wurde. Für die Befragte kommt noch verstärkend hinzu, dass es sich bei diesem Erlebnis nicht um ein einmalig erlebtes Phänomen handelt. Denn für sie als Führungskraft ist es inzwischen fast zur Selbstverständlichkeit geworden, immer wieder zwischen Abteilungen, Bereichen und auch Niederlassungen zu wechseln. Mit einher geht dabei auch die wiederholende Erfahrung der Unkenntnis um den Common-Sense der angestammten Mitglieder.

Dass es aber in gewisser Weise auch von Vorteil sein kann, allein unter vielen Männern zu sein, darüber ist sich die befragte Managerin auch bewusst. Durch ihre kleine Statur und ihre Vorliebe für kräftige Farben in der Kleidung ist sie sehr bekannt und sie gibt zu *„ wenn man so wie ich schon mal den Stempel ‚Bunter Vogel' hat, dann tut man sich auch manchmal leichter. Außerdem bin ich ja auch schon hier als Frau ein Unikum in dieser Männerwelt, so dass ich mich selbst gar nicht mehr uniformieren kann"* (IP 12).

---

[410] Die Studie der Mannheimer Sozialwissenschaftlerin Rennenkampff zeigte, dass Frauen mit männlichen Zügen eher den Sprung in eine Führungsposition schaffen als Frauen mit Schmollmund und offenen langen Haaren. Denn *"Dominanz, Durchsetzungsfähigkeit oder Aggressivität gelten als typisch männliche Eigenschaften. Und diese Eigenschaften braucht man in klassischen Führungspositionen"*. Damit sind männlich aussehende Frauen in Führungspositionen gefragter als weiblich wirkende Männer. Ein schmaler Mund, eine hohe Stirn, tief liegende Augen und breite Schultern werden von Personalleitern als maskulin und damit für eine Position geeignet empfunden. Ohrringe und anderer Schmuck sollten dagegen vermieden werden (vgl. Süddeutsche Zeitung: ‚Der Männer-Bonus – Breite Schultern, schmaler Mund: Männlich aussehende Frauen machen leichter Karriere' –
http://www.sueddeutsche.de/jobkarriere/erfolggeld/artikel/122/41081/).

Somit kann die beruflich verantwortungsvolle Tätigkeit als weibliche Führungskraft in einer Männerwelt auf der einen Seite zwar eine Belastung sein, zugleich ermöglicht es jedoch auch einen gewissen Abstand zu wahren, wenn es einem gelingt die jeweiligen informellen Regeln der Männerwelt nicht zu einem Bestandteil des eignen Agierens und der Persönlichkeit werden zu lassen. Ähnlich den Möglichkeiten die Giddens beschreibt (vgl. Kapitel III/2.3.), kann dieses Exotentum der Frauen in einer technischen, von Männern geprägten Welt auch Freiheiten bieten. Vor allem dann, wenn die vorgefundenen Spielregelen aus der „Distanz des Fremdlings"[411] wahrgenommen werden[412].

Trotz ihrer exponierten Stellung wünschen sich die Befragten überwiegend, dass weibliche Managerinnen nicht die Ausnahme bleiben und unterstützen dies auch:

*„Ich versuche selbst Frauen rein zuziehen, z.B. als Betriebspraktikantinnen oder als Werksstudentinnen"* (IP 12).

Dennoch bewerten gerade weibliche Managerinnen das Verhalten anderer Frauen auch kritisch und sehen sie nicht in der unterlegenen und benachteiligten Rolle. Sie weisen drauf hin, dass Frauen sich aufgrund ihrer Einstellung und ihrer geringen Vernetzung häufig selbst den Weg verbauen: *„Viele Frauen verstecken sich oft hinter dem Bewusstsein ‚ich kann ja sowieso machen was ich will, weil ich gehe ja sowieso bald und bekomme ein Kind.' Die Frauen sind nicht sehr homogen"* (IP 26).

Das in der Literatur gezeichnete Bild[413], dass Frauen sich immer noch entscheiden müssen zwischen einer Karriere oder einer Familie, lässt auch die Automobil-Managerin nicht unberührt:

*„Ich frage mich dann schon öfters: Habe ich keine Familie und keine Kinder, weil ich Karriere gemacht habe oder habe ich Karriere gemacht, weil ich keine Familie und Kinder hatte. Das ist für mich oft die Frage wie nach der Henne und dem Ei. Was war zuerst da? Auch glaube ich, dass es ab einer bestimmten Position nicht mehr möglich ist alles zu haben. Daher könnte man sagen, dass ich vielleicht den Preis bezahlt habe als Single zu leben, auch wenn ich das selbst nicht so empfinde. Aber ich habe auch nie gedacht, dass ich so viel Unterstützung auch im Jobumfeld finde in einer für mich persönlich sehr schweren Phase und das auch noch in einer Männerstruktur. Da habe ich auch erlebt, dass auch hier eine sehr stark menschliche Komponente dabei ist"* (IP 12).

---

[411] Vgl. Maindok , H. (1987): Frauenalltag in Männerberufen, Franfurt/M., S. 163f.

[412] Wiswede formuliert dazu eine Hypothese, welche die Aussage der jungen Frau zumindest teilweise unterstreicht: *„Je stärker sich eine abweichende Rolle etabliert, desto größer ist die Wahrscheinlichkeit, dass jede beliebige Handlung als abweichend im Sinne der Rolle perzipiert und interpretiert wird, und desto eher wird sich das Individuum schließlich mit der Rolle identifizieren"* (vgl. Wiswede, G. (1977): S. 140). Auch wenn diese Aussage eine Gefahr des Identitätsverlustes impliziert, lässt das abweichende Rolleverhalten auch einen hohen Grad an Eigen-Definition einer Rolle zu.

[413] Die stärkere Orientierung der Frauen auf den Beruf zeigt sich bei den Geburtenzahlen: Zwei Drittel der nach 1964 geborenen Akademikerinnen haben keinen Nachwuchs (Süddeutsche Zeitung: ‚Die Frauen holen auf -Deutschlands Top-Jobs werden von Jahr zu Jahr weiblicher' http://www.sueddeutsche.de/jobkarriere/erfolggeld/artikel/607/16591/).

Die hier zu Wort gekommenen weiblichen Führungskräfte machten deutlich, dass sie nicht nur aufgrund ihres Werdeganges und ihres „Seltenheitsfaktors", sondern auch aufgrund der Reaktion seitens ihrer Umwelt einen anderen Zugang zur Arbeits- und Managementwelt haben. Sie zeigen eine kritischere Auseinandersetzung mit den vorgefundenen Strukturen als ihre männlichen Kollegen, woraus zum einen die Chance auf eine kritische Distanz zur eigenen Rolle, aber auch die Chance zu einer Humanisierung der Arbeitswelt erwächst. Denn durch ihre eigene exponierte Rolle wird ihnen auch ein anderer Umgang mit den Kollegen und Mitarbeitern zugestanden oder sogar von ihnen erwartet, wenn sie sich nicht der Gefahr der Vermännlichung aussetzen wollen. Insgesamt sind sie durch ihren beruflichen Weg, der weitaus individueller verläuft als beim Gros der männlichen Kollegen, eher in der Lage auch mit Ängsten und auch den Bedürfnissen ihrer Mitarbeiter anders umzugehen. Eine Frau ist zu einer höheren Eigenreflektion hinsichtlich ihrer Rolle gezwungen, sie *„muss wissen, wer sie ist, was sie kann und was sie in einer bestimmten Rolle will. Sie braucht ein beobachtendes Ich, um ständig zu überprüfen, ob sie in der Rolle ist, denn von der Rolle, d.h. von der Aufgabe, erhält sie die Legitimation, die auch ein Teil ihrer Autorität ist."* [414]

### 6.6. Warum bin ich erfolgreich?

Warum sind manche Menschen erfolgreicher als andere und warum bringen es Menschen, die ihr Studium oder ihre berufliche Ausbildung weniger erfolgreich abgeschlossen haben, weiter als andere, die exzellente Zeugnisse vorweisen können? Diese Frage wurde auch den Interviewpartnern gestellt und viele erinnerten sich noch an Kollegen, welche mit ihnen studiert hatten, aber heute eher auf eine mittelmäßige Karriere zurückblicken können oder in den Tiefen kleiner und unbedeutender Firmen untergegangen sind.

Nur wenige der Befragten führten ihren Erfolg in erster Linie auf sich selbst zurück, d.h. dass sie die Einschätzung vertraten, dass sie den Erfolg überwiegend oder ausschließlich sich selbst zu verdanken haben. Ein ebenso geringer Teil vertrat die Ansicht, dass sie selbst nur wenig dazu beitrugen und daher der Erfolg auch so etwas wie ein Geschenk ist. Der Großteil der Befragten sah die Kombination aus eigenem Bemühen und Unterstützung anderer als das Erfolgsrezept.

Eine große Portion Ehrgeiz, Leistungswillen und eine persönliche Prioritätensetzung scheint für alle Führungskräfte eine Grundvoraussetzung zu sein, um Erfolg im Beruf zu haben. Doch dies allein wird nicht für ausreichend angesehen um erfolgreich zu sein, sondern auch die Umstände und der Einfluss der Umwelt spielen eine nicht unwichtige Rolle. Ein 41-jähriger Ingenieur, der nach einem Fachhochschulstudium noch ein MBA-Studium in den USA angehängt hat, verweist auf seinen offenen Umgang mit neuen Situationen:

*„Ich habe immer meinen Weg gemacht, mich nie mit Zweiten oder Dritten beschäftigt. Wettbewerb verstärkt eher noch meinen Spieleffekt. Und wenn man Kollegen hat, die gut sind, dann kann man davon profitieren. Man hat die Chance was Neues zu sehen, was von*

---

[414] Ritter, J. (2002): Weibliche Autorität in Organisationen. In: Wolf, M. (Hrg.) (2002a): Frauen und Männer in Organisationen und Leitungsfunktionen. Unbewusste Prozesse und Dynamik von Macht und Geschlecht, Frankfurt/M., S.55-72 (S.70).

*ihnen zu lernen... nicht immer den alten Zopf. Man muss einfach auch mal fragen, wenn man was wissen will, was hast du für eine Idee. Oder auch ich werde gefragt. Aber nicht Missionar und Pfarrer sein und versuchen andere zu missionieren, sondern einfach seinen Weg gehen und sich mit seinen Dingen beschäftigen ... auch mal 'ne Schleife außen rum machen"* (IP 8).

Ein unvoreingenommener Umgang mit Situationen wie Kollegen aber auch mit Konkurrenten scheint durch den persönlichen Werdegang geprägt zu werden und findet sich daher verstärkt bei Personen, die bereits auf vielfache Wechsel und Veränderungen in ihrer beruflichen Karriere zurückblicken können.

Der Lebenslauf eines 39-jährigen Diplomkaufmannes, der ein eher einzelkämpferisches und von seinen Fähigkeiten überzeugtes Bild zeichnet, sorgt für Überraschungen. Als Inhaber der Position eines Vice-President absolvierte er ein mehrwöchiges Praktikum im Rahmen des Switch-Projektes (vgl. Kapitel IV/4.2.) in der Bahnhofsmission in München. Als Gründe für den erfolgreichen Verlauf seiner Karriere nennt er:

*„Sicherlich, weil ich eine gewisse Breite mitbringe. Wichtig ist es, viele Themen parallel bearbeiten zu können, etwas was ich auch schon in der Schulzeit gelernt habe, weil mich verschiedenste Themen immer gleichzeitig interessiert haben. Das ist sicherlich auch etwas was einem bei zunehmendem Hierarchieaufstieg hilft und da bin ich jemand, der halt nicht besonders ängstlich ist was neue Aufgaben angeht. Das ist nicht das überzogene Selbstbewusstsein, dass man alles kann, sondern ich habe halt einfach nicht den großen Respekt vor Aufgaben oder Personen. Zumindest nicht den Respekt, der einen dann hemmt. Ich glaube es sind diese kleinen Dinge, die einen erfolgreich machen. Wobei ich auch glaube, dass eine gewisse Selbstreflektion immer mal wieder auch nicht schaden kann. Ich glaube auch nicht, dass man sich so was über Bücher oder Coaching Seminare antrainieren kann, das ist viel zu aufwendig, wenn man es überhaupt schafft"* (IP 17).

Eine sehr pragmatische Zugangsweise zu Beruf und Karriere zeigt sich in der Aussage eines 41-jährigen Geschäftsführers, der sich über den zweiten Bildungsweg ein Studium erarbeitet hat. Er verweist ebenfalls auf die in seiner Studienzeit entwickelten Techniken, um mit wenig Aufwand ebenfalls zum Ziel zu kommen. Trotz seines bisher sehr direkten Karriereweges gesteht er dennoch ein, dass nicht alles planbar ist und auch er von Dingen profitiert hat, auf die er keinen Einfluss hatte:

*„Ich arbeite ganz sicherlich sehr Ziel orientiert, auch Pragmatismus ist wichtig. Es gab sicherlich auch Leute in meinem Studium, die intelligenter waren und auch besser in Mathematik. Das war nie mein Steckenpferd. Ich habe immer versucht mit einem Mini-Max-Prinzip meine Ziele zu erreichen. Im Studium habe ich das intelligente Vorbereiten gelernt, schon Kontakte mit älteren Semestern gesucht, um mir Informationen zu holen ... Zu gucken, was schon mal gemacht worden ist, vielleicht hat ja ein Professor die Angewohnheit immer die gleichen Fragen zu stellen ... dass man sich diese Dinge mal besorgt hat. Ich habe mich immer gezielt vorbereitet und mir war immer die Zielerreichung wichtig - nicht der Weg - und zwar möglichst schnell. Das tue ich heute noch. Auch Glück spielt immer 'ne Rolle. Es ist eine Kombination, man bringt zwar ein Paket an Leistungen und*

*Erfolgen mit, aber es geht auch darum zur richtigen Zeit am richtigen Ort zu sein, also Glück zu haben, dass z.B. gerade eine bestimmte Stelle frei wird. Man kann auch Pech haben und im falschen Unternehmen anfangen, vielleicht den falschen Berufseinstieg haben, immer ein Unternehmen zu erwischen das Pleite geht. Dass ich hier bin ist Glück, dass die Stelle frei geworden ist und mein Vorgänger zu einem Wettbewerber gegangen ist ... Der könnte hier noch sitzen, doch dann wäre ich wahrscheinlich nicht mehr hier"* (IP 21).

Ein gesundes Selbstbewusstsein, gepaart mit der pragmatischen Einstellung, bei möglichen interessanteren Berufsmöglichkeiten den Arbeitgeber zu wechseln, findet sich auch bei einem anderen männlichen Interviewpartner. Diese eher maskuline Sichtweise lässt zunächst auf geringe Loyalität zum Arbeitgeber schließen, sie bringt jedoch auch eine starke autonome Komponente mit sich. Dass diese Einstellung eher bei betriebswirtschaftlich Tätigen anzutreffen war, mag auch daran liegen, dass das betriebswirtschaftliche Know-How weniger Branchen gebunden ist als technisches Wissen.

Als Gründe für seinen Erfolg nennt ein Diplom-Ökonom *„sehr gute geistige Fähigkeiten. Aber darüber spricht man gar nicht mehr, das ist hier Voraussetzung. Auch geistige Ausdauer, soziale Fähigkeiten und psychische und physische Belastbarkeit, das ist auch notwendig, weil Tage hier auch mal bis zu 14 Stunden dauern. Aber auch Glück, d.h. dass zur richtigen Zeit die richtige Stelle frei wird und Ehrgeiz und Willenskraft. Das kommt auch vom Karate her und es führt bei mir auch zur Zufriedenheit und Gelassenheit, wenn ich beides schulen kann. Ohne Ehrgeiz keine Willenskraft und umgekehrt"* (IP 23).

Der 34-jährige Befragte sieht einen Zusammenhang zwischen seinem Erfolg im Sport und den notwendigen Eigenschaften in der Arbeitswelt. Auch in der nachfolgenden Aussage eines 53-jährigen Managers spiegeln sich die wahrgenommene harte Realität und die Bedeutung einer Zielvorgabe wider. Auffallend oft betonten dabei Menschen, deren Herkunft nicht unmittelbar mit Führungspositionen in Verbindung gebracht wird, da sie aus dem Arbeitermilieu stammen, einen notwendigen Kampfgeist und beschreiben ihren Berufsweg als schwer, hart und mühselig:

*„Kampfgeist ist sicherlich wichtig, der ist einem wohl auch zum Teil angeboren und man muss auch die Chance haben es zu realisieren. Positiver Kampfgeist, man muss ein Ziel haben und von dem ich sage: Das pack ich auch, das muss aber kein Karriereziel sein, sondern vielleicht ein Umsatzziel, Projektziel oder einfach, dass ich sage, den Konkurrenten kick ich raus. Dass ich sage: Ich hol mir das! Ich glaube, das ist einfach 'ne Denkstruktur oder eine Charaktereigenschaft. Aber auch das Umfeld, sowohl das dienstliche wie das persönliche, spielt 'ne Rolle. Die Frau muss auch mitziehen, aber ohne Kampfgeist, aber auch ohne Kompetenz klappt das nicht"* (IP 20).

Ähnlich liest sich die Aussage einer 36-jährigen Industriekauffrau, die ebenfalls aus einer Arbeiterfamilie stammt:

*„Sicherlich ist ein Grund für meinen Erfolg auch mein Ehrgeiz, aber auch dass ich offen bin für neue Dinge und dass ich wohl auch ein relativ intelligenter Mensch bin. Man darf*

*aber auch andere Faktoren nicht unterschätzen: Zur richtigen Zeit am richtigen Platz sein und die richtigen Menschen kennen lernen. Menschen im Management werden immer auch von ihrem Umfeld geschaffen und es ist wichtig, die richtigen Leute zu kennen und verfügbar zu sein. Auch muss man ein gewisses Auftreten haben und ein betriebswirtschaftliches Verständnis, aber je höher die Position ist, desto weniger ist man im operativen Geschäft und desto wichtiger ist es Menschen einschätzen zu können und die Menschen an sich zu kennen"* (IP 26).

Immer wieder weisen die Interviewpartner darauf hin, wie wichtig es ist die „richtigen Leute" zu kennen und auch die Bedeutung, des „Sich-Richtig-Verkaufen-Könnens". Erfolgsfaktoren sind somit nicht nur Kompetenz, Ehrgeiz und Leistungsbereitschaft, sondern auch die so genannten Soft Skills, d.h. der Umgang mit Menschen, die in diesem Falle auch für eine Karriere notwendig. Dabei erstreckt sich der gekonnte Umgang mindestens genauso auf vielleicht zunächst unterschätzte Mitarbeiter. Ein Vorstandsvorsitzender berichtet über seine Erfahrungen mit Sekretärinnen:

*„Auch die Sekretärinnen spielen eine sehr wichtige Rolle, denn sie stellen einem das notwendige Umfeld her, um sich richtig darzustellen, auch gegenüber dem Chef. Das Lob der Sekretärinnen auch dem Chef gegenüber hilft einem auch dort angesehen zu sein. Der Chef und sein unmittelbares Umfeld sind sehr wichtig. Man muss auch das Glück haben an einen starken Menschen zu kommen, die einem auch helfen den Weg zu machen"* (IP 7).

Die Wertschätzung des Befragten für Sekretärinnen zeugt nicht nur von einem feinen Gespür für Macht, sondern es unterstreicht zugleich die wichtige Funktion langjähriger Mitarbeiter für den sozialen Zusammenhalt eines Unternehmens. Denn gerade Sekretärinnen und auch andere langjährige Mitarbeiter, die in der Unternehmenshierarchie oft weiter unten stehen, sind es, die die Hauptträger eines umfangreichen institutionellen Wissens darstellen[415].

Das Bewusstsein, dass es andere Menschen waren, die einem zum Erfolg verholfen haben, daran erinnert sich ein 32-jähriger Manager, auch im Hinblick auf den Werdegang ehemaliger Studienkollegen:

*„Ich würde sagen, ich war zur richtigen Zeit am richtigen Ort und habe die richtigen Leute getroffen, so was ist nicht erzwingbar. Das Treppchen nach oben hat mir immer jemand hingestellt. Wenn ich andere Studienkollegen anschaue, dann haben sie vielleicht einfach nicht den Richtigen getroffen und das hat dann nichts mit Noten oder Engagement zu tun"* (IP 25).

Aus den vorhergehenden Aussagen wird bereits auf die Bedeutung und die Mithilfe von anderen Menschen hingewiesen. In großen Firmen holt man sich diese soziale Unterstüt-

---

[415] Durch häufige Restrukturierungsmaßnahmen besteht jedoch die Gefahr, dass es zu einer Schwächung des institutionellen Wissens kommt. Diese Schwächung ist eines der drei neuen sozialen Defizite, neben der geringen Loyalität gegenüber Institutionen und dem Abbau informellen Vertrauens, das sich heute in Unternehmen immer mehr ausbreitet und fatale Folgen nach sich zieht (vgl. Sennett, R. (2005): a.a.O., S. 52-59).

zung vor allem durch die Bildung von Netzwerken. Diese Einbindung in eine Struktur ist zum einen Voraussetzung, aber im weiteren Verlauf auch eine Folge eines Aufstieges. Ein 38-jähriger Ingenieur, dessen Firma ihre Führungskräfte über ein Assessment-Center-Auswahlverfahren rekrutiert, konnte durch sein Netzwerk sicherstellen, dass er eine zweite Chance erhält:

*„Ich habe mir ein gutes Netzwerk geschaffen und kenne die richtigen Leute. Auch habe ich wohl ein Gespür dafür, welche Sachen richtig sind und mich an die richtigen Leute angehakt. Sonst wäre es auch nicht möglich gewesen, dass ich beim Assessement-Center noch eine zweite Chance bekommen habe. Da hatte ich einen Gönner. Man muss sich halt auch auf die Person einstellen: Was will der von mir? Auch abends mit den richtigen Leuten Biertrinken gehen und z.B. auch zu den Veranstaltungen gehen, wo man wichtige Leute trifft. Aber es ist auch eine fachliche Geschichte"* (IP 9).

Die Bedeutung der Pflege informeller Kontakte, welche sich vor allem außerhalb der Arbeitszeit abspielen, scheint unmittelbar mit dem Erfolg verknüpft zu sein. Diese Kontakte stellen gleichsam Hilfsmittel dar, formelle Vorgaben zu umgehen oder zumindest großzügig auszulegen. Neben dem bereits mehrfach erwähnten Glück und Können kann vor allem die richtige Strategie den Aufstieg in einer Hierarchiestruktur deutlich beschleunigen. Ein 60-jähriger Jurist, der neben unterschiedlichen Tätigkeiten in Großkonzernen nun als Berater tätig ist, kann nicht nur selbst auf eine Karriere zurückblicken, sondern hat auch Karrierewege von anderen beobachtet und manche auch Scheitern gesehen:

*„Ich habe auch die ‚karrierenotwendigen Verhaltensweisen' gelernt und diese auch eingehalten, d.h. absolute Loyalität zum Unternehmen und auch zum Chef. Und man braucht einen Hector Protector, den muss man finden und sich in seiner Anwesenheit auffällig benehmen. Und das muss eine Person sein, die noch in Saft und Kraft steht. Man darf sich auf keinen Fall an einen sinkenden Schwan, einen sinkenden Stern halten. Und wer sich heute an jemand hängt, der im nächsten Jahr in Rente geht, der hat schon verloren, weil es dafür heute schon Pläne in den Schubladen gibt, wie die Nachfolge von diesem Menschen aussieht. Man muss Kraftzentren suchen, die einen hochbringen. Dieser Mittelweg zwischen Loyalität und dem Erkennen, dass jemand ein sinkender Stern ist und sich von diesem abzuwenden, das ist der Eiertanz. In der Zeit zwischen 35 und 45, wo man hauptsächlich Karriere macht, da empfiehlt man sich, man muss sich sozusagen an einen Schlepper hängen, d.h. an Vorstandsleute. Als ich damals Vorstandsvorsitzender war, da hatte ich keinen Freund im Unternehmen und war sehr einsam. Ich erhielt aufbereitete Wahrheiten. Ich als Vorstandsvorsitzender will die Wahrheit kennen lernen und der andere will mich zufrieden stellen. Das sind zwei völlig verschiedene Dinge. Und der Dialog wird auf zwei völlig verschiedenen Ebenen geführt. Man muss dem anderen dann erst auf seiner Ebene entgegen kommen, um danach auf die Sachebene bzw. auf meine Interessenebene zu kommen. Ausbrechen kann man, indem man mal ein Versuchsballon startet und provoziert, um Reaktionen testen"* (IP 13).

Neben strategischen Einblicken verweist der Befragte auch auf die Schwierigkeiten, welche möglicherweise mit einem Hierarchieaufstieg einhergehen, nämlich eine gewisse Abkopplung von der betrieblichen Kommunikation und auch notwendigen Information.

Im Gegensatz zu den Auskünften über eine Karriereplanung stehen die Einschätzungen von einigen weiblichen Befragten, denen es offensichtlich immer noch schwerer fällt über ihren beruflichen Erfolg zu sprechen. Dabei wird die eigene Karriere eher relativiert und sie von Zufälligkeiten und günstigen Umständen beeinflusst dargestellt. Der eigene Anteil am beruflichen Fortkommen wird manchmal geradezu banalisiert, wenn eine 53-jährige Managerin, die bereits in verschiedenen Betrieben leitende Funktionen ausgeübt hat, auf die Frage nach dem beruflichen Erfolg antwortet:

*„Ich würde nicht unbedingt von Erfolg sprechen, es ist wohl eher so, dass es wenig Frauen in unserem Land gibt, die sich hinauf bewegen"* (IP 28).

Und auch eine 36-jährige weibliche Führungskraft gibt sich ähnlich zurückhaltend, auch wenn hier zwischen der Selbstdarstellung der Befragten und der ohne Zweifel notwendigen Zielorientierung in Form von Ehrgeiz, Einsatz- und Leistungsbereitschaft unterschieden werden muss. Sie verweist darauf, dass jeder mögliche Aufstieg zugleich die Möglichkeit des Scheiterns beinhaltet:

*„Ich würde nicht den Beruf als Erfolg bezeichnen. Ich habe meine Arbeit immer gerne und mit großer Überzeugung gemacht und habe auch Glück gehabt. Ich bin zwar immer abgeworben worden, jedoch gehe ich auch immer das Risiko ein, dass ich auf die Schnauze falle. Denn jedes Ding hat zwei Seiten. Ich habe aber auch das Risiko, dass wenn ich hier bleibe, dass der Chef wechselt oder der drüber und die können einen genauso schnell kalt stellen, wenn sie nicht mit mir zurecht kommen. Das System ist nicht verlässlich und das Leben ist so bunt wie die Möglichkeiten. Ich weiß daher nicht, wo ich in zehn bis fünfzehn Jahren bin"* (IP 12).

Ähnlich verharmlosend spricht ein 38-jähriger Ingenieur über den Zusammenhang von Erfolg, Karriereaufstieg und möglichen Folgen:

*„Ich versuche jede Aufgabe sorgfältig zu machen und ich habe mich nicht nach oben, sondern mich auf die Sache konzentriert. Aber woran erkennt man, dass jemand erfolgreich ist? Ich habe zwar jetzt meinen höchsten Status erreicht, aber es gab Zeiten, da habe ich mehr Gestaltungsspielraum gehabt und zwar mit einem deutlich geringeren Status. Daher bin ich mal vorsichtig an Äußerlichkeiten zu beurteilen, wer wie erfolgreich ist. Da kann ein Kleinunternehmer wesentlich mehr Entscheidungs- und Verantwortungsspielraum haben, mit dem ich mich nicht messen könnte. Daher bin ich schon mal vorsichtig mich mit anderen zu vergleichen. Mein Weg ist mein Weg. Ich kann nur sagen, was ist mein Werdegang und warum ich mich dieser Aufgabe stelle ... und den Preis, den ich dafür zu zahlen habe, dass ich und meine Familie bereit sind diesen zu bezahlen. Zu sagen, das ist es wert, damit habe ich das Gefühl, dass ich authentisch bin, mich in einer Situation wohl zu fühlen. Wenn ich mich irgendwo in einem Organigramm massiv zurückgestuft wieder finden würde, würde das nicht unbedingt heißen, dass ich mich dann unwohler fühlen würde, wenn damit eine Tätigkeit verbunden ist, in der ich gestalten kann, so richtig loslegen kann ... dass es Spaß macht, das ist das Wichtigste und nicht, dass ich so und soviel Streifen auf der Schulter habe"* (IP 24).

In wie weit der letzte Teil der Aussage tatsächlich im Falle des Zurückstufens so gelassen hingenommen werden würde, muss unbeantwortet bleiben. Erfolg, so zeigen die Aussagen, wird nicht zuletzt auch danach beurteilt, wie hoch einem der bezahlte Preis dafür erscheint und wie lang und hart der Weg dorthin empfunden wird. Nur wenige sehen den beruflichen Erfolg und die damit verbundenen Begleiterscheinungen (exponierte Stellung, Weisungsbefugnis, Verantwortung) unkritisch.

## 6.7. Zusammenfassung

Insgesamt muss festgestellt werden, dass nur wenige zugeben ihre Karriere wirklich geplant und einen beruflichen Aufstieg auch angestrebt zu haben. Zumeist werden Karrieren immer noch als zufällige Begebenheiten im Berufsalltag definiert. Ob die Ursache darin liegt, dass man es nicht für opportun hält dies offen zuzugeben, um nicht als Ehrgeizling eingestuft zu werden, kann nicht völlig ausgeschlossen werden. Vor allem Frauen umgeben sich mit einem stark ausgeprägten Understatement hinsichtlich ihrer Karriere, während viele Männer sich als sehr leistungsbereit definieren und auch selbstbewusst betonen, dass sie sich diese Position erarbeitet haben und sie daher auch angemessen ist.

Auffallend ist dabei, dass jene, deren Karriere unvorhergesehen kam bzw. von ein oder mehreren Brüchen gekennzeichnet war, einen weitaus relativierenderen Blick hinsichtlich der Erfolgsfaktoren haben. Unter den jüngeren Befragten zeigte sich ein weitaus stärkeres Interesse, ihre Karriere stringent weiterzuplanen, als bei ältern Führungskräften, die sogar freiwillig gewisse Karrierestillstände in Kauf genommen haben, weil ihnen andere Dinge als wichtiger erschienen. Eifer und Anstrengung und die damit verbundene Erwartung, dass auch weiterhin eine Verbesserung der beruflichen Situation eintritt, ist nicht auf alle jungen Manager zutreffend. Für jüngere Führungskräfte mit einschneidenden privaten oder beruflichen Erfahrungen hat die Karrierefrage oft eine starke Relativierung erfahren und sie betrachten auch die Berufswelt mit einer größeren Distanz. Die befragten weiblichen Führungskräfte können das Ergebnis einer österreichischen Untersuchung[416] nicht bestätigen, nach der Frauen den Karrieregedanken stärker negieren als Männer. Sie beurteilen die mit dem beruflichen Erfolg einhergehenden Begleiterscheinungen oft kritischer, was jedoch nicht bedeutet, dass sie den Erfolg nicht genauso anstreben.

Auch das gewisse „Quäntchen Glück" wird von beiden Geschlechtern angeführt, wobei jüngere Manager noch eher dazu neigen, die Karriere als „selbstgemacht" zu verstehen. Es zeigt sich, dass Menschen, die über den Zweiten Bildungsweg Karriere gemacht haben, oft genauere Vorstellungen davon haben, welches Ziel sie anstreben bzw. von welcher Position oder Schicht sie wegwollen. Dies mag daran liegen, dass mit einer Karriere auf dem Zweiten Bildungsweg weit mehr Aufwand und ein höherer Arbeitseinsatz verbunden sind als beim klassischen Weg zum Abitur und späterem Studium. Die Bereitschaft bei „besseren" Angeboten die Firma zu wechseln, findet sich nur bei den wenigsten. Wobei hier festzustel-

---

[416] Vgl. Ziegler, J. (2002): Zwischen Karriere und Familie, Wien, S. 121.

len ist, dass es sich dabei um Menschen handelt, die auch sehr genau ein Ziel/eine Position im Auge haben und bei entsprechendem Angebot auch zugreifen würden.

Eine eher nüchterne Erkenntnis aus den Interviews war, dass Menschen, welche bereits in jungen Jahren sehr ehrgeizig und erfolgsorientiert waren, einen beruflichen Aufstieg eher als eine Selbstverständlichkeit betrachten, den sie nicht selten auf ihr alleiniges Können zurückführen. Jedoch laufen Menschen, die nie eine Distanz zu ihrer Berufsrolle angestrebt haben und sich überwiegend über den beruflichen Erfolg definierten, auch die Gefahr im Falle eines Scheiterns kaum noch eine Form der Selbstbestätigung zu erfahren.

## 7. Der Blick zurück

### 7.1. Darauf bin ich stolz

Als spannend erwies sich die Frage, welche Ereignisse, Meilensteine oder Lebensarrangements rückblickend mit Stolz betrachtet werden, da dies in Kombination mit dem Grund für den eigenen Erfolg Rückschlüsse auf die Prioritätensetzung einer Person zulassen. Die Interviewpartner zeigten sich bei der Betrachtung ihres bisherigen Berufs- und Privatlebens sehr differenziert, da im Rückblick sich einstmals wichtige Dinge relativieren, Niederlagen weniger bitter erscheinen und Erfolge auch weniger glänzend.

Über den Stellenwert persönlicher Eigenschaften, die für einen beruflichen Aufstieg als notwendig erscheinen, äußerten sich zumeist sehr junge Menschen. Eine weibliche Interviewpartnerin meinte: *„Stolz bin ich auf meine wahnsinnige Zielstrebigkeit. Ich habe mit 13 Jahren das Dorf verlassen ... auch auf meine Hartnäckigkeit und auf meine finanzielle Unabhängigkeit bin ich stolz"* (IP 30).

Und eine andere Managerin bekennt: *„Ich bin stolz, dass ich mit 38 Jahren das erreicht habe, was ich heute bin. Auch dass ich zwei Kinder habe und als Frau diesen Sprung hier in der Firma geschafft habe"* (IP 11).

Ein knapp 40-jähriger Geschäftsführer verweist auf die Bedeutung seiner persönlichen Prioritäten, die er in einem Beruf verwirklichen kann, auch wenn dieser mit einer hohen Arbeitsbelastung verbunden ist:

*„Am Ende bin ich darauf stolz, dass ich etwas machen kann, wo im hohen Maße ich sein kann und auch was bewegen kann. Das ist schon eine hohe Motivation. Mir kommen die 60 Stunden, die ich arbeite, nicht so vor. Hier ist soviel Action, soviel Leben, das ist das was ich brauche. Ich brauche Veränderung, Bewegung, neue Dinge entdecken und ich bin stolz, dass ich einen Job habe, der mir diese Freiräume ermöglicht. Der Rest hat sich daraus ergeben. Sicherlich habe ich auch den Ehrgeiz, die Dinge die ich mache, richtig zu machen ... auch dass ich eine tolle, lange Beziehung habe, bereits seit dem Studium und eine tolle, lebendige vierjährige Tochter, die mich natürlich viel zu wenig sieht ... die mich morgens nicht mal grüßt, wenn ich ‚Guten Morgen' sage und sich fragt: ‚Huh, wer ist das denn?' "* (IP 21).

Ob es an der Interviewsituation lag (Büro), dass einige Befragte den beruflichen Werdegang zuerst benannten, kann nicht ausgeschlossen werden. Ähnlich der letzten Aussage drängte sich aber bisweilen der Eindruck auf, dass der Stolz über Familie und Kinder eher eine Reminiszenz an gesellschaftliche Erwartungen ist, als ein tatsächlich vorhandener.

Ohne die Erwähnung von privaten Leistungen kommt ein älterer Manager aus, der offen zugibt, dass sein beruflicher Weg ihn mit Stolz erfüllt: *„Ich bin stolz auf mich, weil ich die Kraft hatte einen Wandel herbeizuführen aus dem ungeliebten Beruf und meinen eigenen Weg gegangen bin. Auch auf den beruflichen Erfolg, Prokurist, Personal und Rechungswesen ... Geschäftsführer"* (IP 27).

Eine ähnliche Betonung der persönlichen Leistung findet sich bei einem 38-jährigen Ingenieur. Auch hier wird vor dem Hintergrund der Herkunft der Stolz auf den gegangenen Weg deutlich:

*„Ja da gibt es vieles auf was ich stolz bin: Meine Herkunft ist sehr einfach, mein Vater und mein Bruder sind Handwerker und ich bin in einem Arbeitervorort in Baden-Württemberg aufgewachsen. In der Straße waren eher Ausländerkinder und Arbeiterkinder. Ich selbst habe dann Abitur gemacht und ein Studium abgeschlossen – eigentlich sehr gut und habe jetzt beruflich eine gute Position. Jetzt mit noch nicht mal 40 Jahren habe ich ein Haus, das zwar noch nicht abbezahlt ist, aber die Finanzierung steht und es ist mir gelungen, so hoffe ich zumindest – kann es nicht ganz ausschließen, dass es anders ist – so zu bleiben wie ich war: nicht arrogant und abgehoben und habe hoffentlich auch keine Starallüren"* (IP 9).

Für einen 34-jährigen, noch ledigen Diplom-Ökonom, der neben seiner beruflichen Tätigkeit sich stark dem Sport widmet, ist Planung ein wichtiger Bestandteil des Lebens und es bereitet ihm eine große Genugtuung, wenn er sich seine gesteckten Ziele erfüllen kann:

*„Da gibt es verschiedene Dinge: Dass ich die Ziele, die ich für meine eigene Lebensplanung gesetzt habe, auch zumeist erreicht habe, d.h. auch meinen Geist voranzubringen, mich Herausforderungen zu stellen, Entscheidungen zu verbessern ... auch dass ich das, was mir soviel Spaß macht, nämlich Karate, immer noch praktizieren kann und auch noch verbessere. Ich habe 1997 meinen Meister gemacht und bin jetzt auch Trainer. Auch dass ich den für mich schönsten Kontinent – Australien - schon zweimal besucht habe. Ich habe als Kind immer davon geträumt mit meinem Großvater dort zu siedeln. Er ist leider inzwischen verstorben ... Beruflich bin ich stolz darauf, dass ich meine Ziele, diese teile ich mir ein in Budget und Kalenderjahre, und meine persönliche Einteilung, ebenfalls erreiche. Dazu gehört auch der Umgang mit meinen Mitarbeitern, d.h. auch Führungs- und Sozialkompetenz"* (IP 23).

Es zeigt sich, dass am ehesten Menschen, die entweder aus einfachen Verhältnissen kommen, sich in ihrer Wahrnehmung hart nach oben arbeiten mussten oder in der Familie der Arbeit immer ein sehr hoher Stellenwert zukam, den beruflichen Werdegang mit dem Begriff des Stolzes verbinden. Andererseits zeigen diese auch eine hohe Sensibilität und kritisches Bewusstsein für mögliche Verlockungen der Managementwelt und sehen es als persönliche Herausforderung an, sich nicht von ihr „verführen" zu lassen.

Einen völlig anderen Zugang hat eine junge Managerin, deren Vater selbst auch Ingenieur war und die aufgrund ihrer zahlreichen Stationen in einem Konzern auch schon die Schattenseiten der Macht erlebte. Sie spricht mit einiger Distanz von ihrem beruflichen Erfolg und gibt auch zu, dass sie ein sehr ambivalentes Verhältnis zu dem Begriff des Stolzes hat:

*„Damit habe ich mein Problem. Ich könnte wahrscheinlich mittlerweile Stolz sein meinen Weg zu gehen mit all den Vor- und Nachteilen. Und auch dass ich unabhängig bin und selbst entscheiden kann. Aber wirklich Stolz bin ich dann, dass es mir gelingt in einem solchen System noch eine Form von Menschlichkeit zu leben und da kommt dann gerade oft in dieser Männerwelt Überraschendes zurück, weil diese es nicht gewohnt sind. Auch wohl darauf, dass ich mich bisher nicht sonderlich verbogen habe. Aber eigentlich Stolz bin ich eher auf private Dinge"* (IP 12).

Um die Kunst bzw. die Herausforderung, die ein beruflicher Aufstieg mit sich bringt, weiß auch ein Manager, der die Bedeutung des privaten Glücks und einer lebendigen Partnerschaft, aber auch die Vergänglichkeit des beruflichen Erfolges in seinen langen Berufsjahren erfahren konnte:

*„Es ist mir gelungen mein Privatleben auf dem Niveau zu halten, wo ich es heute habe. Dass ich keine Scheidung hinter mir habe und ein gutes Verhältnis zu meiner Tochter habe, darauf bin ich wirklich stolz. Auch dass wir privat nicht abgehoben sind und auch einen sehr gemischten Freundeskreis haben. Das sind Arbeitskollegen, aber auch Bewohner von unserem Dorf, die eine völlig andere Vergangenheit haben, da bin ich auch stolz darauf. Beruflich bin ich stolz auf das was wir hier gemeinsam erreicht haben in der Company. Und dass ich heute ein relativ breites gestandenes Wissen habe"* (IP 20).

In der Aussage wird deutlich, dass ein zufrieden stellendes Privatleben den Erfolg noch unterstreicht. Auch die Betonung des gemischten Freundeskreises als Abgrenzung zur Zugehörigkeit zu einem elitären Zirkel scheint dem Befragten wichtig zu sein. Ein ähnlicher Wunsch, nicht einen Dünkel zu pflegen, sondern in das ‚normale Leben' mit ‚normalen Leuten' integriert zu sein, kommt auch bei einem 58-jährigen Unternehmer zum Ausdruck:

*„Den Neid den spüre ich nicht so bei den Leuten, bei denen ich mich aufhalte. Durch mein Hobby, die Musik, bin ich mitten drin. Aber ich bin auch nicht in einer Gesellschaft, wo andere in meiner Position wären. Durch mein Hobby bin ich in einer anderen Schicht"* (IP 29).

Eine 53-jährige Journalistin, welche im Laufe ihres Berufslebens mehrfach private und berufliche Brüche zu verkraften hatte, jedoch ohne Bitterkeit zurückblickt, sieht für sich noch viele Herausforderungen in der Zukunft:

*„Stolz bin ich sicherlich auf meine Kinder, sie sind ein Produkt meines Lebens und ich kann sagen, das ist gut gelaufen ... Auch dass ich in jedem Job meine Markierung hinter-*

*lassen habe und etwas, was man immer mit mir assoziieren wird. Auch empfinde ich eine Freude darüber, dass alles so ist, wie es ist, dass ich mich in schweren Stunden behauptet habe. Ich weiß was Mobbing ist und was es heißt, ein Außenseiter zu sein ... aber ich kann sagen, dass ich aus solchen Situationen immer gestärkt hervorgegangen bin"* (IP 28).

Trotz einer sehr schnellen Karriere bereits in jungen Jahren vertritt ein Kaufmann die Auffassung, dass er es wohl auch einem glücklichen Zustand zu verdanken habe, heute eine bereits so verantwortungsvolle Position innezuhaben:

*„Die Leistungen im Job sind es nicht, die sind nicht so herausstechend. Es ist eher die Ausgewogenheit zwischen beruflichem und privatem Interesse und dass ich mich mit meinen Kollegen und mit Mitarbeitern gut verstehe. Auch dass ich nie so verbohrt auf das Thema Karriere war oder bin, es sich aber dennoch einigermaßen gut entwickelt hat"* (IP 17).

Eine ähnliche relativierende Einstellung zum beruflichen Erfolg, sei es, weil man ein gewisses Understatement pflegen möchte oder man die berufliche Karriere tatsächlich nicht als die Messgröße für ein erfolgreiches Leben wertet, zeigt sich auch bei einer 40-jährigen Führungskraft in einem großen Automobilkonzern. Seiner ehemaligen Tätigkeit als Assistent auf Vorstandsebene verdankt er relativierende Sichtweisen auf den beruflichen Erfolg:

*„Würde sagen, Stolz das ist der falsche Ausdruck. Ich habe ein paar gute und richtige Entscheidungen getroffen. Dazu gehört auch, dass ich während des Studiums bereits Vater geworden bin. Ich kann für mich in Anspruch nehmen, dass ich das was ich erreicht habe aus mir selbst erreicht habe, wobei sicherlich meine Eltern und meine Frau vor allem einen sehr großen Anteil daran haben, weil sie mir vieles ermöglicht haben in unserem Zusammenleben. Beruflich ist für mich einiges gut gelaufen und ich kann hier meine Vorstellungen von Leitung umsetzen. Man sieht hier ein Stück von mir und es entspricht meinen Vorstellungen und Werten. Man kann hier auch gut abschätzen, welcher Anteil meiner ist und welcher Anteil der von anderen. Ich kann insgesamt sagen, dass das für mich gut gelaufen ist, aber ich kann nicht sagen, dass dies im Sinne einer Karriereentscheidung immer gut gelaufen ist. Denn was ich in meiner vorangegangenen Position erlebt habe, da würde ich sagen ist ein Bruch gewesen. Da habe ich auch gelernt, dass es beruflich nicht nur immer stetig aufwärts geht, sondern dass man auch Rückschritte akzeptieren muss, wenn ich zu bestimmten Kompromissen oder Konzessionen nicht bereit bin, d.h. nicht bereit bin, mich selbst zurückzunehmen. Beim XY-Konzern hatte ich einen Job inne, von dem man mir sagte, dass wenn ich den gut mache, ich dann einen deutlichen Karrieresprung machen kann. Ich habe mich aber dann bewusst dagegen entschieden diese Aufgabe so auszufüllen wie man es von mir erwartet hat. Nämlich hinsichtlich Verfügbarkeit, zeitlicher Verfügbarkeit und auch die Erfüllung der Aufgabe selbst. Somit habe ich auch die Möglichkeit, später dann den Karriereschritt zu machen, ebenfalls abgelehnt. Aber ich muss sagen ich würde es immer wieder so machen. Da wollte ich den Dunstkreis wechseln. Diese Entscheidung lässt mich auch meinen Kopf auf den Schultern tragen"* (IP 19).

In dem Zitat wird indirekt der Stolz darüber zum Ausdruck gebracht, dass man sich dafür entschieden hat, sich selbst treu zu bleiben, auch um den Preis einer geringeren oder langsameren Karriere. Stolz, dass man sich in der bunten Welt des Managements nicht verändert hat, dass man immer noch sich selbst und auch seiner Herkunft treu geblieben ist, ist auch eine 36-jährige Personalleiterin, die trotz ihres beruflichen Aufstiegs immer noch zu allen Mitarbeitern der Firma Zugang findet:

*„Ich bin stolz darauf, dass ich hier durchs Werk gehen kann und mit jedem reden kann, also in seiner Sprache, auf seinem Level. Es versteht mich jeder hier. Auch dass ich es mir bewahrt habe, dass die Menschen im Vordergrund stehen, denn es ist sehr verlockend nicht mehr zu diskutieren, sondern nur noch zu sagen ‚Du machst das', nur weil ich es kann. "*
(IP 26).

Mehrfach kam in den Interviews die Verlockung zur Sprache, dass mit einer Karriere auch das Erreichen einer Machtposition verbunden ist, aber auch wie schnell eine Abkopplung von den Mitarbeitern dadurch stattfinden kann. Vor allem Personen, die im Laufe ihrer Sozialisation im Elternhaus kaum mit Macht konfrontiert wurden (z.B. der Vater hatte keine Vorgesetztenfunktion inne) zeigen sich oft sehr diffus in ihrer Rolle und finden es durchaus belastend ein passendes Selbstverständnis zu finden, um diese Macht auszuüben. Bisweilen wird versucht, diese Diskrepanz zu nivellieren, indem ein bewusst freundschaftlicher Umgang mit den Mitarbeitern gepflegt wird.

Ein Ingenieur eines Global Players, der bereits einen mehrjährigen Auslandsaufenthalt mit seiner Familie für die Firma absolviert hat und von den dort gemachten Erfahrungen bis heute nach eigener Auskunft stark profitiert, blickt mit Stolz und Freude auf sein dortiges Wirken zurück:

*„Ich hatte schon die Möglichkeit und das Privileg in tollen Teams mitzuarbeiten, was ich mir früher nicht zugetraut hätte. Auch dass ich in der Zeit in Brasilien Leute ausgebildet habe und meine brasilianischen Kollegen auch jetzt noch Jahre danach - nachdem die Deutschen, die ja alles besser wissen, abgezogen sind - die sehr hohen Qualitätsstandards immer noch halten, darauf bin ich stolz. Daran sieht man, dass das Training, die Grundphilosophie, das Ausbilden nicht aufgesetzt war, sondern auf einen fruchtbaren Boden gefallen ist. Dass dies so nachhaltig läuft, das ist schon toll. Dass das nicht nur funktioniert wenn man da ist, sondern auch noch Jahre danach, wenn man die Kontrolle schon aufgegeben hat, das finde ich stark. Auch bin ich stolz darauf, so glaube ich, mich nicht verdreht zu haben, authentisch geblieben bin, ich mir selbst treu geblieben bin, noch Mensch geblieben bin. Ich kann heute noch überall hinkommen wo ich mal gearbeitet habe und werde dort immer noch mit offenen Armen empfangen"* (IP 24).

Über einen gewissen Weitblick, den er sowohl in die ehemalige Firma, als auch in die eigene Familie gebracht hat, freut sich ein 60-jähriger Jurist, der nach verschiedenen beruflichen Wechseln inzwischen als Generalbevollmächtigter bei einer kleineren Automobilzulieferfirma tätig ist:

*„Stolz bin ich, dass ich bei der XY-Firma mehr internationales Denken im Einkauf eingeführt habe. Die waren dort vorher schon sehr immer auf das Schwabenland bezogen und auch dass es mir gelungen ist meinen beiden Söhnen auch eine gewisse Internationalität zu*

*vermitteln. Beide haben Praktika in Asien gemacht und einer davon hat jetzt sogar eine Frau von dort her. Sie sollten erkennen, dass Intelligenz und Leistung nicht immer einhergehen mit Luxus und Überfluss. Mir erscheint dabei wichtig, auch das Kennenlernen von anderen Kulturen und von anderen Sozialstrukturen, wie z.B. die Bedeutung von Großfamilien ... Nicht zuletzt durch meine philippinische Schwiegertochter habe ich da noch was Neues gelernt"* (IP 13).

Im Laufe des Älterwerdens und durch die Veränderung der Lebenssituation relativieren sich ehemals wichtige Meilensteine und vermeintliche Erfolge beginnen ihren Glanz zu verlieren, da man erst im nach hinein erkennt welchen Preis man dafür bezahlt hat. Ein 41-jähriger Geschäftsbereichsleiter geht sehr hart mit sich ins Gericht:

*„Früher hätte ich sofort gesagt: Auf das was ich erreicht habe. Das gilt auch, als ich dann von der Arbeit aus in die USA geschickt wurde, um noch meinen MBA nachzumachen. Seit ca. zwei/drei Jahren ist das was anderes. Man wird ein bisschen nachdenklicher, ruhiger und überlegt sich das mit dem Mehr-Wert. Auch die Erkenntnis, dass man mit dem Kind was versäumt hat und das Einsehen, dass man bei Kindern nichts mehr nacharbeiten kann. Man stellt sich die Frage: War es das wert, dieser eigene Ego-Trip? Seit ca. zwei Jahren gebe ich der Familie oberste Priorität. Das hängt auch damit zusammen, dass man auch von den Möglichkeiten, die man erreichen kann, auch so einen Scheitelpunkt erreicht hat, wo man sagen kann: Ja jetzt passt's! Nutzen, Aufwand und Geld passen zusammen"* (IP 8).

Der Befragte hat aus dieser Erfahrung die Konsequenz gezogen, dass er dabei ist eine 4-Tage-Woche zu organisieren, d.h. dass er am Freitag versucht von zu Hause aus die anfallenden Dinge zu erledigen. Denn er gibt offen zu, dass er zuwenig Zeit für die Kinder hatte aber *„im privaten Bekanntenkreis hatten wir Glück. Wir konnten diese noch halten. Es waren auch welche dabei, die sagten ‚Wir verstehen das und akzeptieren das, aber wir wollen dennoch im Gespräch bleiben'. Diese Nachsicht von Leuten, die von sich aus stabil sind ... Die Arbeit ist ja kein Selbstzweck und mit 35 Jahren vergisst man das leicht. Wir haben Glück gehabt. Wäre es schief gegangen, dann wäre es das nicht wert gewesen, weil es ja auch viele Leute im privaten Umfeld gibt, die einem sehr viel mitgeben so für das Leben. Auch Dinge, die man für den Job brauchen kann. Und wenn man dann Menschen kennt, die ihre acht Stunden arbeiten und in der Summe mehr Glücksgefühle haben, dann fragt man sich schon: Was ist es wert, dass man dreimal im Jahr in den Urlaub fährt oder dass man ein Haus hat? Denn letztendlich, was bleibt übrig?"* (IP 8).

Die detaillierten Schilderungen der Auswirkungen einer beruflichen Karriereplanung zeigen, dass der hohe Zeitaufwand ein geradezu unlösbares Dilemma für den Betroffenen mit sich bringt. Auch wenn der Befragte seinen Beruf nicht in Frage stellt, so lässt der Verweis auf Arbeitsarrangements mit weniger Zeitaufwand, aber höherer Zufriedenheit eine kritische Reflektion der eigenen Lebenssituation erkennen. Die entgegengebrachte Toleranz des sozialen Umfeldes wird zwar vereinfacht als ‚Glück' beschrieben, dennoch zeigt sich eine gewisse Dankbarkeit gegenüber den damaligen Konstellationen, die ein Zusammenbrechen des Privatlebens mit verhindert haben. Am Beispiel des Managers wird deutlich, dass man einerseits zwar einen gewissen Stolz über den Werdegang empfinden kann, andererseits jedoch auch oft deutlich vor Augen hat, welchen möglicherweise hohen Preis man dafür bezahlt hat.

*7.2. Der bezahlte Preis für den Erfolg*

Auf die Frage des Preises antworteten die Interviewpartner sehr häufig, dass sie zuwenig oder kaum noch Zeit hätten bzw. dass sie dauernd unter Zeitdruck stünden. Diese Feststellung ist zwar berechtigt, jedoch für ein schlüssiges Bild über einen Menschen auch zu einseitig und zu unverbindlich. Daher waren vor allem jene Aussagen aufschlussreich, die neben dem Zeitaspekt noch weitere Folgen eines hohen beruflichen Engagements thematisierten. Dabei wurde der Aspekt der Gesundheit sowohl von jüngeren wie auch von älteren Führungskräften benannt.

Eine junge Personalleiterin erinnert sich noch sehr genau, wie ihr ehemals extremer Arbeitseinsatz kaum wieder gutmachbare Folgen sowohl für sie wie auch für ihre Familie bedeutet haben:

*„Ich bin in der Firma mal zusammengebrochen; damals habe ich mich von der Arbeit auffressen lassen. Das war auch zu der Zeit als wir den Unternehmensberater in der Firma hatten. Damals habe ich gelernt, dass ich weder mir noch dem Unternehmen dienen kann, wenn ich mich permanent unter Druck setzen lasse. Auch habe ich damals meine Ehe sehr belastet, und mein Mann musste damals zugucken, wie ich mich zugrunde gerichtet habe"* (IP 26).

Aus diesen Erfahrungen heraus hat sie inzwischen eine Strategie entwickelt, ihr eigenes gesundes Arbeitspensum zu finden. Eine Herausforderung war dahingehend auch noch, dass sie nun mit einer kleinen Tochter ein Arrangement mit ihrem Arbeitgeber getroffen hat, das ihr ein Arbeiten halb Zuhause, halb in der Firma ermöglicht, andererseits aber auch dazu zwingt, wenn sie zu Hause ist, auch *„durch den Schreibtisch hindurchzuschauen"*.

Und ein 62-jähriger Ingenieur, der während des Interviews weiter eine eher ungesunde Lebensweise zelebrierte, benennt zwar deutlich den bezahlten Preis, zog aber nicht die persönlichen Konsequenzen, die man erwarten würde. Jedoch räumt er ein, aus dieser Erfahrung heraus nun weniger ehrgeizig seine Ziele zu verfolgen:

*„Ich selbst hatte zwei Herzinfarkte gehabt und sie sehen mich Kaffee trinken und rauchen. Die haben also auch eher wenig bewirkt. Das macht zwar nachdenklich, aber ich selbst verfolge jetzt meine Ziele anders, nicht mehr so bissig"* (IP 14).

Die Erkenntnis, dass ein Managerjob möglicherweise die Gesundheit beschädigt, kommt auch in Aussagen anderer Befragter zum Ausdruck. So konstatiert ein 34-jähriger Ingenieur der Automobilindustrie sehr nachdenklich:

*„Ich glaube ich bin schneller gealtert als Studienkollegen, die an der Hochschule geblie-*
*ben sind und mehr über ihre Zeit verfügen können und ein weniger anstrengendes und ent-*
*spannteres Leben führen. Die sind nicht so verbraucht"* (IP 23).

Dass die hohe Arbeitsbelastung einem Raubbau an der Gesundheit gleicht und auch ein
weniger an privatem Genuss zu Folge hat, darüber äußert sich 53-jähriger Ingenieur. Doch
gibt er sich auch reflektiert, dass ihn zu seiner Lebensweise niemand gezwungen hat:

*„Ich glaube die Lebenserwartung ist wohl niedriger in so einem Job und vielleicht auch die*
*Lebensqualität. Ich beneide schon teilweise die Leute, die abends noch feiern können auch*
*unter der Woche bis ein oder zwei Uhr. Dass man das nicht kann, ist schon eine Ein-*
*schränkung der Lebensqualität. Man kann mit Geld nicht alles machen. Auch weniger Zeit*
*hat man für die Familie und verzichtet auch auf ein Stück Freundeskreis. Da kümmert sich*
*meine Frau sehr darum. Doch ich sage mir auch, man muss selber wissen was man will"*
(IP 20).

Darüber hinaus wird erkennbar, welchen Stellenwert der Partner/die Partnerin als Kontakt
zu Nicht-Arbeitswelt hat. Sie bringt zum einen die kulturelle Abwechslung in die Beziehung und ist zugleich der soziale Verbindungspunkt, der dafür sorgt, dass der Kontakt zur
„normalen Welt" nicht abreißt.[417] Anders gestaltet es sich, wenn der Partner/die Partnerin
die erfolgreichere Person in der Beziehung darstellt oder wenn beide Partner einer erfolgreichen Berufstätigkeit nachgehen. Ein Dilemma der „Dual Career Couples" (DCC) zeigt
sich darin, dass zwar beide hinsichtlich Arbeitsbelastung und Engagement auf gegenseiti-
ges Verständnis stoßen, aber es bietet auch kein Partner eine Art flexiblen Rückzug an, d.h.
dass ein Partner sich dem Zeitschema des anderen unterordnen kann. Exemplarisch dafür
ist die Aussage einer verheirateten Managerin und Mutter:

*„Ich habe kein Hobby und mache auch keinen Sport, auch habe ich nichts dahingehend*
*geplant. Ich spüre auch, dass wir durch unser straffes Leben auch nur einen sehr kleinen*
*Bekanntenkreis haben und wir auch nicht zu Parties gehen und auch keinen Freundeskreis*
*pflegen. Mein Mann ist auch Manager in einer anderen Firma und er weiß, dass mir der*
*Job auch sehr wichtig ist und er hilft mir. Er weiß auch was es heißt sehr eingespannt zu*
*sein und wenn er abends um 20.30 Uhr anruft und sagt es wird heute länger, dann ist das*
*auch kein Problem"* (IP 11).

Obwohl das gegenseitige Verständnis als große Bereicherung empfunden wird, so ist dennoch ein leichtes Bedauern der Befragten erkennbar, das möglicherweise auch darin begründet liegt, dass bei den DCC auch niemand da ist, der einen hinsichtlich eines übermä-
ßigen Arbeitseinsatzes ‚bremst'. Die Folge eines nur sehr reduzierten Privatlebens, da sich
alles dem Beruf unterzuordnen hat, findet sich auch in der nachdenklich stimmenden Aussage eines 40- jährigen Ingenieurs:

*„Ich habe leider keinen Freund und das vermisse ich auch. Ich hätte gerne einen und wür-*
*de auch viel dafür geben, aber vielleicht eigne ich mich auch nicht dafür. Freunde haben*

---

[417] Vgl. dazu Liebold, R. (2001): „Meine Frau managt das ganze Leben zu Hause…": Partnerschaft und Familie aus der Sicht männlicher Führungskräfte, Wiesbaden.

*für mich einen sehr hohen Stellenwert, leider habe ich nur keinen, nur einen halben"* (IP 4).

Ein weiterer Aspekt, der als bezahlter Preis mehrmals genannt wurde, sind die aus der Karriere resultierenden Konflikte mit dem sozialen Umfeld. Den von Dahrendorf beschriebenen Folgen von Konflikten, nämlich eine notwendige Entscheidungsfindung herbeizuführen und auch eine Weiterentwicklung damit zu verbinden, kann auch eine 53-jährige weibliche Managerin zustimmen:

*„Als ich Mobbing am eigenen Leib erfahren habe, ist mir klar geworden, wie man Menschen ruinieren kann. Ich habe mich dann einem Coaching unterzogen und mir wurde da erstmals klar, dass ich eine sehr polarisierende Persönlichkeit bin. Es gibt Menschen, die mögen mich total gern und andere wiederum lehnen mich absolut ab. Ich habe auch damals gelernt mich abzugrenzen, aber auch genau hinzuschauen. Ich habe mir damals auch bewusst jemand gesucht, der dafür bezahlt wird, dass er schweigt. Auch habe ich gelernt, dass Neid, Kritik und Lob immer der Funktion gilt, die man innehat, niemals der Person"* (IP 28).

Aufgrund der negativen Mobbingerfahrung und durch die Einbeziehung professioneller Hilfe scheint die 53-jährige Managerin für sich einen Weg gefunden zu haben, die beruflichen Belastungen distanzierter zu betrachten. Auch die Betonung, dass sowohl positive wie negative Rückmeldungen im Berufsalltag nicht ihrer Person, sondern ihrer Funktion gelten, zeugt davon, dass zumindest eine starke Rationalisierung der Berufsrolle stattgefunden hat. Die Inanspruchnahme einer professionellen Unterstützung, die man bewusst ,dafür bezahlt, dass diese Person schweigt', verweisen auf den sensiblen Punkt eines vorhandenen semiöffentlichen Interesses an privaten Angelegenheiten von Führungspersonen. Obwohl diese Problematik nur bei wenigen Interviews zum Ausdruck kam, stellt es scheinbar eine Belastung für die Manager dar. Zum einen handelt es sich um die latente Gefahr, dass Privatangelegenheiten der Führungskräfte in das öffentliche Blickfeld gerückt werden, zum anderen geht damit die Gefahr der ,falschen Freunde' einher, wie dies im Zitat eines in der Öffentlichkeit stehenden Managers zum Ausdruck kommt. Auf die mit seinem beruflichen Aufstieg zunehmende Schmeichelei des Umfeldes zieht der Vorstandsvorsitzende klare Grenzen, indem er sich seine ,Attraktivität' immer wieder bewusst macht:

*„Ein anderer Preis ist, dass man mit einem Umfeld konfrontiert wird, das einem versucht zu schmeicheln und da muss es einem klar sein, dass man nur wegen seiner Funktion eingeladen wird und nicht wegen der eigenen Person. Ich habe mir auch versucht einen Bekanntenkreis zu erhalten, den ich bereits aus dem Studium kenne und die auch ihren Weg gegangen sind. Sogar noch Menschen aus meiner Schulzeit sind dabei und sogar noch aus dem Kindergarten. Man muss dabei sehr genau differenzieren was Freundschaften sind, d.h. man muss unterscheiden: Da ist jemand, der mag mich j e t z t und jener, der mag mich, weil er mich seit 20 Jahren mag"* (IP 7).

Durch die Verdeutlichung der Trennung zwischen der eigenen Funktion und der Person, aber auch durch die Rekrutierung eines Freundeskreises aus Zeiten in welchen der Befragte eine weitaus niedrigere Position innehatte, versucht der Manager sich auch seiner eigenen Qualitäten und Ausstrahlungskraft als Privatperson zu versichern. Die Unsicherheit, welche das wachsende öffentliche Interesse auslöst, scheint in dem Betroffenen den Wunsch nach Beständigkeit und Verlässlichkeit, aber auch nach Entlastung in Form von ‚da kann ich so sein wie ich bin' in seinem Leben zu verstärken.

Einen anderen Blickwinkel auf einen möglichen Preis, den eine Karriere fordert, hat ein 58-jähriger Ingenieur einer Automobilfirma. Als Vorgesetzter wurde er oft zum Beobachter von Entwicklungen, die von der Firmenleitung angestoßen wurden und die Richard Sennett[418] anprangert:

„*Es gibt einen Preis, den ich nicht bezahlt habe, aber den viele andere bezahlt haben. Es gab 'ne ganze Zeit die Parole für junge Leute, dass sie total flexibel sein müssen, auch örtlich – sie müssen ins Ausland gehen, müssen da und dort hingehen, da habe ich meine Beobachtungen gemacht. Das kann man in einer bestimmten Phase des Lebens sicher machen, wenn es passt. Dass man für eine gewisse Zeit ins Ausland geht oder auch für zwei bis drei Jahre was anderes macht, aber ich habe auch Beispiele erlebt, wo alles zusammengebrochen ist, weil eine Person ständig im Ausland war und wenn sie dann heimgekommen ist gleich wieder wo anders hingeschickt worden ist. Das hält niemand lange aus. Das war für mich immer ein Horror, auch wenn das von der Firmenleitung total propagiert wurde, dass man total flexibel sein muss. Ich habe da ein bisschen anders gedacht und habe so meinen Leuten auch gesagt. Ich halte es auch mal für gut, wenn einer für eine gewisse Zeit woanders ist. Aber wenn er hier Familie hat und ortsgebunden ist, dann sag ich auch zu denen: ‚Gebt das nicht so leicht auf, schaut dass ihr wieder herkommt, wenn es euch hier gefällt'. Habe da auch gegen die Parolen der Firma Stimmung gemacht und gesagt: ‚Überlegt euch das ob euch das gut tut', auch weil ich auch so viele Negativbeispiele gesehen habe. Wechseln ist sicher kein Thema, so ein- bis zwei Mal, aber wenn das stärkere Formen anbelangt, dann ist das sehr genau zu überlegen*" (IP 6).

Der Interviewpartner macht hier sehr deutlich, welche Dynamiken auf Manager wirken und auch welcher Druck auf Führungskräfte ausgeübt wird, dem sich manche nur schwer entziehen können. Die propagierte Flexibilität aus betrieblichen Belangen zieht oft verheerende Folgen im Privatleben nach sich. Trennungen oder Scheidungen sind bei Führungskräften daher keine Seltenheit[419], die nicht zuletzt auch damit zusammenhängen, dass dauerhaft hohe Arbeitseinsätze kaum noch Energie für das Privatleben übriglassen.

---

[418] Sennett, R. (1999): Der flexible Mensch. Die Kultur des neuen Kapitalismus, 9. Aufl., Berlin. In seinem Buch beschreibt er, dass die wichtigste Eigenschaft eines heutigen Arbeitnehmers die Flexibilität ist. Er muss bereit sein Arbeitsort, Wohnort und auch die Arbeitsformen zu wechseln. „*Ein junger Amerikaner mit mindestens zweijährigem Studium muss heute damit rechnen in vierzig Arbeitsjahren wenigstens elfmal die Stelle zu wechseln und dabei seine Kenntnisbasis wenigstens dreimal auszutauschen*" (S. 25). Die Folge dieser grenzenlosen Flexibilität, so beklagt der Autor, sind der Verlust von Langfristigkeit und Verlässlichkeit. Da auch soziale Beziehungen davon stark betroffen sind, also langfristige Freundschaften und Bindungen verloren gehen, kommt der Mensch in den Zustand der „Drift", einem grenzenlosen Dahintreiben.

[419] Nach Angabe der INFIN-Ingenieursgesellschaft, München liegt die Scheidungsquote bei Managern bei ca. 50 Prozent, wobei sie in der Gesamtbevölkerung ‚nur' bei ca. 37 Prozent liegt (vgl. http://www.infin-online.de/muenchen.ihk/journal/view.php?a_id=1647).

Daher bedeutet es für Manager oft eine besondere Anstrengung zwischen Berufsleben und einer befriedigenden Partnerschaft eine Balance zu schaffen. Die starke Einbindung in betriebliche Entscheidungsstrukturen und die daraus resultierende Bestätigung kann dazu führen, dass die sich im privaten Umfeld anstauende Unzufriedenheit längere Zeit nicht als belastend empfunden wird und daher nicht als Problem wahrgenommen wird. Das Bewusstsein für die Schwierigkeit, eine gut funktionierende Partnerschaft als Manager oder Managerin zu haben, zeigt sich bereits an der Betonung der Tatsache, dass man stolz darauf ist, dass man über längere Zeit hinweg in einer (gleichen) Partnerschaft lebt. Eine wenig idealisierte Perspektive auf den Preis, den er für seine Karriere bezahlen musste, hat ein 48-jähriger Geschäftsführer:

*„Ich habe zwei dramatische Trennungen hinter mir. Auch wenn ich mir heute meine Kinder anschaue, dann wäre manches von Problemen, so glaube ich, nicht da, wenn ich mehr E-nergie rein gesteckt hätte"* (IP 16).

Neben dieser massiven Erfahrung des mehrmaligen Scheiterns einer Beziehung, beklagen einige der Befragten auch eine gewisse Isolierung und Abtrennung vom Familienverband als Folge des häufigen Ortswechsels.

*„Selbstverständlich habe ich einen Preis bezahlt. Wir selbst leben nicht mehr in einem engen Familienverband und mussten durch den Umzug auch den Bekannten- und Freundeskreis aufgeben, auch wenn sicherlich immer was Neues dazukommt. Beruflich habe ich mich bewusst für die Karriere entschieden, habe viel Zeit investiert und habe mich auch exponiert. Es kam positives, aber auch negatives Feedback zurück"* (IP19).

*„Wenn ich mich mit meinen Mitarbeitern vergleiche, die arbeiten hier teilweise seit Jahrzehnten, sind von hier, haben hier ein soziales Umfeld, haben hier ihre Verwandtschaft. Ich bin beruflich hierher gezogen und unsere Eltern bzw. Großeltern haben nicht soviel von uns. Wir sind daher schon sehr gebunden und unser Familienleben steht im Mittelpunkt und so mal ins Kino gehen mit meiner Frau ist halt nicht. Das ergibt sich alles daraus, weil wir kein über Jahrzehnte gewachsenes Umfeld hier am Standort haben. Auch dass wir hier nicht bauen und nicht planen für den Rest unseres Lebens zu bleiben, hängt damit zusammen, dass ich damit rechnen muss wieder irgendwo hin zu müssen. Ich denke das ist der teuerste Preis"* (IP 24).

In beiden Aussagen kommt der Verlust enger Bindungen zum Ausdruck. Vor allem für Partnerschaften mit Kleinkindern hat dies zur Folge, dass auch keine Großeltern in der Nähe sind, die entlastend eingreifen können, um zeitweise allein mit dem Partner die Freizeit zu gestalten. Eine weitere Folge sind die fehlenden oder nur spärlichen privaten Kontakte, die im Bewusstsein des nur vorübergehenden Aufenthaltes am gleichen Ort auch nicht weiter intensiviert werden.

Immer mehr Menschen nehmen heutzutage für ihre berufliche Tätigkeit einen Ortswechsel ohne die Familie oder den Partner in Kauf und leben in so genannten Wochenendbeziehungen. Bei einem Teil der Wochenendpendler, hier vor allem bei jungen Führungskräften, war der örtliche Wechsel notwendig für den weiteren beruflichen Aufstieg, für andere wiederum ist die ausgeübte Tätigkeit nur an einem Ort weitab von der Familie überhaupt möglich. Auch wenn die Trennung zwischen Wohnort und Arbeitsort als angenehm empfunden wird, so wird sie in Gänze und vor allem dann, wenn sie auf unbestimmte Dauer angelegt ist, als belastend beschrieben. Hinzu kommt, dass man am eigentlichen Arbeitsort im Vergleich zu Kollegen eher als Einzelgänger (Single) wahrgenommen wird, aber am Wohnort der Familie die tagtäglichen Lebensbedingungen auch kaum mitgestalten und die in der Familie gemachten Erfahrungen nur begrenzt teilen kann.

Konkrete Auswirkungen solcher Wochenendbeziehungen[420] finden sich in den beiden nachfolgenden Zitaten eines 32-jährigen und einer 47-jährigen:

*„Ich hätte gerne meine Familie hier und auch meine frühere ehrenamtliche Tätigkeit blieb auf der Strecke. Damit geht einem auch der Blick für den Nächsten verloren, auf jene die weniger Glück hatten. Ich habe früher in der Lokalpolitik gearbeitet, als Lektor und in der Jugendarbeit. Auch um ein behindertes Kind aus dem Bekanntenkreis habe ich mich gekümmert. Ich bin zutiefst religiös und glaube daran, dass man die Talente, die einem mitgegeben wurden, auch einsetzten sollte. Das brauche ich auch"* (IP 25).

*„Ein Stück persönliche Lebenszeit habe ich aufgegeben. Auch musste mein Mann, da ich nicht bei der Familie war, ein Stück in eine Rolle rein wachsen, vor allem bei der jüngsten Tochter, die erst 13 war als ich hier anfing. Eine Rolle, die eigentlich nicht so auf ihn zugeschnitten ist, also im Sinne von Erziehung, Kontrolle und Anstoßen. Toi, toi, toi, sie hat es geschafft und wir haben es geschafft. Meine Familie hat eher drauf gezahlt und ich habe eher ein schlechtes Gewissen. Was uns weg gebrochen ist bzw. was man verliert, ist ein größerer Freundeskreis, wenn man nicht soviel zu Hause ist und auch nicht so die Zeit hat, um Freunde einzuladen. Der Freundeskreis ist ein noch engerer geworden. Menschen die man vorher mal besucht hat, da werden dann über die Zeit Brücken gekappt. Das ist ein Verlust, den man vielleicht mal wieder aufbauen kann, wenn man mal wieder zurück ist"* (IP 22).

Neben der Trennung von der Familie und dem Verlust der am Wohnort gepflegten sozialen und ehrenamtlichen Kontakte wird vor allem in der zweiten Aussage das immer noch ungewöhnliche Arrangement, dass der Mann sich um die Kindererziehung kümmert, als eine Art bezahlter Preis empfunden. Die Befragte äußert ganz explizit die Belastung ihres Mannes und ihr daraus resultierendes schlechtes Gewissen, während in der ersten Aussage, in der die Ehefrau am gemeinsamen Wohnort zurückbleibt und die Kindererziehung übernimmt, dies scheinbar weniger von Bedeutung ist. Auch tröstet sich die weibliche Inter-

---

[420] Jede achte Beziehung, so Schätzungen, ist in Deutschland eine ‚Fernliebe'. Doch im Gegensatz zu früher, als vor allem Piloten, Fernfahrer oder Soldaten davon betroffen waren, zieht es sich inzwischen durch alle Berufsgruppen. In den Jahren 1985 bis 1995 fand eine Verdopplung der Zahl solcher Beziehungen statt und eine Steigerung ist erkennbar. Auch wenn in diesen Beziehungen gewisse Vorteile zu erkennen sind (keine zu starke Fixierung aufeinander, immer wieder neues Kennen lernen und das Genießen der gemeinsamen Zeit), so bringen sie doch auch Belastungen mit sich (fehlende Nähe, Eifersucht und immer wieder Abschiednehmen) wie die Autoren konstatieren (vgl. Freymeyer,K./Otzelberger, M. (2000): Lust und Last der Wochenendbeziehungen, Berlin). Auch: Schneider, N.F./ Limmer, R./ Ruckdeschel, K. (2002): Mobil, flexibel, gebunden: Familie und Beruf in der mobilen Gesellschaft, Frankfurt/M.

viewpartnerin damit, dass die abgebrochenen Kontakte nochmals wieder aufgebaut werden können, wenn das berufliche Engagement eine örtliche Trennung nicht mehr notwendig macht.

Immer wieder wurde in den geführten Interviews deutlich, dass es zumeist die Partner der Führungskräfte sind, die zum hohen beruflichen Engagement einen Ausgleich schaffen. Dies kann durch ein stärkeres Engagement in der Kindererziehung, der Pflege sozialer Kontakte (Familie, Freundschaften) oder auch das Bereitstellen kultureller Angebote (Theater, Konzerte) geschehen. Auch war auffallend, dass der immens hohe zeitliche Einsatz, den Führungskräfte leisten, dazu führt, dass die geringe verbleibende (Frei-)Zeit als äußerst kostbar und wertvoll empfunden wird. Daraus resultiert eine starke Organisation der Freizeit, die kaum vertrödelt wird, sondern oft mit vermeintlich ‚sinnvollen' Dingen angefüllt wird, also auch auf eine gewisse Art und Weise wieder gemanagt wird. Ein Beispiel dafür ist die Aussage eines 41-jährigen Geschäftsbereichsleiters, der sich eine Vier-Tage-Woche im Betrieb organisiert hat und am Freitag von zu Hause aus arbeitet: *„Am Donnerstagabend oder Freitagmorgen fahr ich dann hierher und das Wochenende beginnt. Dieses ist aber dann auch ziemlich vorgeplant, so dass es ziemlich produktiv ist. Also nicht lamentieren und rumreden, sondern sich überlegen wie machen wir was. Das Wochenende ist durchgeplant, wie z.B. der Familiencappuccino am Samstag und danach dann auf den Wochenmarkt. Am Sonntag dann ein bisschen durchhängen lassen. Also auch das Privatleben mit einem Ziel"* (IP 8).

Eine weitere beklagte Folge des beruflichen Aufstieges ist die damit wachsende Verantwortung. Auch wenn der berufliche Aufstieg selbst vorangetrieben wurde, so finden sich dennoch Zeiten, in denen den Befragten klar wird, dass neben dem zeitlichen Mehraufwand auch eine gewisse persönliche Isolierung mit der Karriere einhergeht. Zum einen werden Probleme, welche die Arbeit betreffen mit nach Hause genommen, zum anderen wächst die Einsicht, dass sich bei anstehenden Entscheidungen keine für alle befriedigenden Lösungen finden lassen, was die Betroffenen dann in einer gewissen Ratlosigkeit zurücklässt. Ein 38-jähriger Automobilmanager beschreibt dies so:

*„Das Problem ist, man muss mit der Verantwortung zurechtkommen. Also ich beneide schon meine Kollegen, wenn sie hier aus dem Tor rausgehen und ihr berufliches Leben erst wieder einschalten, wenn sie morgens um sieben Uhr wieder beim Tor reinkommen, so die 35-Stunden-Woche haben. Andererseits weiß ich auch, dass ich es nicht kann. Ich nehme Themen, die mich tagsüber beschäftigt haben auch mit nach Hause, weil es mich ja interessiert, sonst würde ich es nicht machen. Und das was mich interessiert, kann ich ja nicht einfach abschalten. Aber Verantwortung zu übernehmen und zur Lösung von Konflikten beizutragen ist schon ein Thema, auch Personalprobleme beschäftigten einen. Ich glaube das Hauptproblem ist der Umgang mit Dilemmas. Ich glaube das ist was eine Führungskraft ausmacht, man muss lernen mit Dilemmas umzugehen. Verantwortung zu tragen und zu entscheiden das ist eine Sache, aber wenn es keine gerechte Entscheidung oder Lösung gibt ... dies zermartert einen dann. Und damit meine ich nicht die Entscheidung zwischen zwei Möglichkeiten, sondern zwischen fünf und sechs und nirgends gibt es einen goldenen Weg. Es gibt keine Lösung, nur Kompromisse, da kann man schon grau werden. Das ist der weitaus unangenehmere Part und der ist gravierender als Zeit"* (IP 24).

Auch wenn der Befragte mit Blick auf ‚35-Stunden-Kollegen' einräumt sie für ihre ‚Freiheit' zu beneiden, so betont er doch auch, dass für ihn dieses Verständnis von Arbeit eigentlich nicht in Frage kommt. Zusammenfassend zeigte sich bei den Interviewpartnern überwiegend die Bereitschaft, die mit einer Führungsposition einhergehende Einschränkung zeitlicher Natur zu akzeptieren, solange dies durch ein Mehr an Statusgewinn (mehr Verantwortung, mehr Anerkennung, mehr Gestaltungsmöglichkeiten) ausgeglichen wird.

Ähnliches bestätigt sich auch in der Aussage eines inzwischen pensionierten Managers, der neben seiner starken beruflichen Einbindung noch auf anderen Bühnen (politisch und kulturell) aktiv war und sein hohes Engagement in diesen Feldern als eine Art von Freiheit darstellt. Auf die Frage, ob er glaubt einen Preis für seine Karriere bezahlt zu haben, antwortet er folgendermaßen:

*„Die meisten sagen wahrscheinlich, dass man unter Zwang steht und dass sie keine Zeit mehr haben. Ich habe mir sogar die Freiheit genommen, über meine Arbeit hinaus immer noch politisch zu arbeiten, auch habe ich mir immer Zeit genommen für Konzerte. Ich würde immer sagen, das würde ich wieder so machen. Beruflich erfolgreich zu sein und auch noch den Hobbies nachzugehen, meine waren immer Politik und Musik. Ich bin aber in keinem Verein, spiele auch nicht Golf und bin auch kein Rotarier. Ich bin zeitlich sehr diszipliniert und habe immer sehr intensiv gearbeitet. Ich würde eher sagen, dass vielleicht meine Frau einen Preis bezahlt hat, vor allem weil ich politisch immer sehr engagiert war. Dies waren ca. zwanzig Stunden pro Woche, vor allem am Wochenende. Doch die Frau hatte dafür auch die gesellschaftliche Anerkennung und eine Frau, die diese Anerkennung möchte, kann nicht erwarten, dass ihr Mann um siebzehn Uhr nach Hause kommt"* (IP5).

Das geleistete Engagement und der damit verbundene hohe zeitliche Einsatz wird vom Befragten auch als eine Arbeit ‚für die Ehefrau' angeführt, da sie ebenso von der damit verbundenen Anerkennung profitierte. In wie weit diese Begründung auch eine Art Selbstrechtfertigung gegenüber der Partnerin und den vier Kindern für die geringe verbleibende Zeit war, muss hinterfragt werden.

*7.3. Zusammenfassung*

Beim Blick zurück zeigen sich viele der Befragten nachdenklich, manche unsicher, andere wiederum lassen keinen Zweifel aufkommen, dass der von ihnen gewählte Weg der richtige war bzw. noch ist. Auf die Frage worüber man im Rückblick Stolz empfindet, sind die Antworten sehr unterschiedlich. Führungskräfte, welche sich selbst als zielstrebig und ehrgeizig bezeichnen, betonen dabei insbesondere ihren beruflichen Werdegang und ihre erreichte Position, andere empfinden eher Unbehagen, da sie sich mit der Begrifflichkeit ‚Stolz' nicht identifizieren können und wählen eine abgeschwächte Umschreibung, wie z.B. ‚dass man richtige Entscheidungen getroffen habe'. Einige betonen im Zusammenhang mit Stolz ihre private Situation, d.h. dass sie trotz ihres Erfolges und beruflichen Engagements immer noch ein gut funktionierendes privates Umfeld haben bzw. in einer glücklichen Partnerschaft leben. Diese starke Hervorhebung ist ein Indiz dafür, dass innerhalb der Befragten ein ausgeprägtes Bewusstsein vorhanden ist, welche Schwierigkeiten sich aus dem beruflichen Aufstieg und dem damit verbundenen zeitlichen, aber auch mentalen Engagement für das Privatleben ergeben können bzw. wie unvereinbar bisweilen die privaten Wünsche mit den beruflichen Erwartungen sind. Vereinzelt findet auch Betonung, welcher Anstrengung es bedarf in einem leistungsorientierten, nach betriebswirtschaftlichen Gesichtpunkten ausgerichtetem System die zwischenmenschlichen, aber auch die eigenen Bedürfnisse nicht zu vernachlässigen. Darunter sind auch Aussagen von jenen einzuordnen, die sich bewusst gegen eine Beförderung oder weiteren Karrieresprung entschieden haben, da dieser mit einer persönlich empfundenen Selbstentfremdung einhergegangen wäre. Die Betonung des ‚Sich-selbst-treu-geblieben-Seins' findet sich in mehreren Interviews wieder. Auch nachdenkliche Stimmen finden sich, die einräumen, dass die Frage ‚Worauf man stolz ist' einige Jahre früher weitaus einfacher zu beantworten gewesen wäre, da man sofort auf die Leistung und die Position verwiesen hätte, aber im Laufe der Zeit auch einsehen musste, wie hoch der Preis für den Erfolg war. Bei der Frage des gezahlten Preises für die Karriere wurden neben der immer wieder erwähnten zeitlichen Komponente vor allem gesundheitliche Einschränkungen oder Folgen, Mobbingerfahrungen, das Scheitern von privaten Beziehungen und der durch den beruflichen Ortswechsel bedingte Verlust von sozialen Netzwerken angeführt. Doch auch der Verlust einer gewissen Freiheit und Unbeschwertheit wird als bezahlter Preis empfunden, da sich die Befragten durch die mit dem Innehaben einer Führungsposition einhergehende Verantwortung häufig in ein Entscheidungs-Dilemma manövrieren, das ihnen nur unbefriedigende Wege eröffnet. Auffallend ist, dass man die Aussagen nicht spezifisch einem Alter oder einem Geschlecht zuordnen kann.

## 8. Der Blick nach vorn

### 8.1. Die weiteren Ziele

Zum Abschluss des Interviews und auch zur Abrundung der persönlichen Einschätzung des Interviewers wurden die Interviewpartner mit der Frage nach zukünftigen Plänen konfrontiert. Diese Antworten bezogen sich sowohl auf die berufliche Zukunft wie auch auf die privaten Pläne, insbesondere wenn der Ruhestand in nicht mehr allzu weiter Ferne lag.

Eine Vorstellung von dem nächsten anstehenden beruflichen Ziel wurde bei einigen der Befragten unmittelbar mit einer definierten Position in Zusammenhang gebracht. Ein 39-jähriger Diplom-Kaufmann, der nach zahlreichen beruflichen Stationen bereits in der Geschäftsführung eines bekannten Industrieunternehmens tätig ist, hat ein sehr genaues Ziel vor Augen, das aber nach eigenen Angaben auch aus einer gewissen Unzufriedenheit mit der derzeitigen Situation heraus geboren wurde:

*„Für mich ist so der nächste Schritt - der nächste Job - in einer ähnlich großen oder etwas kleineren Firma verantwortlich zu sein in der Geschäftsführung, d.h. ähnlich wie hier tätig zu sein, aber eben selber an den Entscheidungen mitzuwirken. Wenn es dann noch in der Firma passt, dann kann ich mir auch vorstellen das länger zu machen, denn was mir jetzt noch in dem jetzigen Job abgeht ist selber derjenige zu sein, der nicht nur zuarbeitet, son-*

*dern der die Entscheidungen auch trifft und dann auch selbst mit Disziplin durchsetzen kann oder nicht. Und jetzt ist es so, dass mein jetziger Chef mit meiner Munitionierung die Interessen gegenüber seinen Kollegen vertritt und das tut er eben nicht immer so wie ich es eben machen würde. Er lässt sich halt aus meiner Sicht zu sehr ins Boxhorn jagen. Das ist eben das, was mir noch fehlt und das ist nicht so die Hierarchiestufe oder sonst was"* (IP 17).

Diese unmissverständliche Darstellung der Unzufriedenheitsgründe zeugt von einer bereits gründlichen Auseinandersetzung mit den betrieblichen Gegebenheiten. Durch die klare Identifikation der Konflikte hat der Manager für sich bereits mögliche Auswege konkret definiert. Dass dabei sein eigenes Wohlbefinden - unabhängig von den Rollenerwartungen - im Mittelpunkt steht, lässt auf eine starke Unabhängigkeit im Denken und Handeln schließen. Auch wenn diese Autonomie zwar in erster Linie der eigenen Zielverwirklichung dient, schützt sie auch vor einer zu starken Vereinnahmung seitens des Unternehmens und einer propagierten Firmenpolitik.

Ähnlich äußert sich ein 41-jähriger Ingenieur, der seine jetzige Position als Geschäftsführer auch nur als einen Zwischenschritt betrachtet: *„Für die Zukunft erhoffe ich mir noch ein Stück selbstbestimmter zu sein, weniger fremdbestimmt zu sein und weniger Kompromisse machen zu müssen, sondern Dinge zu machen, die ich mir vorstelle, die ich für richtig halte einfach umzusetzen"* (IP 21).

Eine etwa 30-jährige Managerin, die von sich selbst sagt, dass sie sehr ehrgeizig sei, bezieht in ihre zukünftigen Ziele auch ihr Privatleben mit ein:

*„Für die Zukunft wünsche ich mir eine noch bessere Arbeit, mehr Geld verdienen und noch mehr Verantwortung zu tragen. Auch habe ich den Ansporn im privaten Bereich eine noch bessere Sportlerin zu werden. Ich mache Ausdauersportarten ... langfristig ist es auch ein Ziel loszukommen von einer fixen Zusammenarbeit, d.h. frei sein von verbindlichen Zeiten. Der nächste Schritt wird wohl die Selbständigkeit sein, beratend und Projekt bezogen"* (IP 30).

Auffallend ist, dass in diesen drei Zitaten nicht nur ein starker Ehrgeiz, sondern auch eine hohe Motivation, Leistungsbereitschaft und auch klare Vorstellungen von zukünftigen Positionen oder Leistungsniveaus zum Ausdruck kommen. Dass die eindeutige Priorität dabei im beruflichen Bereich liegt, mag daran liegen, dass es im privaten Umfeld keine solch erwähnenswerten Zukunftspläne gibt oder dass diese als nicht erwähnenswert angesehen werden. Ein Manager, dessen Zitat bereits im Kapitel IV/6.1. Erwähnung gefunden hat, soll hier nochmals zu Worte kommen, da er nach eigener Aussage eine genaue Planung für die Zukunft vornimmt und auch am Jahresende einen Abgleich zwischen ‚Soll und Ist' vornimmt:

*„Ich mache mir jedes Jahr einen Plan mit meinen Zielen: Beruflich, Privat, Freizeit. Ich habe diszipliniert geplant und mir Ziele gesetzt und man muss an seine Ziele glauben, dann wird man auch seine Ziele erreichen. Aber man kann auch nicht alles beeinflussen. Man kann nur seine Leistung beeinflussen. Glück gehört auch dazu und das ist auch den richti-*

*gen Mentor zu haben, zum richtigen Zeitpunkt aufzufallen und keine Fehler zu machen"* (IP 4).

Eine andere Sichtweise und auch andere Prioritäten setzt ein 48-jähriger Geschäftsführer. Ein Grund für die Art seiner zukünftigen Ziele mag auch in bereits zwei gescheiterten Beziehungen liegen:

*„Ich erwarte mir, dass ich es besser schaffe mich nicht mehr so auffressen zu lassen. Letztes Jahr habe mich wirklich geärgert über mich selbst und habe es von der Zeitschiene schon einigermaßen geschafft, aber eben nicht von der Energieschiene. Ich will meine persönliche Situation und meinen Job einfach stärker in Einklang bringen ... es lebendiger und abwechslungsreicher zu machen"* (IP 16).

Der Befragte hat im Vergleich zu den vorhergehenden Aussagen keine konkreten Ziele angepeilt, jedoch beklagt er seinen hohen Energieaufwand.


## 8.2. Das Alter und der Ruhestand

Für Führungskräfte die sich im Laufe ihres Berufslebens eine bestimmte Position erarbeitet haben, stellt die Auseinandersetzung mit dem Ruhestand auch einen vorweggenommenen, sicher eintretenden Satusverlust dar. Dass dieses Szenario sehr unterschiedlich gesehen wird, wurde in den Interviews deutlich. Zunächst soll jedoch anhand der Schilderung eines 62-jährigen Managers verdeutlicht werden, dass eine mit viel Engagement und Ehrgeiz erreichte berufliche Position auch während des aktiven beruflichen Lebens kein Status quo ist, sondern sich möglicherweise in eine Art Bumerang verwandeln kann. In der Erzählung werden auch die Ängste erkennbar, die sich noch weit vor dem Rentenalter, sogar auf dem Gipfel des Erfolges bereits einstellen können:

*„Mir erzählte ein ehemaliger Rennfahrer, der 30 Jahre älter war als ich und mit dem ich unzählige Gespräche geführt habe, dass seine schönsten Jahre die zwischen 60-70 waren und das habe ich nicht begriffen. Er erklärte mir, dass man bis zu seinem 50. Geburtstag versucht Karriere zu machen, man ist pausenlos am arbeiten. Ab dem 50ten dann versucht man das Erreichte zu bewahren, weil man Angst hast, dass es einem jemand wegnimmt. Erst mit 60 Jahren ist das erledigt, weil man sich dann denkt ,Die können mich mal'. Im Rückblick muss ich sagen, genau so ist es auch eingetreten. Aus heutiger Sicht glaube ich jedoch, dass es auch sehr viel eigene Vermutung war, dass man hinter allem etwas gesehen hat, was gegen einen sein könnte. Auch glaube ich, dass ich in viele Dinge Sachen hineininterpretiert habe, die gar nicht so waren ... man wird wohl empfindlich an der einen oder anderen Stelle. Das ist wohl 'ne Zeit zwischen Baum und Borke so zwischen Fünfzig und Sechzig. Das gibt es zwar heute auch noch, dass Leute zu mir kommen und sagen, dass das was ich vorhabe nichts ist ... aber der Druck, den man sich früher selber aufgebaut hat, ist nicht mehr so da"* (IP 14).

Die sehr anschauliche Beschreibung der Ängste, die mit einer Karriere einhergehen, werden hier auf nachdenkliche und ehrliche Weise eingeräumt, aber auch dass das zunehmende Alter eine Befreiung von eigenen Erwartungshaltungen sein kann, wird beschrieben. Die positive Wahrnehmung des Alters hinsichtlich Selbstsicherheit und Leistungsfähigkeit wird jedoch dadurch getrübt, dass Firmen heutzutage Personen bereits weit vor ihrem eigentlichen Rentenalter kommunizieren[421], dass sie sich langsam auf den Ruhestand vorbereiten sollen. Ein 55-jähriger Manager, der bereits seit seiner Ausbildung im gleichen Unternehmen tätig ist, fasst dies so zusammen:

*„Im Arbeitsumfeld geht man mal zusammen was Essen oder Trinken und dann ist dort auch ein privates Umfeld. In diesem Kreis gibt man dann auch zu, dass man bereits auf den Ruhestand schielt. Man merkt dass alle Personen um die Sechzig weggehen. Es wird immer schwieriger auf dem Stand der Info zu bleiben. Bei Kollegen mit 58/59 Jahren ist es klar ... da steigt der Druck, dass man geht, wer mit 65 noch nicht in Rente ist, über den wird gelacht "* (IP 2).

Das Ausscheiden aus dem Berufleben wird durch den wahrgenommenen Druck ‚endlich zu gehen' auch von einer Bitterkeit begleitet und von den befragten älteren Managern sehr unter-schiedlich beurteilt. Ein 53-jähriger Geschäftsbereichsleiter, der noch einige Jahre Berufstätigkeit vor sich hat und sich dem Thema daher möglicherweise noch nicht ernsthaft widmet, meint:

*„Im Gag beschäftige ich mich zwar schon mit dem Ruhestand, aber mit der Tatsache nicht. Es kommt aber automatisch, weil man hier mit 55 Jahre die Vorruhestandsregelung nutzen kann. Ich werde auch immer selbstbewusster und noch freier wie ich das früher war, aber in den Ruhestand zu gehen, damit beschäftige ich mich noch nicht, weil ich das auch noch nicht will. Man muss das auf sich zukommen lassen "* (IP 20).

Die Strategie des Vertröstens und des Beruhigens, aber auch die Erkenntnis, dass der Prozess des Ausscheidens einen Automatismus in sich birgt, macht eine gewisse Unsicherheit deutlich. Der Befragte räumt auch ein, dass er diese Auseinandersetzung zum jetzigen Zeitpunkt nicht möchte. Im Gegenzug dazu gibt sich ein 57-jähriger Geschäftsführer äußert selbstbewusst in der Frage des Ausscheidens aus dem Berufsleben. Zugleich verweist er aber auch darauf, dass er schon für die Zeit des Ruhestandes plant noch weiterhin beruflich tätig zu sein:

*„Aufhören? Angst habe ich keine, nein. Viele haben mir hier auch nicht zugetraut, dass ich nach zehn Jahren den Vorsitz der ABC-Partei abgeben kann, aber das ging ganz einfach. Außerdem habe ich noch weitere Unternehmen, vor allem eines hier am Ort, wo ich auch*

---

[421]Auf dieses Phänomen verweist auch eine Studie des Nürnberger Instituts für Arbeitsmarkt- und Berufsforschung. Nur die Hälfte aller Unternehmen in Deutschland beschäftigen Mitarbeiter über 50 Jahren. Doch der Anteil der „Über-50-Jährigen" wird lt. Prognose von heute 23 Prozent auf 33 Prozent im Jahr 2015 wachsen, um den Mangel an jüngeren Kollegen zu kompensieren (vgl. Süddeutsche Zeitung: ‚Ältere Mitarbeiter - Geschätzt, aber unerwünscht.' und Süddeutsche Zeitung: ‚Arbeitnehmer über 50 - Gefährliches Alter. Oft werden ältere Arbeitnehmer aufs Abstellgleis geschoben, weil sie weniger leistungsfähig seien. Wie falsch das Vorurteil ist, zeigt eine Umfrage' (http://www.sueddeutsche.de/jobkarriere/erfolggeld/artikel/554/38516/).

*dann so ein- bis zweimal mal in der Woche noch als strategischer Berater gefragt bin.*
*Auch würde ich gerne noch Sprachen besser lernen, meine Frau kann das ganz gut und da*
*bin ich auch ein wenig neidisch "* (IP 27).

Die Sicherheit, auch nach der jetzigen beruflichen Tätigkeit noch ,gefragt' zu sein, trägt zu
einer Beruhigung bei und ist eine gewisse Entschärfung des Gefühls ,nicht mehr gebraucht
zu werden'. Dass der Übergang in den Ruhestand für viele doch nicht so problemlos ist,
dies gesteht sich ein 54-jähriger Diplom-Ingenieur ein:

*„ Vielleicht würde mir, wenn ich heute in Ruhestand gehe, doch die Macht fehlen. Das wird*
*einem aber erst bewusst, wenn keiner mehr was von einem will"* (IP 10).

Diese Angst, dass einen nach dem Ausscheiden aus dem Berufsleben auch ein gewisses
Machtgefühl verlässt, ist wohl eine Empfindung vieler Befragter. Einige versuchen daher
sich mit dem Thema ,Ruhestand' noch nicht zu beschäftigen, andere haben bereits eine
Vielzahl von Plänen, womit die Zeit im Ruhestand sinnvoll genutzt (oder auch angefüllt)
werden kann, damit sich nicht das so genannte ,Große Schwarze Loch' auftut.

An den Schluss der Interviewauszüge soll noch ein längeres Zitat von einem 58-jährigen
Automobilmanager gestellt werden, der aufgrund seiner Karriere, aber auch geprägt durch
ein intaktes Privatleben, einen ungewöhnlichen Schritt in Erwartung seines Ruhestandes
gewählt hat:

*„Ich habe mich freiwillig vor einem Jahr auf diese jetzige Stelle beworben, denn ich muss*
*nicht bis zum Schluss den riesigen Stress haben und es war ja auch eine Riesenverantwor-*
*tung, das muss ich nicht bis zum letzten Arbeitstag machen, bis zum Schluss mit Vollgas*
*arbeiten. Immer bei den wichtigsten Vorstandsbesprechungen antanzen müssen, das hat*
*mich auch ein bisschen genervt. Ich habe das lange genug gemacht. Wenn man das recht-*
*zeitig plant, dann geht das. Man muss sich halt auch rechtzeitig dran setzten und sich zeitig*
*umschauen. Von den Kollegen können das nur wenige nachvollziehen, dass man freiwillig*
*weniger Mitarbeiter hat und auch weniger Macht hat. Ich habe zwar jetzt weniger Macht,*
*aber ich habe auch jetzt eine bessere Qualität - höhere Qualität, weil ich mehr Zeit habe*
*mich auch mal auf Besprechungen vorzubereiten und auch mal über was nachzudenken.*
*Früher hätte ich nie Zeit gehabt dieses Interview zu machen, weil ich nur von einem Ter-*
*min zum anderen gehetzt bin. Es macht mir Spaß, mich wieder intensiv auf eine Bespre-*
*chung vorzubereiten und auch über Dinge nachzudenken. Ich freue mich auf den Ruhe-*
*stand, habe das alles schon veranlasst und geregelt. Am meisten freut mich, dass ich dann*
*mal völlig mein eigener Herr bin - abgesehen von meiner Frau natürlich (lacht) - ich kann*
*frei entscheiden was ich machen will in wesentlich weiter gefassten Grenzen wie das jetzt*
*der Fall ist. Hier habe ich bestimmte Aufgaben und Funktionen, muss bestimmte Dinge*
*und Ziele erreichen und das was ich dann im Ruhestand erreichen will, gebe ich mir alles*
*selber vor und das reizt mich eigentlich am allermeisten. "* (IP 6)

Auf die Frage ob denn nicht der Dienstwagen, die Sekretärin oder die Mitarbeiter fehlen
werden, antwortete der Manager lachend:

*„ Vielleicht der Verlust von Ansehen, ja aber nur in einem bestimmten Zirkel, sonst nicht. Das ängstigt mich überhaupt nicht. Gut, der Dienstwagen würde mir sicherlich weiterhin gut gefallen, aber das kann ich mir dann auch leisten, ein eigenes Auto zu kaufen. Und aufs Geld kommt es ja auch nicht so an. Ich freue mich auch auf ein bisschen mehr Freiheit"* (IP 6).

## 8.3. Zusammenfassung

In beiden Kapiteln spiegelt sich eine Art von Hoffnung wieder. Die jüngeren Befragten wünschen sich ihre jetzige Situation auffallend häufig nur in beruflicher Hinsicht zu verbessern. Personen, die sich im zweiten Drittel ihres Berufslebens sehen, setzten ihren Schwerpunkt eher im privaten Bereich, was auch daran liegen mag, dass sie sich bereits eine gewisse Position erarbeitet haben und nun eine Art Konsolidierungsphase eintritt, die sich auch auf den privaten Bereich bezieht. Jene Personen, die den Ruhestand bereits vor Augen haben, reagieren sehr unterschiedlich. Nur wenige zeigen eine echte Freude darüber und verbinden die Zeit nach dem Ausscheiden aus dem Beruf mit ausschließlich positiven Gefühlen. Hinzu kommt, dass gerade im Management ein Druck aufgebaut wird, bereits vor Erreichen des Rentenalters auszuscheiden und daher dieser Schritt nicht immer freiwillig getan wird. Zugleich wird einem nach dem Motto ‚Der Knecht hat seine Arbeit getan, der Knecht kann gehen' signalisiert, den Weg frei zu machen für die jüngere Generation. Dass sich vor allem langjährige Mitarbeiter diesem Druck beugen, lässt auf eine starke Internalisierung des Sozialcharakters[422] schließen, indem sie sogar am Ende ihrer Berufslaufbahn noch das tun, was von ihnen erwartet wird. Die befragten Manager planen für die ‚Zeit danach' vereinzelt vor, indem sie entweder noch freiberuflich weiterhin tätig wollen oder tatsächlich den Ruhestand planen, um nicht in ein Freizeit-Loch oder auch in eine Sinn-Krise zu fallen. Manche zeigen sich beim Thema Ruhestand eher unsicher und wollen das Thema einfach auf sich zukommen lassen. Der Verlust von Statussymbolen und Macht wird bisweilen als schmerzhafte, aber zwangsläufige Folge akzeptiert.

---

[422] Damit gemeint ist der Teil der Charakterstruktur, welcher den meisten Mitgliedern einer Gruppe gemeinsam ist. Jede Gesellschaft, jede Klasse und auch jede Organisation hat ihren eigenen Sozialcharakter. Dieser hat das Ziel, das Denken und Fühlen, aber auch das Tun der Mitglieder dahingehend zu beeinflussen, was unter den spezifischen Bedingungen für die jeweilige Einheit notwendig und wünschenswert ist. Ist die Internalisierung des Sozialcharakters erfolgreich, so passt sich das Mitglied den Bedingungen an, indem es jene Charakterzüge entwickelt, aufgrund derer es so handeln möchte wie es handeln muss (vgl. Fromm, E. (2003): Die Furcht vor der Freiheit, München, 11. Aufl., S. 200-215).

# Kapitel V: Strategien der Abgrenzung

Bevor nun aufgrund der Interviewaussagen eine Typologie der Abgrenzungsstrategien entworfen wird, soll nochmals zur Verdeutlichung eine kurze Zusammenfassung (als Ergänzung zu Kapitel III) der Problematik einer Rollendistanz gegeben werden. Dass eine Abgrenzung, und sei es auch nur zeitweise, als Kunst betrachtet werden kann, soll damit nochmals deutlich werden.

Bedeutsam ist dabei, dass jede Organisation, somit auch jede Firma bereits gewisse Vorteile rationaler wie auch emotionaler Art auf ihrer Seite hat. Ihre bürokratische Struktur ist in weiten Teilen von einer konservativen Logik geprägt, d.h. es wird von den Mitgliedern das Fortführen gewisser Traditionen und eine individuelle Einschränkung zugunsten organisationaler Ziele erwartet, aber auch honoriert. Hinzu kommt, wie bereits in Kapitel II/2. ausführlich dargestellt, dass eine Organisation gleichsam einen Miniatur-Kosmos darstellt, der versucht möglichst viele Bedürfnisse seiner Mitglieder zu erfüllen, wie z.B. das Bedürfnis nach Sicherheit und den Wunsch nach Anerkennung, aber dafür auch ein großes Maß an Loyalität, Gehorsam und Konformität von ihren Mitgliedern erwartet. Darüber hinaus jedoch kommt der Organisation noch ein psychologischer Mechanismus der Menschen zugute: eine gewisse Angst und Unsicherheit, der Wunsch nach Harmonie und Gefallenwollen und der daraus folgenden Neigung zur Nachgiebigkeit gegenüber „Autoritäten"[423].

Diese ‚Vorteile' der Organisation gegenüber steht allein die Frage, in wie weit die beschäftigten Personen bereit sind sich einzubringen, sich also zu einer ‚Teilnahme an einer Organisation' entscheiden. Dies liegt zum einen am Grad ihrer Motivation, an dem möglicherweise individuellen Nutzen der von der Organisation angebotenen Anreize und zum anderen daran, in wie weit die Organisation überhaupt in der Lage ist, die Bedürfnisse der Person zu befriedigen[424]. Denn je weniger die Organisation die Bedürfnisse der Person befriedigen kann, desto einfacher fällt es der Person sich zu distanzieren. Daher müssen die Anreize, die eine Organisation zu bieten hat, mindestens genauso groß sein *„gemessen im Lichte s e i n e r Wertmaßstäbe und der ihm offenstehenden Alternativen ... als die von ihm geforderten Beiträge."*[425]

Die persönlichen Ansprüche an eine Organisation, die zu befriedigenden Bedürfnisse, die Fähigkeit des Akzeptierens und sich Einfügens in vorgegebene Hierarchiemuster, die Zu-

---

[423] Presthus, R. (1966): Individuum und Organisation – Typologie der Anpassung, Frankfurt/M.
In diesem Zusammenhang darf auch die Problematik des „übersozialisierten Menschen" nicht unerwähnt bleiben, der die Notwendigkeiten des Systems verabsolutiert und seine eigenen Bedürfnisse völlig zurückstellt. Ein Verlust der individuellen Spontaneität und einer möglichen Rollendistanz, aber auch ein „sich Einfügen" in die Zwänge der Gesellschaft und der Organisation sind die Folge (vgl. Bergmann, J. (1967): Die Theorie des sozialen Systems von Talcott Parsons, Frankfurt/M.).
[424] Vgl. dazu Giddens, A. (1988b): Die „Theorie der Strukturierung." Ein Interview mit A. Giddens in: Kölner Zeitschrift für Soziologie und Sozialpsychologie, Jg. 17, Köln, S. 286-295. Das Unternehmen als Inbegriff einer institutionalisierten Struktur bietet den Akteuren, also den Beschäftigten, wiederum bestimmte Handlungskonsequenzen/Handlungsalternativen an. Doch es liegt an den Menschen selbst, diese Struktur ‚mit Leben zu füllen.'
[425] March, J.G./Simon, H.A. (1976): a.a.O., S. 81.

friedenheit mit den gebotenen Anreizen, aber auch das eigene Bewusstsein über diesen „Tauschhandel" und das Erkennen der subtilen Einbeziehung und Manipulation der Personen seitens der Organisation sind jedoch bei den einzelnen Personen unterschiedlich ausgeprägt. Gründe dafür sind zum einen in der Persönlichkeit eines Menschen zu finden, zum anderen auch in der Sozialisation. Die spezifischen Wertemuster vor allem der Herkunftsschicht, die Vielfalt und Unterschiedlichkeit von Lebenserfahrung, der Lebensweg, aber auch die Art der beruflichen Qualifikation und ein damit verbundener beruflicher Erfolg haben unmittelbaren Einfluss auf den Umgang mit Rollenerwartungen und daraus resultierenden Konfliktbewältigungsstrategien.

Um nun eine Abgrenzung als solche zu würdigen, stellt sich nochmals die Frage nach einer möglichen Rollendistanz und wie eine solche in der Praxis umgesetzt werden kann. Da hinsichtlich der Rollendistanz keine einheitliche Begriffsbildung in der Wissenschaft existiert (vgl. Kapitel III/2.2.), ist es zunächst hilfreich sich die Arten und Voraussetzungen für eine Rollenidentifizierung[426] näher zu betrachten, welche immer zugleich einen gewissen Grad an Nicht-Identifikation einschließen. Genau in diesem Bereich zwischen gelungener und nicht-gelungener Rollenidentifikation öffnet sich ein Raum für eine mögliche Rollendistanz[427]. Erleichtert und unterstützt wird diese Distanz noch durch den Aufbau einer Art Gegenwelt (z.B. starke Bedeutung von anderen Rollen in Form eines Ehrenamtes, politischer Aktivität, Vereinsengagement) zur Arbeitswelt, denn dort ist eine eigene Rollendefinition[428] noch weitaus stärker möglich als es die vordefinierten Rollenzuschreibungen innerhalb beruflicher Institution jemals zulassen.

Einen anderen Blickwinkel auf eine mögliche Rollendistanz eröffnet die Frage nach dem Rollenkonsens, d.h. in wie weit Merkmale, welche mit einer Rolle verbunden sind auch tatsächlich vom Rollenträger erfüllt werden. Hier sei auf verschiedene Untersuchungen

---

[426] Die Rollenidentifikation dient nach Gräber:
a) Der Funktion (dient der Stabilität bzw. Stabilisierung des Ich und es entlastet auch das Ich, da kein eigener Besetzungsaufwand für die Rolle notwendig ist),
b) der Ökonomie (es benötigt zur Identifikation keine eigene oder fremde Energie, jedoch zahlt es für diesen ökonomischen Gewinn auch den Preis einer gewissen strukturellen Einschränkung),
c) der Genese (letztlich kommt es eher zu einer Identifikation mit einer sozialen Rolle, weil es einfacher ist, d.h. auch weniger frustrierend, eine Rolle anzunehmen als abzulehnen) und
d) der Struktur (die Identifikation findet statt zwischen dem Ich und einer sozialen Umwelt).
(Gräber, J. (1982): Sinn, Latenz und Anpassung. Die psychoanalytische Konzeption der Anpassungsmechanismen. Frankfurt/M., 36.ff.)

[427] Eine Hypothese von Wiswede unterstreicht einen möglichen Zusammenhang zwischen Rollendistanz und Rollenidentifikation: *„Je stärker sich ein Individuum mit einer Rolle identifiziert, desto eher wird diese Rolle als ‚selbstverständlich', ‚unproblematisch' und ‚legitim' angesehen und desto geringer wird im allgemeinen die kritisch-reflexive Distanz zu dieser Rolle sein, desto eher wird sich das Individuum für diese Rolle engagieren, desto eher ist zu erwarten, dass diese Rolle auch das Spiel anderer, zumindest ähnlicher Rollen durch Ausstrahlungs-, Generalisierungs- und Transfer-Effekte beeinflusst, desto weniger attraktiv werden Rollen erscheinen, die als alternative Verhaltensmuster mit dieser Rolle in Konkurrenz stehen, desto eher wird das Selbstbild (Selbstwertgefühl) des Rollenträgers von der erfolgreichen Ausübung (z.B. Anerkennung) abhängen und desto schwieriger wird die Bewältigung von Situationen, die die Aufgabe, die Einschränkung oder eine frustrierende Modifikation der Rolle verlangen"* (Wiswede, G. (1977): a.a.O., S. 169f.).

[428] Vgl. Claessens, D. (1980): Das Konkrete und das Abstrakte. Soziologische Skizzen zur Anthropologie, Frankfurt/M.

verwiesen, welche die Rolle bestimmter Berufsgruppen näher betrachtet haben.[429] Darin zeigt sich, dass *„Begriffe wie Konsens und Dissens als Endpunkte einer Skala angesehen werden können"*[430] und damit dem Rollenträger sehr wohl ein Gestaltungsspielraum seitens der Organisation zugestanden wird, da letztlich das angemessene Rollenverhalten immer diffus bleibt. Demgegenüber kann das Rollenverhalten einer Person weitaus stärker beeinflusst werden durch die Homogenität der Personen oder Gruppe (hinsichtlich Herkunft, Umgang, berufliche Sphäre usw.), in der sie sich bewegt. Denn je heterogener eine Gruppe sich gestaltet, oder auch je heterogener die Gruppen sind, in welcher sich eine Person bewegt, desto unterschiedlicher sind die für sie geltenden Werte und Verhaltensmuster. Einen Konsens über ‚richtiges und angemessenes Rollenverhalten'[431] wird es nur auf einem sehr geringen Niveau geben. Andererseits verlangt aber der vielfältige Kontakt mit sehr unterschiedlichen Gruppen eine sehr große Spannbreite sozialer Fähigkeiten vor allem im Hinblick auf Kommunikationsfähigkeit, Empathie und Umgangsformen. Rückschlüsse darauf geben die Aussagen der Befragten in wie weit sie z.B. ihre Freizeit mit Arbeitskollegen verbringen[432], ihr privates soziales Umfeld völlig vom beruflichen Umfeld trennen, aber auch den Kontakt mit Freunden aus der Kinderzeit aufrecht erhalten oder noch stark in ihrem sozialen Umfeld (Dorf, Stadtteil, Vereine usw.) verwurzelt sind.

Im Laufe der Untersuchung wurde deutlich, dass das Selbstbild[433] bzw. die Selbsteinschätzung einer Person einen starken Einfluss auf die Art der Abgrenzung hat, d.h. hält sich eine Person eher für einen Menschen, der sehr neugierig ist, gerne viel ausprobiert (auch in der Freizeit) und auch schon an verschiedensten Stellen gearbeitet hat, so ist diese eher bereit wieder einen Arbeitsplatzwechsel zu vollziehen. Auch damit in Verbindung stehen ein starker Optimismus hinsichtlich der eigenen Zukunft und eine positive Einstellung gegenüber den Mitarbeitern.[434] Ebenso zeigt sich, dass auch der Grad des Selbstbewusstseins[435] einen starken Einfluss darauf hat, wie eine Person mit dem in organisationalen Strukturen vorherrschenden Konformitätsdruck umgeht bzw. wie bedeutsam eine mögliche Ausgrenzung wegen nicht konformen Rollenverhaltens für den Einzelnen erscheint. Die Freiheit die Interaktionsbeziehungen nach eigenen Neigungen und Wünschen zu gestalten,

---

[429] Untersuchungen über Offiziere (Gross, N. et al (1958): Explorations in Role Analysis, New York, London, Sydney) oder auch über Polizisten (Preiss, J.J./Ehrlich, H.J. (1966): An Examination of Role Theory, Lincoln) zeigen, dass es sehr starken Dissens darüber gibt, wie eine Rolle auszufüllen ist. Entnommen aus Wiswede, G. (1977): a.a.O., S. 49.

[430] Ebd.

[431] Vgl. ebd., S. 53.

[432] Durch den ständigen Aufenthalt in der ‚Quasi-Gruppe' der Führungskräfte (vgl. Kapitel III/2.2.) finden sich eigene Sichtweisen hinsichtlich persönlicher Bedeutung, eigener Leistungsfähigkeit oder persönlicher Verantwortung leicht bestätigt.

[433] Damit gemeint ist das Bild bzw. die Gesamtheit der Einstellungen, welche eine Person von sich selbst hat, und zwar sowohl auf kognitiver wie affektiver und auch verhaltensmässiger Ebene (vgl. ebd., S. 148).

[434] Können Personen ein bestimmtes Rollenbild wählen, so steht diese Wahl sehr stark im Einklang mit ihren Selbstbildern (vgl. Backman, C.W./Secord, P.F. (1968): The Self and Role Selection. In: Gordon, C./Gergen, K.J.(Eds.) (1968): The Self in Social Interaction, New York. Zitiert nach: Wiswede, G. (1977): a.a.O., S. 148).

[435] Der soziale Druck auf eine Person ist umso stärker verhaltensbestimmend, je niedriger das Selbstwertgefühl dieser Person ist, da diese besonders von sozialer Unterstützung und Zuwendung abhängig sind. Deutlich sichtbar wird der Grad des Selbstwertgefühls an dem Maß des rollenkonformen Handelns und Verhaltens (vgl. Dittes, J.E. (1959): Attractiveness of Group as a Function of Self-Esteem and Acceptance by Group. In: JAbnSocPs 59. Zitiert nach: Wiswede, G. (1977): a.a.O., S. 148).

d.h. Prozesse des „Role-Making" im Gegensatz des anpassungsorientierten „Role-Taking" in der Auseinandersetzung mit der sozialen Umwelt zu entfachen, wird weitaus schneller[436] von Personen ergriffen, welche über ein starkes Selbstbewusstsein verfügen. Auch die Fähigkeit, unweigerlich auftretender Rollenkonflikte im Sinne eigener Prioritäten zu entscheiden, ist unmittelbar damit verbunden. Eine Hypothese von Wiswede fasst diese Beobachtungen in den durchgeführten Interviews zusammen: *„Der perzipierte Interpretationsspielraum gegenüber einer sozialen Rolle ist um so größer, je positiver das Selbstbild des Individuums ist, je mehr Rollenerfahrungen hinsichtlich dieser oder ähnlicher Rollen vorliegen, je weniger das Individuum auf diese eine Rollenalternative angewiesen ist, je höher der soziale Status des Individuums ist, je mehr Macht bzw. Sanktionsmittel dem Individuum zur Verfügung stehen, je eher das Individuum negativen Sanktionen ausweichen kann und je mehr sich das Individuum zu autonomer Rollengestaltung legitimiert glaubt."* [437]

Da sich unter den Interviewpartnern auch vereinzelt selbständige Unternehmer finden, folgt noch eine kurze Anmerkung zur Problematik der Abgrenzung und den Unterschieden hinsichtlich der Berufsrolle zwischen einem Manager in der Großindustrie und einem selbständigen Unternehmer: Karrieren sind in Großorganisationen eher zu machen von Menschen, die sich in Hierarchiestrukturen einfügen können, als für den Typus des „selbständigen Unternehmers", auch wenn nach neuester Leseart in Großunternehmen im Rahmen der flachen Hierarchiestrukturen vermeintlich dieser Typus inzwischen gesucht wird. Aber der Widerspruch besteht darin, dass der tatsächlich selbständige Unternehmer weitaus mehr Freiheit und mehr Verantwortung zu tragen hat, als ein „unternehmerisch denkender Manager" in Großorganisationen. Auch haben Manager in Großunternehmen eher die Möglichkeit „Zweifel am System", „Zweifel an der Autorität der Organisation" und „Zurückhaltung hinsichtlich Loyalität" auszudrücken. Doch diese auf den ersten Blick scheinbar einfacheren Abgrenzungsmöglichkeiten eines Managers in einem Großunternehmen werden schnell relativiert, ja müssen sogar aus Sicht der Organisation verhindert werden, weil Großorganisationen weder starke Konflikte oder Irritationen noch harsche Kritik mögen. Daher betreiben sie auch den „großen Aufwand" (vgl. Kapitel II/2.) durch unterschiedlichste Strategien diese Gefahren der Abgrenzung zu unterbinden oder zumindest auf ein Minimum zu reduzieren. Zum anderen ist auch eine Statusangst, also eine Angst vor Degradierung und damit Verlust eines aktuellen Status (z.B. Aberkennung des Dienstwagens, Reduzierung der Personalverantwortung) bei angestellten Managern weitaus ausgeprägter als bei Selbständigen, da jederzeit eine Zurückstufung von einer Managementebene in eine niedrigere Ebene erfolgen kann. Dies erklärt auch die oft sehr ausgeprägte Loyalität der Manager zum Unternehmen und ihre starke Identifikation mit der Organisation. Denn vor allem in bürokratischen Großorganisationen gilt: *„Eine Unze Loyalität wiegt ein Pfund Gehirn auf."* [438]

---

[436] In einigen Interviews kam zum Ausdruck, dass Personen erst dann ihre Rolle selbst gestalten, z.B. weniger Arbeiten, Termine ausfallen lassen usw., wenn sie gesundheitlich dazu gezwungen werden oder private Beziehungen bereits kaputt gingen.

[437] Wiswede, G. (1977): a.a.O., S. 162.

[438] Diese Aussage geht zurück auf einen Beauftragten für das Sicherheitsprogramm des State Departement, USA. Entnommen aus: Presthus, R. (1966): a.a.O., S. 201.

Diese kurze Ausführung zeigt, dass zwar die Motivationen der Befragten, die Berufsrolle sehr ernst zu nehmen, unterschiedlich sein können, jedoch die Kunst der Abgrenzung für beide Gruppen gleich herausfordernd ist. Zum einen sind die Vorgaben, in denen sich die Führungskräfte bewegen und in denen sie auch eine mögliche Karriere machen, immer stärker rational und funktional strukturiert, d.h. ein völlig individueller Aufstieg innerhalb einer Organisation findet sich heute kaum mehr. Zum anderen bildet dieser mehr oder weniger ähnliche Kontext völlig neue Möglichkeiten, die vor allem junge Führungskräfte in immer stärkerem Maß zu nutzen wissen. Die Persönlichkeitsprofile und der Werdegang der Befragten wird vielfältiger, sie kommen aus einfachen oder gehobenen Verhältnissen, haben den klassischen Weg Abitur-Studium hinter sich, haben ihr Studium abgebrochen und eine Ausbildung bevorzugt, haben den zweiten Bildungsweg nach einer Lehre eingeschlagen, oder haben in Form der Promotion oder eines MBA ihre Formalbildung noch weiter ausgebaut. Auch haben die Befragten unterschiedlichste Lebensformen (allein lebend, verheiratet, mit Kindern usw.). Aus dieser individuellen Lebenssituation heraus haben sie als Inhaber einer Führungsposition auch sehr vom persönlichen Hintergrund geprägte Inputs, die notwendigerweise zu unterschiedlichen Auslegungen und Deutungen von Situationen und auch Rollenkonflikten führen müssen[439].

Hinzu kommt, dass durch die immer mehr geforderte Selbst-Organisation der Führungskräfte (neue Arbeitskonzepte wie Telearbeit oder die 4-Tage-Woche) einerseits und den sich ausweitenden technischen Hilfsmitteln (Videokonferenzen, Internet, ständige mobile Erreichbarkeit) andererseits, auch die theoretischen Möglichkeiten sich Freiräume zu schaffen, stetig anwachsen. Die Komplexität der Anforderungen an die Führungskräfte verlangt geradezu eine stärkere Selektion zwischen Notwendigem, Machbarem und Unwichtigem, um sich nicht zwischen den Anforderungen und der eigenen Leistungsfähigkeit aufzureiben. Dadurch kommt es auch zu einer Vielzahl von Abgrenzungsstrategien, da auch die Ressourcen in Form von Handlungsoptionen (Wahlmöglichkeiten) der Betroffenen sehr vielfältig sind. Je nach Branche, Firmengröße, Unternehmenskultur, wirtschaftlicher Situation des Unternehmens, eigenem Status usw. (vgl. Kapitel III/2.1.) können diese ausgesprochen unterschiedlich sein.

Diese Veränderung der Konstitutions- und Entwicklungsbedingungen von Karrieren und den daraus resultierenden möglichen Situationsdeutungen ist auch Ausdruck der Modernisierung. Die mikrosoziologische Forschung[440] wird dabei mit der Schwierigkeit konfrontiert, aus der daraus entstehenden Vielzahl der Einzelsituationen spezifische Logiken zu erkennen, die daher aber auch nur endliche Gültigkeit besitzen können, also eine gewisse Momentaufnahme darstellen.

Auch wenn die hier dargelegten Strategien nicht auf die Gesamtheit der Manager übertragbar sind, da bereits das Zustandekommen der Interviews (vgl. Kapitel I/1.2.) nur einen ausgewählten Personenkreis umschließt, lassen sich aufgrund der gemachten Aussagen den-

---

[439] Hierbei zeigt sich deutlich der von Dahrendorf dargestellte Zusammenhang von Optionen und Ligaturen (vgl. Kapitel III/2.2.).

[440] Eine sehr ausführliche Darstellung über die Probleme mikrosoziologischer Theoriebildung findet sich bei: Schülein, J.A. (1990): Probleme mikrosoziologischer Theoriebildung. In: Österreichische Zeitschrift für Soziologie, Heft 3, Jg. 15, Wiesbaden, S. 112-125.

noch gewisse Merkmalsausprägungen bzw. Merkmalskombinationen in einzelnen Personen gebündelt wieder finden, welche auf gewisse „Sinnzusammenhänge"[441] schließen lassen. Die befragten Personen kombinieren mehrere Strategien und Verhaltensweisen miteinander und zeigen deutlich bestimmte Dispositionen, wie sie sich erfolgreich eine dauerhafte Distanz zur Arbeitswelt und zu ihrer Berufsrolle bewahren, so dass eine annähernde Typologie der Abgrenzung erstellt werden kann. Bei den nachfolgend aufgeführten „Prototypen"[442] handelt es sich somit um eine *„Zusammenfassung jener Objekte zu Typen, die einander hinsichtlich bestimmter Merkmale ähnlicher sind als andere."*[443]

Im Vordergrund stand dabei Aufschluss über das Selbstverständnis der Befragten zu erhalten, um dann im weiteren Verlauf zu begreifen, was die handlungsleitende Motivation der Befragten ist. Die Merkmalsausprägungen orientierten sich überwiegend an den Fragen: Warum wollen die Befragten Karriere machen? Welchen Weg haben sie bisher zurückgelegt? Warum haben sie diesen Weg eingeschlagen? Welche Ziele haben sie verfolgt und verfolgen sie noch? Warum wollen sie Verantwortung übernehmen? Welchen Umgang pflegen sie mit der vorgegebenen Firmenstruktur? Welche Bedeutung hat für sie ihre Funktion? Wie gestaltet sich der Umgang mit Kollegen und Mitarbeitern? Letztlich: Was sind die prägenden Antriebsfaktoren für ihr Handeln?

Dass diese, im Folgenden dargestellten Wege für eine Distanzierung, keine abschließende Aufzählung sein können und es auch möglicherweise noch andere Strategien der Abgrenzung[444] gibt, ist an dieser Stelle noch einmal zu betonen. Bei den in den Interviews gezeigten Strategien lassen sich zunächst grundsätzlich zwei Grundstrategien[445] unterscheiden,

---

[441] Bereits Max Weber, der wesentlich an der Einführung des Typusbegriffes beteiligt war, weist darauf hin, dass vor allem Sinnzusammenhänge analysiert werden müssen, wenn man zu einer *„richtigen kausalen Deutung typischen Handelns"* gelangen möchte (vgl. Weber, M. (1972): Wirtschaft und Gesellschaft. S. 5f.).
Weitere Literatur: Kluge, S. (1999): Empirisch begründete Typenbildung. Zur Konstruktion von Typen und Typologien in der qualitativen Sozialforschung, Opladen. Kelle, U./Kluge, S. (1999): Vom Einzelfall zum Typus, Opladen.

[442] Als Prototypen werden hier jene ausgewählt, welche die Charakteristika jedes Typus am besten repräsentieren, denn *„man kann an ihnen das Typische aufzeigen und die individuellen Besonderheiten dagegen abgrenzen".* Kuckartz, U. (1988): Computer und verbale Daten. Chancen zur Innovation sozialwissenschaftlicher Forschungstechniken, Franfurt/M., Bern, u.a., S. 223.

[443] Büschges, G. (1989): Gesellschaft. In: Endruweit, G./Trommsdorff, G. (Hrg.) (1989): Wörterbuch der Soziologie, Bd.1: Abhängigkeits-Hypothese, Stuttgart, S. 249.

[444] Dabei kombinieren die vorgestellten Typen unterschiedlichste Formen, um sich Freiräume zu verschaffen: Die Distanzierung zur eigenen Rolle (Rollendistanz), die sehr freie Ausgestaltung ihrer Rolle (Role-Making) und auch das Rollenspiel (Überwechseln von einer Rolle zu anderen).

[445] Ebenfalls zwei Grundstrategien einer Rollendistanzierung schlägt Dreitzel vor: Die **nicht sichtbaren Formen der Distanzierung** (Diese Distanzierung kann vollzogen werden durch das Ausweichen in eine *„Sinnprovinz"*, d.h. in die Welt der Phantasie, des Glaubens o.ä. und durch eine *„Mentalreservation"* in dem man *„sich seinen Teil denkt"*, was aber auch auf eine gelockerte Identifikation mit der Rolle schließen lässt) und die **sichtbaren Formen der Distanzierung** (Dazu gehört die Distanzierung durch Ironie und Scherz, die Distanzierung durch das gleichzeitige Ansprechen verschiedener Bezugsgruppen, d.h. während man mit der Person A spricht, zwinkert man Person B an, die Distanzierung durch ein gelegentliches Überwechseln in eine andere Rolle, d.h. „dies sage ich dir jetzt nicht als Kollege, sondern als Freund", und eine Distanzierung ist möglich, durch das Überbetonen einer Rolle, z.B. indem man sich über die Rollenerwartungen, die andere Menschen an einen haben, lächerlich macht (vgl. Dreitzel, H.P. (1980): Die gesellschaftlichen Leiden und das Leiden an der Gesellschaft. Vorstudien zu einer Pathologie des Rollenverhaltens. 3. Aufl., Stuttgart, S. 137f.).

welche die befragten Personen anwenden: Zum einen der Aufbau einer Distanz zur Berufsrolle durch die rationale Auseinandersetzung mit der vorgegebenen Struktur, d.h. die Organisationsstruktur ist Bezugsschema an dem das Handeln ausgerichtet ist[446]. Die Menschen,
welche stärker diesen Weg der Distanzfindung leben, orientieren sich an der vorgegebenen
Struktur in der sie tätig sind und ihre Distanzfindung geschieht dadurch, dass sie sich von
dieser immer wieder neu abgrenzen. Rollenkonflikte entstehen dabei vor allem durch überhöhte Erwartung der Struktur an die Führungskräfte, wie z.B. zeitliche Verfügbarkeit oder
zu geringe Entlohnung des eingebrachten Arbeitseinsatzes.

Jene, welche eher den anderen Weg der Distanzfindung wählen, indem sie ihre subjektiven
Wertmaßstäbe und Präferenzen[447] unabhängig von der vorgegebenen Struktur in den Mittelpunkt stellen, wenden sich ihrer Person selbst zu. Sie machen ,ihr Ding' und zwar sehr
unabhängig davon auf welche Struktur sie treffen. Da sie keine sehr hohen Erwartungen an
die Struktur vor allem hinsichtlich Aufstieg und Karriere haben, laufen sie auch weniger
Gefahr von der Organisation enttäuscht zu werden.

**Abb. 3: Die Grundstrategien der Abgrenzung**

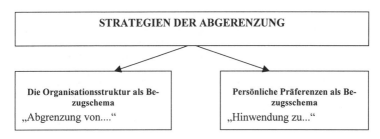

Auch wenn diese zwei Grundstrategien auf den ersten Blick ähnlich erscheinen mögen, so
besteht dennoch ein grundlegender Unterschied im Selbstverständnis der Person. Ist die
Struktur wie im ersten Falle eine Orientierung, an der sich das Handeln ausrichtet und ihr
somit eine starke Bedeutung einräumt, oder sind die Handlungen aus der Peron selbst heraus bestimmt, unabhängig davon in welcher Struktur sie handelt.

---

[446] Hier zeigt sich eine Ähnlichkeit zu den ,sichtbaren Formen der Distanzierung', da es sich um eine offene
Auseinandersetzung mit der Struktur handelt (vgl. Dreitzel, H.P. (1980): a.a.O.).

[447] Demgegenüber zeigt sich hier ein Zusammenhang zu den ,nicht sichtbaren Formen der Distanzierung', da
diese Sichtweise stark mental vollzogen wird, ja eine Art geistige Autonomie von der Struktur vorliegt (vgl.
ebd.).

Diese beiden Grundstrategien lassen sich nochmals nach unterschiedlicher Schwerpunktsetzung ausdifferenzieren. Auch wenn bei vielen der Befragten je nach Persönlichkeitsstruktur und Selbstwertgefühl zumindest eine der beiden Grundstrategien überwiegt, so gilt dennoch, dass keine der hier vorgestellten Strategien in Reinform praktiziert wird. Eine Überschneidung bzw. Kombination mit anderen Strategien ist fließend.[448]

## 1. Die Organisationsstruktur als Bezugsschema

Bei der Anwendung dieser Grundstrategie dienen die Organisation und ihre Wirkungsweise als Bezugsschema, anhand dessen eine Rollendistanz aufgebaut wird. Grundsätzlich sind dabei die dortigen Anreize (Aufstiegsmöglichkeiten) und das Belohnungssystem (Einkommen, Sonderleistungen) ausreichend, um einen hohen Grad an Motivation unter Beschäftigten zu erzeugen. Ebenso wenig wird die Legitimität des Systems in Frage gestellt, d.h. sowohl die Vorgaben wie auch Erwartungen des Systems werden grundsätzlich akzeptiert. Jedoch zwingen aufkommende Konflikte (zeitlicher Art, karrieretechnischer Art) dazu, sich innerhalb der Erwartungsstrukturen neue Wege zu suchen und diese dann individuell zu deuten, um sich daraus Freiräume zu schaffen. Diese Freiräume können sehr unterschiedlicher Natur sein. Sie umfassen vor allem den Grad des Engagements, die zeitliche Verfügbarkeit und den Grad der Loyalität gegenüber dem System. In dieser Gruppe sind auch jene Menschen zu finden, welche sich zu Beginn ihrer Tätigkeit sehr stark mit dem System identifiziert haben, aber diese Identifikation aufgrund verschiedener Erfahrungen wie Krankheit oder enttäuschter Erwartungen sehr stark geschwunden ist. Oftmals geht eine stark rationale Kosten-Nutzen-Abwägung mit diesem Strategietypus einher und idealistische Vorstellungen über die Ausübung des Berufes finden sich kaum noch. Jedoch muss berücksichtigt werden, dass jene Menschen, welche diese Sichtweise praktizieren, einem höheren Risiko der Manipulation seitens des Systems ausgesetzt sind, da sie sich zunächst daran orientieren und erst im zweiten Schritt dann auf die Vorgaben des Systems reagieren.

---

[448] Eine Person, welche eine sehr professionelle Sichtweise auf ihre Berufsrolle hat, wird durchaus von ethischen Wertmaßstäben geprägt und lässt diese auch in die Ausübung ihrer Rolle mit einfließen. Ebenso werden Personen, welche eine sehr idealistische Berufsauffassung haben, auch von einer professionellen Sichtweise im Umgang mit Zeitmustern beeinflusst werden.

**Abb. 4: Die Organisationsstruktur als Bezugsschema**

*1.1. Die professionelle Sichtweise: „Möglichst gut die Sache hinter sich bringen"*

Die erste Gruppe, der eine Abgrenzung trotz Orientierung an der vorgegebenen Struktur gelingt, zeichnet sich durch einen sehr professionellen Blick auf die Organisationsstruktur und ihre Anforderungen aus. Sie versteht ihre berufliche Tätigkeit weder als Berufung noch dient sie als maßgebliche Befriedigung ihrer Bedürfnisse. In dieser Gruppe finden sich zumeist ältere, männliche, erfahrene Führungskräfte und durch ihre Herkunft, welches zumeist im Arbeitermilieu oder kleinbürgerlichen Angestelltenmilieu zu finden ist, sind sie geprägt von sehr bodenständigen traditionellen Werten, was auch das positive Bewusstsein einschließt, dass diese Personen ein klares Verständnis von ihren Lebenszielen und ihren Karrieremöglichkeiten haben. Die berufliche Tätigkeit dient in erster Linie der Sicherung des Lebensunterhaltes und nicht primär der Selbstverwirklichung. Auch wenn sie zum Teil auf eine beachtliche Karriere zurückblicken können und auch während ihres beruflichen Werdeganges die sich ihnen bietenden Karrieremöglichkeiten nicht unbedingt ausgeschlagen haben, so war der berufliche Erfolg nicht das Hauptziel des beruflichen Engagements. Nicht selten zeigen sie sich erstaunt über ihren eigenen Karriereweg, verweisen aber teilweise auch darauf, dass ein solcher Weg in der heutigen Zeit wohl kaum noch möglich wäre. Begründet wird dies damit, dass sich in dieser Gruppe heute auch noch Nicht-Akademiker finden lassen und auch Menschen, welche in 40 Jahren Berufstätigkeit auch kaum den Bereich gewechselt haben. Auch Auslandsaufenthalte, welche für eine heutige Karriere in Großunternehmen fast ein Muss sind, haben sie kaum vorzuweisen.

Ihr Weg in Führungspositionen ist gekennzeichnet von einer sehr langen Betriebszugehörigkeit und sie konnten über eine langjährige solide Arbeit ihre beruflichen und sozialen Fähigkeiten unter Beweis stellen. Ebenfalls finden sich darunter selbständige Unternehmer, die sich über einen langen Zeitraum hinweg ihre Firma in kleinen Schritten aufgebaut haben, aber trotz beruflichen Erfolges stark in ihrem sozialen Umfeld verwurzelt blieben und eine sehr professionelle und auch konservative Sicht[449] auf ihr Unternehmer-dasein haben. Daher begründet sich auch die eher kritische Einstellung zu vielen ehrgeizigen Berufsanfängern und Aufsteigern, die eine starke Karriereorientierung aufweisen. Diese Manager vertreten sowohl hinsichtlich ihrer eigenen Bedeutung für die Firma als auch gegenüber Veränderungen und Vorkommnissen in der Firma eine sehr abgeklärte Sichtweise. Durch ihre lange Zugehörigkeit haben sie bereits viele Umstrukturierungen mitgetragen, haben Kollegen aufsteigen sehen, konnten beobachten wie die Macht den Menschen verändert, aber auch wie schnell jede einzelne Person innerhalb des Systems ersetzbar ist. Ihnen ist die Metapher, nur ‚ein Rädchen im Getriebe' zu sein, ständig vor Augen. Andererseits haben sie durch die oft lange Firmenzugehörigkeit von teilweise mehreren Jahrzehnten eine Vielzahl von Umorganisationen miterlebt und dabei auch die positive Stabilität, aber auch Ignoranz einer bürokratischen Organisation kennen gelernt, d.h. sie sind sich sehr wohl darüber bewusst, dass eine Unternehmensberatung mit weitgesteckten organisatorischen Veränderungen nicht in der Lage ist die Organisation letztlich in ihrem Kern zu ändern. Dieses Bewusstsein für die Stabilität, die vor allem von den darin tätigen Menschen ausgeht und weniger von den Köpfen an der Spitze, gibt ihnen auch eine Sicherheit hinsichtlich ihres eigenen Stellenwerts in der Firma. Ihnen ist der Ansatz von Anthony Giddens, welcher die Gestaltbarkeit von Strukturen betont,[450] mit am stärksten bewusst. Sie wissen um die Vorbildfunktion einer Führungsperson sowohl im positiven wie auch negativen Sinn und auch darum, dass ein guter Chef, der das Vertrauen seiner Mitarbeiter genießt, eine Ausstrahlwirkung über organisatorische Grenzen hinweg ausüben kann. Durch sich wiederholenden Handlungsweisen (z.B. keine Terminsetzungen mehr nach 18 Uhr, keine Besprechung länger als 45 Minuten) kann eine Person dazu beitragen neue Strukturen auszubilden und damit eine Abteilung oder einen Bereich auch nachhaltig prägen.

Ihr Verhalten (sowohl von Unternehmern, wie auch von angestellten Managern) hinsichtlich ihrer beruflichen Aufgabe ist von hoher Professionalität gekennzeichnet. Diese wird vor allem durch die Einhaltung klarer Zeit- und Erreichbarkeitsmuster deutlich. Sie räumen dem Unternehmen feste Arbeitszeiten ein (es existieren feste Zeiten des Arbeitsbeginns und des Arbeitsendes, Mittagspausen werden eingehalten) und sowohl die Wochenenden wie auch der Urlaub sind geprägt von Nicht-Erreichbarkeit (zumindest bei angestellten Führungskräften). Nur bei längerer Abwesenheit (z.B. mehrwöchiger Urlaub) kommt es zu einer sporadischen Kontaktaufnahme. Jedoch unterliegen auch diese einer starken Filterung in Form von selbständigen Anrufen bei der Sekretärin bzw. ausgewählten Mitarbeiten oder eine vorab abgesprochene Kontaktaufnahme durch diese. Auch wenn früher noch ein anderer Umgang mit der Firma gepflegt worden war, wurde aber dann im Laufe der Zeit diese Form der ‚Abschottung' für notwendig erachtet, da sonst kaum noch eine Trennung zwischen Beruflichem und Privatem möglich ist.

Auch tägliche Rituale wie regelmäßige Telefonate mit Kollegen oder dem Partner, Rundgänge in der Abteilung, Lesen von Emails nur zu bestimmten Zeiten, Verhalten vor dem Verlassen des Arbeitsplatzes aber auch Gewohnheiten vor dem Verlassen des Hauses oder

---

[449] Dies bezieht sich sowohl auf die zeitliche Dimension (feste Arbeitszeiten) wie auch auf die Mitarbeiter-Dimension (Fürsorge- und Vorbildfunktion).

[450] Vgl. Kapitel II/2.4.

beim Nachhausekommen sind zumeinst ein Bestandteil dieser Sichtweise. Sie helfen den Tag zu gliedern, einzuteilen und zu strukturieren, so dass die Nicht-Planbarkeit eines Manageralltages dennoch feste Muster aufweist. Hinzu kommt, dass ihnen die Pflege eines intakten Privatlebens sehr wichtig ist, was möglicherweise der Grund dafür ist, dass sie dieses stark von ihrem beruflichen Umfeld abgrenzen, d.h. zu Hause wird kaum über die Arbeit gesprochen, der Arbeitsort und der Wohnort unterscheiden sich und auch die privaten Sozialkontakte binden nur wenige oder keine Arbeitskollegen mit ein. Der berufliche Erfolg spielt für die Anerkennung im engsten privaten Umfeld nur eine sehr untergeordnete Rolle und die damit verbundenen Nachteile (wenig Zeit, eventuelle Versetzungen, Dienstreisen) werden eher kritisch gesehen.

Man könnte auch sagen, dass sich diese Menschen dadurch auszeichnen, dass sie genau wissen, ,wo sie herkommen und hingehören'. Privates Engagement in Vereinen oder Verbänden und ein enger Kontakt zu anderen sozialen Gruppen (Dorfgemeinschaft, Jugendfreunde) ergänzen das Bild. Ihre Lebensqualität bestimmt sich stärker durch die Qualität ihres sozialen Umfeldes als über den beruflichen Werdegang. Sie schätzen die Verlässlichkeit eines selbst gestalteten privaten Umfeldes, in dem sie sich auch einer ehrlichen persönlichen Wertschätzung sicher sein können. Im Gegensatz dazu steht das kritische Bewusstsein für die berufliche Welt, welche bedingt durch Hierarchien und Aufstiegskämpfe auch ein Feld von Intrigen und Eitelkeiten ist und wo auch die politischen Interessen weitaus bestimmender sind als nachvollziehbare wirtschaftliche oder soziale Belange. Neben diesen Realitäten wird vor allem die mit der beruflichen Tätigkeit einhergehende zeitliche Fremdbestimmung als belastend empfunden.

Der in greifbare Nähe kommende Ruhestand wurde daher meist schon vorbereitet und ihm wird auch durch die Vielzahl von außerberuflichen Kontakten und Interessen gelassen entgegen gesehen. Die Vorbereitung auf den Ruhestand zeigt sich bei manchen auch daran, dass sie bereits während der aktiven beruflichen Tätigkeit, teilweise schon einige Jahre vorher, Verantwortung abgeben, damit sie nicht bis zur letzten Stunde völlig ausgelastet sind und der Übergang umso extremer wahrgenommen wird. Auch lehnen sie die letzten Jahre noch eventuell anstehende Beförderungen ab, da dies nochmals ein übermäßiges Engagement oder möglicherweise sogar den Abbau von Arbeitsplätzen von ihnen verlangen würde. Nicht zuletzt verbindet sich mit dem Ruhestand die große Hoffnung dort endlich den eigenen Zeit-Rhythmus leben zu können. Auch wenn eingeräumt wird, dass der mit dem Ruhestand verbundene Verlust von Statussymbolen schmerzlich sein könnte, übertrifft die positive Sicht die Angst um einen möglichen Status- und Bedeutungsverlust.

*1.2. Die resignierte Sichtweise: „Von irgendwas muss man ja leben"*

Diese Gruppe, der eine Abgrenzung trotz der Orientierung an der Organisationsstruktur gelingt, hat eine gewisse Ähnlichkeit mit dem von Presthus geschilderten indifferenten Typ der Anpassung[451], denn auch sie strebt nach Beförderung, Status und Anerkennung, was aber im Laufe des Berufsweges ein abruptes Ende findet.

Angehörige dieser Gruppe können sowohl männlich wie auch weiblich sein, stammen entweder aus einem kleinbürgerlichen Hintergrund oder aus einem sehr leistungsorientierten Elternhaus und sind daher hohen Erwartungen seitens ihrer Familie ausgesetzt. Sie zeigten bereits in sehr jungen Jahren (vor dem Studium, beim Berufseinstieg) eine starke Karriereorientierung und die möglichen beruflichen Anreize und Aufstiegschancen sind zu-nächst ausreichend, um die damit verbundenen Belastungen und Nachteile (zeitliches Engagement, Arbeiten unter Druck, hohe Erwartungshaltung, Flexibilität, Konflikte mit Mitarbeitern) bei weitem auszugleichen. Durch eine hohe Rollenidentifikation (bis zu einer Überidentifikation) und der starken Orientierung an Vorgesetzten (Autoritäten), welche teilweise bis zur Selbstaufgabe führen kann, sind diese Führungskräfte während ihres Karriereaufstieges auch bereit weit über die Rollenerwartungen hinaus gehende Anforderungen zu erfüllen. Individuelle Vorstellungen von der Gestaltung einer beruflichen Karriere sind dabei kaum vorhanden. Auftretende Inter-Rollenkonflikte zwischen Berufsrolle und Familienrolle werden zumeist zugunsten des Arbeitgebers entschieden. Eine eigene Rollengestaltung oder auch Abgrenzung hinsichtlich Rollenerwartungen findet kaum statt, ebenso sind andere alternative Lebensgestaltungsmodelle (die keine berufliche Karriere beinhalteten) kaum vorstellbar.

Doch durch unterschiedlichste Begebenheiten (Krankheit, Wegbrechen der Karriere-Seilschaft, Zwangsversetzungen oder nicht Erreichen der angestrebten Position) ließen sich die einstmals angestrebten Karriereziele nicht verwirklichen. Persönliche oder bürokratische Grenzen haben die Zukunftsplanung größtenteils zunichte gemacht und da ernsthaft nie berufliche Alternativen in Betracht gezogen wurden, geht mit dieser Erfahrung bzw. Erkenntnis, dass die angestrebte Karriere nicht umsetzbar ist, eine massive Desillusionierung, Hilflosigkeit und auch Identitätskrise einher. Die ehemals großen Erwartungen an den Aufstieg und der damit erhoffte Prestigezuwachs haben sich nicht erfüllt und das Vertrauen in die Organisation ist durch diese negativen Erfahrungen stark beschädigt. Eine hohe Gleichgültigkeit gepaart mit Resignation gegenüber der beruflichen Tätigkeit ist die Folge.

War ehemals die persönliche Identität und das Selbstbild stark von der beruflichen Position und der hohen Loyalität zur Firma geprägt, so kommt es nun im Verlauf zu einer überwiegend (bloßen) Bindung finanzieller Art an die Organisation. Durch enttäuschende Erfahrungen mit der Organisation[452] und der daraus gewonnen Einsicht, dass man ‚ersetzbar' ist, hat sich eine ehemals starke Loyalität stark reduziert oder sogar ins Negative gewandelt.

---

[451] Dabei vor allem der Typ des „frustrierten Indifferenten". Vgl. Presthus, R. (1966): a.a.O., Kapitel 7.

[452] Enttäuschungen können entstehen: Bei längerer Krankheit erfährt man kaum Fürsorge seitens der Firma - Trotz Krankheit begibt man sich in die Firma und arbeitet, aber es erfolgt kein Dank - Bevorzugung von Kollegen bei Beförderungen - Ablehnung von Versetzung oder Beförderung.

Sichtbar wird dies an einer teilweise bewusst zur Schau gestellten neutralen Einstellung der Organisation gegenüber, indem man sich bei Gesprächen stark von der Firma distanziert und oft an Kollegen oder Vorgesetzten ‚kein gutes Haar lässt'. Da diese Personen aber aufgrund ihrer beruflichen Leistungsbereitschaft zumeist doch einen Karriereweg hinter sich haben, auch wenn er in der Art und Schnelligkeit nicht den eigenen Vorstellungen entspricht, haben sie auch Führungsfunktionen inne. Die Ausgestaltung dieser Funktion lässt sich beschreiben als „Dienst nach Vorschrift" und die ehemals übersteigerte Rollenidentifikation ist nun einer Rollenentfremdung gewichen. Es werden daher kaum noch Versuche unternommen Arbeit oder Arbeitsumgebung aktiv mitzugestalten, da eine starke Frustration dieser Motivation entgegensteht[453]. Rückblickend werden der bisherige Erfolg und das Erreichen der jetzigen Position zumeist als hart erarbeitet und sich selbst verdankend dargestellt. Begrifflichkeiten wie ‚Glück gehabt' oder ‚Das verdanke ich jemandem' finden sich nicht. Ihre früher sehr unkritische Einstellung den beruflichen Erfordernissen und Strukturen gegenüber ist nun einem starken Misstrauen sowohl gegenüber den Kollegen und Vorgesetzten als auch dem System als Ganzes gewichen.

Da sie vor ihrem beruflichen Karrierebruch kaum über die beruflichen Erfordernisse hinaus noch andere Sozialkontakte pflegten (Vereine, Ehrenamt) und auch die Familie einen eher niedrigen Stellenwert hatte, tritt neben der als ‚Degradierung' empfundenen Berufssituation nun auch eine anderweitige soziale Orientierungslosigkeit ein. Diese schwierige Situation für alle Beteiligten (für die Familie, da sie es möglicherweise bereits gewohnt war, dass sie nur eine untergeordnete Rolle spielt oder sie sich über den beruflichen Erfolg des Managers/der Managerin definierte) wird oft dadurch gelöst, dass nun die Bedeutung des Berufes bewusst zurückgedrängt wird und die Freizeitgestaltung und die Familie stark an Bedeutung gewinnen. Da in der Vergangenheit jedoch eine Selbstbestätigung allein durch die berufliche Tätigkeit gewonnen wurde, ist dieser Ausgleich trotz großem anderweitigen Engagements kaum zu erreichen. Denn selten sind familiäre, soziale oder ehrenamtliche Aktivitäten mit ähnlicher Macht und ähnlichem Prestige verbunden, so dass ein dauerhafter Konflikt mit dem eigenen Selbstbild die Folge sein kann.

Der Schmerz über die ‚empfundene Niederlage' wird ebenfalls deutlich an einer möglichen zynischen und sarkastischen Umgangsweise mit den alltäglichen Ärgernissen innerhalb der Organisation. Bitterkeit hat sich breit gemacht. Auch wenn die Motivation hinsichtlich der jetzigen Tätigkeit sehr gering ist, ist der Mut nochmals einen anderen alternativen beruflichen Weg einzuschlagen aber oft nicht vorhanden, da die jetzige Organisation zum einen eine finanzielle Sicherheit bietet und zum anderen die bereits erreichte Funktion als Führungskraft für die private Umwelt (Familie, Nachbarn, Freunde) mit Prestige verbunden ist. Äußere Zeichen dieser Resignation sind ein verändertes Urlaubsverhalten (waren es zu Beginn des Berufseinstieges bzw. vor dem Aufkommen der Resignation kaum mehr als eineinhalb Wochen so wird heute Urlaub von 2 bis 3 Wochen oder länger als nichtproblematisch gesehen) oder der Umgang mit Krankheiten (man lässt sich schneller krankschreiben). Gerechtfertigt wird dies oft durch eine betont rationale Begründung, dass man sowieso ersetzbar sei und auf sich selber schauen müsse.

---

[453] Die von Presthus aufgeworfene Frage, warum eine enttäuschte Hoffnung auf eine befriedigende Tätigkeit oder auf Beförderung anstatt zur Auflehnung zur Indifferenz führt, kann an dieser Stelle nur wiederholt werden.

Obwohl die Gruppe sehr heterogen hinsichtlich Alter, Herkunft oder Geschlecht ist, sind es meist sehr ehrgeizige, leistungsorientierte und statusbewusste Menschen, die auf die Nicht-Umsetzbarkeit von beruflichen Zielen in dieser Weise reagieren. Zudem finden sie durch ihr einstmals überwiegend Karriere orientiertes Verhalten auch kaum eine anderweitige Bestätigung und die ehemals bedeutsamen sozialen Kontakte (Kollegen, Vorgesetzte) sind oft nicht mehr verfügbar, so dass eine Vereinsamung ebenfalls auftreten kann. Über die dennoch erreichten Meilensteine wird kaum Freude empfunden, da sie nie ein anvisiertes Ziel waren, sondern eigentlich als eine Art Durchgangsstation zu höheren Ebenen gesehen wurden. Ein nachträglicher beruflicher Aufstieg verschafft dabei ebenfalls kaum einen Ausgleich für bisher entgangene Beförderungen und dem damit verbundenen Prestige, sondern im besten Falle noch eine geringe Genugtuung.

*1.3. Die pragmatische Sichtweise: „Sobald sich was Besseres bietet, bin ich weg"*

Die letzte Gruppe, welche sich zwar an den Vorgaben des Systems orientiert, jedoch ihren eigenen Weg einer Distanzierung praktiziert, ist von einem starken Pragmatismus geprägt. Vertreter dieser Gruppen betrachten zwar die Regeln und Vorgaben des Systems als durchaus legitim, sie haben auch einen engen Bezug zu dessen Logik und kennen dessen Erwartungen sehr genau, verfügen jedoch nur über eine schwache Loyalität und einer losen Bindung dazu. Ihre Kenntnisse und ihre persönlichen Fähigkeiten nutzen sie dabei weniger, um die an sie gerichteten Rollenerwartungen zu erfüllen, sondern in erster Linie für das Erreichen ihrer eigenen, sehr persönlichen Ziele. Diese sind finanzieller Natur, oder das Streben nach mehr Flexibilität, weitreichenden Gestaltungsmöglichkeiten, mehr Prestige oder ein höherer Grad an Autonomie.

In dieser Gruppe sind sowohl männliche wie weibliche und überwiegend jüngere Führungskräfte zu finden, deren Herkunft sehr unterschiedlich ist. Auffallend jedoch ist, dass sich darunter oft Personen finden, die über den Zweiten Bildungsweg ein Studium erreicht haben und sich somit die Voraussetzungen für den sozialen Aufstieg (Abitur, Studium) hart erarbeitet haben oder ohne bereits ihr Studium nach bestmöglichen Aufstiegs- und Karrierechancen ausgewählt haben. Zumindest für die hier Interviewten ist festzustellen, dass sich in dieser Gruppe überwiegend wirtschaftswissenschaftlich Qualifizierte finden, welche dem Firmengegenstand (Industriezweig) sehr neutral gegenüberstehen und sich damit kaum identifizieren. Vereinzelt finden sich auch technisch qualifizierte Personen darunter, jedoch war dann das Studium wenig von Interessen geleitet, sondern aufgrund der Vorbildung (technisches Abitur) der einzig mögliche Weg dazu. Diesen Weg, so scheint es, will man im späteren Berufsleben möglichst lukrativ umgesetzt wissen, was zur Folge haben kann, dass diese Menschen in gewisser Hinsicht Legionären gleichen, welche ihre Arbeitskraft demjenigen zur Verfügung stellen, der ihnen die besten Angebote (in Form von Prestige, Karriere, finanzieller Entlohnung) macht. Jede Organisation in der sie tätig sind ist dabei in erster Linie bloßes Mittel zum Zweck, nämlich zur Befriedigung der eigenen Ansprüche. Das Streben nach Erfolg und Statusverbesserung treibt diese Personen an und das persönliche Bedürfnis nach Selbstbestätigung kann auch nur darüber befriedigt werden. Durch ihre Bereitschaft, mögliche Verbesserungschancen auch wahrzunehmen, stellen sie sich auch

Herausforderungen, von denen sie zunächst nicht wissen, ob sie diese auch erfüllen können. Jedoch können sie durch ihre hohe Risikobereitschaft auch auf eine Vielzahl von Erfahrungen zurückblicken. Die Bedürfnisse ihrer Familie oder des Partners spielen beim Erreichen ihrer eigenen beruflichen Ziele nur eine nachrangige Rolle, d.h. berufliche Verbesserungsmöglichkeiten (durch Versetzung, Auslandsaufenthalt usw.) werden ohne große Rücksichtnahme genutzt. Ein persönlicher Konflikt mit unterschiedlichen Rollenpräferenzen stellt sich dabei nur begrenzt, da die oberste Priorität – nämlich der berufliche Aufstieg – immer klar ist.

Jede Organisation kann nur insoweit auf die Mitarbeit, begrenzte Loyalität und Unterstützung seitens dieser Führungskräfte rechnen, solange ihre Angebote (Gestaltungs- und Innovationsmöglichkeiten, Abwechslungsreichtum der Tätigkeit) sich mit den persönlichen Interessen decken. Schwierigkeiten treten dann auf, wenn eine zu starke Diskrepanz zwischen den Interessen dieser Menschen und den sich bietenden Möglichkeiten besteht, d.h. die Beförderung bleibt aus, die Darstellungsmöglichkeiten und damit auch die Würdigung der Leistung ist nur begrenzt möglich, der Zeitaufwand steht in keinem Verhältnis zur finanziellen Entlohnung. Das Berufsleben unterliegt damit einer Kosten-Nutzen-Rechnung und wenn diese dann nicht befriedigend ausfällt, erfolgen nach einer eingehenden Analyse der Situation oft radikale Schritte. Ist die Organisation nicht in der Lage die Bedürfnisse zu befriedigen oder kann sie der Führungskraft nicht das bieten worauf sie glaubt einen Anspruch zu haben, hat sie mit dem Weggang des Mitarbeiters zu rechnen. Diese pragmatische Sichtweise hat auch zur Folge, dass kaum Bestrebungen vorhanden sind sich in eine Firma oder Abteilung zu integrieren. Hinzu kommt, dass häufige berufliche Wechsel in 3- bis 5-Jahres-Schritten dies auch nur schwer möglich machen. Die Verinnerlichung einer Unternehmenskultur ist diesen Personen fremd und Kontakte zu Arbeitskollegen werden auf ein Minimum reduziert, da man davon ausgehen kann, dass der Aufenthalt in der Abteilung/Firma nur von vorübergehender Dauer ist. Die Motivation dieser Menschen ist ihr eigenes Fortkommen und eine Rollenidentifikation ist kaum vorhanden. Ebenso lässt man sich aufgrund der geringen Loyalität nur schwer seitens der Organisation vereinnahmen und eine hohe Immunität gegenüber der Firmenkultur schafft eine große Unabhängigkeit und Autonomie. Andererseits birgt es aber auch einen hohen Grad an Unverbindlichkeit in sich, was bisweilen zu einem eher negativen Bild unter den Mitarbeitern führt. Die Karriereplanung wird als eine Art Baukastensystem betrachtet (was ist notwendig, was fehlt noch) und unterliegt einer starken Berechung. Die notwendigen Anreize (finanzieller Aufstieg, Dienstwagen, herausgehobene Position) für eine Motivation sind ihnen sehr bewusst.

Aufgrund der geringen Bindung an die Organisation sind diese Personen aber nicht selten auch von einem Non-Konformismus geprägt. Zudem verfügen sie oft über ausgesprochen hohe soziale Fähigkeiten. Sie sind wenig angepasste Mitarbeiter und wenig konfliktscheu, d.h. mögliche Spannungen aufgrund von Rollenerwartungen werden nicht umgangen, sondern ausgetragen. Aufgrund ihrer hohen Fähigkeit zur Selbstorganisation und ihres hohen Grades an selbstbestimmten Handeln sind ihnen die Schwierigkeiten von Kollegen, welche sich von ihrer beruflichen Verpflichtung erdrücken lassen, eher fremd. Teilweise pflegen sie ungewöhnliche Hobbies, haben vielerlei Interessen und bringen ihr weites Erfahrungsspektrum auch in ihre tägliche Arbeit mit ein. Dass ein berufliches Fortkommen nicht ausschließlich von einer fachlichen Qualifikation abhängt, sondern ebenso von der Zahl formeller und informeller Kontakte, ist ihnen vielleicht von allen hier unterschiedenen Gruppen am stärksten bewusst. Daher investieren sie neben dem teilweise hohen Arbeitspensum im Betrieb auch in die Pflege sozialer Kontakte[454] noch entsprechend Zeit. Diese, stark auf einen individuellen Nutzen ausgerichtete Sichtweise und die damit verbundene geringe Loyalität gegenüber der Firma überträgt sich dabei bisweilen auch auf Kollegen und Mitarbeiter, was sie aus Sicht des Unternehmens zu einem Unsicherheitsfaktor werden lässt. Denn letztlich leben und praktizieren sie eine Art Gegenentwurf dessen, was die Organisation propagiert und einfordert.

Angehörige dieser Gruppe wissen um ihre beruflichen Möglichkeiten aufgrund ihrer hohen Flexibilität und auch um ihre Fähigkeiten. Sie strahlen ein starkes Selbstbewusstsein aus und ihre Ansprüche hinsichtlich ihres beruflichen Fortkommens sind sehr hoch. Die Zukunftsplanungen dieser zumeist zwischen 30 und 45 Jahre alten Personen sind sehr detailliert und konkret. Aufgrund ihres noch relativ jungen Alters ist das Bewusstsein sehr ausgeprägt, dass ein Wechsel des Arbeitgebers (noch) jederzeit möglich ist, d.h. Verbesserungschancen gegenüber dem jetzigen Status sehr realistisch erscheinen.

## 2. Die Persönlichen Präferenzen als Bezugsschema

Im Gegensatz zur Orientierung am System, welches entweder als Mittel zur Zielerreichung dient oder als Bezugspunkt gegenüber dem man sich abgrenzt, beinhaltet diese zweite Gruppe der Rollendistanz eine sehr starke Identifikation mit der eigenen Person, d.h. die eigene Identität gilt als Maßstab und Wegweiser, um sich über die Vorgaben des Systems hinwegzusetzen oder ihnen zumindest nicht Folge zu leisten. Dies zeigt sich in einer stark kritisch-reflexiven Haltung[455] gegenüber der eigenen Rolle. Verstärkt wird dies zum einen durch bereits positive Erfahrungen mit einer Selbstinterpretation der Rolle oder mit einem dahingehenden Vorbildverhalten von Vorgesetzten, aber auch durch den Grad an Handlungs-Souveränität, über welche eine Person verfügt. Dass diese Souveränität und die damit gelebte Distanz zur Rolle auch mit dem bereits erreichten Status einer Person zusammenhängt, d.h. je höher der Status desto höher auch der Grad der möglichen Autonomie und Selbstbestimmung, kann nur in einer Argumentationsrichtung zugestimmt werden. Denn es ist davon auszugehen, dass es sich bei der Rollendistanz und der Rollenidentifizierung um Lernprozesse handelt.[456] Somit werden Personen, welche diese „Ich-Leistungen"[457], d.h. die Freiheit einer Selbstinterpretation bereits beim Innehaben eines niedrigen Status ‚gewagt' haben, dies auch weitaus stärker nach einem Karrieresprung praktizieren als jene Menschen, welche die Freiheit einer Rollengestaltung kaum oder nie genutzt haben. Jedoch

---

[454] Diese umfassen die Mitgliedschaft in mit hohem Prestige verbundenen, gesellschaftlichen Gruppierungen wie z.B. Lions-Club, Golfclub oder auch politische Parteien.

[455] Die starke Betonung der eigenen Person ist häufig mit dem Anwachsen einer kritisch-reflexiven Haltung verbunden (vgl. Wiswede, G. (1977): a.a.O., S. 172). Hinzu kommt: *„Je größer die geforderten Ich-Leistungen und je geringer die erforderliche Identifikation bei einer sozialen Rolle ist, desto leichter kann der Rollenspieler über seine Rolle verfügen, sich von ihr lösen oder auch sie abwandeln und ausgestalten"* (Dreitzel, H.P. (1968): a.a.O., S. 138).

[456] Vgl. ebd., S. 172.

[457] Ebd., S. 172f. In diesem Sinne ist auch die Rollendistanz als Korrelat der Bemühung um Ich-Identität anzusehen.

214

muss auch eingeräumt werden, dass es für erfolgreiche Menschen, welche bereits eine bestimmte Karrierestufe erreicht haben, über ein erfolgreiches Netzwerk verfügen oder bereits eine mit hohem Ansehen verbundene Herkunft haben, weitaus einfacher ist das berufliche Feld aus einer gewissen Distanz zu betrachten. Sie können eher davon ausgehen, dass ihnen ihre beruflichen oder anderweitigen einflussreichen Kontakte noch zu einem weiteren Karriereaufstieg verhelfen. Doch unter den Befragten, welche in diese Gruppe einzuordnen sind, finden sich auch Personen, die weder über ein optimal positioniertes Netzwerk verfügen noch einen großbürgerlichen Hintergrund haben aber dennoch ihr Bedürfnis nach Selbstbestätigung nur begrenzt in den  Anreizen des Systems (Karriere, Geld, Prestige) gestillt sehen, sondern vielmehr in den dortigen Inhalten (Technik, Menschen).

**Abb. 5: Die persönlichen Präferenzen als Bezugsschema**

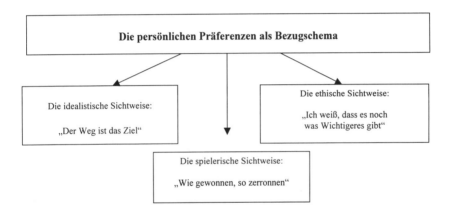

## 2.1. Die idealisierte Sichtweise: „Der Weg ist das Ziel"

Die erste Gruppe, die sich aufgrund ihrer persönlichen Präferenzen eine Rollendistanz aufbaut, könnte man auch als ‚geborene Erfinder oder Tüftler' bezeichnen. Daher ist es nicht verwunderlich, dass sich in dieser Gruppe fast ausschließlich Ingenieure oder andere Naturwissenschaftler (Physiker, Mathematiker) finden lassen.

Vertreter dieser Sichtweise sind sowohl männlich wie weiblich, entstammen sowohl dem Arbeitermilieu wie auch einer akademisch gebildeten Mittelschicht und nicht selten wurde die Begeisterung für die Materie bereits im Elternhaus gelegt. Man findet darunter junge Führungskräfte, die erst am Beginn ihrer Karriere stehen genauso wie ‚alte Hasen', die bereits ihren Ruhestand vor Augen haben. Jedoch teilen diese Menschen ein großes Interesse für Technik, welches bereits in der Schulzeit erkennbar war, so dass ein Studium in diesem Bereich die logische Folge war. Ebenso finden sich in dieser Gruppe selbständige Unternehmer, die sich aufgrund ihrer Vorliebe für das Tüfteln selbständig gemacht haben. Sie besitzen ein stark wissenschaftliches Interesse und eine hohe Affinität zur Materie von der sie täglich umgeben sind. Sie haben Visionen hinsichtlich der Möglichkeiten, die in ihrem Bereich (Automobilindustrie, Flugzeugindustrie) noch möglich sind und betrachten ihren Beruf nicht selten als eine ‚echte Berufung'. Dabei betrachten sie ihre Arbeitsweise auch unter dem Motto: „Der Weg ist das Ziel". Auch wenn sie später Karriere machen und sich dadurch möglicherweise vom unmittelbaren Umgang mit der Materie entfernen, so hat für sie ihre Begeisterung für Technik auch im späteren Berufsleben immer noch einen hohen Stellenwert. Daher besitzen sie auch später als Vorgesetzter und Manager keine ‚Schwellenangst' sich Probleme vor Ort anzusehen und dort mit ihren Mitarbeitern zu fachsimpeln, um die Problematik auch in Gänze zu verstehen. Ihre eigene Begeisterung überträgt sich dabei nicht selten auch auf ihre Mitarbeiter, wodurch sie dort ein hohes fachliches Ansehen genießen, was aber auch eine stark fürsorgliche Komponente nicht ausschließt. Da sie zumeist in Bereichen tätig sind in denen sie von ebenfalls technisch begeisterten Menschen umgeben sind, ist der soziale Kontakt mit den Mitarbeitern und Kollegen auch stark von technischen Inhalten geprägt. Sie definieren sich selbst häufig als Angehöriger eines Teams, das die Aufgabe hat Probleme zu lösen bzw. Lösungen zu optimieren.

Dennoch fällt ihnen die Identifikation mit ihrer Chefrolle nicht immer leicht, da sie eine sehr enge, vom gemeinsamen Interesse getragene Beziehung zu ihren Mitarbeitern haben. Der Konflikt hinsichtlich der Rollenwahrnehmung tritt vor allem dann auf, wenn sie selbst in der Vergangenheit als Nicht-Führungskraft tätig waren und dann in das Management aufgestiegen sind. Ihr Rollenverständnis als Chef und Vorgesetzter ist bei Angehörigen dieser Gruppe in jungen Jahren noch sehr unklar definiert, was nicht selten mit einigen ernüchternden Erfahrungen einhergeht, wenn sie erkennen müssen, dass ihre jetzige Aufgabe nicht nur das Lösen von technischen Problemen, sondern auch das Erfüllen von Unternehmensvorgaben (Kostengrenzen, Designvorgaben usw.) ist. Beförderungen in die rein operativ berichtende Ebene lehnen sie eher ab, weil dadurch der Kontakt mit der Technik völlig verloren gehen würde. Als eine weitere Schwierigkeit stellt sich auch der Umgang mit Vorgesetzten dar, vor allem dann, wenn diese nicht ebenfalls Fachleute sind und ihre Arbeit nur nach Kosten-Gesichtspunkten beurteilen[458].

Vertreter dieser idealisierten Sichtweise haben nicht selten eine sehr ambivalente Einstellung zu ihrer Firma, da zum einen ihre Tätigkeit stark von politischen Interessen und oft nur am Rande vom technisch Möglichen bzw. technisch Optimalem geprägt wird. Zum anderen bietet ihnen die Organisation zwar das Umfeld, in dem in weiten Teilen ihrem Interesse nachgehen können und trägt damit auch zu einem sehr hohen Teil zur Bedürfnisbefriedigung bei, aber  sie steht zugleich auch dem Wunsch nach selbständigem, von persönlichem Interesse geleiteten Arbeiten entgegen. Vor allem die Konkurrenz unter den einzelnen Bereichen einer Organisation (Entwicklung, Fertigung, Marketing) steht ihrer teilweise sehr praktischen und problemorientierten Herangehensweise im Wege, ebenso sehr der damit verbundene Hierarchieapparat. Ein Weg in die Selbständigkeit stellt für einige der Befragten daher immer noch eine denkbare Alternative dar. Wie ausgeprägt das technische Interesse bei den Vertretern dieser Gruppe ist, sieht man daran, dass einige der Befragten bereits vor dem Studium eine handwerkliche Lehre absolvierten, später dann noch promovierten oder auch an Forschungsinstituten tätig waren, um sich dann doch noch für einen Weg in die Industrie zu entscheiden. Das technische Umfeld ist ihnen sowohl Motivation wie auch Bedürfnisbefriedigung, was sich auch in den Freizeitaktivitäten widerspiegelt. Oft üben sie auch stark mit Technik verbundene Hobbies (Oldtimer restaurieren, Modellbau).

Ebenso wie bei Vertretern der „professionellen Sichtweise" (vgl. 1.1.) war eine Karriere nie das primäre Ziel der beruflichen Tätigkeit, sondern entwickelte sich eher als eine Art Folgeerscheinung aus der Qualität und der Begeisterung für die Arbeit, nur dass in dieser Gruppe die Verbindung zum Gegenstand noch weitaus stärker ausgeprägt ist und man diese Verbindung auch beim Fortschreiten der Karriere nie ganz verlieren möchte. Das Interesse an der Art des Gegenstandes gleicht einer Selbstherausforderung und die berufliche Tätigkeit dient somit auch einer geistig-intellektuellen Bedürfnisbefriedigung. Sehr auffallend ist, dass sie ihre Identifikation weitaus mehr über die Aufgabenstellung bzw. die technische Weiterentwicklung von Produkten beziehen als über die Organisation oder ihrer Einordnung in die dortige Hierarchie. Die Bedeutung der Bürokratie und andere soziale Kommunikationsplattformen (Unternehmenskultur, Netzwerke, Unternehmensstrategie) empfinden sie nicht selten als ein notwendiges Übel, mit dem sie sich erst im Laufe der Zeit arrangieren.

Warum gerade Technik begeisterte Menschen zu dieser Art der Abgrenzung neigen, darüber kann nur spekuliert werden. Gründe dafür können sein, dass es sich bei der Technik um eine Materie handelt, welche eine hohe Faszination ausübt, weil sie in Form der Naturwissenschaften eine sehr exakte Wissenschaft ist. Auch mag es daran liegen, dass es sich dabei auch um Menschen handelt, welche ebenfalls klare Strukturen bevorzugen, davon fasziniert sind und für sie eine ‚exakte und messbare' Arbeitsumgebung weitaus mehr Si-

---

[458] An dieser Stelle weist dieser Typus eine hohe Ähnlichkeit mit dem ambivalenten Typ von Presthus auf, da dieser sich ebenfalls dem Konflikt Beruf/Organisation und Leistung/Autorität ausgesetzt sieht (vgl. Presthus, R. (1966): a.a.O., Kapitel 8.).

cherheit bietet als die Komplexität von politisch-strategischen Seilschaften oder andere rhetorische Verhandlungsbühnen.

## 2.2. Die ethische Sichtweise: „Ich weiß, dass es noch was Wichtigeres gibt"

Menschen, denen eine Distanzwahrung aufgrund dieser Sichtweise gelingt, zeichnen sich durch eine große Menschenfreundlichkeit aus. Sie stellen dabei die Bedürfnisse und die Fürsorge der ihnen anvertrauten Menschen klar über die Anforderungen und Erwartungen der Organisation in der sie tätig sind.

Der soziale Hintergrund dieser männlichen wie weiblichen Führungskräfte ist häufig von einem bürgerlichen Milieu geprägt, so dass der berufliche Aufstieg nicht die gleiche Bedeutung und nicht den gleichen Stellenwert hat wie bei Menschen, welche sich aus der Arbeiterschicht zu einem Studium hocharbeiten. Ihnen standen seitens des Elternhauses und auch aufgrund der damit verbundenen Bildungsvoraussetzungen oft mehrere Berufswege offen und sie entschieden sich nach persönlichen Interessen für eine Studienrichtung. Auch die Vorgesetztenrolle und die damit verbundenen Erwartungen sind ihnen nicht neu, da oft bereits der Vater oder ein nahe stehender Verwandter eine ähnliche Stellung innehatte. Sie hatten zum Teil bereits Vorbilder innerhalb der Familie hinsichtlich des Umgangs mit Menschen. Nicht selten werden ethische Leitsätze dieser Vorbilder (z.B. ein selbständig tätiger Vater, der die Verantwortung eines Unternehmers im positiven Sinne vorgelebt hat) übernommen. Auch ehemalige, in guter Erinnerung gebliebene Chefs, können als Leitbild für das eigene Handeln dienen.

Vertreter dieser Gruppe stehen für eine sehr rationale und von persönlicher Ethik getragene Entscheidungsfindung und zeichnen sich dadurch aus, dass sie stark ihren Grundsätzen folgen, auch um den Preis einer Nicht-Beförderung. Bei auftretenden Konflikten im Rahmen der beruflichen Tätigkeit zeigt diese Gruppe mit am deutlichsten die Bedeutung der von Dahrendorf als Ligaturen[459] bezeichneten Wertvorstellungen. Da sich die Angehörige dieser Gruppe durchaus der Möglichkeiten (Optionen) bewusst sind, welche eine Organisation zu bieten hat, sind für sie ihre eigenen Wertvorstellungen gleichsam Orientierung und Sicherheit bei Entscheidungsfindungen. Das Führen und Austragen von inneren Konflikten ist ihnen nicht fremd und bei daraus erlittenen beruflichen Nachteilen empfinden sie aber letztlich dann doch mehr Stolz darüber sich selbst treu geblieben zu sein, als Bedauern über die entgangenen Chancen. Sie treffen Entscheidungen, die zunächst für selbst nachteilig erscheinen mögen, da sie Beförderungen ausschlagen oder Risiken eingehen indem sie bewusst gegen die Firmenpolitik argumentierten. Teilweise trägt dies zu einer Irritation der Menschen in ihrer Umgebung bei, da ihnen ihre Begründungen nicht immer nachvollziehbar erscheinen.

Die Bedeutung des Gewissens wird bei Vertretern dieser Sichtweise immer wieder thematisiert, aber auch die persönlichen Schwierigkeiten, sich nicht völlig von der Arbeit oder den Firmenerwartungen erdrücken zu lassen. Um sich auch während des Arbeitsalltages nicht

---

[459] Vgl. Kapitel III/2.2.

völlig von Hektik und damit auch von einer pragmatischen Nutzenentscheidung anstecken zu lassen, werden Zeitinseln (Fünf-Minuten-Pausen, zum Mittagessen nach Hause fahren) oder geistige Rückzugsräume (Lesen von privater Literatur in der Mittagspause) geschaffen.

Sie weisen dabei eine sehr starke Orientierung an Gewissen und Prinzipien auf, ähnlich der Idee des moralischen Urteils bei Kohlberg[460]. Dadurch weisen sie auch einen hohen Grad an Autonomie auf und zwar sowohl gegenüber den Firmenvorgaben als auch gegenüber den Erwartungen von Kollegen[461].

Im Rückblick auf ihre gemachte Karriere ist ihnen der dafür ‚bezahlte Preis' (in Form des Verlustes von sozialen Bindungen, Verlust einer Leichtigkeit aufgrund der zu tragenden Verantwortung, gesundheitliche Folgen, Verlust einer gewissen Naivität hinsichtlich dem Aufstiegskampf innerhalb einer Firma, verstärktes Misstrauen) sehr gegenwärtig und wird auch mitunter kritisch beleuchtet. Aber ebenso findet sich bei diesen Menschen eine Würdigung zurückliegender Entwicklungen. Sie betonen, dass sie ihre Karriere nicht nur allein sich selbst zu verdanken haben sondern auch der Loyalität des Partners, dem Vertrauen ehemaliger Vorgesetzen, der Unterstützung von Kollegen und Mitarbeitern oder einfach ‚glücklichen Umständen'. Ihnen ist die Bedeutung positiver menschlicher Beziehungen für ein gelingendes Leben sehr bewusst und daher hat auch ein harmonisches Privatleben für sie einen hohen Stellenwert. Zudem ist ihnen das Vertrauen ihrer Mitarbeiter wichtig und sie legen großen Wert darauf, dass auch in ihrer Abteilung soziale Beziehungen gepflegt werden. Sie zeigen für die privaten Sorgen ihrer Mitarbeiter Verständnis und stellen sich auch schützend vor sie, indem sie ihnen z.B. zwangsweise ‚Urlaub verordnen', wenn sie erkennen, dass ein Mitarbeiter private Schwierigkeiten hat. Sie wollen für ihre Mitarbeiter berechenbar sein und blicken auch mit Stolz darauf zurück, dass sie ‚menschliche Spuren'

---

[460] Kohlberg unterteilt dabei in drei Kategorien als Basis des moralischen Urteils mit jeweils zwei Unterteilungen. Diese Unterteilungen reichen von der Entwicklungsstufe 1 (Orientierung an Bestrafung und Gehorsam) über Entwicklungsstufe 3 (Orientierung am Ideal des ‚Guten Jungen') bis zur höchsten Stufe, der ‚Orientierung am Gewissen' bei der die Orientierung nicht nur an zugewiesenen sozialen Rollen, sondern auch an Prinzipien der Entscheidung, die an logische Universalität und Konsistenz appellieren. Orientierung am Gewissen als leitendes Agens und an gegenseitigem Respekt und Vertrauen (Kohlberg, L. (1981): Essays on Moral Development, Vol. I: The Philosophy of Moral Development. Moral Stages and the Idea of Justice, San Francisco, S. 340-344).

[461] Als Indikator für die unterschiedlichen Reifestadien autonom-moralischen Handelns hat Blasi diese Kategorie der Distanz gewählt. Er unterscheidet dabei noch in zweierlei Hinsicht nämlich
1. gegenüber den Beziehungen zu Normen (nach außen):
a) Die „irrationale Distanzierung", diese geschieht aufgrund individueller, jedoch nicht reflektierter Bedürfnisse, b) die „unreflektiert rationale Distanzierung", diese beruht auf Begründungen, welche in sich jedoch unreflektiert sind,
c) die „reflexiv rationale Distanzierung", welche aufgrund eines Systems von reflektierten Begründungen geschieht.
2. gegenüber der Beziehung zu den eigenen Handlungsdispositionen (nach innen):
a) Die „Distanzierung durch Intention",
b) die „Distanz durch psychische Beteiligung",
c) die „Distanzierung durch Selbstbestimmung".
Blasi, A. (1984): Autonomie im Gehorsam. Die Entwicklung des Distanzierungsvermögens im sozialisierten Handeln. In: Edelstein, W./Habermas, J.(Hrg.) (1984): Soziale Interaktion und Verstehen, S. 300-347 (S. 302 - 310).

in Abteilungen hinterlassen haben. Kollegen (andere Führungskräfte), die ihre Mitarbeiter nur als Hilfsmittel zum nächsten Karrieresprung verstehen, beurteilen sie sehr kritisch.

Die mit zunehmender Karriere steigende finanzielle Entlohnung und der Zuwachs an Macht werden von Vertretern dieser Gruppe auch in Beziehung gesetzt zur wachsenden Verantwortung und zur erfüllenden Aufgabe. Nicht selten sind sie bereits seit vielen Jahren im gleichen Bereich tätig, gerade damit sie zu den Menschen dort einen engen Kontakt pflegen können, was ihnen wiederum eine starke Anerkennung der Mitarbeiter einbringt. Sie haben aufgrund ihrer persönlichen Einstellung eine starke Ausstrahl- und Vorbildwirkung auf Kollegen und Mitarbeiter. Ihre eigene Sichtweise auf die Funktion des Vorgesetzten wird weniger von Begriffen wie ‚Funktion, Umsetzung oder Zielorientierung' geprägt, sondern von Begriffen wie ‚Berechenbarkeit, Verantwortung, Fürsorge'. Sie zeigen ein sehr feines Gespür im Umgang mit Kollegen und Mitarbeitern und stellen die Anerkennung dieser auch über die Anerkennung der Vorgesetzten.

## 2.3. Die spielerische Sichtweise: „Wie gewonnen, so zerronnen"

Jene Gruppe, welche eine eher spielerische Sichtweise auf die Arbeitswelt praktiziert und ihr dadurch eine Abgrenzung zur Berufsrolle gelingt, ist wohl am ehesten mit dem von Goffman beschriebenen Alltagsmenschen[462] zu vergleichen. Bei ihnen finden sich seine Bühnenmetapher und die dazugehörige Inszenierung am ehesten umgesetzt, was eine hohe Reflektionsleistung hinsichtlich der Erwartung anderer Menschen voraussetzt.

Vertreter dieser Gruppe sind zumeist männlich, entstammen zumeist aus dem Arbeitermilieu und haben insgesamt einen eher kleinbürgerlichen Hintergrund. Daher sind sie keinem hohen Erwartungsdruck hinsichtlich der beruflichen Karriere ausgesetzt, was sich nicht selten in eher ungewöhnlichen Lebensläufen niederschlägt. Ihre Berufswahl und ihr Berufsweg sind sehr autonom gewählt und ihre intellektuellen und sozialen Fähigkeiten haben sie oft zu ihrer eigenen Überraschung in sehr verantwortungsvolle Positionen gebracht. Sie kokettieren teilweise mit ihrer Herkunft aus ‚kleinen Verhältnissen', ohne jedoch den positiven Bezug dazu verloren zu haben.

Die berufliche Tätigkeit allein verschafft ihnen nicht ausreichende Befriedigung und daher wird versucht eine gewisse Kompatibilität mit anderen Rollen zu erreichen. Sie verfügen über ein auffallend breites Spektrum von Interessen und es entsteht der Eindruck, dass nichts faszinierend genug sein könnte (Beruf, Familie, ein einzelnen Hobby, Ehrenamt), um sich von diesem völlig vereinnahmen zu lassen. Meist finden sich in dieser Gruppe Menschen, die schon vieles in ihrem Leben ausprobiert haben und vielfältige Hobbies pflegen. Sie sind auf einer ständigen Suche nach dem, was das Leben noch zu bieten hat, verfügen über einen großen Weitblick und ein zukünftiger Aufenthalt in der jetzigen Organisation ist nicht sichergestellt. Sie repräsentieren eher den zupackenden Typ, dem ein Dünkel eher fremd ist, was auch daran liegen mag, dass sie sich selten einer Gruppe zugehörig fühlen oder auch fühlen möchten.

---

[462] Vgl. Kapitel III/2.5.

Unbekannte Situationen oder schwierige Menschen begreifen sie als eine Herausforderung und trotz des Bewusstseins, bei Entscheidungsfindungen eher risikofreudig zu sein, verfolgen sie ihren Weg. Auslandsaufenthalte zum Zwecke des ‚Ausprobierens und des Austestens' der eigenen Grenzen sind keine Seltenheit. Sie spiegeln einen starken Optimismus wieder und sie sind meist auch davon überzeugt ihre zukünftig anvisierten Ziele auch zu erreichen. Das Arbeiten in kleinen und geplanten Schritten oder auch Kollegen, welche sich durch besondere Übergenauigkeit und Vorsicht auszeichnen, bereiten ihnen Schwierigkeiten.

Sie besitzen eine Vielzahl von Ideen und eine eher spielerische Art Dinge anzupacken. Damit praktizieren sie das, was in der Philosophiegeschichte als die höchste Lebenskunst verstanden wird. Bereits Plutarch meinte: *„Der Gipfel der Weisheit ist, ernsthafte Ziele spielerisch zu verfolgen"*[463] und auch Friedrich Schiller war davon überzeugt, dass *„der Mensch spielt nur dort, wo er in voller Bedeutung des Wortes Mensch ist, und er ist nur da ganz Mensch wo er spielt".*[464]

Sowohl in der Sozialisation wie auch in der Berufsbiographie scheinen hinter diesen Personen weder Zwang noch hoher Leistungsdruck seitens des sozialen Umfeldes zu stehen. Damit ist das Handeln von hoher Freiheit und Freiwilligkeit geprägt, aber auch von einer großen Spontaneität, was nicht selten auch die Gesundheit strapaziert. Noch deutlicher wird dieser Typus[465] bei der Betrachtung eines Gegentyps, nämlich jenen Personen, welche von einem Ehrgeiz (vgl. 1.2.) und einen starken Drang zum Erfolg getrieben werden. Sie verfolgen vermeintlich viel versprechende Wege[466] um den Preis, dass ihnen eine gewisse Leichtigkeit fehlt.

Zwar haben Vertreter dieser Sichtweise aufgrund ihrer manchmal naiven Herangehensweise Rückschläge und Niederlagen einzustecken, jedoch lassen sie sich kaum entmutigen und ein Resignieren ist ihnen fremd. Eine Portion Ironie[467] scheint dabei zu helfen, diese negativen Erlebnisse zu bewältigen. Sie empfinden Kontraste in Form von anderen Lebensweisen und anderen Milieus als eine Herausforderung und sind Neuem gegenüber sehr aufgeschlossen. Schwierigen Menschen oder Kunden gehen sie nicht aus dem Weg, sondern versuchen sie zu überzeugen. Die Organisation sehen sie nicht als statisch, sondern suchen sich darin ihre eigenen Freiräume. Dabei bedienen sie sich auch im Rahmen ihrer täglichen Arbeit eines gewissen Repertoires von Inszenierungsmöglichkeiten, was sie vor allem für Kollegen und Mitarbeiter schwer einschätzbar macht. Sie verhalten sich auch bewusst ent-

---

[463] In: Belwe, A. (2004): Spielerisch leben. In: Psychologie heute, Jg.31, Mai 2004, Weinheim S. 25-27.

[464] Schiller, F. (1989): Über die ästhetische Erziehung des Menschen, Bad Heilbrunn, S. 59.

[465] Interessante Sichtweisen auf diese Art des Umgangs mit dem Leben, aufgezeigt am Fußballspiel, finden sich bei: Schmid, W. (2004): Ist das Leben ein Spiel? Philosophische Überlegungen zur Lebenskunst. In: Psychologie heute, 31. Jg., Mai 2004, Weinheim, S. 20-24.

[466] Doch *„ein Spieler, dessen Ehrgeiz zum Eifer wird, ist kein Spieler"* (Messner, R.(1996): Berge Versetzen – Das Credo eines Grenzgängers, München, S.44).

[467] *„Für den Ironiker hat die gegebene Wirklichkeit ihre Gültigkeit ganz und gar verloren, sie ist ihm eine unvollkommene Form geworden, die allenthalben lästig wird."* Kierkegaard, S. (1961): Über den Begriff der Ironie mit ständiger Rücksicht auf Sokrates. In: Gerdes, H. (Hrg.) (1961): Kierkegaard, Sören - Gesammelte Werke, Düsseldorf/Köln, S. 265. In: Luthe, H.O.(1985): a.a.O., S. 169ff.

221

gegen Erwartungen, testen die Reaktionen ihrer Mitmenschen und versuchen diese zu überraschen.

Obwohl sie ein sehr feines Gespür für die Rollenerwartungen Dritter haben, zeigen sie sich von vermeintlichen Respekt- oder Autoritätspersonen eher unbeeindruckt. Bei einem beruflichen Aufstieg kann dies zur Folge haben, dass ein ihnen gegenüber praktiziertes Verhalten (Unterwürfigkeit, Ängstlichkeit usw.) zumindest anfänglich zu Irritation führt. Sie umgeben sich auch in einer hierarchisch-bürokratischen Struktur eher mit Menschen, welche ihnen offen Rückmeldungen über ihr Verhalten geben, da sie sehr genau wissen, dass ihnen in einer Chefposition oft nur gefilterte Wahrheiten kommuniziert werden.

Auch wenn sich diese Menschen im Interview von einer großen Leichtigkeit zeigten und eine Selbstironie ausstrahlen, charakterisierten sie sich selbst doch eher als Einzelgänger und ernsthafte[468] Menschen. Aufgrund ihrer hohen Reflexionsfähigkeit ist ihnen die mit ihrer Tätigkeit verbundene Verantwortung sehr präsent. Durch ihre Herkunft aus eher einfachen Verhältnissen haben sie teilweise einzigartige Karrieren hinter sich, dennoch ist ihnen sehr bewusst, dass das Leben generell und auch ihre eigene Karriere nicht planbar war und ist. Möglicherweise aus diesem Bewusstsein heraus sind ihnen die glitzernde Managerwelt und das damit verbundene Ansehen immer noch suspekt. Sie pflegen daher oft noch Kontakt zu Menschen aus ihrer Schulzeit oder ihrem Heimatort und auch ihre Familie hat zumeist einen hohen Stellenwert, denn dort können sie sich deren Zuneigung auch ohne Karriere sicher sein.

---

[468] *„Ernst ist Nichtspiel und nichts anderes. Der Bedeutungsinhalt von Spiel dagegen ist mit Nichternst keineswegs definiert oder erschöpft: Spiel ist etwas Eigenes.... Ernst sucht Spiel auszuschließen, Spiel jedoch kann sehr wohl den Ernst in sich einschließen"* (Huizinga, J. (1939): a.a.O., S. 73f.).

# Resümee

„Privatleben nicht vorgesehen", so könnte man schlicht das indirekte Postulat eines Managerlebens formulieren. Warum es aber einigen Menschen in Führungsetagen dennoch gelingt sich modernen Managementkonzepten - die genau wissen, dass *„ kein Druckmittel je so effizient wirken kann, wie das der Selbstausbeutung bei einem hohen Grad an Autonomie "*[469] - zu widersetzen und sich damit eine Rolle weitab von den beruflichen Anforderungen zu erhalten, stand im Mittelpunkt der Untersuchung. Vor allem sollte dabei den Fragen nachgegangen werden, wie es diesen Personen trotz einer 45-oder 50-Stunden Woche gelingt, sich eine private Seite ihrer Persönlichkeit zu bewahren. Welche Prioritäten setzen sie, damit sie die Sphären Arbeitsleben und Privatleben trennen können und darüber hinaus teilweise auch am Arbeitsplatz noch eine individuelle Note einbringen, wodurch sie ein scheinbar starres System nachhaltig verändern? Wie wehren sie sich gegen eine Umformung ihrer Identität und einer Einbindung in eine übermächtige Unternehmenskultur, die bestrebt ist ihre sozio-emotionalen Bedürfnisse zu einem großen Teil zu befriedigen?

Um die Strukturen, in denen sich Führungskräfte bewegen nachvollziehbar zu machen, werden die Ansprüche und Angebote, denen sie sich in ihrer alltäglichen Tätigkeit gegenüber sehen, zunächst ausführlich dargestellt. Ein Blick auf die historische Entwicklung des Managerberufes macht dabei deutlich, dass diese Anforderungsprofile nicht von gleich bleibender Konstanz sind, sondern einem gewissen Zeitgeist unterliegen. Vor allem die verstärkte Übernahme anglo-amerikanischer Unternehmenskultur und damit verbundener Führungsstile führt dazu, dass die Idee des Managers als ein *„Unternehmer im Unternehmen "*[470] immer bedeutsamer wird. Auf der Suche nach der bestmöglichen Organisation, um die durch Dezentralisierungsprozesse entstehende Koordinations-probleme zu bewältigen und die Zielvereinbarungen befriedigend zu erfüllen, wird ein hoher Grad an Selbstorganisation für jede Führungskraft zum strukturellen Muss. Begleitet wird dies von einem allumfassenden Verfügbarkeits- und Flexibilitätsanspruch seitens der Firmenleitung, der mit einer hohen Verantwortung für Risiken und Kosten einhergeht. Auch hinsichtlich der Kommunikations- und Sozialkompetenz sind die Anforderungen an Führungskräfte zum einen deutlich gewachsen - *„Früher konnte ich die Leute noch anschreien, heute muss ich sie überzeugen "*[471] - zum anderen immer diffuser und undefinierter geworden.[472]

Die Bedeutung und die Auswirkung einer Unternehmenskultur, die einen nachhaltigen Einfluss auf die Rollenerwartungen bei Führungskräften ausübt, wurden bereits vielfältig in

---

[469] Pfarr, H. (2000): Soziale Sicherheit und Flexibilität: Brauchen wir ein 'Neues Normalarbeitsverhältnis'? In: WSI-Mitteilungen, 53 (5), S. 279-283 (S. 280).

[470] Bitzer, M. (1991): Intrapreneurship – Unternehmertum in der Unternehmung. Entwicklungstendenzen im Management, Bd. 5 , Stuttgart.
Faust, M./Jauch, P./Notz,P. (2000): Befreit und entwurzelt. Führungskräfte auf dem Weg zum „internen Unternehmer", München, Mering.

[471] Die ZEIT vom 28.08.2003 (‚Schlechte Führung. Druck und Stress wachsen, weil Chefs es nie gelernt haben, mit Menschen umzugehen' - Abrufdatum 02.03.05) http://www.zeit.de/2003/36/M-Stress-Interview_Frey

[472] Meschnig, A./Stuhr, M. (2003): Arbeit als Lebensstil, Frankfurt/M.
Manthey, H. (1992): Der neue Man(n)ager. Effizienz und Menschlichkeit, Berlin.

der Literatur debattiert[473] und werden auch in den Interviews sehr deutlich. Die Unternehmenskultur bildet letztlich das Gerüst von Werten und Normen, womit das Organisationssystem einer Firma seine Erwartungen an die Rolle der Mitarbeiter und vor allem an die Manager kommuniziert. Sie ist das kollektive Instrument, um ein gezeigtes Verhalten zu unterstützen oder abzulehnen, denn es ist *„das kognitiv entwickelte Wissen und die Fähigkeiten einer Unternehmung sowie die affektiv geprägten Einstellungen ihrer Mitarbeiter zur Aufgabe, zum Produkt, zu den Kollegen, zur Führung und zur Unternehmung in ihrer Formung der Perzeptionen (Wahrnehmungen) und Präferenzen (Vorlieben) gegenüber Ereignissen und Entwicklungen. "*[474]

Die Befragung von Personalberatern und Personalreferenten rundete das Bild der ‚Managerwelt' ab. Dabei wurde deutlich, dass die Manager letztlich selbst zu einer Ware degradiert werden. Zum einen werden sie von den Unternehmen geformt, indem junge Führungskräfte mit Hilfe unterschiedlichster Instrumente (Nachwuchsprogramme, Personalentwicklungsprogramme) zu ‚passenden Führungskräften' gemacht werden, zum anderen liefert der Markt der Personalberater ‚die/den passende/n Frau/Mann zum jeweiligen Problem', indem dort je nach Konjunktur und je nach Branche in den angelegten Profilen gestöbert und dieser dann vermittelt wird[475]. Welche Problematik für die Führungskräfte und die Unternehmen damit verbunden ist und auch welches Geschäft für die Beratungsfirmen sich dahinter verbirgt, wurde versucht durch Interviews mit Praktikern deutlich zu machen.

Bei der Betrachtung der organisationalen Strukturen scheint für die Führungskräfte selbst dabei immer weniger Raum für persönliche Entscheidungen zu bleiben. Sie werden bestimmt von wirtschaftlich Notwendigem (Rendite- und Umsatzziele) und politisch Gewollten (strategische Ausrichtung, Markpositionierung). Andererseits zeigte sich auch, dass es eine Einheitlichkeit oder Standardisierung bei den bestimmenden Determinanten nicht gibt, denn es existiert weder ‚die Firmenkultur', ‚der Manager', ‚die Mitarbeiter', auch nicht ‚die Rollenerwartung an eine Führungskraft' und schon gar nicht ‚die Karriere'.

Jede Situation in der sich eine Führungskraft heute befindet ist einerseits einmalig, da es kein Repertoire von klaren Handlungsanweisungen, aber auch keine Erfolgsrezepte für Karriere förderndes Verhalten gibt, andererseits immer diffuser und komplexer, da die Vielzahl abstrakter Vorgaben, undefinierter und teilweise widersprüchlicher Erwartungen zunehmen. Die Strukturen, in denen Führungskräfte sich bewegen, werden differenzierter und erwartungsoffener und damit zugleich auch anspruchsvoller für alle Beteiligten. Das Zerfließen bisher geltender Raum- und Zeitstrukturen machen die Arbeitsbedingungen darüber hinaus instabiler und fragmentierter.

---

[473] Neuberger, O./ Kempa, A. (1987): Wir die Firma – der Kult um die Unternehmenskultur, Weinheim. Klimecki, R.G./Probst, G.J. (1990): Entstehung und Entwicklung der Unternehmenskultur. In: Lattmann, Ch. (1990) (Hrg.): Die Unternehmenskultur. Ihre Grundlagen und ihre Bedeutung für die Führung der Unternehmung, Heidelberg, S. 41-65.

[474] Bleicher, K. (1999): Das Konzept integriertes Management. Visionen – Missionen – Programme, 5. Aufl., Frankfurt/M., S. 228.

[475] Graf, K. (2000): Recruitment als Outsourcing-Dienstleistung. In: Personal: Mensch und Arbeit im Betrieb, H.1., Jhrg. 52, S. 12.17. Freedman, H.S. (1996): Wie man Headhunter auf sich aufmerksam macht, 2. Aufl., Stuttgart.

Auch wenn nach Sennett das neue Zeitalter ein Aufbrechen des Weberschen Modells des „Stahlharten Gehäuses"[476] mit sich gebracht hat, so trat an seine Stelle nur eine *„neue Geographie der Macht"*[477], in der es zu einer massiven Verschiebung der Macht- und Zeitstrukturen kommt, von der nicht zuletzt auch Führungskräfte betroffen sind. In heutigen Organisationsmodellen kontrolliert ein Machtzentrum die Peripherie in dem immer weniger bürokratische Zwischenschichten existieren (flache Hierarchien) und in denen die ehemals institutionelle Autorität vermieden wird. Die Folgen dieser Entwicklung mehrgestaltig: *„Die Institutionen erzeugen nur ein geringes Maß an Loyalität ... sie produzieren nur ein geringes Maß an informellem Vertrauen, dafür aber ein hohes Maß an Angst vor der Nutzlosigkeit."*[478] Mit dem Verschwinden der (alten) bürokratischen Strukturen hat eine neue Arbeitsethik Einzug gehalten hat und sie garantiert weder Belohungen noch ermöglicht sie langfristiges strategisches Denken. Die frühere Motivation und zugleich disziplinierende Kraft der aufgeschobenen Belohnung - vor allem auch für Führungskräfte sehr bedeutsam - ist damit hinfällig geworden.

Letztlich bedarf es vor allem dreierlei Voraussetzung[479], um sich in diesen neuen Strukturen zu behaupten: Die Menschen müssen ausgesprochen flexibel sein und zwar sowohl im Umgang mit Menschen, wie auch mit Gegebenheiten, sie müssen in der Lage sein sich immer wieder neue Fertigkeiten anzueignen und sich neue Fähigkeiten zu erschließen und sie müssen eine stetige Bereitschaft haben Gewohnheiten aufzugeben und sich damit auch von gemachten Erfahrungen zu lösen.[480]

Doch im gleichen Maße, wie die Anforderungen und Rollenerwartungen an eine Führungskraft immer undefinierter und unübersichtlicher werden, schwinden auch die Rollennormen. Bis auf wenige Zielvorgaben werden ehemalige Muss-Bestimmungen zu Kann-Bestimmungen, richtiges Verhalten oder zulässiges Verhalten bestimmt sich immer mehr durch Aushandlungsprozesse[481] zwischen den Beteiligten (Chef - Mitarbeiter, Kollege - Kollege). Damit eröffnet sich einerseits der Zwang, andererseits die Chance unterschiedliche persönliche Erfahrungen, Präferenzen und Werte einzubringen, um zu einer Entscheidungsfindung zu gelangen. Die Arbeitswelt stellt dabei den Hintergrund dar, vor dem diese Aushandlungsprozesse über das Erfüllen und Verweigern von Rollenerwartungen geführt werden. Die Verweigerung bzw. Distanzierung gegenüber den arbeitsweltlichen Erwartun-

---

[476] Bei aller Unfreiheit, bildete das alte Modell im positiven Sinne auch einen Rahmen für die mit anderen Men schen verbrachte Lebenszeit und es bot darüber hinaus auch die Möglichkeit Machstrukturen klar zu erkennen und zu interpretieren.

[477] Sennett, R. (2005): Die neue Kultur des Kapitalismus, Berlin., S. 65.

[478] Ebd., S. 144.

[479] Ebd., S. 8f.

[480] Sennett beschreibt hier das Entstehen einer neuen Sorte Mensch, nach der der neue Kapitalismus verlangt. Vor allem benötigt dieser ein kurzfristig orientiertes Ich, für den seine bisherigen persönlichen Erfahrungen nicht mehr bedeutsam sind und er es sie daher freiwillig aufgibt. Er gleicht einem Konsumenten, der immer nach Neuem sucht und sich bereitwillig nach diesen neuen Anforderungen ausrichtet (ebd., S. 8f.).

[481] Einen Überblick über die Vielfältigkeit von Emotionen am Arbeitsplatz findet sich bei: Flam, H. (2002): Soziologie der Emotionen. Eine Einführung, Leipzig.
Anhand von Praxisbeispielen wird die Problematik der Zusammenarbeit zwischen Führungskräften und ihren Mitarbeitern aufgezeigt in: Fröhlich, W. (1996): Führung und Personalmanagement. Erfolgsfaktoren für die betriebliche Zusammenarbeit, München.

gen und die daraus möglicherweise resultierenden Abgrenzungsmuster kann damit als ein Beitrag zu den Auswirkungen der Modernisierung auf mikrosozialer Ebene gewertet werden, zumal sowohl die Rollen wie auch die damit verbundenen Strukturen bestimmt werden durch einen hohen Grad an Reflexivität.

Um diese organisationale Veränderung erklären und einordnen zu können, ist der Rückgriff auf einen handlungstheoretischen Ansatz wie den Neo-Institutionalismus, der die Geltung von Institutionen an Motive, Interessen und Einstellungen der Akteure gebunden sieht, nahe liegend.[482] Dabei zeigt sich, dass sowohl durch Handeln, durch Nicht-Handeln oder aber durch eine bewusste Verweigerung gegenüber Erwartungen auf Strukturen Einfluss genommen werden können. In diesen Kontext einzuordnen sind daher die Fragen, nach den Einstellungen und Präferenzen, um zu erklären, warum manche Menschen sich latenten und manifesten Erwartungen widersetzen oder diese zumindest auf ihre persönlichen Bedürfnisse herunter brechen? Die Ansätze wie die Bühnentheorie von Goffman, die Konflikt-Entscheidungs-Theorie von Dahrendorf und vor allem der Dualitätsansatz von Anthony Giddens zeigen Wege aus einer pre-determinierenden Strukturbestimmung, indem sie eine Veränderung von vorhandenen Strukturen zu Gunsten eines Selbstdefinierten Rollenverhaltens ermöglichen. Strukturell betrachtet können die Führungskräfte durch ein Nicht-Erfüllen von Erwartungen eine Art Vorbildfunktion einnehmen, welche zugleich eine nicht-intendierte Nebenfolge ihres Handelns darstellt. Sie stellen damit nicht nur die strukturellen Vorgaben in Frage, sondern weichen ihre absolute Gültigkeit auf. Da Handeln jedoch nicht nur reflexiv ist, sondern auch rekursiv auf Strukturen wirken kann, also das Ergebnis einer Handlung immer zugleich auch der Input und die Ausgangslage für eine neue Handlung darstellen[483], kann ein wiederholtes Nicht-Erfüllen von Erwartungen neue Strukturerwartungen ausbilden. Ein Beispiel dafür ist, wenn Führungskräfte aus einer Fürsorgehaltung gegenüber ihren Mitarbeitern (da sie zugleich Familienväter sind) keine Gesprächstermine mehr nach 18 Uhr zu veranschlagen. Diese ‚unübliche Praxis' setzt sich im Laufe der Zeit durch, übernimmt Vorbildcharakter und trägt damit zur Ausbildung einer neuen Termin- und Gesprächsstruktur bei.

Die befragten Führungskräfte geben Zeugnis davon, dass sie sich bei ihrem Handeln oft einem Dilemma gegenübersehen. Sie sind eingebunden in einem Spannungsfeld zwischen funktional-strukturellen Erfordernissen (deren Repräsentanten in Form von Quasi-Gruppen[484] sie gegenüber ihren Mitarbeitern sind) und den sozial-emotionalen Bedürfnissen ihrer Mitarbeiter, ihrer Kollegen, aber auch ihrer Vorgesetzten. Da sie jedoch die Verpflichtungen, die sich aus einer Formalstruktur ergeben, immer auf eine Position und nicht auf eine Person beziehen[485], tritt eine Person durch das Nicht-Erfüllen von Erwartungen auch aus dieser rein formal definierten Rolle (Chef, Abteilungsleiter) heraus. Sie wird zu einem Individuum, das der Ausdehnbarkeit der Macht von formalen Organisationen entge-

---

[482] Maurer, A./Schmid, M. (2002): Neuer Institutionalismus. Zur soziologischen Erklärung von Organisation, Moral und Vertrauen, Frankfurt/M., New York.

[483] Vgl. Giddens, A. (1988a): Die Konstitution der Gesellschaft – Grundzüge einer Theorie der Strukturierung, Frankfurt/M., New York.

[484] Vgl. Kapitel III/2.2.

[485] Vgl. Coleman, J.S. (1991): Grundlagen der Sozialtheorie. Band 1: Handlungen und Handlungssysteme, München.

gengewirkt. Eine Ablösung der Organisation von den darin tätigen Personen wird damit aufgehalten.

Diese Eingebundenheit in zweierlei Sinnprovinzen stellt eine Führungskraft hinsichtlich ihrer Rollenwahrnehmung vor erhebliche Herausforderungen und macht eine Distanzierung ungleich schwieriger. Dies mag auch der Grund dafür sein, dass jene Menschen, welche ihre Position nicht nur durch Leistungswillen, Ehrgeiz und starkes Erfolgsstreben erreicht haben, sondern aus einer Mischung von professioneller solider Aufgabenerfüllung über einen langen Zeitraum hinweg, der Gunst von Förderern, aber auch berufliche (und private) Rückschläge verkraften mussten, eine weitaus stärker reflektierte und distanzierte Sichtweise auf die Arbeitswelt, ihre Berufsrolle und die damit verbundenen ambivalenten Erwartungen haben. Ihre Wahrnehmungsschranken und ihr Repertoire im Umgang mit unterschiedlichen Rollenerwartungen und Rollenkonflikten sind weitaus breiter gesteckt als bei jenen, welche einem hohen persönlichen Druck ausgesetzt sind und von einem starken Karrierewillen getrieben werden. Ihnen eröffnen die unterschiedlichen Selbstbilder auch in beruflicher Hinsicht mehr Handlungsoptionen als jenen, welche nur auf einen beruflichen Erfolg hin konzentriert sind. Daher ist es nicht überraschend, dass die in der Typologie entworfenen Sichtweisen auch stark in der Herkunft und in der Intention und dem Selbstbild der befragten Personen verankert sind. Menschen, welche bereits in sehr jungen Jahren auf einen Karriereweg festgelegt oder sich früh hohe Ziele gesteckt haben und daher nicht die Zeit haben, gelassen den Eintritt des Erfolges abzuwarten, laufen Gefahr enttäuscht zu werden und in Folge davon zu resignieren. Bei Menschen, welche das starke Bedürfnis haben eine erreichte Position deutlich und für ihr soziales Umfeld erkennbar herauszustellen, liegt die Vermutung einer in der Vergangenheit überaus entbehrungsreichen und anstrengenden Berufslaufbahn nahe. Ebenso zeigte sich, dass auch die Art (technisch, kaufmännisch oder geisteswissenschaftlich) und der Weg (erster oder zweiter Bildungsweg, Ausbildung oder Studium, unter großen Mühen hart erarbeitet oder mit Leichtigkeit erreicht) der Qualifikation, aber auch die Beziehung zur Qualifikation (übt man den Beruf gerne aus oder ist er bloßes Mittel zum Zweck) einen nicht unwesentlichen Einfluss auf die Sicht der eigenen Berufsrolle hat. Dies alles bildet zusammen eine Art Identitätsmatrix, aus der heraus die Art der Ziele und der Weg der Umsetzung, aber auch jeder Erfolg und jede Niederlage eingeordnet werden. Vor allem bei unklaren oder mehrdeutigen Situationen, die eine Entscheidung fordern, werden aus dieser Matrix heraus die möglichen Entscheidungsoptionen gegeneinander abgewogen.

Wie dargestellt sind dabei zwei grundlegende Strategien zu unterscheiden, sich eine Rollendistanz aufzubauen: Eine eher technisch-funktionale Sichtweise, welche sich stark an der Struktur und ihren Erfordernissen orientiert und eine emotionale Sichtweise, welche sich stark auf die eigene Person und ihre Bedürfnisse konzentriert. Auch wenn sich diese beiden Perspektiven immer wieder überschneiden, so kann doch eine Prioritätenskala bei den befragten Personen ausgemacht werden.

Für alle gilt, dass eine gelungene Rollendistanz dem Rollenträger einen Gestaltungsspielraum einräumt, ihm die individuelle Ausübung seiner Rolle ermöglicht und eine sehr persönliche, bisweilen auch unbequeme, weil widerspenstige Note, in das Berufsleben mit einfließen lässt. Hinzu kommt, dass je individueller und konfliktfreudiger sich ein Rollenträger gibt, d.h. die in der Reflexivität innewohnende Chance nutzt, desto weniger ist er auch von einer Firmenkultur zu vereinnahmen und auch unabhängiger von Erwartungshaltungen oder vermeintlichen Erwartungshaltungen von Vorgesetzten, Kollegen oder der Unternehmensführung.

Zusammenfassend verdeutlichte die vorliegende Untersuchung, dass die Arbeitswelt immer noch mehr als jede andere Welt die Eigenart besitzt den Menschen zu vereinnahmen, wenn er sich nicht in einer aktiven Auseinandersetzung mit ihr bewusst gegen sie abgrenzt. Sie gleicht gelegentlich einem Moloch, der alle Beteiligten zu verschlingen droht und der dabei ausgeübte Druck, welcher nicht zuletzt in den Führungsetagen aufgebaut wird, hat darüber hinaus weitreichende gesundheitliche und soziale Folgen. Daher ist auch heute noch wie vor einem Vierteljahrhundert das Zitat von Michael Maccoby[486] zutreffend und genau wie damals gilt, dass der Mensch die Möglichkeit hat zu wählen, sogar wählen muss. Denn nicht die Frage, „Karriere ja oder nein" ist entscheidend oder problematisch, sondern die Frage, wann die Karriere einen Preis zu fordern beginnt, an dem eine Person möglicherweise zu zerbrechen droht, da sie keinen Rückzugsraum mehr für ihre individuellen Bedürfnisse hat.

Vielleicht ist die Strategie eines 41-jährigen befragten Managers keine schlechte Idee, wenn er verschmitzt meint: *„Ich selbst mach dann ein Spiel und nehme mir eine Auszeit. Ich teste die Reaktionen, wenn ich weniger arbeite und dann kann man für sich das Tempo so verlangsamt fortführen, wenn weiterhin alles ok läuft"* (IP 1).

---

[486] *„Die meisten erfolgreichen Manager leben als Sklaven ihrer Karriere, sich selbst und anderen entfremdet. Einige gibt es, die diesen Preis nicht zahlen wollen. Sie verrichten ihre Arbeit, aber sie entfernen sich aus dem eigentlichen Wettkampf, weil sie nicht bereit sind, sich von sich selbst zu entfernen. Solange wir die Formen der Arbeit nicht verändert haben, werden sich gerade die Begabtesten dieser Wahl stellen müssen"* (Maccoby, M. (1979), Vorwort.

# Literatur

ABBE, E. (1989): Gesammelte Abhandlungen. Band 4 (unveröffentlichte Schriften wissenschaftlich-technischen Inhalts; 1. Hälfte. Arbeiten zum Glaswerk zwischen 1882 und 1885) und Band 5 (Werden und Wesen der Carl-Zeiss-Stiftung), Hildesheim.

ALLMENDINGER, J./HINZ, T. (2002): Organisationssoziologie, Sonderheft Nr. 42/2002, Kölner Zeitschrift für Soziologie und Sozialpsychologie.

ALT, R./LANG, R. (1998A): Führungskräfte im Prozeß tiefgreifender Veränderungen von Unternehmen. In: Becker, M. (Hrg.): Unternehmen im Wandel und Umbruch. Transformation, Evolution und Neugestaltung privater und öffentlicher Institutionen. Stuttgart, S. 211-233.

ALT, R./LANG, R. (1998B): Wertorientierungen und Führungsverständnis von Managern in sächsischen Klein- und Mittelunternehmen. In: Lang, R. (Hrg.): Führungskräfte im osteuropäischen Transformationsprozess. München, Mering, S. 247-271.

BACKMAN, C.W./SECORD, P.F. (1968): The Self and Role Selection. In: Gordon, C. /Gergen, K.J. (Eds.): The Self in Social Interaction, New York.

BAHRDT, H.P. (2000): Schlüsselbegriffe der Soziologie. Eine Einführung mit Lehrbeispielen, München, 8. Aufl.

BARNARD, CH. I. (1938): The Functions of the Executive, Cambridge/Mass..

BÄTHGE, M. (1991): Arbeit, Vergesellschaftung, Identität – Zur zunehmenden normativen Subjektivierung der Arbeit. In: Soziale Welt 42, S. 6-20.

BÄTHGE, M./DENKINGER, J./KADRITZKE, U. (1995): Das Führungskräftedilemma. Manager und industrielle Experten zwischen Unternehmen und Lebenswelt, Frankfurt/M., New York.

BECK, U./BRATER, M. (1977): Die soziale Konstitution der Berufe, Frankfurt/M., New York.

BECKER, H. (2002): Coaching: Mode oder Methode? Ein prozessbezogenes Arbeitsmodell. In: Wolf, M. (Hrg.): Frauen und Männer in Organisationen und Leitungsfunktionen. Unbewusste Prozesse und die Dynamik von Macht und Geschlecht, Frankfurt/M., S. 185 – 204.

BECKER-SCHMIDT, R. (1983): Einleitende Überlegungen. In: Krekel, R: (Hrg.): Soziale Ungleichheiten, Soziale Welt, Sonderband 2, Göttingen.

BECKER-SCHMIDT, R./KNAPP, G-A. (1987): Geschlechtertrennung – Geschlechterdifferenz. Suchbewegungen sozialen Lebens, Bonn.

BELWE, A. (2004): Spielerisch leben. In: Psychologie heute, Jg.31, Mai 2004, Weinheim, S. 25-27.

BENNIS, W.G. (1966): Changing Organizations, New York.

BERGER, P.L./LUCKMANN, TH. (1972): Die gesellschaftliche Konstruktion der Wirklichkeit. Eine Theorie der Wissenssoziologie, Frankfurt/M.

BERGER, P.L./LUCKMANN, T. (2003): Die gesellschaftliche Konstruktion der Wirklichkeit – Eine Theorie der Wissenssoziologie, Frankfurt/M., 19. Aufl.

BERGMANN, J. (1967): Die Theorie des sozialen Systems von Talcott Parsons, Frankfurt/M.

BERNADONI, C./WERNER, V. (1987): Ohne Seil und Haken. Frauen auf dem Weg nach oben. Deutsche UNESCO-Kommission, Bonn.

BERTALANFFY L. V. (1968): General System Theory: Foundations, Development, Applications, New York.

BITZER, M. (1991): Intrapreneurship – Unternehmertum in der Unternehmung. Entwicklungstendenzen im Management, Bd. 5, Stuttgart.

BLASI, A. (1984): Autonomie im Gehorsam. Die Entwicklung des Distanzierungsvermögens im sozialisierten Handeln. In: Edelstein, W./Habermas, J.(Hrg.): Soziale Interaktion und Verstehen, Frankfurt/M., S. 300-347.

BLAU, P.R. (1971): The Structure of Organizations, New York.

BLAU, P.R. (1983): On the Nature of Organizations, Malabar.

Bleicher, K. (1999): Das Konzept integriertes Management. Visionen- Missionen- Programme, Frankfurt/M., 5. Aufl.

BOSCH, A. (1997): Vom Interessenskonflikt zur Kultur der Rationalität. Neue Verhandlungsbeziehungen zwischen Management und Betriebsrat. München, Mering.

BÖSENBERG, D./METZEN H. (1995): Lean Management - Vorsprung durch schlanke Konzepte. München.

BOSETZKY, H./HEINRICH, P. (1985): Mensch und Organisation – Aspekte bürokratischer Sozialisation, Köln.

BOSETZKY, H./HEINRICH, P./SCHULZ ZUR WIESCH, J. (2002): Mensch und Organisation – Aspekte bürokratischer Sozialisation, Köln, 6. Aufl.

BOURDIEU, P. (1981): Titel und Stelle – Über die Reproduktion sozialer Macht, Frankfurt/M..

BOURDIEU, P. (1985): Sozialer Raum und „Klassen", Frankfurt/M.

BOURDIEU, P. (1992a): Rede und Antwort, Frankfurt/M.

BOURDIEU, P. (1992b): Die verborgenen Mechanismen der Macht, Hamburg.

BOURDIEU, P. (1997): Das Elend der Welt, Konstanz.

BRANDES, U./BACHINGER, R./ERLHOFF, M.(1988): Unternehmenskultur und Stammeskultur. Metaphysische Aspekte des Kalküls. Darmstadt.

BROCK, D./LEU, H.R./PREIS, CH./VETTER, H.-R. (1989): Subjektivität im gesellschaftlichen Wandel – Umbrüche im beruflichen Sozialisationsprozeß, München.

BRÖCKER, H./ZEHNDER, E.(1998): Erfolgsprofile junger deutscher Führungskräfte, München.

BURTON, D./SORENSEN, J./BECKMAN, CH. (1999): Coming From Good Stock: Career Histories and New Venture Formation. Harvard (unveröffentlichtes Manuskript).

BÜSCHGES, G. (1989): Gesellschaft. In: Endruweit, G./Trommsdorff, G. (Hrg.): Wörterbuch der Soziologie, Bd.1, Stuttgart.

BUYTENDIJK, F.J.J. (1961): Mensch und Tier. Ein Beitrag zu vergleichenden Psychologie, , Reinbek, 2. Aufl.

BYRNE, J.A./SCULLY, J. (1987): Meine Karriere bei PepsiCo und Apple, Düsseldorf.

CALORI, R. /DE WOOT, PH. (1994): A European Management Model. Beyond Diversity, New York.

CASTELLS, M. (2003): Das Informationszeitalter, 3 Bände, Opladen.

CHANDLER, A. (1962): Strategy and Structure: Chapters in the History of the Industrial Enterprise, Cambridge/Mass.

CLAESSENS, D. (1980): Das Konkrete und das Abstrakte. Soziologische Skizzen zur Anthropologie, Frankfurt/M.

CLARK, J. (1990): Anthony Giddens, Sociology and Modern Social Theory. In: Clark, J./Modgil, S. (Eds.): Anthony Giddens – Consensus and controversy, London, p. 21-27.

CLARK, J./MODGIL, S. (1990): Anthony Giddens – Consensus and controversy, London.

COLEMAN, J.S. (1991): Grundlagen der Sozialtheorie, Bd. 1, München.

CROMM, J./GIEGLER, H. (1998): Reihe Praxis Sozialforschung, München/Mering, Bd.1.

DAHRENDORF, R. (1957): Soziale Klassen und Klassenkonflikt, Stuttgart.

DAHRENDORF, R. (1972): Konflikt und Freiheit. Auf dem Weg zur Dienstklassengesellschaft, München.

DAHRENDORF, R. (1974): Pfade aus Utopia, München, 3. Aufl.

DAHRENDORF, R. (2003): Auf der Suche nach einer neuen Ordnung. Vorlesungen zur Politik der Freiheit im 21. Jahrhundert, München, 3. Aufl.

DAVIDSON, D.(1993): Der Mythos des Subjektiven, in: Der Mythos des Subjektiven. Philosophische Essays, Stuttgart.

DAVOINE, E. (2002): Zeitmanagement deutscher und französischer Führungskräfte, Wiesbaden.

DE MAN, H. (1927): Der Kampf um die Arbeitsfreude: eine Untersuchung auf Grund der Aussagen von 78 Industriearbeitern und Angestellten, Jena.

DEUTSCHMANN, C./FAUST, M./JAUCH, P./NOTZ, P. (1995): Veränderung der Rolle des Managements im Prozeß reflexiver Modernisierung. In: Zeitschrift für Soziologie, 24. Jg., H. 6, S. 436- 450.

DIEM-WILLE, G. (1996): Karrierefrauen und Karrieremänner. Eine psychoanalytisch orientierte Untersuchung ihrer Lebensgeschichte und Familiendynamik, Opladen.

DIEWALD, M. (1991): Soziale Beziehungen: Verlust oder Liberalisierung? Soziale Unterstützung in informellen Netzwerken. Berlin.

DIMAGGIO, P.J. (1988): Interest and Agency in Institutional Theory. In: Zucker, L.G. (Ed.): Institutional Patterns and Organizations: Culture and Environment, Cambridge/Mass., p. 3-21.

DIMAGGIO, P.J./POWELL, W.W. (1983): The Iron Cage Revisited: Institutional Isomorphism and Collective Rationality in Organizational Fields. In: American Sociological Review 48, p. 147-160.

DiMaggio, P.J./Powell, W.W. (1991a): The New Institutionalism in Organizational Analysis, Chicago, London.

DiMaggio, P.J./Powell, W.W. (1991b): The Iron Cage Revisited: Institutional Isomorphism and Collective Rationality. In: DiMaggio, P.J./Powell, W.W. (Eds.): The New Institutionalism in Organizational Analysis, Chicago, London.

Dittes, J.E. (1959): Attractiveness of Group as a Function of Self-Esteem and Acceptance by Group. In: JAbnSocPs 59.

Döhl, V./Sauer, D. (1997): Die Auflösung des Unternehmens? – Entwicklungstendenzen der Unternehmensreorganisationen in den 90er Jahren (Teil A); Internalisierung des Marktes – Reichweite und Grenzen der Dezentralisierung (Teil B). Manuskript. In: Manthey, H. (2003): Menschliche Organisationen und verorganisierte Menschen. Zur Emotionalisierung von Arbeitsbeziehungen, Frankfurt/M.

Dörre, K./Neubert, J. (1995): Neue Managementkonzepte und industrielle Beziehungen: Aushandlungsbedarf statt „Sachzwang Reorganisation". In: Schreyögg, G./ Sydow, J. (Hrg.): Managementforschung 5. Empirische Studien, Berlin, New York, S. 167-213.

Dörre, K. (2001): Das Pendel schwingt zurück. Arbeit und Arbeitspolitik im flexiblen Kapitalismus. In: Ehlscheid, C. (Hrg.): „Das regelt schon der Markt!" Marktsteuerung und Alternativkonzepte in der Leistungs- und Arbeitszeitpolitik, Hamburg, S. 37-58.

Dörre, K. (2002): Kampf um Beteiligung. Arbeit, Partizipation und industrielle Beziehungen im flexiblen Kapitalismus. Eine Studie aus dem Soziologischen Forschungsinstitut Göttingen (SOFI), Wiesbaden.

Dreitzel, H.P. (1972): Die gesellschaftlichen Leiden und das Leiden an der Gesellschaft. Vorstudien zu einer Pathologie des Rollenverhaltens, Stuttgart, 2. Aufl.

Dreiztel, H.P. (1980): Die gesellschaftlichen Leiden und das Leiden an der Gesellschaft – Vorstudien zu einer Pathologie des Rollenverhaltens, Stuttgart, 3. Aufl.

Drucker, P. F. (1974): Effective Management Performance, London.

Drucker, P.F. (1954): The Practice of Management, New York.

Drucker, P.F. (1974): Die neue Management-Praxis, Düsseldorf, Wien.

Drucker, P.F. (1986): The Frontiers of Management: Where Tomorrow's Decisions are Being Shaped Today, New York.

Durkheim, E. (1980): Die Regeln der soziologischen Methode, Darmstadt, Neuwied, 6. Aufl., (Original 1895).

233

EBERLING, M./HIELSCHER, V./HILDEBRANDT, E./JÜRGENS, K. (2004): Prekäre Balancen. Flexible Arbeitszeiten zwischen betrieblicher Regulierung und individuellen Ansprüchen, Berlin (Buchmanuskript).

EBERWEIN, W./THOLEN, J. (1990): Managermentalität. Industrielle Unternehmensleitung als Beruf und Politik, Frankfurt/M.

EBERWEIN, W. /THOLEN, J. (1993): Euro-Manager or Splendid Isolation? – An Anglo-German Comparison, Berlin, New York.

ECKERT, R. (1991): Auf digitalen Pfaden. Die Kulturen von Hackern, Programmierern, Crackern und Spielern, Opladen.

EDELING, T. (2002): Organisationen als Institutionen. In: Maurer, A./Schmid, M.(Hrg.): Neuer Institutionalismus – Zur soziologischen Erklärung von Organisation, Moral und Vertrauen, Frankfurt/M., New York, S. 219-235.

EDELSTEIN, W./HABERMAS, J.(1984): Soziale Interaktion und Verstehen, Frankfurt/M.

EGBRINGHOFF, J./KLEEMANN, F./ MATUSCHEK, I./VOß, G. (2003): Subjektivierung von Bildung: bildungspolitische und bildungspraktische Konsequenzen der Subjektivierung von Arbeit, Stuttgart.

EHLSCHEID, C. (2001): „Das regelt schon der Markt!" Marktsteuerung und Alternativkonzepte in der Leistungs- und Arbeitszeitpolitik, Hamburg.

ELLGUTH, P. (1998): „Double Squeeze" Manager zwischen veränderten beruflichen und privaten Anforderungen. In: Kölner Zeitschrift für Soziologie und Sozialpsychologie, 50 Jg. , H.3, S. 517-535.

EMMINGHAUS, A. (1868): Allgemeine Gewerkslehre, Berlin.

ENDRUWEIT, G./TROMMSDORFF, G. (1989): Wörterbuch der Soziologie, Bd.1, Stuttgart.

ESSER, H. (2000): Soziologie. Spezielle Grundlagen, Bd. 5, Institutionen, Frankfurt/M., New York.

ETZIONI, A. (1975): A Comparative Analysis of Complex Organizations, New York.

EVANS, P. /DOZ, Y. /LAURENT, A. (1989): Human Resource Management in International Firms, London.

EVANS, P./ LANK, E./FARQUHAR, A. (1989): Managing Human Resources in the International Firm. In: Evans, P./ Doz, Y./Laurent, A. (Eds.): Human Resource Management in International Firms, London, p. 113ff.

FAUST, M. (2002A): Organisations- versus Berufsanbindung bei Karrieren von Führungskräften. Der Fall Deutschland in vergleichender Perspektive, in: Seifert, W./Weber, C. (Hrg.): Japan im Vergleich, München, S. 225-253.

FAUST, M. (2002B): Karrieremuster von Führungskräften der Wirtschaft im Wandel – Der Fall Deutschland in vergleichender Perspektive, in: SOFI-Mitteilungen, Heft 30, Juli 2002, S. 69-90.

FAUST, M./JAUCH, P./NOTZ, P. (2000): Befreit und entwurzelt: Führungskräfte auf dem Weg zum „internen Unternehmer", München, Mering.

FAYOL, H. (1929): Allgemeine und industrielle Verwaltung, München, Berlin (Original 1916: Administration Industrielle et Générale, Paris).

FAYOL, H. (1949): General and Industrial Management, London.

FOUCAULT, M. (1994): Überwachen und Strafen – Die Geburt des Gefängnisses, Frankfurt/M..

FLAM, H. (2002): Soziologie der Emotionen. Eine Einführung, Leipzig,

FRANZPÖTTER, R. (1997): Organisationskultur: Begriffsverständnis und Analyse aus interpretativ-soziologischer Sicht, Baden-Baden.

FREEDMAN, H.S. (1996): Wie man Headhunter auf sich aufmerksam macht, Stuttgart, 2. Aufl.

FREYMEYER,K./OTZELBERGER, M. (2000): In der Ferne so nah. Lust und Last der Wochenendbeziehungen, Berlin.

FRIEDBERG, E. (1995): Ordnung und Macht, Frankfurt/M.

FRÖHLICH, W. (1996): Führung und Personalmanagement. Erfolgsfaktoren für die betriebliche Zusammenarbeit, München.

FROMM, E. (2003): Die Furcht vor der Freiheit, München, 11. Aufl.

FUCHS-HEINRITZ, W./LAUTMANN, R./RAMMSTEDT, O./WIENOLD, H. (Hrg.) (1994): Lexikon zur Soziologie, Opladen, 3. Aufl.

GEBERT, D. (1974): Organisationsentwicklung, Stuttgart.

GEORGE, C.S. (1972): History of Management Thought, New York.

GERDES, H. (1961): Kierkegaard, Sören - Gesammelte Werke, Düsseldorf, Köln.

GERGS, H.-J./SCHMIDT, R. (2002): Generationswechsel im Management ost- und westdeutscher Unternehmen. Kommt es zu einer Amerikanisierung des deutschen Managementmodells? In: Kölner Zeitschrift für Soziologie und Sozialpsychologie, 54. Jg., H. 3, S. 553-578.

GERKEN, G. (1993): Trendzeit. Die Zukunft überrascht sich selbst, Düsseldorf.

GIDDENS, A. (1979): Central Problems in Social Theory, London.

GIDDENS, A. (1984): Interpretative Soziologie: Eine kritische Einführung, Frankfurt/M.

GIDDENS, A. (1988A): Die Konstitution der Gesellschaft – Grundzüge einer Theorie der Strukturierung, Frankfurt/M., New York (Original 1984).

GIDDENS, A. (1988B): Die „Theorie der Strukturierung." Ein Interview mit A.Giddens in: Kölner Zeitschrift für Soziologie und Sozialpsychologie, Jg. 17, Köln, S. 286-295.

GIDDENS, A. (1990): Structuration Theory and Sociological Analysis. In: Clark, J. /Modgil, S. (Eds.): Anthony Giddens – Consensus and Controversy, London, p. 297-315.

GIEBELER, C. (1986): Institutionalisierung der Empörung. Zum Verhältnis „Bewegung" und Institution" am Beispiel der Frauenforschung. In: Beiträge zur Feministischen Theorie und Praxis, Nr. 18/1986, Köln, S. 65-81.

GIRTLER, R. (1995): Randkulturen: Theorie der Unanständigkeit. Wien, Köln, Weimar.

GLIßMANN, W./PETERS, K. (2001): Mehr Druck durch mehr Freiheit. Die neue Autonomie in der Arbeit und ihre paradoxen Folgen, Hamburg.

GOFFMAN, E. (1959): The Presentation of Self in Every Day Life. New York.

GOFFMAN. E. (1963): Behavior in Public Places, New York.

GOFFMAN, E. (1967): Stigma – Über Techniken der Bewältigung beschädigter Identität, Frankfurt/M.

GOFFMAN, E. (1973A): Asyle. Über die soziale Situation von psychiatrischen Patienten und anderer Insassen, Franfurt/M.

GOFFMAN, E. (1973B): Interaktion: Spaß am Spiel. Rollendistanz, München.

GOFFMAN, E. (1988): Wir alle spielen Theater – Die Selbstdarstellung im Alltag, München, 5. Aufl..

GRÄBER, J. (1982); Sinn, Latenz und Anpassung. Die psychoanalytische Konzeption der Anpassungsmechanismen, Frankfurt/M.

GRAF, K. (2000): Recruitment als Outsourcing-Dienstleistung. In: Personal: Mensch und Arbeit im Betrieb, H.1., Jg. 52, S. 12-17.

GRANOVETTER, M. (1985): Economic Action and Social Structure - The Problem of Embeddedness. In: American Journal of Sociology, Jg. 91, p. 481-510.

GROSS, N. (1958): Explorations in Role Analysis, New York, London, Sydney.

GROßKURT, P./VOLPERT, W. (1975): Lohnarbeitspsychologie, Frankfurt/M.

GROVE, A.S. (1985): Die Kunst des Managements: Ideen, Prinzipien und Techniken aus dem Managementkonzept von Intel, eines der erfolgreichsten Mikroelektronik-Unternehmen der Welt, Haar.

HABERMAS, J. (1981): Theorie des kommunikativen Handelns, Bd. 1 und 2, Frankfurt/M.

HAIPETER, T. (2003): Erosion der Arbeitsregulierung? Neue Steuerungsformen der Produktion und ihre Auswirkung auf die Regulierung von Arbeitszeit und Leistung. In: Kölner Zeitschrift für Soziologie und Sozialpsychologie, Nr. 3, 55. Jg., S. 521-542.

HALL, P. / SOSKICE, D. (2001): Varieties of Capitalism. The Institutional Foundations of Com-parative Advantage, Oxford.

HANNAN, M.T./ FREEMAN, J. (1989): Organizational Ecology, Cambridge.

HARTL, M./ KIESER, H./ OTT, J.(1998): Soziale Beziehungen und Personalauswahl. Eine empirische Studie über den Einfluß des kulturellen und sozialen Kapitals auf die Personalrekrutierung. In: Cromm, J./Giegler, H. (Hrg.): Reihe Praxis Sozialforschung, München, Mering, Bd.1.

HARTMANN, M. (2002): Der Mythos von den Leistungseliten. Spitzenkarrieren und soziale Herkunft in Wirtschaft, Politik, Justiz und Wissenschaft, Frankfurt/M., New York.

HASSE, R./KRÜCKEN, G./SCHARPF, F.W. (2001): Der „Neue Institutionalismus", Kurseinheiten 1 und 2, Hagen.

HAVEMAN, H.A./COHEN, L.E. (1994): The Ecological Dynamics of Careers: The Impact of Organizational Founding, Dissolution, and Merger on Job Mobility, American Journal of Sociology 100.

HEINRICH, P./ SCHULZ ZUR WIESCH, J. (1999): Wörterbuch der Mikropolitik, Opladen.

HELLPACH, W. (1944): Sozialorganismen – eine Untersuchung zur Grundlegung wissenschaftlichen Gemeinschaftslebenskunde, Leipzig.

HELLPACH, W. (1946): Sozialpsychologie: ein Elementarlehrbuch für Studierende und Praktizierende, Stuttgart, 2. Aufl.

HERKOMMER, S. (1989): Zur Problematik der kulturellen Hegemonie. In: Hoffmann-Novotny, H.-J. (Hrg.): Kultur und Gesellschaft. Gemeinsamer Kongress der Deutschen, der Österreichischen und der Schweizerischen Gesellschaft für Soziologie Zürich 1988, Beiträge der Forschungskomitees, Sektionen und Ad-hoc-Gruppen, Zürich, S. 162ff.

HERZBERG, F. (1959): The Motivation to Work, New York.

HICKSON, D.J. (1993): Management in Western Europe. Society, Culture and Organization in Twelve Nations, Berlin, New York.

HIELSCHER, V. (2002): Personalpolitik im Experten-Engpaß. Betriebliche Strategien zwischen Marktabhängigkeit und Eigenverantwortung, Berlin.

HIGGINS, M/GULATI, R. (1999): Getting off to a Good Start: The Effects of Upper Echelon Affiliations on Prestige of Investment Bank and IPO Success, Harvard (unveröffentlichtes Manuskript). In: Rao, H. (2002): Gründung von Organisationen und die Entstehung neuer organisatorischer Formen, Köln.

HILDEBRANDT, E. (2004): Balance zwischen Arbeit und Leben. In: Eberling, M./Hielscher, V./Hildebrandt, E./Jürgens, K. (Hrg.): Prekäre Balancen. Flexible Arbeitszeiten zwischen betrieblicher Regulierung und individuellen Ansprüchen, Berlin (unveröffentlichtes Manuskript).

HITZLER, R. (1992): Der Goffmensch. Überlegungen zu einer dramatologischen Anthropologie. In: Soziale Welt, Jg. 43, 1992, S. 449-461.

HOCHSCHILD, A.R. (2002): Work-Life-Balance - Keine Zeit: Wenn die Firma zum Zuhause wird und zu Hause nur Arbeit wartet, Opladen.

HODGSON, G.M. (1994): The Return of Institutional Economics. In: Smelser, N.J./Swedberg, R. (Eds.): The Handbook of Economic Sociology, Princeton, p. 58-75.

HOFFMANN, U. (1977): Neue Arbeitsformen im Managementbereich. Organisationsstrategien und Kompetenzstrukturen bei höheren Angestellten. In: Beck, U./Brater, M. (Hrg.): Die soziale Konstitution der Berufe, Frankfurt,M., New York, S. 113-178.

HOFFMANN-NOVOTNY, H.-J. (1989): Kultur und Gesellschaft. Gemeinsamer Kongress der Deutschen, der Österreichischen und der Schweizerischen Gesellschaft für Soziologie Zürich 1988, Beiträge der Forschungskomitees, Sektionen und Ad-hoc-Gruppen, Zürich.

HOFSTEDE, G. (2001): Culture's Consequences. Comparing Values, Behaviours, Institutions and Organizations across Nations, Thousand Oaks.

HÖHN, R. (1970): Das Harzburger Modell in der Praxis - Rundgespräch über die Erfahrungen mit dem neuen Führungsstil in der Wirtschaft, Bad Harzburg, 2. Aufl.

HÖHN, R. (1986): Führungsbrevier der Wirtschaft, Bad Harzburg, 12. Aufl.

HOLTGREWE, U. (2000A): „Meinen Sie, da sagt jemand danke, wenn man geht?" – Anerkennungs- und Missachtungsverhältnisse im Prozess organisationeller Transformation. In: Holtgrewe, U./Voswinkel, S./Wagner, G. (Hrg.): Anerkennung und Arbeit, Konstanz, S. 63-84.

HOLTGREWE, U. (2000B): Recognition, Intersubjectivity and Service Work: Beyond Subjectivity and Control. Contribution to the 18th Annual International Labour Process Conference, S. 25-27. April 2000, University of Strathclyde, Glasgow.

HOLTGREWE, U./VOSWINKEL, S./WAGNER, G. (2000): Anerkennung und Arbeit, Konstanz.

HOMANS, G. (1974): Social Behaviour: Its Elementary Forms, New York.

HOPFENBECK, W. (1989): Allgemeine Betriebswirtschafts- und Managementlehre. Das Unter-nehmen im Spannungsfeld zwischen ökonomischen, sozialen und ökologischen Interessen, Landsberg/L.

HÖPNER, M. (2001): Corporate Governance in Transition: Ten Empirical Findings on Shareholder Value and Industrial Relations in Germany. MPIfG Discussion Paper 01/5, Köln.

HÖPNER, M. (2003): Wer beherrscht die Unternehmen? Shareholder Value, Managerherrschaft und Mitbestimmung in Deutschland, Frankfurt/M., New York.

HÖRNING, K.H. (1988): Die Kultur und Symbolik des Unternehmens – Soziologische Vorschläge und Vergleiche. In: Brandes, U./Bachinger, R./Erlhoff, M. (Hrg.): Unternehmenskultur und Stammeskultur. Metaphysische Aspekte des Kalküls. Darmstadt, S. 15-18.

HÖYNG, R./PURCHERT, R. (1996): Die Verhinderung der beruflichen Gleichstellung. Männliche Verhaltensweisen und männerbündische Kultur, Bielefeld.

HUIZINGA, J. (1939): Homo Ludens, Versuch einer Bestimmung des Spielelements der Kultur, Amsterdam.

HURRELMANN, K. (1986): Einführung in die Sozialisationstheorie. Über den Zusammenhang von Sozialstruktur und Persönlichkeit, Weinheim.

INGLEHARDT, R. (1977): The Silent Revolution, Princeton, New York.

JEPPERSON, R. (1991): Institutions, Institutional Effects, and Institutionalization. In: DiMaggio, P.J. /Powell, W.W. (Eds.): The New Institutionalism in Organizational Analysis. Chicago/London, p. 143-163.

JEUSCHEDE, G. (1994): Grundlagen der Führung: Führungsprozess, Führungskreis, Führungsfunktion, Führungskonzeptionen, Führungsstil, Wiesbaden.

JUDGE, T.A./HIGGINS, C./THORENSEN, C.J./BARRICK, M.R. (1999): The Big Five Personality Traits, General Mental Ability, and Career Success Across the Life Span, Personal Psychology 52, p. 621-652.

KÄDTLER, J./SPERLING, H.-J. (2001): Worauf beruht und wie wirkt die Herrschaft der Finanzmärkte auf die Unternehmen? SOFI-Mitteilungen 29, S. 23-43.

KAHN, R.L./WOLFE, D. (1975): Rollenkonflikt in Organisationen. In: Türk, K.(Hrg.): Organisationstheorie, Hamburg.

KELLE, U./KLUGE, S. (1999): Vom Einzelfall zum Typus, Opladen.

KERNEN, H. (1997): Burnout-Prophylaxe. Erfolgreiches individuelles und institutionelles Ressourcenmanagement, Bern.

KIERKEGAARD, S. (1961): Über den Begriff der Ironie mit ständiger Rücksicht auf Sokrates. In: Gerdes, H. (Hrg.): Kierkegaard, Sören - Gesammelte Werke, Düsseldorf, Köln.

KIESER, A. (1999): Organisationstheorien, Stuttgart.

KIEßLING, B. (1988): Kritik der Giddensschen Sozialtheorie: Ein Beitrag zur theoretischen Grundlegung der Sozialwissenschaften. Beiträge zur Gesellschaftsforschung, Bd. 8, Frankfurt/M.

KINNEN, H. (1982): Die japanische Herausforderung, München.

KLAGES, H. (1985): Werteorientierungen im Wandel, Frankfurt/M., New York.

KLIMECKI, R.G./PROBST, G.J. (1990): Entstehung und Entwicklung der Unternehmenskultur. In: Lattmann, Ch. (Hrg.): Die Unternehmenskultur. Ihre Grundlagen und ihre Bedeutung für die Führung der Unternehmung, Heidelberg, S. 41-65.

KLOSSOWSKI, P. (1998): Die lebende Münze, Berlin.

KLUGE, S. (1999): Empirisch begründete Typenbildung. Zur Konstruktion von Typen und Typologien in der qualitativen Sozialforschung, Opladen.

KOCH, J. (2001): Weder-Noch. Das Freiheitsversprechen der Ökonomie, Frankfurt/M.

KOCKA, J./OFFE, C. (2000): Geschichte und Zukunft der Arbeit, Frankfurt/M., New York.

Kocyba, H. (2000): Der Preis der Anerkennung, In: Holtgrewe, U./Voswinkel, S./Wagner, G. (Hrg.): Anerkennung und Arbeit, Konstanz, S. 127-140.

KOHLBERG, L. (1981): Essays on Moral Development, Vol. I: The Philosophy of Moral Development. Moral Stages and the Idea of Justice, San Francisco, p. 340-344.

KOONTZ, H. (1982): The Management Jungle Revisited. In: The Academy of Management Review, No. 2, p.175-187.

KOTTER, J. (1982): What Effective Mangers Really Do. In: Harvard Business Review, Vol. 60, No ?, p 156-167.

Kotthoff, H. (1997): Führungskräfte im Wandel der Firmenkultur. Quasi-Unternehmer oder Arbeitnehmer, Berlin.

KRAPPMANN, L. (1975): Soziologische Dimensionen der Identität, Stuttgart, 4. Aufl.

KRAPPMANN, L. (1978): Soziologische Dimensionen der Identität, Stuttgart, 5. Aufl.

KRAUS, H./KRAUS, K. (2002): Frauen und Macht. In: Wolf, M. (Hrg.): Frauen und Männer in Organisationen und Leitungsfunktionen, Frankfurt/M., S. 37-54.

KRAUSE, D.G. (2002): Die Kunst des Krieges für Führungskräfte: Sun Tzus alte Weisheiten – aufbereitet für die heutige Geschäftswelt, München.

KUCKARTZ, U. (1988): Computer und verbale Daten. Chancen zur Innovation sozialwissenschaftlicher Forschungstechniken, Frankfurt/M., Bern.

KÜHL, S. (1998): Wenn die Affen den Zoo regieren. Die Tücken der flachen Hierarchien, Frankfurt/M., New York, 5 Aufl.

KÜHL, S. (2002): Sisyphos im Management. Die vergebliche Suche nach der optimalen Organisationsstruktur, Weinheim.

KUNDA, G. (1992): Engineering Culture. Control and Commitment in a High-Tech Corporation, Philadelphia.

LANCIANO, C./NOHARA, H. (1994): Socialisation des ingénieurs et construction de leurs compétences: comparaison internationale, in L'impact du modèle industriel japonais sur l'organisation du travail et les relations industrielles en Europe: le cas de l'Allemagne et de la France, colloque Université Paris X Nanterre.

LATTMANN, CH. (1990) (Hrg.): Die Unternehmenskultur. Ihre Grundlagen und ihre Bedeutung für die Führung der Unternehmung, Heidelberg.

LAURENT, A. (1989): A Cultural View of Organizational Change. In: Evans, P./Doz, Y./Laurent, A. (Eds.): Human Resource Management in International Firms, Basingstoke, p. 83-94.

LAWRENCE, P. (1994): German Management: At the Interface between Eastern and Western Europe. In: Calori, R./de Woot, Ph. (Eds.): A European Management Model. Beyond Diversity, New York, p. 133-163.

LEU, H.R. (1989): Wechselwirkungen – Die Einbettung von Subjektivität in die Alltagspraxis. In: Brock, D./Leu, H.R./Preis, Ch./Vetter, H.-R. (Hrg.): Subjektivität im gesellschaftlichen Wandel – Umbrüche im beruflichen Sozialisationsprozeß, München, S. 36-58.

LIEBOLD, R. (2001): „Meine Frau managt das ganze Leben zu Hause...“ – Partnerschaft und Familie aus Sicht männlicher Führungskräfte, Wiesbaden.

LUCKE, D. (1977): Ich-Stärke als Berufsqualifikation? Oder: Ist eine „gesunde Ich-Identität“ vereinbar mit berufskonformen Persönlichkeitsstrukturen? In: Beck, U./Brater, M. (Hrg.):Die soziale Konstitution der Berufe, Frankfurt/M., New York, S. 237-249.

LUHMANN, N. (1984): Soziale Systeme. Grundriß einer allgemeinen Theorie, Frankfurt/M.

LUHMANN, N. (1997): Die Gesellschaft der Gesellschaft, 2 Bde., Frankfurt/M.

LUNGWITZ, R.-E./PREUSCHE, E. (1999): Vom Mängelwesen zum Macher? Manager in Ostdeutschland als Gestalter einer leistungsfähigen Unternehmens- und Arbeitsorganisation. In: Arbeit, 8. Jg., H. 4, S. 341-356.

LUTHE, H.O. (1985): Distanz – Untersuchungen zu einer vernachlässigten Kategorie, München.

MACCOBY, M. (1979): Die neuen Chefs – Die erste sozialpsychologische Untersuchung über Manager in Großunternehmen, Hamburg.

MAINDOK , H. (1987): Frauenalltag in Männerberufen, Franfurt/M.

MANTHEY, H. (1992): Der neue Man(n)ager. Effizienz und Menschlichkeit, Berlin.

MANTHEY, H.(2003): Menschliche Organisationen und verorganisierte Menschen. Zur Emotionalisierung von Arbeitsbeziehungen. In: Meschnig, A./Stuhr, M. (Hrg.): Arbeit als Lebensstil, Frankfurt/M., S. 109-132.

MARCH, J.G./OLSEN, J.P. (1989): Rediscovering Institutions. The Organizational Basis of Politics, New York.

MARCH, J.G./SIMON, H.A. (1958): Organizations, New York.

MARCH, J.G./SIMON, H.A. (1976): Organisation und Individuum. Menschliches Verhalten in Organisationen, Wiesbaden.

MARSTEDT, G. (1994): Rationalisierung und Gesundheit. „Neue Produktionskonzepte", „systemische Rationalisierung", „lean production" – Implikationen für die Arbeitsbelastung und betriebliche Gesundheitspolitik. Veröffentlichungsreihe der Forschungsgruppe Gesundheitsrisiken und Präventionspolitik. Wissenschaftszentrum Berlin für Sozialforschung, Berlin, S. 94-204.

MARTENS, B./MICHAILOW, M./SCHMIDT, R. (2003): Managementkulturen im Umbruch, Sonderforschungsbereich 580 "Gesellschaftliche Entwicklungen nach dem Systemumbruch. Diskontinuität, Tradition und Strukturbildung", Mitteilungen 10/2003, Universität Jena.

MAURER, A./SCHMID, M.(2002): Neuer Institutionalismus – Zur soziologischen Erklärung von Organisation, Moral und Vertrauen, Frankfurt/M., New York.

MAYO, E. (1933): The Human Problems of an Industrial Civilization, New York.

MAYWALD, F. (2003): Der Narr und das Management – Leistungssteigerung im Unternehmen zwischen Shareholder Value und sozialer Verantwortung, München.

MCCALL, M.W./SEGRIST, C.A. (1980): In Pursuit of the Manager's job: Building on Mintzberg. Technical Report No.14, Center for Creative Leadership, Greensboro.

MERTON, R.K. (1957): The Role-Set. In: British Journal of Sociology.

MESCHNIG, A./STUHR, M. (2003): Arbeit als Lebensstil, Frankfurt/M.

MESSNER, R.(1996): Berge Versetzen – Das Credo eines Grenzgängers, München.

MEYER, J.W./ROWAN, B. (1977): Institutionalized Organizations: Formal Structures as Myth and Ceremony. In: American Journal of Sociology 83, p. 340-363.

MINSSEN, H. (1995): Spannungen in teilautonomen Fertigungsgruppen. Gruppensoziologische Befunde für einen arbeitssoziologischen Gegenstand. In: Kölner Zeitschrift für Soziologie und Sozialpsychologie, Nr. 2, Jg. 47, Köln, S. 339-353.

MINSSEN, H. (2000): Begrenzte Entgrenzungen. Wandlungen von Organisation und Arbeit. Berlin.

MINTZBERG, H. (1975): The Managers's Job: Folklore and Fact. In: Harvard Business Review, Vol. 53, No. 4, p. 676-695.

MINTZBERG, H. (1973): The Nature of Managerial Work, New York.

MONAHAN, W.C. (1975): Theoretical Dimensions of Education, New York.

MOLDASCHL, M./SAUER D. (2000): Internalisierung des Marktes – Zur neuen Dialektik von Kooperation und Herrschaft. In: Minssen, H. (Hrg): Begrenzte Entgrenzungen. Wandlungen von Organisation und Arbeit. Berlin, S. 205-224.

MORGAN, G. (1997): Bilder der Organisation, Stuttgart (Original 1986: Images of Organization).

MORITA, A. (1986): Made in Japan: Eine Weltkarriere, Bayreuth.

MÜLLER-BÖLING, D./RAMME, I. (1990): Informations- und Kommunikationstechniken für Führungskräfte – Top-Manager zwischen Technikeuphorie und Tastaturphobie, München.

MÜNSTERBERG, H. (1914): Grundzüge der Psychotechnik, Leipzig.

NEUBERGER, O./ KEMPA, A. (1987): Wir die Firma – der Kult um die Unternehmenskultur, Weinheim.

NEUBERGER, O. (1995): Führen und geführt werden, Stuttgart, 5. Aufl.

NEUBERGER, O. (2002): Führen und führen lassen, Stuttgart.

NISBET, R.A. (1975): Authority. In: Monahan, W.C.: Theoretical Dimensions of Education, New York.

OWEN, J. (2003): Das Lexikon des ganz normalen Management-Wahnsinns. Ein Survival-Guide für Führungskräfte, Frankfurt/M.

PARSONS, T. (1964A): Beiträge zur soziologischen Theorie, Neuwied.

PARSONS, T. (1964B): Die Motivierung des wirtschaftlichen Handelns. In: Parsons, T. (Hrg.): Beiträge zur soziologischen Theorie, Neuwied, S. 136-159.

PARSONS, T. (1977): Social Systems and the Evolution of Action Theory, New York.

PARSONS, T. (1990): Prolegomena to a Theory of Social Institutions: In: American Sociological Review 55, p. 319-333.

PERETTI, J.M. (1991): Vers un marché inique du recrutement? In: Revue Francaise de Gestion, Mars-avril-mai, p. 89-97.

PFARR, H. (2000): Soziale Sicherheit und Flexibilität: Brauchen wir ein 'Neues Normalarbeitsverhältnis'? In: WSI-Mitteilungen, 53 (5), S. 279-283.

PICOT, A./DIETL, H./FRANCK, E. (1999): Organisation. Eine ökonomische Perspektive, Stuttgart, 2. Aufl.

PIRCHEGGER, B. (2001): Aktienkursabhängige Entlohnungssysteme und ihre Anreizwirkungen, Wiesbaden.

PLESSNER, H. (1966): Diesseits der Utopie: Ausgewählte Beiträge zur Kultursoziologie, Düsseldorf.

PÖHLMANN, G. (1964): Der Prozess der Unternehmensführung. Berlin.

POHLMANN, M. (2003): Der Generationswechsel und die „Weltklasse" des Managements. In: ISO-Mitteilungen, Nr. 2/September 2003, Saarbrücken, S. 50-63.

PONGRATZ, H.J./VOß, G.G. (1997): Fremdorganisierte Selbstorganisation. Eine soziologische Diskussion aktueller Managementkonzepte. In: Zeitschrift für Personalforschung, S. 30-53.

POWELL, G.N. (1999): Handbook of Gender and Work, Thousand Oaks.

POWELL, W.W./JONES, D. (1999): Bending the Bars of the Iron Cage. Institutional Dynamics and Processes, Chicago, London.

PREISS, J.J./EHRLICH, H.J. (1966): An Examination of Role Theory, Lincoln.

PRESTHUS, R. (1966): Individuum und Organisation – Typologie der Anpassung, Frankfurt/M.

PÜMPIN, C./KOBI, J.-M./WÜTHRICH, H.A. (1985): Unternehmenskultur. Basis strategischer Profilierung erfolgreicher Unternehmen. In: Orientierung, Nr. 85, Bern.

RAMME, I. (1990): Die Arbeit von Führungskräften: Konzepte und empirische Ergebnisse, Bergisch-Gladbach, Köln.

RAO, H. (2002): Gründung von Organisationen und die Entstehung neuer organisatorischer Formen. In: Allmendinger, J./Hinz, Th.(Hrg.): Organisationssoziologie, Sonderheft Nr. 42/2002, Kölner Zeitschrift für Soziologie und Sozialpsychologie, S. 319-344.

RAO, H./ DRAZIN, R. (2000): Revisiting Stinchcombe: Recruitment and Product Innovation in the Mutual Fund Industry; 1986-1994. Atlanta, GA: Emory University (Arbeitspapier). In: Rao, H. (2002): Gründung von Organisationen und die Entstehung neuer organisatorischer Formen, Köln.

RICHTER, R./FURUBOTN, E. (1996): Neue Institutionenökonomik, Tübingen.

RIECKMANN, H. (2000): Managen und Führen am Rande des 3. Jahrtausends: Praktisches, Theoretisches, Bedenkliches, Frankfurt/M., 2. Aufl.

RITTER, J. (2002): Weibliche Autorität in Organisationen. In: Wolf, M. (Hrg.): Frauen und Männer in Organisationen und Leitungsfunktionen. Unbewusste Prozesse und Dynamik von Macht und Geschlecht, Frankfurt/M., S.55-72.

ROSENSTIL, L.V. (1993): Wandel in der Karrieremotivation – Neuorientierungen in den 90er Jahren. In: Rosenstiel, L.v./Djarrahzadeh, M./Einsiedler, H.E./Streich, R.K. (Hrg.): Wertewandel. Herausforderung für die Unternehmenspolitik in den 90er Jahren, Stuttgart.

ROSENSTIL, L. V. (2001): Führung. In: Schuler, H. (Hrg.): Lehrbuch der Personalpsychologie, Göttingen, S. 317-347.

ROSENSTIL, L.V. (2002): Führung in Organisationen. In: Allmendinger, J./Hinz, T. (Hrg.): Organisationssoziologie, Sonderheft Nr. 42/2002, Kölner Zeitschrift für Soziologie und Sozialpsychologie, S. 203-244.

ROSENSTIEL, L.V./DJARRAHZADEH, M./EINSIEDLER, H.E./STREICH, R.K. (1993): Wertewandel. Herausforderung für die Unternehmenspolitik in den 90er Jahren, Stuttgart.

ROTH, W.F. (2000): The Roots and Future of Management Theory: A Systems Perspective. Boca Raton, London, New York, Washington, D.C.

RUDOLPH, F. (1994): Klassiker des Managements: von der Manufaktur zum modernen Großunternehmen, Wiesbaden.

RÜHLI, E. (1985): Unternehmensführung und Unternehmenspolitik, Bern, Stuttgart, Bd. I, 2. Aufl.

SCANLAN, B. K. (1970): Führungstechnik für Manager; ein Leitfaden zur erfolgreichen Mitarbeiterführung. München.

SCHELSKY, H. (1968): Einführung. In: Riesmann, D.: Die einsame Masse, Reinbek, S. 7-19.

SCHIENSTOCK, G. (1991): Struktur, Politik und soziale Praxis – Perspektiven einer soziologischen Theorie des Managements. In: Österreichische Zeitschrift für Soziologie, 16 Jg., Nr. 2, S. 27-40.

SCHILLER, F. (1989): Über die ästhetische Erziehung des Menschen, Bad Heilbrunn.

SCHIMANK, U. (1981): Identitätsbehauptung in Arbeitsorganisationen – Individualität in Formalstruktur, Frankfurt/M., New York.

SCHIMANK, U. (2002): Organisationen: Akteurskonstellationen – korporative Akteure – Sozialsysteme. In: Allmendinger, J./Hinz, T. (Hrg.): Organisationssoziologie, Sonderheft Nr. 42/2002, Kölner Zeitschrift für Soziologie und Sozialpsychologie, S. 29-54.

SCHIRMER, F. (1991): Aktivitäten von Managern: Ein kritischer Review über 40 Jahre „Work-activity"-Forschung. In: Stähle, W./Sydow, J. (Hrg.): Managementforschung 1, Berlin, New York, S. 205-253.

SCHMID, W. (2004): Ist das Leben ein Spiel? Philosophische Überlegungen zur Lebenskunst. In: Psychologie heute, Jg. 31., Mai 2004, Weinheim, S. 20-24.

SCHNEIDER, N.F./LIMMER, R./RUCKDESCHEL, K. (2002): Mobil, flexibel, gebunden: Familie und Beruf in der mobilen Gesellschaft, Frankfurt/M.

SCHOLZ, CH. (1993): Personalmanagement, München.

SCHREYÖGG, G./SYDOW, J. (1995): Managementforschung - 5. Empirische Studien. Berlin, New York.

SCHREYÖGG, G./HÜBL, G. (1992): Manager in Aktion: Ergebnisse einer Beobachtungsstudie in mittelständischen Unternehmen. In: Zeitschrift für Führung und Organisation, Jg. 61, Nr. 2, S. 82-89.

SCHÜLEIN, J.A. (1990): Probleme mikrosoziologischer Theoriebildung. In: Österreichische Zeitschrift für Soziologie, Heft 3, 15 Jg., Wiesbaden, S. 112-125.

SCHÜTZ, A./LUCKMANN, T. (1979): Strukturen der Lebenswelt. Band 1 und 2, Frankfurt/M.

SCOTT, W.R. (1994): Institutions and Organizations: Toward Theoretical Synthesis. In: Scott, W.R./Meyer, J.W. (Eds.): Institutional Environments and organizations. Structural Complexity and Individualism, Thousand Oaks, p. 55-80.

SCOTT, W.R./MEYER, J.W. (1994): Institutional Environments and Organizations. Structural Complexity and Individualism, Thousand Oaks.

SEIDL, E. (1978): Betriebliche Führungsformen, Stuttgart.

SEIFERT, W./WEBER, C. (2002): Japan im Vergleich, München.

SEIWERT, L. (1986): Das 1 x 1 des Zeitmanagement, München.

SEIWERT, L. (1988): Mehr Zeit für das Wesentliche: so bestimmen Sie Erfolge selbst, durch konsequente Zeitplanung und effektive Arbeitsmethode, Landsberg/L.

SEIWERT, L. (1998A): 30 Minuten für optimales Zeitmanagement, Offenbach.

SEIWERT, L. (1998B): Endlich Zeit für mich! Wie Frauen mit Zeitmanagement Arbeit und Privatleben unter einen Hut bringen, Landsberg/L.

SEIWERT, L. (1990): Management mit Zeitplanbuch: 43 Zeitplanbücher im Überblick, Speyer.

SENNETT, R. (1983): Verfall und Ende des öffentlichen Lebens. Die Tyrannei der Intimität, Frankfurt/M.

SENNETT, R. (1999): Der flexible Mensch. Die Kultur des neuen Kapitalismus, Berlin, 9. Aufl.

SENNETT, R. (2000): Arbeit und soziale Inklusion. In: Kocka, J./Offe, C. (Hrg.): Geschichte und Zukunft der Arbeit, Frankfurt/M., New York, S. 431-448.

SENNETT, R. (2005): Die Kultur des neuen Kapitalismus, Berlin.

SEWELL, W. JR. (1992): A Theory of Structure: Duality, Agency and Transformation. In: American Journal of Sociology, Vol. 98, No.1, S, 1-29.

SHANNON, C. (1956): Automata studies, Princeton.

SHANNON, C./WEAVER, W. (1971): The Mathematical Theory of Communication, University of Illinois.

SIMMEL, G. (1913): Kant. Sechzehn Vorlesungen gehalten an der Berliner Universität, München, Leipzig.

SIMMEL, G. (1968A): Das individuelle Gesetz. Philosophische Exkurse, Frankfurt/M.

SIMMEL, G. (1968B): Soziologie. Untersuchungen über die Formen der Vergesellschaftung, Berlin.

SIMON, H.A. (1948): Administrative Behaviour: A Study of Decision-Making Processes in Administrative Organization, New York.

SIMON, H. (1989): Die Zeit als strategischer Erfolgsfaktor. In: Zeitschrift für Betriebswirtschaft, 59. Jg., S. 70-93.

SLAVEN, G./TOTTERDELL, P. (1993): Time Management Training: Does it transfer to the Workplace? In: Journal of Managerial Psychology, Vol.8, No. 1, p. 20-28.

SLOAN, A.P. (1967): My Years with General Motors, London.

SMELSER, N.J./SWEDBERG, R. (1994): The Handbook of Economic Sociology, Princeton.

SNYDER, N.H./WHEELEN, T.L. (1981): Managerial Roles: Mintzberg and the Management Process Theorists. In: Academy of Management Proceedings, Vol.41, p. 249-253.

SPRENGER, R.K. (1998): Mythos Motivation, Frankfurt/M., New York.

SPRENGER, R.K. (1999): Motivation. In: Heinrich, P./Schulz zur Wiesch, J. (Hrg.): Wörterbuch der Mikropolitik, Opladen, S. 181-184.

STEWART, R. (1982): Choices for the Manager, New York.

STEWART,R./BARSOUX, J.-L./KIESER, A./GANTER, H.-D./WALGENBACH, P. (1994): Managing in Britain and Germany, London.

STINCHCOMBE, A.L. (1997): On the Virtues of the Old Institutionalism, Annual Review of Sociology 23, S. 1-18.

STRACKBEIN, R. (2002): Ergebnisorientiert delegieren: Engagement fördern, Selbstverantwortung fördern, Wiesbaden.

TAYLOR, F.W. (1967): The Principles of Scientific Management, New York.

TREIBEL, A. (1997): Einführung in soziologische Theorien der Gegenwart, Opladen, 4. Aufl.

TÜRK, K. (1975): Organisationstheorie, Hamburg.

TURNER, B.A. (1990): Organizational Symbolism, Berlin, New York.

TURNER, J. (1990): Giddens' Analysis of Functionalism: A Critique. In: Clark, J. / Modgil, S. (Eds.): Anthony Giddens – Consensus and Controversy, London, S. 103-110.

WACKER, A. (1983): Arbeitslosigkeit – Soziale und psychische Folgen, Frankfurt/M.

WAGNER, P. (1995): Soziologie der Moderne, Frankfurt/M., New York.

WALGENBACH, P. (1994): Mittleres Management: Aufgaben – Funktionen - Arbeitsverhalten, Wiesbaden.

WALGENBACH, P. (1995A): Institutionalistische Ansätze in der Organisationstheorie. In. Kieser, A.: Organisationstheorien, Stuttgart, S. 269-301, 2. Aufl.

WALGENBACH, P. (1995B): Kann das Zeitmanagementkonzept halten, was es verspricht? In: Die Betriebswirtschaft, Nr. 2, 55. Jg. S. 187-197.

WALGENBACH, P.(1999): Institutionalistische Ansätze in der Organisationstheorie. In: Kieser, A. (Hrg.): Organisationstheorien, Stuttgart, S. 319-353.

WALGENBACH, P./KIESER, A. (1995): Mittlere Manager in Deutschland und Großbritannien. In: Schreyögg, G./Sydow, J. (Hrg.): Managementforschung - 5. Empirische Studien. Berlin, New York, S. 259-309.

WARNER, M. /CAMPBELL, A. (1993): German Management. In: Hickson, D.J. (Eds.): Management in Western Europe. Society, Culture and Organization in Twelve Nations, Berlin, New York, p. 89-108.

WATSON, T.J. (1966): A Business and its Beliefs: The Ideas that Helped Build IBM, New York.

WEBER, M. (1924): Gesammelte Aufsätze zur Sozial- und Wirtschaftsgeschichte, Tübingen.

WEBER, M. (1964): Wirtschaft und Gesellschaft, Grundriß der verstehenden Soziologie, Köln, Berlin, (Original 1922).

WEBER, M. (1972): Wirtschaft und Gesellschaft. Grundriß der verstehenden Soziologie, Tübingen, 5. Aufl.

WEBER, M. (1984): Die protestantische Ethik und der Geist des Kapitalismus. In: Winkelmann, J. (Hrg.): Max Weber – Die protestantische Ethik I. Aufsatzsammlung, Gütersloh, 7. Aufl., S. 27-277.

WEICK, K. (1985): Der Prozeß des Organisierens, Frankfurt/M.

WIEDEMANN, H. (1971): Das Unternehmen in der Evolution, Neuwied.

WIENER, N. (1963): Kybernetik: Regelung und Nachrichtenübertragung im Lebewesen und in der Maschine, Jena.

WILLEMS, H.(1997): Rahmen und Habitus – Zum theoretischen und methodischen Ansatz Erving Goffmans: Vergleiche, Anschlüsse und Anwendungen, Frankfurt/M.

WINDOLF, P. (2000): Berufsverläufe von deutschen und britischen „Big Linkers", Vortragsmanuskript. In: Pohlmann, M. (2003): Der Generationswechsel und die „Weltklasse" des Managements. In: ISO-Mitteilungen, Nr. 2/September, Saarbrücken, S. 50-63.

WINKELMANN, J. (1984): Max Weber – Die protestantische Ethik I. Aufsatzsammlung, Gütersloh, 7. Aufl.

WISWEDE, G. (1976): Soziologie konformen Verhaltens, Stuttgart.

WISWEDE, G. (1977): Rollentheorie, Stuttgart, Köln, Mainz.

WOLF, M. (2002A): Frauen und Männer in Organisationen und Leitungsfunktionen, Unbewusste Prozesse und die Dynamik von Macht und Geschlecht, Frankfurt/M.

WOLF, M. (2002B): Das unbewusste in der Organisation: Zur Dynamik von Gruppe, Organisation und Führung. In: Wolf, M. (Hrg.): Frauen und Männer in Organisationen und Leitungsfunktionen. Unbewusste Prozesse und die Dynamik von Macht und Geschlecht, Frankfurt/M., S. 141-184.

WORPITZ, H. (1991): Wissenschaftliche Unternehmensführung? – Führungsmethoden, Führungsmodelle, Führungspraxis, Frankfurt/M.

WUNDERER, R./MITTMANN, J. (1995): Identifikationspolitik. Einbindung des Mitarbeiters in den unternehmerischen Wertschöpfungsprozess, Stuttgart.

WUPPERMANN, M. (1989): Geschäftsführer in Deutschland, Frankfurt/M., New York.

ZIEGLER, J. (2002): Zwischen Karriere und Familie. Eine Untersuchung über österreichische Führungskräfte, Wien.

ZUCKER, L.G. (1977): The Role of Institutionalization in Cultural Persistence. In: American Sociological Review 42, S. 726-743.

ZUCKER, L.G. (1988): Institutional Patterns and Organizations: Culture and Environment, Cambridge/Mass.

## Zeitungen/Zeitschriften:

Donaukurier vom 27.10.03, S. 5.

Frankfurter Rundschau vom 27.09.03, S. 26.

Handelsblatt vom 21./22.11.03, S. 25.

Der Spiegel, Nr. 11/1994, S. 97.

## Internet:

Bundesministerium für Wirtschaft und Arbeit (Teilzeitmodelle - Ideen für eine moderne Arbeitsorganisation - Abrufdatum 24.02.05) http://www.bmwa.bund.de/Navigation/Beruf-und-Karriere/Teilzeit/Arbeitszeit-Modelle/teilzeitmodelle.html.

Bundesverband deutscher Unternehmensberater (Pressemitteilung vom 10.02.04: Unternehmensberater in Deutschland stellen wieder ein - Abrufdatum 15.08.04) http://www.bdu.de

Deutschlandfunk (‚Was darf ein Headhunter?' vom 06.03.03. – Abrufdatum 05.09.04) http:// www.dradio.de/dlf/sendungen/campus/244521/

Frankfurter Rundschau-Online (Zum Thema Vertrauensarbeitszeit „Ohne Stechuhr in die neue Zeit" vom 29.11.02 - Abrufdatum 20.10.04)

http://www.frankfurterrundschau.de/uebersicht/alle_dossiers/politik_inland/wie_viel_staat_braucht_der_mensch/hartz_kommission/arbeit_2002_neue_chancen_alte_zwaenge/im_kon text/?cnt=32477&

IHK–Info: Wirtschaft – Das Magazin für München und Oberbayern ('Scheidung: Ohne Vertrag läuft nichts' – Abrufdatum 25.01.05) http://www.infin-online.de/muenchen.ihk/journal/view.php?a_id=1647).

Manager-Magazin (‚Oldies but Goldies. Die Unfähigkeiten reformwütiger Jungmanager sind nicht mehr gefragt. In der Krise erleben die weisen Greise ihren zweiten Frühling' vom 13.08.02 - Abrufdatum 03.03.2003) http://www.manager-magazin.de/koepfe/artikel/0,2828,209287,00.html

Der STERN (‚ Das Märchen von der Chancengleichheit. Wehe, du hast die falschen Eltern - das Märchen von der Chancengleichheit. Neue Studien enthüllen den Selbstbetrug der Deutschen: Noch immer ist die Elite eine geschlossene Gesellschaft' vom Juli 2003 - Abrufdatum 02.09.03) http://www.stern.de/wirtschaft/arbeit-karriere/?id=510508&eid=&nv

Der STERN (‚Das Märchen von der Chancengleichheit. Es war einmal eine Gesellschaft, die glaubte: Wer tüchtig ist, kann es nach ganz oben schaffen. Sogar Arbeiterkinder. Neue Studien enthüllen den Selbstbetrug der Deutschen: Noch immer ist die Elite eine geschlossene Gesellschaft. Eines der wichtigsten politischen Ziele der Nachkriegsgeschichte wurde verfehlt' vom Juli 2003 - Abrufdatum 02.09.03) http://www.stern.de/wirtschaft/arbeit-karriere/?id=510485&eid=&nv

Süddeutsche Zeitung (‚Geheimdienst hört ab - Wirtschaft horcht auf. Das anglo-amerikanische Lauschsystem Echelon verursacht bei deutschen Unternehmen große Bedenken' vom 25.4.2001 – Abrufdatum 23.09.04) http://www.sueddeutsche.de/computer/artikel/260/1259/

Süddeutsche Zeitung (‚Streit um Echelon – Wirtschaftsspionage' vom 26.06.2001 – Abrufdatum 23.09.04) http://www.sueddeutsche.de/computer/artikel/947/1946/

Süddeutsche Zeitung (‚Das Geheimnis richtiger Führung' vom 06.05.2002 - Abrufdatum 10.12.04) http://www.sueddeutsche.de/jobkarriere/erfolggeld/artikel/431/5426/

Süddeutsche Zeitung (‚SZ-Serie: Bescheidenheit ist eine Zier. Was ist ein „High Potential"?' vom Juli 2002 – Abrufdatum 25.01.05) http://www.sueddeutsche.de/jobkarriere/berufstudium/artikel/2/5996/

Süddeutsche Zeitung (‚Management-Chinesisch: Von Benchmarking bis zu Shareholder Value' vom 26.11.02 - Abrufdatum 25.01.05) http://www.sueddeutsche.de/jobkarriere/erfolggeld/artikel/559/4555/

Süddeutsche Zeitung (‚Studieren in der Arbeit. - Bildung für bessere Bilanzen "Corporate Universities" bilden praxisnah aus. Forschung betreiben sie nur, sofern sie dem Firmenwohl dient' vom 20.06.03 - Abrufdatum 04.02.2004) http://www.sueddeutsche.de/jobkarriere/erfolggeld/artikel/28/13015/

Süddeutsche Zeitung (‚Die Frauen holen auf - Deutschlands Top-Jobs werden von Jahr zu Jahr weiblicher' Orientierung der Frauen auf den Beruf, zeigt sich bei den Geburtenzahlen: Zwei Drittel der nach 1964 geborenen Akademikerinnen haben keinen Nachwuchs , vom 22.08.03 – Abrufdatum 04.10.04)

http://www.sueddeutsche.de/jobkarriere/erfolggeld/artikel/607/16591/

Süddeutsche Zeitung (‚Wo Frauen Karriere machen' vom 29.11.03 - Abrufdatum 20.03.04) http://www.sueddeutsche.de/jobkarriere/erfolggeld/artikel/247/10237/

Süddeutsche Zeitung (‚Der weite Weg von der Anstalt zur Agentur. Seit Jahresbeginn haben Deutschlands Arbeitsvermittler einen neuen Namen – doch geändert hat sich bisher kaum etwas' vom 02.02.2004 - Abrufdatum 13.09.04) http://www.sueddeutsche.de/jobkarriere/erfolggeld/artikel/449/24425/

Süddeutsche Zeitung (‚Arbeitnehmer über 50 - Gefährliches Alter. Oft werden ältere Arbeitnehmer aufs Abstellgleis geschoben, weil sie weniger leistungsfähig seien. Wie falsch das Vorurteil ist, zeigt eine Umfrage' vom 03.09.04 – Abrufdatum 21.10.04) http://www.sueddeutsche.de/jobkarriere/erfolggeld/artikel/554/38516/

Süddeutsche Zeitung ('Ältere Mitarbeiter - Geschätzt, aber unerwünscht. Sie loben ihre Erfahrung, Sozialkompetenz und Entscheidungssicherheit - aber einstellen wollen Personalchefs Arbeitnehmer über 45 nicht' vom 04.09.04 – Abrufdatum 26.01.05) http://www.sueddeutsche.de/,tt3m3/jobkarriere/berufstudium/artikel/398/46352/

Süddeutsche Zeitung ('Umbau auf allen Etagen. Die Arbeitsagenturen sollen wirksamer und wirtschaftlicher werden – die Wahl der Mittel steht ihnen weitgehend frei' vom 08.01.2004 - Abrufdatum 13.09.04) http://www.sueddeutsche.de/jobkarriere/erfolggeld/artikel/942/25917/

Süddeutsche Zeitung ('Der Männer-Bonus – Breite Schultern, schmaler Mund: Männlich aussehende Frauen machen leichter Karriere' vom 13.10.04 – Abrufdatum 12.11.04) http://www.sueddeutsche.de/jobkarriere/erfolggeld/artikel/122/41081/


Technische Universität Berlin („Geschichte der Universität" – Abrufdatum 10.12.03) http://www.tu-berlin.de/Uni/geschichte.html

Vereinigung Deutscher Executive-Search-Berater (Voraussetzungen für eine Mitgliedschaft – Abrufdatum 28.08.2004)  http://www.vdesb.de/voraussetzungen.htm

Die ZEIT ('Die Berater-Republik - In der Politik geht nichts mehr ohne Beistand von außen. Wer Reformen will, ruft nach Berger, McKinsey und Co. Häufig wird schlechter Rat teuer bezahlt' vom Juli 2004 – Abrufdatum 14.10.04) http://www.zeit.de/2004/07/Berater

Die ZEIT ('Schlechte Führung. Druck und Stress wachsen, weil Chefs es nie gelernt haben, mit Menschen umzugehen' vom 28.August 2003 - Abrufdatum 02.03.05) http://www.zeit.de/2003/36/M-Stress-Interview_Frey